VINOTERAS
WINE
SCHOOL 2025 Vol. 2
TEXTBOOK
FOR SOMMELIERS & WINE EXPERTS

VINOTERAS

テキストの使い方

このテキストは、全体を通して、
出題頻度の高い項目や理解する上で必要な知識を中心に記しています。
このテキストのみで試験に確実に合格できるように設計されていますので、
何度も見直し、自分のものにして下さい。

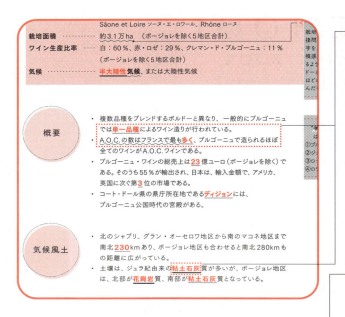

赤字と下線

特に重要な用語などを**左のように赤字**にしています。赤シートで隠しながら、該当する言葉を思い出す、という方法を繰り返し、暗記学習に役立てて下さい。

さらに、重要度を**2種類の異なる下線**で示しています。太い下線が引かれている箇所はより出題頻度が高いので、優先して覚えていって下さい。

また、波線は、VINO EYESまたはCOFFEE BREAKが指す場所を示しています。

VINO EYES

VINO EYESは、試験対策に直結する「重要箇所」を掘り下げて解説しています。
（VINO EYESに書かれていることが、そのまま試験に出題されるわけではありません）

COFFEE BREAK

COFFEE BREAKでは、試験問題に直結するわけではないですが、多くの受験生がつまずきやすい箇所や頻繁に質問を受ける箇所を掘り下げて解説しています。（COFFEE BREAKに書かれていることが、そのまま試験に出題されるわけではありません）

Sous-Région & Régionale

A.O.C.	赤	ロゼ	白	備考
Bourgogne ブルゴーニュ	🍷	🍷	🍷	
<u>Bourgogne Passe-Tout-Grains</u> ブルゴーニュ・パス・トゥ・グラン	🍷	🍷		赤・ロゼ：<u>ピノ・ノワール</u>30％以上、<u>ガメイ</u>15％以上。
Bourgogne Aligoté ブルゴーニュ・アリゴテ			🍷	
Crémant de Bourgogne クレマン・ド・ブルゴーニュ		🍷 発泡	🍷 発泡	瓶内二次発酵、澱と共に9カ月以上熟成。
<u>Coteaux Bourguignons</u> コトー・ブルギニヨン	🍷	🍷	🍷	2011年認定。
Bourgogne Mousseux ブルゴーニュ・ムスー	🍷 発泡			
Bourgogne Côtes d'Auxerre ブルゴーニュ・コート・ドーセール	🍷	🍷	🍷	
<u>Bourgogne Tonnerre</u> ブルゴーニュ・トネール			🍷	
<u>Bourgogne Côte d'Or</u> ブルゴーニュ・コート・ドール	🍷		🍷	
<u>Bourgogne Hautes-Côtes de Nuits</u> ブルゴーニュ・オート・コート・ド・ニュイ	🍷	🍷	🍷	
Bourgogne Hautes-Côtes de Beaune ブルゴーニュ・オート・コート・ド・ボーヌ	🍷	🍷	🍷	
Bourgogne Côte Chalonnaise ブルゴーニュ・コート・シャロネーズ	🍷	🍷	🍷	
Bourgogne Côtes du Couchois ブルゴーニュ・コート・デュ・クーショワ	🍷			
<u>Bourgogne Gamay</u> ブルゴーニュ・ガメイ	🍷			2011年認定。
Coteaux du Lyonnais コトー・デュ・リヨネー	🍷	🍷	🍷	

生産可能なワインのタイプ

フランス、イタリアの Chapter では、**左のような表**で生産可能色を説明しています。「○○地区で白のみの生産が認められているA.O.C.はどれか？」といった問題も出題されることがあるため、重要な項目です。本テキストでは、**以下のマークで生産可能なワインのタイプ**を表しています。また、特に重要なものを赤色にしています。

MAP

川の流れのマークについて

川の上流から下流に見て矢印の右側が**右岸**、矢印の左側が**左岸**になります。

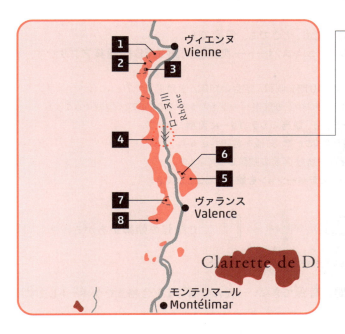

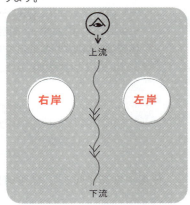

3

WEB問題集アプリ　**VINOLET（ヴィノレット）のご案内**

ヴィノテラステキスト　　　ヴィノレット

1　WEB問題集アプリVINOLET（ヴィノレット）とは？

いつでも、どこでも、何度でも。
隙間時間でできるソムリエ・ワインエキスパート一次試験対策WEB問題集アプリです。

- 最新の**出題傾向を踏まえた約4000問**を収録。定番の知識から難問までチャレンジできます。
- すべての問題に**詳細な解説付き**。テキストの該当ページもわかるので効率よく復習できます。
- テキストに記載された**QRコードから、該当のカテゴリーに直接ジャンプ**。
  テキストで勉強してすぐに問題を解くことで、知識を定着させます。
- **模擬試験機能**で、各単元の復習や試験直前の腕試しができます。
- **メダルチャレンジで楽しみながらモチベーションを維持**することができます。

で勉強の効率があがる！

ヴィノテラステキスト　　ヴィノレット

仕事や家事で忙しく、勉強時間が確保できない…そんな皆さまを合格までサポートします。

2 VINOLET（ヴィノレット）のご購入はこちらから

VINOLETの全機能をお試しいただける2週間限定トークン配布中！

トークンコード

7d62 m49a nika gi2c

※スペースは入力する必要はございません。

- Step 1　VINOLETにアクセス　>>> https://www.vinolet.jp/
- Step 2　会員登録
- Step 3　上記のトークンコードを入力してください。「7d62 m49a nika gi2c」と入力してください。
- Step 4　入力から2週間、VINOLETの全機能※を無料でお試しいただけます。

※約4000問の全ての問題へのアクセス、模擬試験機能、メダルチャレンジ機能など

	無料会員 0円	無料メルマガ会員 0円	トークン購入会員様 4,500円（税込）	一次試験講座＋テキスト ＋VINOLETコース 55,000円（税込）
問題数※	約100問	約500問	約4000問	約4000問
メダルチャレンジ	×	×	○	○
AIによる出題	×	×	○	○
個別模擬試験機能	×	×	○	○
利用期限	なし	なし	トークン入力日から12カ月	トークン入力日から12カ月

※問題数は変更される場合があります

独学が不安な方へ…

ヴィノテラスワインスクール　試験対策講座のご案内

- テキストもVINOLETもゲットしたけど、一人だとモチベーションが保ちづらい…
- 同じ目標に向かって頑張る仲間と情報交換したい
- 講師の説明を聞いて理解したい

そんなあなたにはヴィノテラスワインスクールソムリエ・ワインエキスパート試験対策講座がおすすめ！

- スクール満足度100％、**受講生の合格率91％**をたたき出すオリジナル講義。試験に落ちない勉強のコツを伝授します。
- どこからでも勉強できる**オンライン授業**。講義は録画を配信するので、理解するまで何度でも視聴して復習できます。
- 受講生同士で**交流ができるLINEグループ**（※任意参加）で、全国の同期生と情報交換しながら切磋琢磨できます。
- アシスタント講師がLINEグループ上で質問にお答えします。また**週に一度補講**を実施し、皆さまの学習を徹底サポートします。

詳細はヴィノテラスワインスクール公式サイトをご覧ください
>>> https://vnts.shop/exam-info/

ヴィノテラス　　二次試験対策講座のご案内

ソムリエ・ワインエキスパート試験は、
一次試験に通過後、二次試験にも合格する必要があります。

テイスティングの勉強は初めてで、何をしたらよいかわからない

近くにワインスクールがない

仕事が忙しく、スクールに通う時間がない

練習のためにボトルを何本も買うなんて…無理！

ヴィノテラスの二次試験対策講座がおすすめ！

ヴィノテラスでは、一次試験対策講座と同じ梁（やん）講師による
二次試験対策講座をご用意しています。
ワインを知り尽くした梁 世柱（やん せじゅ）講師による
「テイスティングの本質を知り、試験を突破する」講座を体験してください。

まずはワインコインお試し講座へ！
（2025年8月開催予定）
詳しくはこちらのQRコードから >>>

1 ソムリエ・ワインエキスパート二次試験の必勝法
ワインと徹底的に向き合うテイスティング講座！

ソムリエ・ワインエキスパート試験の二次試験は
「ブドウ品種や生産国を当てる試験」だと思っていませんか？
実は、求められているのは"目の前のワインと向き合う力"です。
外観、香り、味わい ── ワインが発する情報を正しくキャッチし、的確に表現すること。
それこそが、テイスティングの本質であり、試験で問われるスキルです。
ヴィノテラスの二次試験対策講座では、
ワインを知り尽くした梁 世柱 講師が
合格に直結する「正しいテイスティングの勉強法」を徹底指導！
テイスティングが初めての方も、安心して受講していただける内容です。

2 基礎・比較・本番想定の3ステップ

「基礎マスター講座」全3回（予定）	→	「比較テイスティング講座」全6回（予定）	→	「本番想定講座」全5回（予定）
基本的なテイスティングの方法を学びます。初めての方でも大丈夫！		複数のワインを比較することによって、ワインの特徴を分析することができるようになります。		今まで学んだことを本番で再現できるよう、銘柄を隠したブラインドテイスティングで特訓します！ ワインに加え、その他の酒類も練習できます。

※ 以上すべての講座を1回から自由に組み合わせて受講できます。
※ ただし、比較テイスティング講座、本番想定講座は基礎マスター講座の内容を理解している前提で進めるので、初めての方は基礎マスター講座からの受講がおすすめです。

3 100mlの小瓶ワインで繰り返し練習できる

毎回の講義で、4本or6本の小瓶ワインをお届け。
小瓶にはワインが100ml入っているので、
3〜4回練習することができます。
講義の動画も繰り返し視聴することができるので、
講義を聞きながら復習することができます。

他の二次試験対策セット
- その他のお酒48種セット（全種類説明資料付き）
- フルボトル／小瓶の自習用セット（書き込めるテイスティングシート付き）

CONTENTS

VINOTERAS WINE SCHOOL 2025 vol.2 TEXTBOOK

Chapter		
20 スイス Switzerland		14
21 ハンガリー Hungary		25
22 スロヴェニア Slovenia		34
23 クロアチア Croatia		37
24 英国 United Kingdom		43
25 ルーマニア Romania		50
26 モルドバ Moldova		54
27 ブルガリア Bulgaria		58
28 ギリシャ Greece		63
・DATA、概要、歴史、主なブドウ品種、地方料理と食材、ワイン法と品質分類、トラディショナル・アペレーションの表記		64
・主要な産地		68
29 ジョージア Georgia		73
東欧諸国のまとめ（EU加盟年、最大産地、首都を含む産地）		79
30 日本 Japan		80
・DATA、概要、歴史、ワイン法		81
・主なブドウ品種、栽培方法		86
・北海道		92
・東北		95
・北陸、関東		98
・甲信（長野県）		100
・甲信（山梨県）		103
・東海、近畿、中国・四国、九州		106
31 アメリカ United States of America		109
・DATA、概要、歴史、気候風土、ワイン法と品質分類		110
・カリフォルニア州		115
・ワシントン州、オレゴン州		127
・ニューヨーク州、ヴァージニア州		133
32 カナダ Canada		138
・DATA、概要、歴史、ワイン法と品質分類、各州のワイン法、アイスワイン規定、主要ブドウ品種		139
・オンタリオ州、ブリティッシュ・コロンビア州		145
・ケベック州、ノヴァ・スコシア州		149
33 チリ Chile		151
34 アルゼンチン Argentina		160
35 ウルグアイ Uruguay		169

テキストの使い方	2
VINOLETのご案内	4
二次試験対策講座のご案内	6
世界地図＋海流	10
ヨーロッパの地図	12

Chapter

36 オーストラリア　Australia … 174
- DATA、概要、土壌、歴史、主なブドウ品種、ワイン法と品質分類、ワインの産地 … 176
- 西オーストラリア州（WA） … 181
- 南オーストラリア州（SA） … 183
- ヴィクトリア州（VIC）、ニュー・サウス・ウェールズ州（NSW） … 187
- クイーンズランド州（QLD）、タスマニア州（TAS）、酒精強化ワイン … 191

37 ニュージーランド　New Zealand … 193
- DATA、概要、歴史、主なブドウ品種、ブドウ栽培面積順位、ピノ・ノワールのクローン、ワイン法 … 194
- 主要産地（北島、南島）、産地×代表的なワイナリー、ニュージーランドの食文化 … 197

38 南アフリカ　South Africa … 203

39 酒類飲料概論（日本酒・焼酎、その他ワイン以外の酒類）　Introduction to Liquor Beverages … 212
- 日本酒・焼酎 … 213
- ビール … 226
- ウイスキー … 230
- ブランデー … 233
- スピリッツ … 242
- リキュール … 244
- 中国酒 … 248
- カクテル … 249

40 飲料概論（ミネラルウォーター、日本茶、紅茶、コーヒー）　Introduction to Beverages … 251

41 テイスティング　Tasting … 257

42 チーズ　cheese … 272

43 料理とワインの相性（ペアリング）　Wine Pairing … 293

44 ワインの購入・保管・熟成・販売　Purchase, storage, aging and sale of wine … 299
- ワインの購入とは、プリムール取引、食品添加物 … 299
- 貿易条件（輸入取引条件） … 300
- 生産者からの出荷・輸送 … 301
- 輸入貿易実務 … 303
- ワインの保管・熟成 … 306
- 原価管理、計数管理 … 308
- 酒類課税数量、日本人の年間ワイン消費量、主要国別ワインの輸入状況、酒税 … 309

45 ソムリエの職責とサービス実技　Sommelier responsibilities and service skills … 311
- ソムリエの職責、ワインのサービス、ワイン・サービスの手順、ワインの供出温度 … 311
- 食前酒の役割、食後酒の役割 … 315
- ワインのサービス用具 … 316
- ボトルサイズの呼称 … 318
- 単位に関する用語、ワインの温度に関する用語、Frapper、Chambrerによるワインの温度変化表 … 319

資料編
- 各国データ一覧 … 322
- 各国のワイン法 … 324
- 同緯度の産地・都市 … 328
- 各国の料理と食材 … 330
- 代表的なスピリッツの銘柄一覧 … 340
- 重要なチーズ一覧 … 341

Wine Map of WORLD

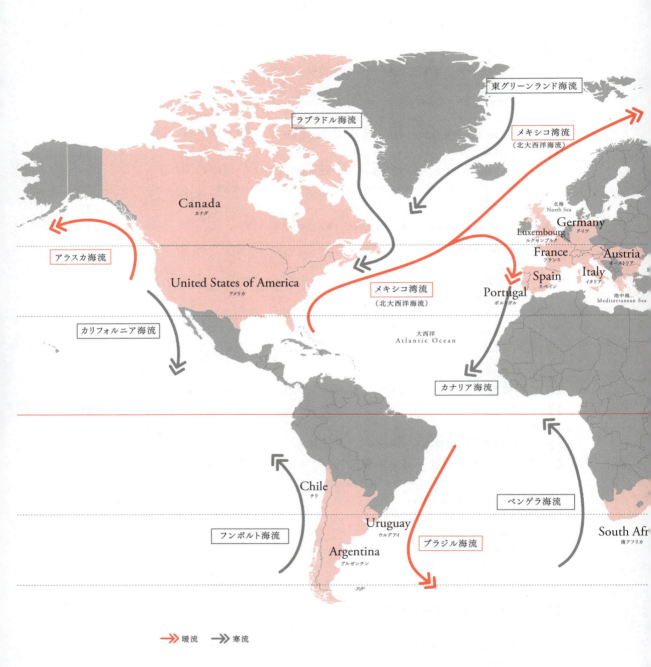

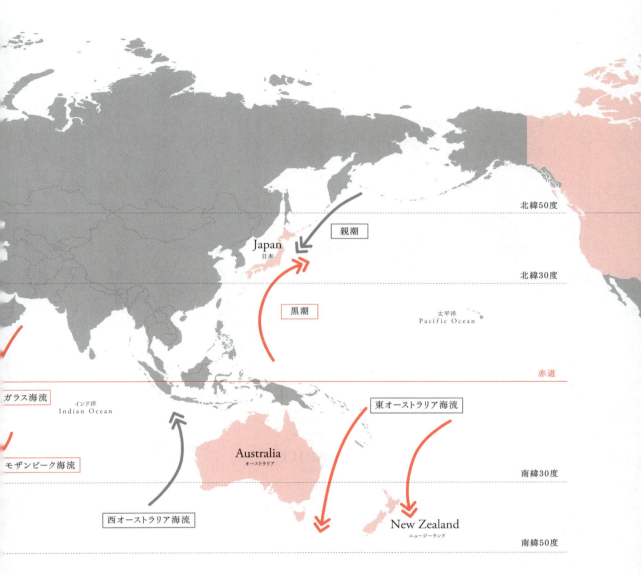

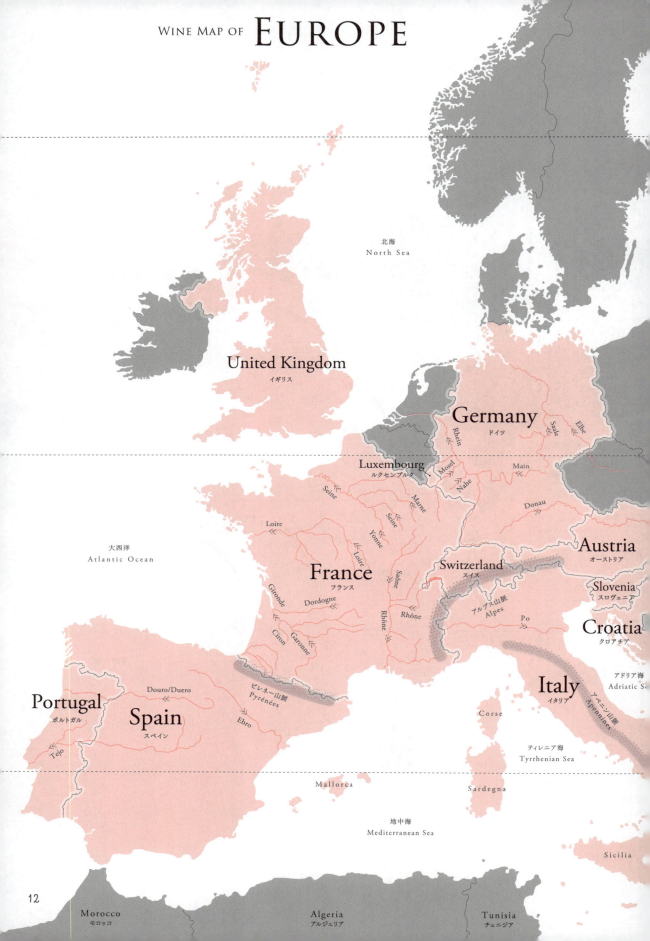

Chapter 20 スイス

Switzerland

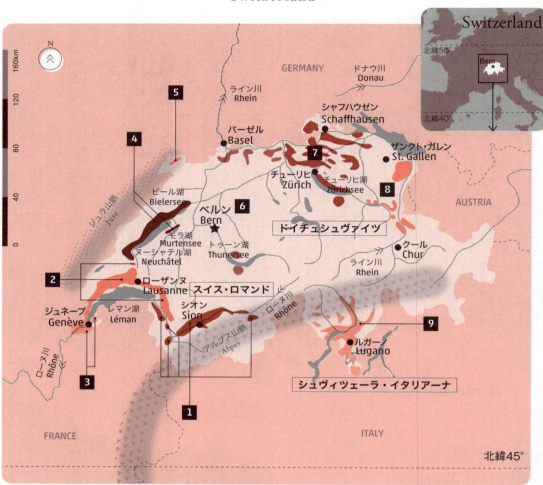

Suisse Romande
スイス・ロマンド（フランス語圏）

- **1** ■ <u>Valais/Wallis</u>
  ヴァレー ※栽培面積第1位
- **2** ■ <u>Vaud</u>
  ヴォー ※栽培面積第2位
- **3** ■ <u>Genève</u>
  ジュネーヴ
- **4** ■ Neuchâtel
  ヌーシャテル
  Fribourg
  フリブール
  Bern Bielersee
  ベルン・ビーレーゼー
- **5** ■ Jura
  ジュラ

Deutschschweiz
ドイチュシュヴァイツ（ドイツ語圏）

- **6** ■ 西地区
- **7** ■ 中央地区
- **8** ■ 東地区

Svizzera Italiana
シュヴィツェーラ・イタリアーナ（イタリア語圏）

- **9** ■ <u>Ticino</u>
  ティチーノ

DATA		Switzerland
ブドウ栽培面積	‥‥‥	約1.5万ha
ワイン生産量	‥‥‥	約100万hℓ（白：約43％、赤：約48％、ロゼ：9％）
気候	‥‥‥	北：寒帯性気候、南：地中海性気候、西：海洋性気候、東：大陸性気候

概要

- EUには加盟していない。
- 公用語は、フランス語、ドイツ語、イタリア語、ロマンシュ語の4つ。
- **アルプス**山脈と**ジュラ**山脈が国土の約70％を占め、大小約**1,500**の湖が点在する。
- ヨーロッパの主要河川の源流である**ローヌ**川、**ライン**川などは、この国のアルプスや氷河の恩恵を受けている。
- 生産量は、スイス・**ロマンド**（**フランス**語圏）が1番大きく全体の約80％、ドイチュシュヴァイツ（ドイツ語圏）が16％、シュヴィツェーラ・イタリアーナ（イタリア語圏）が5％を占めている。

> 話者数は総人口の0.5％に満たない。南東にあるグラウビュンデン州の一部、ごく限られた地域でしか使用されていない。

> Romande ロマンドとは、「フランス語を話す」という意味。

出題のポイント
スイスの出題の内訳は、フランス語圏がおよそ7割を占める。

主なブドウ品種

- スイス全体での代表品種は、白ブドウは**シャスラ**、黒ブドウは**ピノ・ノワール**、**ガメイ**。

> これらの品種は、主にフランス語圏の品種であり、いかにフランス語圏のエリアの生産量が多いかを物語っている。

ブドウ栽培面積順位

白ブドウ

	品種名	語圏	備考
1位	**Chasselas** シャスラ =Gutedel グートエーデル =**Fendant** ファンダン（ヴァレー州） =**Dorin** ドラン（ヴォー州） =**Perlan** ペルラン（ジュネーヴ州）	フランス語圏	全体**2**位 白ブドウの約54％
2位	Müller-Thurgau ミュラー・トゥルガウ	**ドイツ**語圏	
3位	Chardonnay シャルドネ	フランス語圏 イタリア語圏	
4位	Sylvaner シルヴァーナー =**Johannisberg** ヨハニスベルグ（**ヴァレー**州） =Rhin ライン / Gros Rhin グロ・ライン		
5位	**Petite Arvine** プティット・アルヴィン		ヴァレー州の古来品種

スイスとロワールで登場
フランス、ロワール地方（サントル・ロワール）のA.O.C.プイィ・シュール・ロワールでも認められている。

「シ」と「ジ」
ドイツではSilvanerジルヴァーナーと呼ばれる。

ブドウ栽培面積順位

🍇 黒ブドウ

	品種名	備考
1位	**Pinot Noir** ピノ・ノワール =**Blauburgunder** ブラウブルグンダー =**Clevner** クレヴネール	全体**1位** 黒ブドウの約**46**% ドイツでは「Spätburgunder」と呼ばれる。
2位	**Merlot** メルロ	主に**ティチーノ**州 （イタリア語圏）
3位	**Gamay** ガメイ	

> シノニムが異なる
> ドイツでのシノニムは Spätburgunder シュペートブルグンダー。

ワイン法と品質分類

- スイスワインは、連邦政府が制定した3つの法律によって厳しく規制されている。実質の運用を行うのはカントン（州、行政区）で、生産地域、ブドウ品種、収穫量、最低糖度数などが決められている。

> スイスはEUに加盟していないが、EUのワイン法と似ている。☕

> フランスでは2008年のEUのワイン法改革によって、
> ヴァン・ド・ペイ
> ⇩
> I.G.P.
> ⇩
> ヴァン・ド・ターブル
> ⇩
> ヴァン・ド・フランス
> に完全に移行した。

Vins d'Appellation d'Origine Contrôlée (A.O.C.)＊

ヴァン・ド・アペラシオン・ドリジーヌ・コントロレ
- 全土で**61**の**A.O.C.**。
- 規定は各州で異なる。
- 州名、地域名、ローカル名の3つの表示方法がある。

Vins de Pays ヴァン・ドゥ・ペイ

Vins de Table ヴァン・ドゥ・タブル

※ドイツ語圏表記：Kontrollierten Ursprungsbezeichnungen（K.U.B.）コントロリーアテン・ウーアシュプルングスベツァイヒヌンゲン
※イタリア語圏表記：Denominazione di Origine Controllata（D.O.C.）デノミナツィオーネ・ディ・オリージネ・コントローラータ

特定表示（各州でのA.O.C.ワインとしての要件を満たした製品のみ表示可能）

甘口ワイン	Auslese アウスレーゼ、Beerenauslese ベーレンアウスレーゼ、Trockenbeerenauslese トロッケンベーレンアウスレーゼ、Flétri フレトリ
歴史的経緯のあるワイン	Château シャトー、Village ヴィラージュ

> Flétri フレトリとは、フランス語で「枯れる」「萎れる」の意味。つまり遅摘みブドウから造られる甘口のワインを指す。☕

地理的表記以外のA.O.C.

- 各州でのA.O.C.ワインとしての要件を満たした製品にのみ、以下の特定表示が許可されている。

生産地	A.O.C.名	品種	備考
Valais ヴァレー州	**Vin des Glaciers** ヴァン・デ・グラシエ		ヴァレー州のアニヴィエの谷を代表する、通称"氷河"ワイン※。Rèze レゼを主としたシエール産ワインを毎春、アニヴィエ渓谷各村の貯蔵ワインに継ぎ足し、15年以上熟成させる。
	Dôle ドール	ピノ・ノワール、あるいはピノ・ノワール主体でガメイと合わせて51％以上使用。残りの49％にはA.O.C.ヴァレーの黒ブドウ品種を使用することができる。	赤ワイン
	Dôle Blanche ドール・ブランシュ	同上	黒ブドウのみを圧縮、発酵させ仕込まれるロゼワイン。A.O.C.ヴァレーの白ワインを10％までブレンドすることが州により許可されている。
Vaud ヴォー州	**Salvagnin** サルヴァニャン	ピノ・ノワール、ガメイのどちらか、あるいは両方を使用。	
ドイツ語圏	**Federweiss** フェーダーヴァイス	ブラウブルグンダー＝ピノ・ノワールから造られる。	
スイス全土	**Œil de Perdrix** ウイユ・ドゥ・ペルドリ	ピノ・ノワールから造られる。	ロゼワイン 「山鶉の目」の意味で、ヌーシャテル州が発祥。

※ 氷河ワイン
モワリー氷河にほど近い村「グリメンツ」では、標高1,572mと寒すぎてワインを生産できないため、麓の町シエールで造られたワインを樽ごと運んで熟成させている。運び込まれたワインは、村の会館内にある樽に貯蔵され、一年に平均25ℓずつ継ぎ足される。

山鶉の目は、「やや淡めのオレンジがかったピンク色」をしており、ロゼの色調を表すテイスティング用語として使われている。

ワイン産地

- スイスのワイン産地は以下の3つに分けることができる。

言語圏	産地
Suisse Romande スイス・ロマンド フランス語圏	**Valais** ヴァレー州、**Vaud** ヴォー州、**Genève** ジュネーヴ州、Neuchâtel ヌーシャテル州、Bern Bielersee ベルン州・ビーレーゼー、Fribourg フリブール州、Jura ジュラ州
Deutschschweiz ドイチュシュヴァイツ ドイツ語圏	西地区　Aargau アールガウ州、Bern ベルン州、他
	中央地区　**Zürich** チューリヒ州、**Thurgau** トゥルガウ州、他
	東地区　Graubünden グラウビュンデン州、他
Svizzera Italiana シュヴィツェーラ・イタリアーナ イタリア語圏	**Ticino** ティチーノ州、Graubünden Mesolcina グラウビュンデン州・メソルチーナ

ヴァレー州 スイス最大のワイン産地
ヴォー州 スイス第2のワイン産地

スイス・ロマンド （フランス語圏）　Suisse Romande

- スイス西部に位置しており、生産量の約 **80**％を生み出す**最大**の地方。
- ヴァレー州、ジュネーヴ州、三湖地方では赤ワインの生産量が多く、ヴォー州では白ワインの生産量が多い。
- フランス語圏最小の産地は、スイス北西部に位置するジュラ州。

ヴァレー州　Valais/Wallis

スイスがローヌ川の起点
ローヌ川はヴァレー州の東部にあるサン・ゴタール山塊ローヌ氷河、つまり、スイス国内のアルプス山脈に端を発する。

- **ローヌ**川の渓谷に沿って広がる、スイス**最大**の産地。
- 雨が少なく年間降水量650㎜程度の乾燥した地域で、フェーン現象により秋になっても暖かい。
- Païen パイエン＝**Heida** ハイダ（サヴァニャン・ブランを使って造られた特徴的な風味のある辛口白ワイン）で有名な「**Visperterminen フィスパーテルミネン**」のような、ヨーロッパで標高の高い（標高1,150m）位置にあるブドウ畑がある。

主要品種	白	**Fendant** ファンダン（＝ **Chasselas** シャスラ）＜辛口＞ **Johannisberg** ヨハニスベルグ ＝ Rhin ライン / Gros Rhin グロ・ライン （＝ **Sylvaner** シルヴァーナー）＜甘口＞ Malvoisie マルヴォワジー（＝ Pinot Gris ピノ・グリ） Ermitage エルミタージュ（＝ Marsanne Blanche マルサンヌ・ブランシュ / Roussanne ルッサンヌ） Païen パイエン / **Heida** ハイダ（＝ Savagnin Blanc サヴァニャン・ブラン） Petite Arvine プティット・アルヴィン
	赤	Cornalin コルナラン　※アオスタ渓谷発祥。
州名A.O.C.		Valais ヴァレー　※地理的表記のA.O.C.は一つのみ。

※グラン・クリュには以下**10**の地域があり、それぞれブドウ品種が指定されている。
Chamoson シャモゾン、**Visperterminen** フィスパーテルミネン、
Conthey コンテ、**Leytron** レトロン、**Saillon** サイヨン、
Salgesch サルゲッシュ/Salquenen サルケニャン、Sierre シエール、
Saint-Léonard サン・レオナール、**Vétroz** ヴェトロ、Ville de Sion ヴィル・ドゥ・シオン
※Vétroz ヴェトロの指定ブドウ Amigne アミーニュのみ、残糖度を3段階にわけて**蜜蜂**のロゴマークの数で表示する。

ヴォー州　Vaud

「3つの太陽」
1　太陽からの照射
2　レマン湖からの反射
3　日中太陽から土壌に蓄えられた熱

- **レマン**湖に沿って畑が広がる、スイス**第2**の産地。
- 白ブドウ「**シャスラ**」が生産量の約**60**％を占めている。
- 栽培地域は、**La Côte** ラ・コート、**Lavaux** ラヴォーなど6つの地区に分かれる。
- Lavaux ラヴォーの畑には「**3つの太陽**」が宿るといわれており、ユネスコの**世界文化遺産**に認定されている（2007年）。
- **Gamaret** ガマレや **Garanoir** ガラノワールがこの州で開発され、徐々にスイス全土で生産量が増えている。

主要品種	白ブドウ	Dorin ドラン＝ Chasselas シャスラ（全体生産量の約 60％）
州名 A.O.C.	Vaud ヴォー	
地理的 A.O.C.	La Côte ラ・コート	モルジュの Château de Vufflens シャトー・ドゥ・ヴュフラン、ペロワの Château d'Allaman シャトー・ダラマン、モン・スル・ロールの Abbaye de Mont アベイ・ドゥ・モンなど、歴史的縁のある産地が多くある。
	Lavaux ラヴォー	※地区内に表の下に記載したグラン・クリュがある。
	Chablais シャブレ	
	Côtes-de-l'Orbe コート・ドゥ・ロルブ	
	Vully ヴュリィ	※ヴォー州とフリブール州にまたがる。

他、上記と合わせて8の地域名 A.O.C.

※下記のグラン・クリュはラヴォー地区内にあり、単独でも地域名 A.O.C. となる。

Dézaley デザレー		ローザンヌ市保有の Clos des Moines クロ・デ・モワン、Clos des Abbayes クロ・デ・アベイは、12世紀に修道士達が築いた。シャスラの白に加え、ガメイ、ピノ・ノワールによる赤も生産可能。
Calamin カラマン		

ジュネーヴ州　Genève

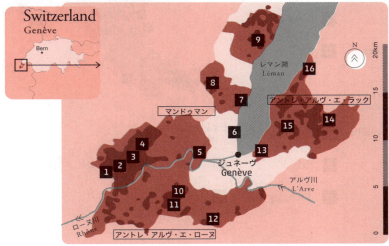

Genève ジュネーヴ州

Mandement マンドゥマン
1. Dardagny ダルダニー
2. Russin リュッサン
3. Peissy ペイシー
4. Satigny サティニー
5. Meyrin メイラン
6. Bellevue ベルビュー
7. Genthod ジャント
8. Collex-Bossy コレ・ボッシー
9. Céligny セリニー

Entre Arve et Rhône アントレ・アルヴ・エ・ローヌ
10. Bernex ベルネ
11. Lully リュリー
12. Bardonex バルドネ

Entre Arve et Lac アントレ・アルヴ・エ・ラック
13. Cologny コロニー
14. Jussy ジュシー
15. Choulex シューレ
16. Hermance エルマンス

スイス・ロマンド（フランス語圏）>> ジュネーヴ州

- ジュラ山脈に守られたジュネーヴ郊外の田園地帯にフランス国境付近まで広がるワイン産地で、栽培地域は①**Mandement** マンドゥマン※、②Entre Arve et Rhône アントレ・アルヴ・エ・ローヌ、③Entre Arve et Lac アントレ・アルヴ・エ・ラックの3つの地区がある。

  ※ **Mandement** マンドゥマン：**Dardagny** ダルダニー（レマン湖西南の町）から **Céligny** セリニー（湖畔沿いの東部）までの地区。スイス最大のワインコミューンの **Satigny** サティニーで多く造られている。

主要品種	白ブドウ 🍇	シャスラ = **Perlan** ペルラン
	黒ブドウ 🍇	**Gamay** ガメイ
A.O.C.	州名A.O.C.が1、ローカル名A.O.C.が22、あわせて **23** のA.O.C.	

三湖地方　Neuchâtel -Bern Bielersee-Fribourg-Vaud

Neuchâtel ヌーシャテル州

1. Vaumarcus ヴォーマルキュ
2. Saint-Aubain サン・トーバン
3. Bevaix ブヴェ
4. Boudry ブードリー
5. Colombier コロンビエ
6. Cortaillod コルタイヨ
7. Auvernier オヴェルニエ
8. Saint-Blaise サン・ブレーズ
9. Cressier クルシエ
10. Le Landeron ル・ランドロン

Bern Bielersee ベルン州 ビーレーゼー（ビール湖）

11. La Neuveville ラ・ヌーヴヴィル
12. Schafis シャフィス
13. Ligerz リゲルツ
14. Twann トゥワン
15. Tüscherz トゥシェルツ
16. Erlach エルラッヒ
17. Tschugg チュッグ

Fribourg フリブール州

18. Vully (Haut-Vully・Bas-Vully) ヴュリィ
19. Cheyres シェイル

Vaud ヴォー州

20. Vully (Vully-les-Lacs) ヴュリィ

ヌーシャテル州 （三湖地方）　Neuchâtel

- ヌーシャテル湖北岸からビール湖手前までの産地。
- 地理的A.O.C.は Neuchâtel ヌーシャテル 1つのみ。
- フレッシュで微発泡のシャスラが多く生産され、毎年1月第3水曜日に販売されるノンフィルターのシャスラ「Neuchâtel Non Filtré ヌーシャテル・ノン・フィルトレ」はこの州の特産品。

フリブール州 （三湖地方）　　Fribourg

- モラ湖の北に位置する **Vully ヴュリィ** が主要産地。

> ヴォー州にもまたがる。

ドイチュシュヴァイツ （ドイツ語圏）　　Deutschschweiz

- スイス東部に位置しており、ヴァレー州、ヴォー州に続く規模で、ワイン生産量は16％を占める。
- 生産地区は、西地区、中央地区、東地区の３つに分かれており、変化に富んだ土壌から、個性的な **Blauburgunder ブラウブルグンダー ＝ Pinot Noir ピノ・ノワール** が多く産出されている。

地区	州名	主要品種	備考
西地区	Aargau アールガウ州	白 Müller-Thurgau ミュラー・トゥルガウ、Elbling エルプリング（酸が豊かな品種） 黒 **Blauburgunder ブラウブルグンダー ＝ Pinot Noir ピノ・ノワール**	
西地区	Bern ベルン州	白 Chasselas シャスラ 黒 Blauburgunder ブラウブルグンダー	
中央地区	Zürich チューリヒ州	白 Müller-Thurgau ミュラー・トゥルガウ 黒 Blauburgunder ブラウブルグンダー	ドイツ語圏で**最大**のワイン産地。
中央地区	Thurgau トゥルガウ州	白 **Müller-Thurgau ミュラー・トゥルガウ** 黒 Blauburgunder ブラウブルグンダー	この地出身の植物学者である **Hermann Müller ヘルマン・ミュラー**博士が19世紀に育種・開発した交配品種が**ミュラー・トゥルガウ**。
東地区	Graubünden / Grigioni グラウビュンデン州 / グリジオーニ州	白 **Müller-Thurgau ミュラー・トゥルガウ** 黒 Blauburgunder ブラウブルグンダー	ブラウブルグンダーから造られる **Federweiss フェーダーヴァイス**は、この州の名産品。

> トゥルガウ州のミュラー博士が開発したから「ミュラー・トゥルガウ」

シュヴィツェーラ・イタリアーナ （イタリア語圏） Svizzera Italiana

- スイス南部に位置し、温暖な**地中海性**気候。スイス全体の生産量の５％のみを占める。
- イタリア国境に隣接する**ティチーノ**州と、その北東に位置する**グラウビュンデン**州の Mesolcina メソルチーナで構成される。
- 主要品種は **Merlot** メルロで栽培品種の**80**％を占めており、高品質の赤・白・ロゼが造られている。

ティチーノ州　　Ticino

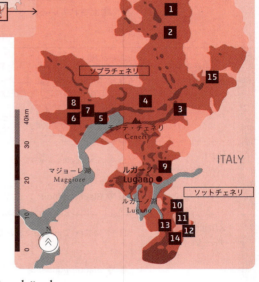

Ticino, Graubünden (Mesolcina)
ティチーノ州、　グラウビュンデン州（メソルチーナ）

Ticino Sopraceneri
ティチーノ州 ソプラチェネリ

1. Malvaglia マルヴァッリア
2. Biasca ビアスカ
3. Guibiasco ジュビアスコ
4. Gudo グード
5. Ascona アスコーナ
6. Losone ロゾーネ
7. Tenero テネーロ
8. Verscio ヴェルシオ

Ticino Sottoceneri
ティチーノ州 ソットチェネリ

9. Lamone ラモーネ
10. Mendrisio メンドリージオ
11. Castel San Pietro カステル・サン・ピエトロ
12. Morbio モルビオ
13. Stabio スタビオ
14. Chiasso キアッソ

Graubünden
グラウビュンデン州

15. Mesolcina メソルチーナ

> チェネリ山を境に、
> （伊：Sopra ソプラ）
> 　＝（英：over）＝北部
> （伊：Sotto ソット）
> 　＝（英：under）＝南部
> ということ。☕

- スイスで最も**南**にある州で、温暖な**地中海性**気候。栽培品種は**メルロ**がメイン。
- イタリア国境に接しており、スイスとイタリアの文化が融合した州でもある。
- 北部の **Sopraceneri** ソプラチェネリ、南部の **Sottoceneri** ソットチェネリの２地区に分かれている。
- 北部の **Sopraceneri** ソプラチェネリでは、ボンドーラ主体で造られる「**Nostrano** ノストラーノ」が名産品。
- 南部の **Sottoceneri** ソットチェネリでは、「**Merlot del Ticino** メルロ・デル・ティチーノ（**ティチーノのメルロ**）」の愛称で親しまれるメルロの軽快なロゼや白が、食前酒としても楽しまれている。

地方料理と食材　　Cooking and Ingredients

スイス・ロマンド（フランス語圏）　　Suisse Romande

料理名	内容
Walliser Trockenfleisch ヴァリサー・トロッケンフライッシュ	**ヴァレー**州産の、ドライビーフ（I.G.P. 認定）。
Raclette ラクレット	**ヴァレー**州名産のラクレット・チーズとジャガイモの料理。
Papet Vaudois パペ・ヴォードワ	**ヴォー**州産**ソーセージ**、西洋ねぎ、玉ねぎのクリーム煮込み。
Gruyère グリュイエール	牛乳、加熱圧搾、ハードタイプ。A.O.P. チーズ。スイスを代表するチーズ。
Tête de Moine テット・ドゥ・モアンヌ	牛乳、加熱圧搾、セミハードタイプ。A.O.P. チーズ。「**修道士の頭**」を意味し、専用の Girolle® ジロールでフリル状に削る。

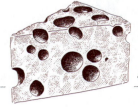

テット・ドゥ・モアンヌ　>>
ジロールで削られる

ドイチュシュヴァイツ（ドイツ語圏）　　Deutschschweiz

料理名	内容
Geschnetzeltes ゲシュネッツェルテス	チューリヒ州名産の**仔牛肉**の薄切りとマッシュルームのクリームソース煮込み。
Emmentaler® エメンターラー	牛乳、加熱圧搾、ハードタイプ。A.O.P. チーズ。重さは100kgを超え、大きな**チーズアイ**が特徴。 << エメンターラー
Appenzeller® アッペンツェラー	牛乳、非加熱圧搾、セミハードタイプ。アッペンツェル州産。山のハーブ風味の白ワインで磨いて熟成。

シュヴィツェーラ・イタリアーナ（イタリア語圏）　　Svizzera Italiana

料理名	内容
Osso Buco オッソ・ブーコ	仔牛のすね肉と野菜の**トマトソース**煮込み。

> オッソ・ブーコは、試験上2カ所（ロンバルディア州（イタリア）とシュヴィツェーラ・イタリアーナ）で登場する。※ロンバルディア州では「トマトソース」という文字が含まれない。

ローヌ川

Rhône

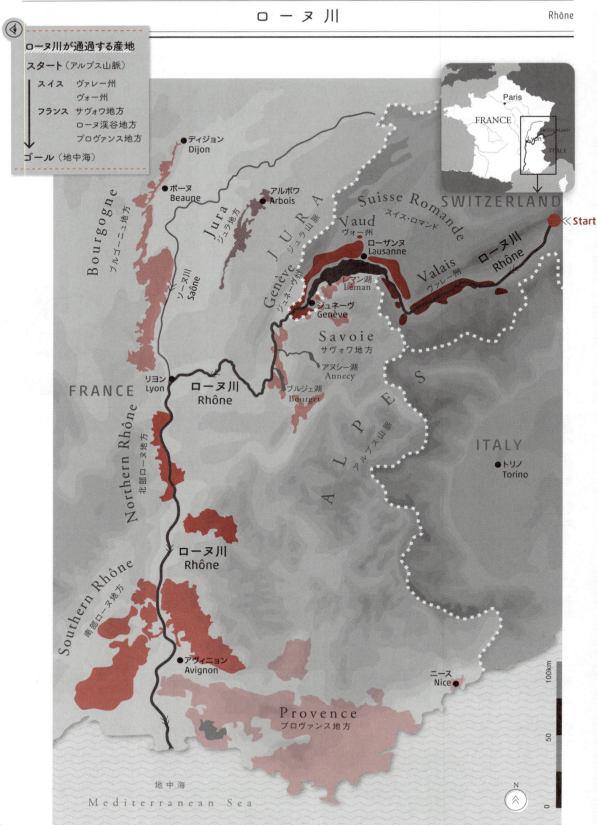

Chapter 21 ハンガリー

VINOLET

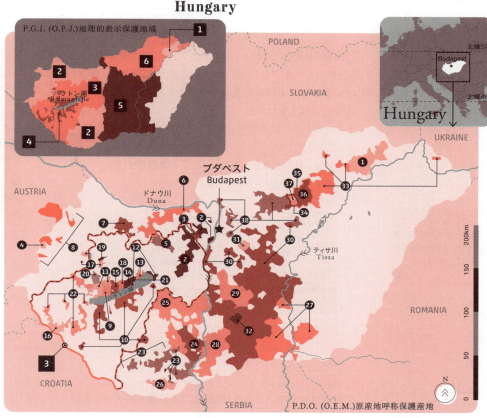

「東欧諸国の脱共産化」

東欧諸国とは、ここでは第2次世界大戦以後に成立した、ヨーロッパの社会主義諸国を指す。
1989〜1991年にかけて、東欧の脱共産化、東西ドイツの統一の機運が高まり（ベルリンの壁が崩壊したのは1989年）、1991年にソ連が崩壊。

1〜6 P.G.I. (O.F.J.)地理的表示保護地域　**1〜35** P.D.O. (O.E.M.)原産地呼称保護産地

1 ■ Zemplén P.G.I.
ゼンプレーン

Tokaji borrégió
トカイ・ボッレーギォー

① Tokaj P.D.O.
トカイ

2 ■ Dunántúl P.G.I.
ドゥナーントゥール

Felső Pannon borrégió
フェルシェー・パンノン・ボッレーギォー

② Etyek-Buda P.D.O.
エチェク・ブダ

③ Etyeki Pezsgő P.D.O.
エチェキ・ペジュグー

④ Kőszeg P.D.O.
ケーセグ

⑤ Mór P.D.O.
モール

⑥ Neszmély P.D.O.
ネスメイ

⑦ Pannonhalma P.D.O.
パンノンハルマ

⑧ Sopron / Ödenburg P.D.O.
ショプロン / ウデンブルグ

Pannon borrégió
パンノン・ボッレーギォー
Pannon P.D.O.
パンノン

㉓ Pécs P.D.O.
ペーチ

㉔ Szekszárd P.D.O.
セクサールド

㉕ Tolna P.D.O.
トルナ

㉖ Villány P.D.O.
ヴィッラーニ

3 ■ Balatonmelléki P.G.I.
バラトンメッレーキ

4 ■ Balaton P.G.I.
バラトン

Balaton borrégió
バラトン・ボッレーギォー

⑨ Badacsony P.D.O.
バダチョニ

⑩ Balatonboglár P.D.O.
バラトンボグラール

⑪ Balaton-felvidék P.D.O.
バラトン・フェルヴィデーク

⑫ Balatonfüred-Csopak P.D.O.
バラトンフュレド・チョパク

⑬ Csopak P.D.O.
チョパク

⑭ Füred P.D.O.
フュレド

⑮ Káli P.D.O.
カーリ

⑯ Mura P.D.O.
ムラ

⑰ Nagy-Somló P.D.O.
ナジ・ショムロー

⑱ Nivegy-völgy P.D.O.
ニヴェジ・ヴェルジ

⑲ Somló P.D.O.
ショムロー

⑳ Sümeg P.D.O.
シュメグ

㉑ Tihany P.D.O.
ティハニ

㉒ Zala P.D.O.
ザラ

5 ■ Duna-Tisza közi P.G.I.
ドゥナ・ティサ・クズィ

Duna borrégió
ドゥナ・ボッレーギォー
Duna P.D.O.
ドゥナ

㉗ Csongrád P.D.O.
チョングラード

㉘ Hajós-Baja P.D.O.
ハヨーシュ・バヤ

㉙ Izsáki Arany Sárfehér P.D.O.
イジャーキ・アラニ・シャールフェヘール

㉚ Kunság P.D.O.
クンシャーグ

㉛ Monor P.D.O.
モノル

㉜ Soltvadkert P.D.O.
ショルトヴァドケルト

6 ■ Felső-Magyarország P.G.I.
フェルシェー・マジャロルサーグ

Felső-Magyarország borrégió
フェルシェー・マジャロルサーグ・ボッレーギォー

㉝ Bükk P.D.O.
ブュック

㉞ Debrői Hárslevelű P.D.O.
デブレーイ・ハールシュレヴェリュー

㉟ Eger P.D.O.
エゲル

㊱ Egri Bikavér P.D.O.
エグリ・ビカヴェール

㊲ Eger Csillag P.D.O.
エグリ・チラグ

㊳ Mátra P.D.O.
マートラ

borrégió=ワイン地域

25

DATA		Hungary
ブドウ栽培面積	約6万ha	
ワイン生産量	約300万hℓ	
気候	**大陸性**気候（夏と冬の気温差が特に大きい）	

概要

- 首都は「ドナウの真珠」と称されるブダペスト。国をすっぽり包む**カルパチア**盆地は、北はタトラ山脈に守られ、南は地中海からの温暖な空気が入り込むことから、穏やかな**大陸性**気候をもたらす。
- 中央には**ドナウ**川が南北に走り、西から時計回りに、**オーストリア**、**スロヴァキア**、**ウクライナ**、**ルーマニア**、**セルビア**、**クロアチア**、**スロヴェニア**と隣接している。
- ハンガリー語でワインを**bor** ボルという。

> ドナウ川沿いには首都を始めとした主要都市が多く、川の側であることから当然ワイン産地も多い。その昔ドナウ川は、北からの異民族の侵入を防ぐ要所であった。ドナウ川沿いに派遣されたローマ軍の兵士の喉をワインが潤した。

> 公用語は「ハンガリー語」であり、世界で最も習得するのが難しい言語といわれる。

初の原産地呼称制度
- **1716**年：コジモ3世が産地（**キアンティ**、**ポミーノ**、**カルミニャーノ**、**ヴァルダルノ・ディ・ソプラ**）の線引きを行う。（イタリア）
- **1737**年：**トカイ**で原産地呼称が導入。（ハンガリー）
- **1756**年：**ポルト**で世界初の原産地呼称管理法制定。（ポルトガル）

歴史 History

時代	主な出来事
1737年	Tokaj-hegyaljaトカイ・ヘジャイア（2004年にTokajトカイに変更）で、原産地呼称が導入される（原産地呼称制度を導入する先駆けの一種）。
1867年	ハプスブルク帝国解体により、ハンガリーのワインの生産と輸出が始まり、フランス、イタリアに次いで、世界第3位の生産国となる。
1875年〜	フィロキセラによる被害を受ける。
1949〜1970年	ソビエト連邦（ソ連）の支配により、ワインのインフラと市場が潰され、国営化が進行する。政治的失敗により、40,000haにも及ぶ歴史的なブドウ畑が消滅する。
1970年代半ば〜	生産量の約60%がソ連へ輸出され、西側諸国への輸出は15%ほどであった。
1989年	共和国に体制転換。外国資本（特にトカイではフランス資本）により近代的なワイン造り、および技術革新が進み、品質が飛躍的に向上。
2004年	EU加盟。

> ソ連の影響力が強かった時代は、「質よりも量」を重視して造っていた時代だったということ。

主要ブドウ品種

- 栽培面積の **2/3** を **白**ワイン用品種が占める。
- 近年、国際品種の占める割合が増加しているが、地元品種からも特色のあるワインが生産されている。

ブドウ栽培面積順位

🍇 白ブドウ

	品種名	主な特徴
1位	**Bianca** ビアンカ	全体2位。
2位	**Cserszegi Fűszeres** チェルセギ・フューセレシュ	ドナウ川より西側のパンノニア平原の主要品種。
3位	**Furmint** フルミント	**トカイワイン**の主要品種。
4位	Olasz Rizling オラスリズリング	

リースリング・イタリコのシノニム
Olasz Rizling オラスリズリング
= Riesling Italico
= Welschriesling
のこと。
("リースリング" とはDNA上の関係はない)

🍇 黒ブドウ

	品種名	主な特徴
1位	**Kékfrankos** ケークフランコシュ =**Blaufränkisch** ブラウフレンキッシュ（オーストリア） =Lemberger レンベルガー（ドイツ）	全体**1**位。
2位	Merlot メルロ	
3位	Cabernet Sauvignon カベルネ・ソーヴィニヨン	
4位	Zweigelt ツヴァイゲルト	

東欧諸国において最も重要な品種の一つとして各国で頻繁に登場し、それぞれにシノニムが存在する。

ワイン法と品質分類

- 2009年に発効した新しいEU規則に沿って、ハンガリーワインは2011年から以下の3つに分類されている。

HU CLASSIFICATION	EU CLASSIFICATION
ハンガリーのワイン法による独自の格付け	EUのワイン法による格付け

D.H.C.※ **O.E.M.**
Districtus Hangaricus Controllatus | Oltalom alatt álló eredetmegjelölés
D.H.C.は任意の格付け法的拘束力はない

原産地呼称保護 (P.D.O.)
40 産地

O.F.J.
Oltalom alatt álló földrajzi jelzés

地理的表示保護 (P.G.I.)
6 産地

BOR

地理的表示なし、テーブルワイン（Wine）

※ D.H.C.: Districtus Hangaricus Controllatus の略。P.D.O.内の任意の品質カテゴリー。実質最高品質といえ、Classicus クラッシクシュ、Premium プレミアム、Super Premium スーパープレミアムの3つの品質レベルがある。現在のD.H.C.地域は以下4つ。
…ány、Izsáki Arany Sárfehér、Eger、Sümeg

主要なワイン産地

Zemplén ゼンプレーン（P.G.I.）：P.D.O.認定数 1

産地	特徴
Tokaj トカイ **(P.D.O.)** ※	ハンガリー北部に位置し、北端は**スロヴァキア**と隣接する。**ゼンプレーン**山脈の裾野に広がる産地。 2002年、トカイの山麓に広がる地域一帯がユネスコ世界遺産に登録された。 仏王**ルイ14世**がトカイの貴腐ワインを「王のワインにしてワインの王」と称した。 1500万年前〜600万年に及ぶ**火山活動**から形成された土壌により、非常に個性豊かなワインが造り出される。 秋にはトカイ山麓にある**ボドログ**川と**ティサ**川の合流点から立ち上がる霧により、貴腐菌が発生して、世界三大貴腐ワインの1つである「トカイワイン」が生まれる。 トカイでは「Pezsgő ペジュグー」と呼ばれるスパークリングワインの生産も認められている。 貴腐ワインの生産者のほとんどが、フルミントなどの辛口白ワイン「Fehér bor フェヘール・ボル」を生産している。

スロヴァキアとスロヴェニア
スロヴェニアと混同しないように！（スロヴェニアはイタリアのフリウリ・ヴェネツィア・ジューリア州の東部に隣接している国）

残り2つは、フランスの「ソーテルヌ」と、ドイツの「トロッケンベーレンアウスレーゼ」。

※トカイの原産地呼称に関わる問題：
1）アルザスの「トカイ・ピノ・グリ」、イタリアの「トカイ・フリウラーノ」は、「トカイ」表記が禁じられた。
2）1920年にトカイ産地の一部が割譲された**スロヴァキア**と長年協議していたトカイ原産地呼称の使用は、2012年ハンガリーと**スロヴァキア**両国での使用が認められた。

1920年のトリアノン条約（第1次世界大戦の敗戦国であるハンガリーと連合国が結んだ講和条約）によってトカイの一部がスロヴァキアに割譲された。これが現在もトカイを名乗ってよいかどうかで揉めていたが、2012年にEUの採択によって最終決定が下された。

トカイO.E.M.の認可品種

白ブドウ	
	Furmint フルミント、 Hárslevelű ハールシュレヴェリュー、 Sárgamuskotály シャールガムシュコターイ、 Kabar カバル、 Kövérszőlő クヴェルスールー、 Zéta ゼータ

「ミュスカ・ア・プティ・グラン・ブラン」のハンガリーでのシノニム。

果皮が薄く貴腐菌がつきやすい。高い酸度を有し長期熟成に耐えうるワインとなるが、同時に糖度も非常に高くなる。

「ライムの葉」を意味し、フルミント主体のワインに華やかな香りを付与する。

28

トカイワインの製法とタイプ

Eszencia
エセンツィア

一粒一粒手摘みした貴腐ブドウから重力によって自然に流れだした果汁を、ゆっくりと発酵させて造る。

> 量が少なすぎてできない年もあり、できる年でも1haでやっと500㎖×2本のエセンツィアしかできないほど大変貴重なもの。高い糖分のため血糖値を瞬間的に高くするので、専用のスプーンを用い「一口だけ」が推奨される飲用法である。

エセンツィア専用スプーン

Tokaj Aszú
トカイ・アスー
（**Aszú**）
（**アスー**）

貴腐化したブドウを手摘み収穫しペースト状にした生地に、一次発酵中のマストおよびワイン、または貴腐ブドウと同じヴィンテージのワインのいずれかを使用し、浸した後に、圧搾。その後18カ月以上オーク樽熟成させる。
以前は、残糖度によって、3〜6プットニョシュに等級分けされたが、2013年にワイン法が改定され、3、4プットニョシュのカテゴリーが廃止、残糖度 **120**g/ℓ 以上のものが、「トカイ・**アスー**」となった。
残った5、6プットニョシュはラベル記載の義務はなくなったが、6プットニョシュと記載する際は、残糖度 **150**g/ℓ 以上が必要。

> 136ℓの樽の中に、トカイの伝統的なブドウ籠（プットニ、1籠約25kg）で何杯分の貴腐ブドウが含まれているかで、3杯分〜6杯分と等級が分かれていた。

ブドウ籠（プットニ）

	3プットニョシュ	4プットニョシュ	5プットニョシュ	6プットニョシュ
残糖度	60g/ℓ	90g/ℓ	120g/ℓ	150g/ℓ
	廃止		トカイアスー	

レベルが低い安物のアスーを市場から排除することにより、より一層トカイ貴腐ワインの評価を高めることが目的。

Szamorodni
サモロドニ

貴腐化したブドウと貴腐化していない健全なブドウを房で収穫して一緒に醸造する。
その際の貴腐の割合によって、辛口や甘口に仕上がる。
サモロドニはスラブ語で「自然のままに」という意味。
辛口ワインは「Száraz Szamorodoni サーラズ・サモロドニ」、甘口ワインは「Edes Szamorodoni エーデシュ・サモロドニ」と表記する。

Fordítás
フォルディターシュ

「ひっくり返す」の意味。
プレスしたアスー生地を、部分的に発酵しているマスト、または新しいワインの中に浸し（マセレーション）、数時間から一晩後に二次圧搾を行う天然甘口ワイン。
オーク樽で6カ月以上熟成させる。

Máslás
マーシュラーシュ

「コピーする」の意味。
アスーの滓の中に部分的に発酵しているマスト、または新しいワインを加えて浸し（マセレーション）、オーク樽で6カ月以上熟成させた天然甘口ワイン。

Késői szüretelésű bor
ケーシェーイ・スレテレーシュ・ボル

レイト・ハーヴェスト、遅摘みワイン。
トカイ・アスーにも匹敵する高品質な遅摘みの天然甘口ワインの人気が高まっている。

トカイワインのタイプ

タイプ	残糖度	アルコール度数(%)	最低樽熟成期間
Eszencia エセンツィア	**450**g/ℓ 以上	1.2～8.0%	規定なし
Aszú アスー	**120**g/ℓ 以上	9.0% 以上	**18**カ月以上 （樽熟・瓶熟合わせて**3**年）
Száraz Szamorodni サーラズ・サモロドニ	9g/ℓ 以下	12.0% 以上	6カ月以上
Édes Szamorodni エーデシュ・サモロドニ	45g/ℓ 以上	9.0% 以上	6カ月以上
Fordítás フォルディターシュ	45g/ℓ 以上	9.0% 以上	6カ月以上
Máslás マーシュラーシュ	45g/ℓ 以上	9.0% 以上	6カ月以上
Késői szüretelésű bor ケーシェーイ・スレテレーシュ・ボル	45g/ℓ 以上	9.0% 以上	規定なし

他の主要なワイン産地

Dunántúl ドゥナーントゥール（P.G.I.）：P.D.O. 認定数12

主要なP.D.O.	備考
Sopron ショプロン	ハンガリー北西端、**オーストリア**国境に接する産地。現在では国内のオーガニック、ビオディナミで造られるワインの中心地となっている。
Villány ヴィッラーニ	ハンガリー**最南端**に位置し、**ボルドー北部**とほぼ同緯度（北緯46度）の産地。極めて豊富なタンニンを含む赤ワインのスタイルを発達させた名産地。ヴィッラーニ独自のD.H.C.ワインであることを示す商標がラベルに表記された高品質なワインがあり、3つの品質レベルがある。

地図問題が最頻出！

Villány D.H.C. ヴィッラーニ

- **Villány Super Premium** — ヴィッラーニ・スーパー・プレミアム（赤のみ）
  カベルネ・フラン100％使用。
- **Villány Premium** — ヴィッラーニ・プレミアム（赤・白）
  白ワイン用品種：シャルドネ、ハールシュレヴェリュー等。
  赤ワイン用品種：カベルネ・フラン、カベルネ・ソーヴィニヨン等。
- **Villány Classicus** — ヴィッラーニ・クラッシクシュ（赤・白・ロゼ）

Dunántúl　ドゥナーントゥール（P.G.I.）

主要なP.D.O.	備考
Szekszárd セクサールド	エゲル地方の"エグリ・ビカヴェール"に並んで、**"セクサールディ・ビカヴェール"** の名称でブレンドされた赤ワインが造られ、2つのタイプに分けられる。

> Bikavérを名乗れる産地
> 　　　P.D.O.　　　　P.G.I.
> ① Eger　　　（Felső-Magyarország）
> ② Szekszárd（Dunántúl）

セクサールディ・ビカヴェールの格付け

Szekszárdi Bikavér Prémium
セクサールディ・ビカヴェール・プレミアム
4種類以上のブドウ品種をブレンド
（ケークフランコシュ45％以上、カダルカ5％以上）。
1年以上オーク樽で熟成。最大許容収量60hℓ/ha。

Szekszárdi Bikavér
セクサールディ・ビカヴェール
4種類以上のブドウ品種をブレンド
（ケークフランコシュ45％以上、カダルカ5％以上）。
1年以上オーク樽で熟成。最大許容収量100hℓ/ha。

Balaton　バラトン（P.G.I.）：P.D.O.認定数 14

主要なP.D.O.	備考
Badacsony バダチョニ	ハンガリー西部、**バラトン湖**の北岸の**タポルツァ**盆地に広がる産地。**バラトン**湖は西ヨーロッパおよび中央ヨーロッパ最大の湖として知られる。
Csopak チョパク	**オラスリズリング**主体のワインのみ生産可能。
Tihany ティハニ	ハンガリーで**最も小さな**ワイン産地。

他の主要なワイン産地

Duna–Tisza közi ドゥナ・ティサ・クズィ（P.G.I.）：P.D.O. 認定数 7

*ドナウ川とティサ川の間にあるハンガリー最大のワイン生産地域。

主要な P.D.O.	備考
Csongrád チョングラード	
Hajós-Baja ハヨーシュ・バヤ	
Kunság クンシャーグ	国内生産量最大。
Duna ドゥナ	栽培面積最大。

Felső-Magyarország フェルシェー・マジャロルサーグ（P.G.I.）：P.D.O. 認定数 6

> トカイに次ぐ、ハンガリーで国際的に有名な産地。

主要な P.D.O.	備考
Eger エゲル	同 P.G.I. の中で生産量最大。 19〜20世紀、歴史的に「Bull's Blood（雄牛の血）」と呼ばれるエゲル地方を代表する赤ワイン「**Egri Bikavér** エグリ・ビカヴェール」が登場し、当初**ケークフランコシュ**、他2種のブレンドだったが、現在は13品種で、**ツヴァイゲルト**、カベルネ、メルロ、他複数品種がブレンドされている国際的に有名な赤ワイン。 現在3つの格付けで区分されている。 Egri Csillag エグリ・チッラグ（**エゲルの星**）と呼ばれる高品質白ワインも造られている。
Egri Bikavér エグリ・ ビカヴェール	常にブレンドで造られる**赤**ワインで、**ケークフランコシュ**を30〜65％使用する。 クラッシクシュ、シュペリオル、グランド・シュペリオルの3種類がある。 下記のピラミッドを参照。

> "雄牛の血"という意味。16世紀エゲルの地の戦いで、兵士達の士気を上げるために振る舞われた赤ワインで口元が染まっているのを見て、牛の血を飲んでいると勘違いしたトルコ軍が撤退したという逸話からつけられた名前。

エグリ・ビカヴェール >>

エグリ・ビカヴェールの格付け

Egri Bikavér Grand Superior	**エグリ・ビカヴェール・グランド・シュペリオル** シングル・ヴィンヤードワイン。エゲルにおける最高級赤ワイン。 オーク樽で12カ月以上熟成。
Egri Bikavér Superior	**エグリ・ビカヴェール・シュペリオル** クラッシクシュよりも熟成期間が長く上質。 オーク樽で12カ月以上熟成。
Egri Bikavér Classicus	**エグリ・ビカヴェール・クラッシクシュ** 幅広い料理に合う赤ワイン。 オーク樽で6カ月以上熟成。

Felső-Magyarország フェルシェー・マジャロルサーグ（P.G.I.）

主要なP.D.O.	備考
Egri Csillag エグリ・チッラグ	常に4種以上の白ブドウ品種をブレンドして造られ、ハンガリー語で「エゲルの星」を意味する高品質な白ワイン。 エグリ・ビカヴェール同様、クラッシクシュ、シュペリオル、グランド・シュペリオルの3種類がある。下記のピラミッドを参照。

Egri Csillag エゲルの星

Egri Csillag Grand Superior	**エグリ・チッラグ・グランド・シュペリオル** 6カ月以上熟成。 複雑な味わいで余韻の長いフルボディの白ワイン。
Egri Csillag Superior	**エグリ・チッラグ・シュペリオル** 風味がとても強い。
Egri Csillag Classicus	**エグリ・チッラグ・クラッシクシュ** フローラルでフルーティ。

地方料理と食材　Cooking and Ingredients

地方	料理名	内容
Balaton バラトン	**Halászlé** ハラースレー	バラトン湖などでとれた淡水魚（鯉、ナマズ、スズキなど）をトマト、パプリカなどで煮込んだスープ。
Duna–Tisza közi ドゥナ・ティサ・クズィ	**Gulyásleves** グヤーシュレヴェシュ	牛肉、ニンジン、ジャガイモ、玉ねぎ、**パプリカ**などを煮込んだサラサラしたタイプのスープ。 ハンガリーの国民食。
Tokaj トカイ	**フォアグラ**	ガチョウあるいは鴨のレバー。

Chapter 22 スロヴェニア

Slovenia

> 必ず「クロアチア」と2カ国1セットで学習すること！

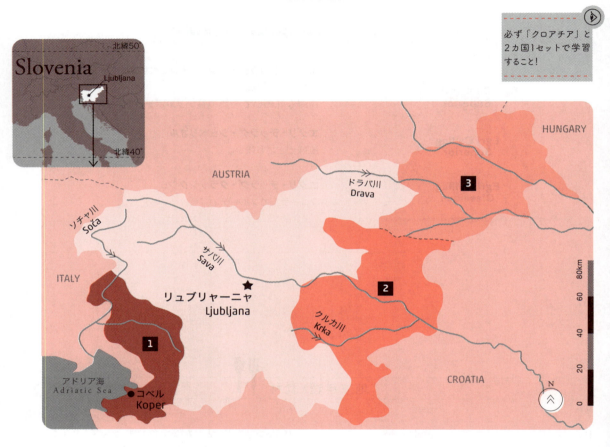

 **Primorska**
プリモルスカ地域

 **Posavje**
ポサウイエ地域

 **Podravje**
ポドラウイエ地域

「ユーゴスラヴィア」

6つの国家（マケドニア、セルビア、ボスニア・ヘルツェゴビナ、クロアチア、スロヴェニア、モンテネグロ）からなる連邦国家であった。東側陣営として1つにまとまっていたが、冷戦終結によって各民族が独立を目指すユーゴスラヴィア紛争を経験した。

DATA　　　　　　　　　　　　　　　　　　　　　　　　　　　　　　　Slovenia

- **ブドウ栽培面積** 約1.4万ha
- **ワイン生産量** .... 約57万hL（白が約67％）
- **気候** .... プリモルスカ地域：**地中海性**気候（イタリア国境沿いと**アドリア海**沿岸）
  ポドラウイエ地域：**大陸性**気候（北東部のハンガリー平原）
  ポサウイエ地域：**半大陸性**気候（南東部）

> **異なる気候区分**
> 3つの地域で気候区分が全て異なる！

概要

- 国土総面積は日本の**四国**程度。緯度は北緯45度30分〜47度。
- イタリアの**トリエステ**（フリウリ・ヴェネツィア・ジューリア州都）の東側に位置し、**イタリア**及び**オーストリア**とアルプスを挟む形で隣接している。
- 単一品種によるワイン造りが主流で、**白**ワインの生産量が多い。**赤**ワインのほとんどが、イタリアの国境沿いから**アドリア海**沿岸の地中海性気候の**プリモルスカ地域**で生産される。

> 公用語はスロヴェニア語。

歴史　　　　　　　　　　　　　　　　　　　　　　　　　　　　　　　History

時代	主な出来事
紀元前6C	ギリシャから栽培や醸造の技術が伝わり、独自のワインを造っていたとされる。
14C	オーストリア・ハンガリー帝国のもとでワイン生産が大きく発展する。
1991年	**旧ユーゴスラヴィア**から独立。
2004年	EUに加盟。

主なブドウ品種

順位	品種名	種類	主な特徴
1位	**Laski Rizling** ラシュキ・リーズリング	白	Welschriesling ヴェルシュリースリングと同一品種。
2位	**Refošk** レフォシュク	黒	
3位	Chardonnay シャルドネ	白	
4位	Sauvignon（Blanc）ソーヴィニョン（・ブラン）	白	
5位	**Malvazija** マルヴァジア	白	

> 「Riesling Italico リースリング・イタリコ」のシノニム。

他

白ブドウ　**Sivi Pinot** シヴィ・ピノ = Pinot Gris ピノ・グリ
　　　　　Renski Rizling レンスキ・リーズリング = Riesling リースリング

黒ブドウ　**Modra Frankinja** モドラ・フランキニャ = Blaufränkisch ブラウフレンキッシュ

ワイン法と品質分類

- 2008年、EUの基準に沿って、P.G.I.、P.D.O. を導入。
- 現在ワイン産地として認められているのは<u>3</u>地域で、その中に<u>9</u>つの統制保証原産地がある。

> まずは全体像の把握に努める
> 森を見てから林を見よう！（産地の全体像を掴んでから細かい部分を確認しよう）
> "森"に当たるのが「3」つの地域で、"林"に当たるのが「9」つの統制保証原産地。

地理的表示付きのワイン

① **Vrhunsko vino Z.G.P.**
ヴルフンスコ・ヴィノ
統制保証原産地産<u>最上級</u>ワイン

② **Kakovostno vino Z.G.P.**
カコヴォストノ・ヴィノ
統制保証原産地産上級ワイン

Deželno vino P.G.O.
デジェウノ・ヴィノ

地理的表示なしワイン

P.D.O. >>> 原産地呼称保護
全ワインの7割がP.D.O.。Z.G.P. の中に、地域特有のワインスタイルを定義した **P.T.P.**（統制保証原産地産伝統的ワイン）が赤ワインが4つ、白ワインが3つある。

①②共通：統制保証原産地9地域からのブドウを<u>100</u>％使用、品種および醸造方法も規定されている。
①：補糖・補酸・減酸は禁止。
②：補酸・減酸は禁止。

P.G.I. >>> 地理的表示保護
認定された3地域のいずれか1地域のブドウを<u>85</u>％以上使用、その原産地を表記できる。

※①Vrhunsko vino Z.G.P. には、Izbor イズボール（＝<u>アウスレーゼ</u>）などのプレディカート（肩書き）を併記できる。

主要な産地

> "最大の産地"は試験に頻出！

産地	特徴
Primorska プリモルスカ地域 （4地区認定）	〈地理〉北はアルプス、南西は<u>アドリア</u>海がある。 〈気候〉スロヴェニアで一番<u>温暖</u>な地域で、<u>地中海性</u>気候。 土着品種の宝庫で、<u>イタリア</u>の影響を強く受けている。 〈ワイン〉スロヴェニアでは珍しく、Slovenska Istra スロヴェンスカ・イストラやKras クラスでは、<u>赤</u>ワインも多く生産されている。 同地域で<u>最小</u>の<u>クラス</u>地区は、標高200〜400mのカルスト台地（クラスはカルストの意）に広がり、土壌は酸化鉄を多く含む赤土で、黒ブドウの<u>レフォシュク</u>から造られる「Kraški Teran クラシュキ・テラン」が有名。 同地域では、伝統的に白ブドウのマセラシオンが行われており、オレンジワインのパイオニアを輩出したイタリア・フリウリのゴリツィアはかつて同じ行政単位であった。
Podravje ポドラウイエ地域 （2地区認定）	〈地理〉ハンガリー平原の地域。<u>シュタイエルシュカ・スロヴェニア</u>地区は、スロヴェニア<u>最大</u>のワイン地区で、なだらかな丘陵地にフォトジェニックな段々畑が広がる。 〈気候〉気候は<u>大陸性</u>気候。 〈ワイン〉<u>シュタイエルシュカ・スロヴェニア</u>地区は、上質な<u>白</u>ワインの産地として知られ、北部はソーヴィニヨン・ブランの産地として名高いオーストリアのズートシュタイヤーマルクに隣接する。スロヴェニア最古かつ最大のスパークリングワインメーカーもある。 プレクムリエ地区は、スロヴェニアで2番目に小さいワイン産地で、同国<u>最北東</u>部に位置する。
Posavje ポサウイエ地域 （3地区認定）	〈地理〉南東部に位置し、クロアチアと接している。 〈気候〉<u>半大陸性</u>気候。 〈ワイン〉最大栽培品種はツァメトフカ、次いでモドラ・フランキニャで、モドラ・フランキニャでは最大の生産量を誇る。同地を代表するロゼワインの <u>Cviček</u> ツヴィチェックは、両品種に白ブドウをブレンドして造られる。 ビゼルスコ・スレミッチュ地区には、Repnice レプニツェ（かつて農作物の保存に使われていた地下洞窟で、カブの洞窟の意）と呼ばれる地中のワインセラーがある。

Chapter

23 クロアチア

必ず「スロヴェニア」と2カ国1セットで学習すること！

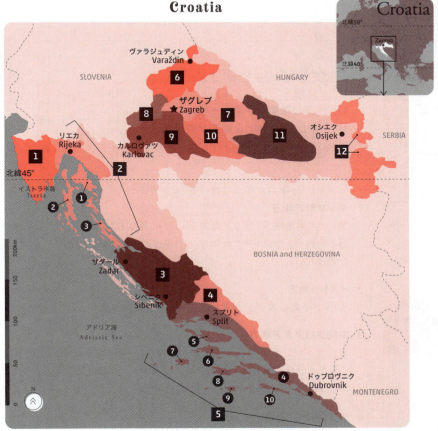

Hrvatska Istra i Kvarner
フルヴァツカ イストラ イ クヴァルネル
(Istria & Kvarner)
イストラとクヴァルネル

1 ■ Hrvatska Istra
   フルヴァツカ・イストラ

2 ■ Hrvatsko Primorje
   フルヴァツコ・プリモリエ

  ① Krk
     クルク
  ② Cres
     ツレス
  ③ Pag
     パーグ

Dalmacija
ダルマチア
(Dalmatia)
ダルマチア

3 ■ Sjeverna Dalmacija
   シェヴェルナ・ダルマチア

4 ■ Dalmatinska Zagora
   ダルマティンスカ・ザゴラ

5 ■ Srednja I Južna Dalmacija
   スレディニャ イ ユジュナ ダルマチア

  ④ Pelješac
     ペリェシャツ
  ⑤ Brač
     ブラーチュ
  ⑥ Hvar
     フヴァール
  ⑦ Vis
     ヴィス
  ⑧ Korčula
     コルチュラ
  ⑨ Lastovo
     ラストヴォ
  ⑩ Mljet
     ムリェッテュ

Središnja Bregovita Hrvatska
スレディシュニャ ブレゴヴィタ フルヴァツカ
(Croatian Uplands)
クロアチア高地

6 ■ Zagorje-Medimurje
   ザゴリエ・ムジムリエ

7 ■ Prigorje-Bilogora
   プリゴリエ・ビロゴラ

8 ■ Plešivica
   プレシヴィツァ

9 ■ Pokuplje
   ポクピエ

10 ■ Moslavina
    モスラヴィーナ

Slavonija i Hrvatsko Podunavlje
スラヴォニア イ フルヴァツコ ポドゥナヴィエ
(Slavonia & Croatian Danube)
スラヴォニアとクロアチアンドナウ

11 ■ Slavonija
    スラヴォニア

12 ■ Hrvatsko Podunavlje
    フルヴァツコ・ポドゥナヴィエ

37

DATA   Croatia

- **ブドウ栽培面積** ……… 約2万ha
- **ワイン生産量** ……… 約61万hℓ
- **気候** ……………… 内陸部：**大陸性**気候、沿岸部：**地中海性**気候

> **スロヴェニアとの気候の違い**
> スロヴェニアと違い"半大陸性気候"はない。

概要

- クロアチア語での正式な国名は「**Hrvatska フルヴァツカ**」。
- 観光が国の重要な産業の一つ。
- 1997年から本マグロの養殖が開始され、ほとんどが**日本**へ輸出されている。

> 公用語はクロアチア語。スロヴェニア語とは同じスラヴ語群の言語であり、似ている。

- 大きく以下 **4** つの地方に分けることができる。

1 ダルマチア地方
アドリア海を挟みイタリアの向かいに位置する。入り組んだ海岸線や1,000を超える島々を持つ。ヴェネチア共和国に支配されていた時代もあり、食文化も**イタリア**の影響を受けている。

2 イストラ地方
イストラ半島の大部分を占める。トリュフや牡蠣の産地としても有名。

> 特徴的な三角形の半島。地図で位置を確認！

3 中央クロアチア地方
首都**ザグレブ**が位置し、中央ヨーロッパと**アドリア海**を結ぶ交通の要衝として栄えた。そのため、食文化もオーストリアやハンガリー、トルコと似ており、例えば、ザグレブ名物のカツレツ「ザグレブ・スカロップ」はオーストリアの「ウィンナーシュニッツェル」と似ている。

4 スラヴォニア地方
ハンガリー平原に続くなだらかな低地が中心で、北部は**ドラヴァ**川がハンガリーとの国境、南は**サヴァ**川がボスニア・ヘルツェゴビナとの国境となっている。
ワインの熟成に樽材としてよく使用される「**スラヴォニアオーク**」の産地。
食文化はハンガリーと似ており、パプリカを使った「グーラッシュ」のような料理が多い。

> 「スロヴェニアオーク」と間違って呼んでしまっている受験生が非常に多いので注意！

- クロアチアにあるブドウ畑の約半分は、ワインを売るためのライセンスがなく、多くが**自家消費**されている。
- 白ワインを炭酸で割った「**ゲミシュト**」、赤ワインを水で割った「**ベヴァンダ**」が広く親しまれている。
- クロアチアでは、赤ワインを「**crno vino ツルノ・ヴィーノ**（黒ワイン）」と呼ぶことが多い。

> スロヴェニアとクロアチアの比較
> **独立**
> 共に1991年
> **EU加盟**
> スロヴェニア⇒2004年
> クロアチア⇒2013年

歴史 History

時代	主な出来事
18C	**ハプスブルク帝国**の支配の下、ドイツ品種が主流となる。
1991年	旧ユーゴスラヴィアから独立。
2013年	EUに加盟、2023年より通貨もユーロに切り替わった。シェンゲン協定にも加盟している。

主要ブドウ品種

- **258**種類の栽培品種が公式に認められている。
- 沿岸部は温暖な**地中海性気候**、大陸部は夏は暑く冬は厳しい寒さの**大陸性気候**であり、栽培されているブドウ品種も異なる。
- 2001年に遺伝学者キャロル・メレディス博士を中心に行ったDNA鑑定の結果、ダルマチアの土着品種（Crljenak Kastelanski ツェリニナック・カシュテランスキや Tribidrag トリビドラグ）は、**プリミティーボ**や**ジンファンデル**と同種であることが判明した。

Chapter **23** クロアチア

白ブドウ	沿岸部	大陸部
	Malvasia マルヴァジア ＊全体**2**位	**Graševina** グラシェヴィナ ＝ **Welschriesling** ヴェルシュリースリング ＊全体**1**位
	Pinot Bijeli ピノ・ビエリ ＝ Pinot Blanc ピノ・ブラン	Rajnski Rizling ラインスキ・リズリング ＝ Riesling リースリング
	Chardonnay シャルドネ	**Traminac** トラミナッツ ＝ Gewürztraminer ゲヴュルツトラミネル
	Žlahtina ズラフティナ（土着品種）	**Pinot Bijeli** ピノ・ビエリ ＝ Pinot Blanc ピノ・ブラン
	Trbljan トルブリャン（土着品種）	**Pinot Sivi** ピノ・シヴィ ＝ Pinot Gris ピノ・グリ

> いわゆるドイツ原産の「リースリング」のこと。リースリング・イタリコと区別するために、「"ライン川の"リースリング」＝ライン・リースリングと呼ぶことがある。

Blaufränkisch ブラウフレンキッシュ
＝ Kékfrankos ケークフランコシュ（ハンガリー）
※教本にシノニムの記載無し
＝ Lemberger レンベルガー（ドイツ）
＝ Modra Frankinja モドラ・フランキニャ（スロヴェニア）
※教本にシノニムの記載無し
＝ Frankovka フランコヴカ（クロアチア）

Riesling Italico リースリング・イタリコ
＝ Welschriesling ヴェルシュリースリング
＝ Olasz Rizling オラスリズリング（ハンガリー）
＝ Laski Rizling ラシュキ・リーズリング（スロヴェニア）
＝ Graševina グラシェヴィナ（クロアチア）

黒ブドウ	沿岸部	大陸部
	Plavac Mali プラヴァッツ・マリ ＊全体**3**位 ＊Trbidrag×Dobricicの交配品種	**Portugizac** ポルトギザッツ ＝ Portugieser ポルトギーザー
	Babic バビッチ（土着品種）	**Frankovka** フランコヴカ ＝ Blaufränkisch ブラウフレンキッシュ
	Teran テラン（土着品種）	

ワイン法と品質分類

- 2013年にEUに加盟したことに伴い、EUの原産地呼称保護（P.D.O.）に基づいて、3つのリージョンが制定された。2019年には、<u>4</u>つのワイン産地となり、<u>12</u>のサブリージョン（Podregija）、<u>72</u>の小地区（Vinogorje）が制定されている。

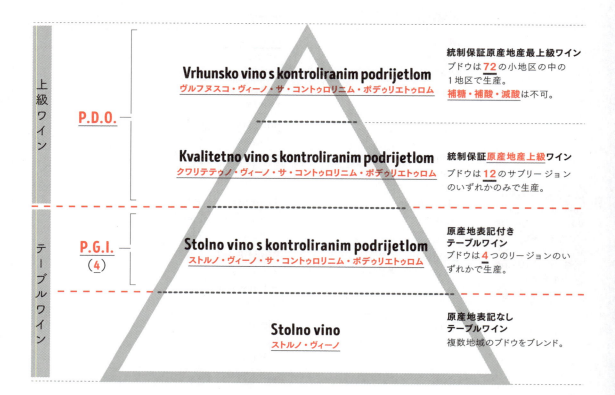

上級ワインに併記できるプレディカート（肩書き）

プレディカート	説明	エクスレ度
Kasna berba カスナ・ベルバ	シュペートレーゼ	94以上
Izborna berba イズボルナ・ベルバ	アウスレーゼ	105以上
Izborna berba bobica イズボルナ・ベルバ・ボビツァ	過熟したブドウ、貴腐ブドウから造る	127以上
Izborna berba prosusenih bobica イズボルナ・ベルバ・プロスシェニフ・ボビツァ	乾燥したブドウから造る	154以上
Ledeno vino レデノ・ヴィーノ	気温−7℃以下で収穫したアイスワイン	127以上

クロアチア（ワイン法の［スロヴェニア］との比較）

凡例
「V」がつくと最上級ワイン
「K」がつくと上級ワイン

スロヴェニア / Slovenia

上級ワイン

P.D.O. 9
地理的表示付きのワイン

① **Vrhunsko vino Z.G.P.**
ヴルフンスコ・ヴィノ
統制保証原産地産<u>最上級</u>ワイン

② **Kakovostno vino Z.G.P.**
カコヴォストノ・ヴィノ
統制保証原産地産上級ワイン

P.D.O. >>> 原産地呼称保護
全ワインの7割がP.D.O.にあたる。Z.G.P.の中に、地域特有のワインスタイルを定義した **P.T.P.**（統制保証原産地産伝統的ワイン）が赤ワインが4つ、白ワインが3つある。
① ②共通：統制保証原産地9地区からのブドウを<u>100%</u>使用。品種および醸造方法を規定されている。
① 補糖・補酸・減酸は禁止。
② 補酸・減酸は禁止。

テーブルワイン

P.G.I. 3

Deželno vino P.G.O.
デジェルノ・ヴィノ

地理的表記がないワイン

P.G.I. >>> 地理的表示保護
認定された3地域のいずれか1地域のブドウを <u>85%</u> 以上使用し、その原産地を表記できる。

クロアチア / Croatia

Vrhunsko vino s kontroliranim podrijetlom
ヴルフンスコ・ヴィーノ・サ・コントゥロリェニム・ポドゥリエトゥロム
統制保証原産地産<u>最上級</u>ワイン
ブドウは <u>72</u> の小地区の中の1地区で生産。
補糖・補酸・減酸は不可。

Kvalitetno vino s kontroliranim podrijetlom
クヴァリテトゥノ・ヴィーノ・サ・コントゥロリェニム・ポドゥリエトゥロム
統制保証原産地上級ワイン
ブドウは <u>12</u> のサブリージョンのいずれかのみで生産。

P.D.O.

Stolno vino s kontroliranim podrijetlom
ストルノ・ヴィーノ・サ・コントゥロリェニム・ポドゥリエトゥロム
原産地表記付き テーブルワイン
ブドウは <u>4</u> つのリージョンのいずれかで生産。

P.G.I. 4

Stolno vino
ストルノ・ヴィーノ
原産地表記なし テーブルワイン
複数地域のブドウをブレンド。

主要な産地

- ワイン産地は以下の**4**つに分けられる。

スラヴォニアとクロアチアンドナウ（スラヴォニア イ フルヴァツコ ポドゥナヴィエ）
全体に平坦な地域で、北に**ドラヴァ**川（ハンガリーとの国境）、東に**ドナウ**川（セルビアとの国境）を有する。穏やかな**大陸性**気候。

代表的生産地	特徴
Hrvatsko Podunavlje フルヴァツコ・ポドゥナヴィエ	クロアチア**最東**部に位置し、**ドナウ**川沿いに広がる産地。
Slavonija スラヴォニア	クロアチア**最大規模**の産地。代表品種はグラシェヴィナ（白）だが、ブルゴーニュ品種の可能性が期待されている。 フランコヴカ（赤）から、スティルワインやスパークリングワインも造られる。 ワイン熟成用の樽材「**スラヴォニアオーク**」の産地としても有名。 最も高い斜面の畑から**アイスワイン**が造られ、国際的評価を得ている。

> **出題のポイント**
> 「最大の産地」
> スロヴェニア最大の生産地
> ⇒ポドラウイエ（P.G.I.）
> クロアチア最大規模の産地
> ⇒スラヴォニア（P.D.O.）

クロアチア高地（スレディシュニャ ブレゴヴィタ フルヴァツカ）
首都ザグレブを囲む丘陵地帯。**冷涼**な気候で**白**ブドウ品種が多い。

代表的生産地	特徴
Moslavina モスラヴィーナ	古い歴史をもつが、小規模生産者が多く、地元消費されることが多い。 主要品種は、土着のシュクルレットとグラシェビナ。
Prigorje-Bilogora プリゴリェ・ビロゴラ	首都**ザグレブ**が位置し、ハンガリーと国境を接する。 1,000m級の山々に囲まれた**サヴァ**川沿いに畑が広がる。
Zagorje-Medimurje ザゴリエ・ムジムリエ	ブドウ栽培に最適な土地が広がり、中でも「ムジムリスケ・ゴリチェ」は最高の畑といわれる。 生産者たちは「**Pusipel プシペル**」の名称で、この地を代表するワインとして販売している。
Plešivica プレシヴィツァ	首都**ザグレブ**の西に広がる産地。 白品種が中心だが、黒品種「**ポルトギザッツ**（ポルトギーザー）」の新酒（クロアチア版ボージョレ・ヌーヴォーともいえる）が最も有名で、栗と共に楽しまれる。 サモボール地区では、「**Bermet ベルメット**」というアロマティック品種から伝統的な方式で造られる甘口ワインのほか、スパークリングワインの生産でも有名。
Pokuplje ポクピェ	サヴァ川に合流するクパ川沿いに広がる低地の地域。 大陸部では**最小**のサブリージョン。

イストラとクヴァルネル（フルヴァツカ イストラ イ クヴァルネル）

代表的生産地	特徴
Hrvatska Istra フルヴァツカ・イストラ	近年の教育や施設への投資が進んだことで、クオリティが向上し「**イストラ**品質」とも呼ばれる。 1000年以上にわたりワイン生産が盛んな地域。 代表品種は、**マルヴァジア**（白）と**テラン**（黒）。

ダルマチア
海岸から内陸部、多数の島々まで、気候や土壌が多彩で、島ならではの土着品種も多い。

代表的生産地	特徴
Sjeverna Dalmacija シェヴェルナ・ダルマチア	ボスニア・ヘルツェゴヴィナの国境まで広がり、様々な気候条件をもつ。 地域南部は、土着品種バビッチの栽培が盛ん。 グルナッシュで造られる「Rosé Benkovac ロゼ・ベンコヴァッツ」はクロアチアで最も有名なロゼワイン。
Srednja I Južna Dalmacija スレディニャ・イ・ユジュナ・ダルマチア	クロアチアワイン生産のルーツともいえる産地。 典型的な**地中海性**気候で、畑の多くが海に面した斜面にあるため海風の恩恵を受ける。 代表品種は**プラヴァッツ・マリ**（黒）。 観光地**ドゥブロヴニク**近辺でマルヴァジアから造られるワインはクロアチアで最も古いワインの1つ。

> スロヴェニアの"クラシュキ・テラン"（プリモルスカ地域）に用いられる品種は"レフォシュク"！つまり「テラン」とは、スロヴェニアでワインの銘柄名となり、クロアチアではブドウ品種名となる。

Chapter 24 英国

United Kingdom

> 試験上は、イングランドとウェールズの位置だけ覚えておけばOK。
> また、フランスとの位置関係を確認しておこう。

- 英国は、イングランド、ウェールズ、スコットランド、北アイルランドの4つの構成国が連合した形式の連合王国である。

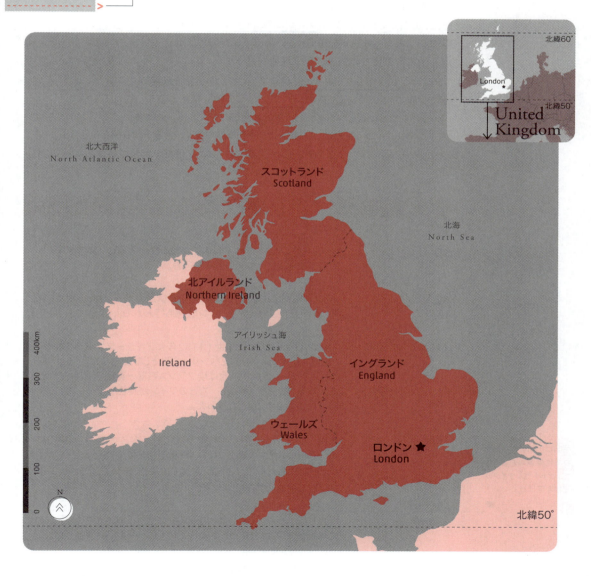

DATA United Kingdom

- **ブドウ栽培面積** ・・・・・ 約4,200ha
- **ワイン生産量割合** ・・ **スパークリング**ワイン約**76**％（うちトラディショナル方式91％、シャルマ方式7％、白78％、ロゼ22％）、スティルワイン約23％（うち白66％、ロゼ20％、赤13％）
- **気候** ・・・・・・・・・・・・・・ **海洋性温帯**気候

概要

- 北緯**49**～**61**度の高緯度に位置しており、主要ワイン生産国の中でもかなり北極寄りである。気候は基本的に冷涼。
- 英国北部は、低気温・高雨量であるため、ブドウ栽培が難しく、商業的ワイナリーがほとんど存在しない。
- 一方、英国の**南部**は暖流の「**メキシコ湾流**（＝北大西洋海流）」（メキシコ湾から大西洋を横切る）によって、比較的温和な海洋性温帯気候であり、多くの生産者が点在している。

  > ボルドーやニューヨーク州（アメリカ）の沖を流れる海流と同じ。

- 近年、**スパークリングワイン**の品質向上・生産量の増加が顕著で、特にイングランド**南部**の**スパークリングワイン**は、**シャンパーニュ**に近いスタイルで国際的な評価を得ているものが多い。
- 大手**シャンパーニュ**生産者が、英国でブドウ栽培やワイン生産を行う例もみられ、シャルマ方式のスパークリングワインも発売されるなど、価格や品質の幅が広がっている。

歴史　History

時代	主な出来事
BC1C	ワインを好む**ベルガエ**人（現在のベルギー周辺の人々）が、南東部に進出し、ワインを持ち込む。
6C～	キリスト教が広まると、グレートブリテン島**南東部**の**修道院**でブドウが栽培され始め、ワイン醸造も行われるようになる。
1154年	ノルマンディー公アンリ1世（1152年にアキテーヌ女公アリエノールと結婚）がイングランド王ヘンリー2世として即位した。これにより、ふたりの領地は現フランス西部と英国全体を占める広大なものとなり、**ボルドー**などのワインが英国に盛んに供給されるようになった。
1662年	英国の科学者 Christopher Merret クリストファー・メレットが、樽内のワインに糖分の高い原料を加えて再発酵させ発泡性をもたらす方法を論文で言及。意図的に**二次発酵**を起こさせる方法を記した最古の文書とされる。
1703年	**ポルトガル**とメシュエン条約を締結し、ポルトガルからのワインの輸入関税を下げたため、ポルトガルワインの輸入が増加した。
19C中頃	フィロキセラとウドンコ病によって、ブドウ畑が被害を受けたため、**ワイン関税**が引き下げられ、英国上流階級がヨーロッパ各地の輸入ワインを日常的に飲むようになった。

> 英国は、自国産の羊毛の関税軽減の対価として、ポルトガルワインの関税を下げた。

History

時代	主な出来事
1952年	第二次世界大戦中にワイン生産は途絶えたが、戦後に試験栽培され、選抜された苗を英国の商業的ワイナリーの先駆けである **Hambledon** ハンブルドンが植樹。
1970年代	首都ロンドンがワイン流通業界の「世界的な中心地」という地位を確立し、ワイン業界における専門資格 Master of Wine（MW）や Master Sommelier（MS）の団体が創設された。
1990年代前半〜	スパークリングワインが注目され、英国を代表するワインとして国際的評価を高めている。

> 現在においても、ワインジャーナリズムの世界的な中心地であり、世界的なワインの集積地といわれている。

> ワイン業界最高峰の二大資格。

主要ブドウ品種

- 1980年代から、気候温暖化によってブドウの熟度が上がるようになり、寒冷地向き以外の品種や黒ブドウも栽培しやすくなった。
- 気候変動による温暖化、南向き斜面にある日照に恵まれた畑の増加、シャンパーニュスタイルの**スパークリングワイン**の生産が盛んになったことなどにより、**ピノ・ノワール**、**シャルドネ**、**ムニエ**（シャンパーニュの主要3品種）が多く栽培されるようになっている。
- 欧州では高品質ワインにはほとんど使われないハイブリッド品種（セイヴァル・ブランなど）、ドイツ系交配品種（**バッカス**/**バッフス**など）も多く栽培されている。これらの品種は、寒冷な生育環境でも熟度が高まりやすい。
- 最近は、急速に進む気候温暖化に伴ってブドウの熟度が高まり、冷涼な気候に適した品種（**ピノ・ノワール**、**リースリング**など）を中心に**スティルワイン**の品質と生産量が向上しつつある。

ブドウ栽培面積順位

	品種名	種類
1位	**Chardonnay** シャルドネ	白
2位	**Pinot Noir** ピノ・ノワール	黒
3位	**Meunier** ムニエ	黒
4位	**Bacchus** バッカス/バッフス	白
5位	Seyval Blanc セイヴァル・ブラン	白

> この順位からも、いかにスパークリングワインの生産に集中しているかがわかる。
> ※シャンパーニュ地方での主要3品種の順位は、
> **1位** ピノ・ノワール（39%）
> **2位** ムニエ（33%）
> **3位** シャルドネ（28%）

Chapter 24 英国

ワイン法と品質分類

- 英国のワインの名称保護は、2020年末までEUのワイン法で規定されていたが、英国のEU離脱に伴い、2021年からは英国政府の環境・食料・農村地域省（DEFRA）が新たに定めた、**G.I.**（**Geographical Indication**）システムに移行した。
- 2020年12月31日までにEUで登録承認された名称は、英国のG.I.制度で認証・保護される。
- ワインは以下の3カテゴリーに分類される。

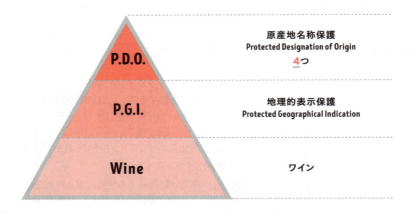

P.D.O. >>> 原産地名称保護
Protected Designation of Origin

- 原料ブドウはその名称の地区内で栽培されたもののみ使用し、ハイブリッド品種は使用不可などの規定がある。
- 収穫年、ブドウ品種、「Protected Designation of Origin」の表示可。
- 現在のP.D.O.登録産地は以下の**4**つ。

① **English Wine** イングリッシュ・ワイン（2011年認定）
- イングランドで収穫されたブドウ100%で造られたワインの表示。
- スパークリングワインは、**トラディショナル**方式で滓と共に9カ月以上瓶内熟成などの規定がある。

② **Welsh Wine** ウェルシュ・ワイン（2011年認定）
- ウェールズで収穫されたブドウ100%で造られたワインの表示。
- 「標高**220m以下**の畑で栽培されたブドウを使用する」ことが条件。
- スパークリングワインは、**トラディショナル**方式で滓と共に9カ月以上瓶内熟成などの規定がある。

③ **Sussex Wine** サセックス・ワイン（2022年認定）
- イングランドのサセックス地方で収穫されたブドウ100%で造られたワインの表示。
- 白ブドウ、黒ブドウあわせて**24**品種を使用できる。
- 原料ブドウの最低85%を占めている収穫年を表示可。
- スパークリングワインは、**トラディショナル**方式で**15**カ月以上（うち滓と共に12カ月以上瓶内）熟成などの規定がある。

④ **Darnibole Wine** ダーニボール・ワイン
（別名 Darnibole Bacchus Wine ダーニボール・バッカス・ワイン）（2017年認定）
- イングランドの南西端コーンウォール州にある生産者**キャメル・ヴァレー・ヴィンヤード**の**単独所有畑**「ダーニボール」のブドウ100%で造った**辛口の白**ワイン。
- 使用品種は**バッカス**/**バッフス**のみ、収穫は手摘み。

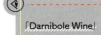

「Darnibole Wine」
1 州 コーンウォール
2 生産者 キャメル・ヴァレー・ヴィンヤード
3 単独所有畑 ダーニボール
4 品種 バッカス（バッフス）100%
5 タイプ 辛口の白

P.G.I. >>> 地理的表示保護
Protected Geographical Indication

- 原料ブドウの85％以上はその名称の地域で栽培されたものでなくてはならない（15％までは英国内の他地域のブドウを使用可）。使用可能品種などの規定がある。
- 収穫年、ブドウ品種、「Protected Geographical Indication」の表示可。
- 「English Regional Wine」、「Welsh Regional Wine」の2名称。

Wine >>> ワイン

- 原料ブドウの **85**％以上を占める収穫年、ブドウ品種の表示可。複数の品種を表示する場合、それらの品種が原料ブドウの95％を占める必要あり。使用割合の高い順にすべての品種を表示する。
- 「English」「Welsh」「Regional」など保護された呼称は表示不可。
- スティルワインは「White Wine」などの表示可、スパークリングワインは「Sparkling Wine」と明記する。
- 英国で英国産ブドウのみを使用して造ったワインは「Wine of United Kingdom（英国ワイン）」と表示可。または「Wine」と表示がある場合は、「Produced in England（イングランドで製造）」、「Product of United Kingdom（英国の産品）」などの表示が可能。

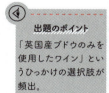

出題のポイント
「英国産ブドウのみを使用したワイン」というひっかけの選択肢が頻出。

British Wine　ブリティッシュ・ワイン
※ワイン法の呼称とは別に輸入ブドウや濃縮ブドウ果汁などを原料にして英国で造られた酒類は、「**British Wine** ブリティッシュ・ワイン」の呼称が伝統的な表現として認められている。

主要な産地

England イングランド

- 英国のブドウ畑の大半が**イングランド**にあり、英国ワインの約98％を生産している。
- ワイン用ブドウ栽培面積が最も多いリージョンは、
  サウス・イースト・イングランド（ロンドンの南側から西側にかけての方向に位置）と
  サウス・ウエスト・イングランド（グレートブリテン島の南西側で半島状に突き出す）。
- イングランド**南**部には、**シャンパーニュ**からイギリス海峡を越えて連なる**白亜**土壌の地層
  が露出した丘陵地があり、ここでのブドウ栽培は特に**スパークリングワイン**において
  大きな特色となっている。
- 9リージョン（地方）に分かれ、リージョン内ではカウンティ（州）などの地区に分かれている。

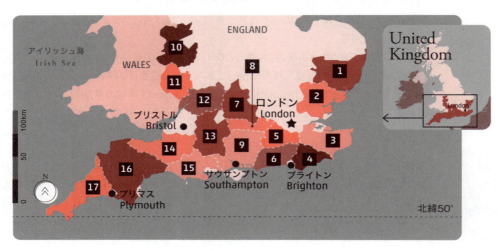

1	Suffolk サフォーク州	6	West Sussex ウエスト・サセックス州	11	Herefordshire ヘレフォードシャー州	16	Devon デヴォン州
2	Essex エセックス州	7	Oxfordshire オックスフォードシャー州	12	Gloucestershire グロスタシャー州	17	Cornwall コーンウォール州
3	Kent ケント州	8	Berkshire バークシャー州	13	Wiltshire ウィルトシャー州		
4	East Sussex イースト・サセックス州	9	Hampshire ハンプシャー州	14	Somerset サマセット州		
5	Surrey サリー州	10	Shropshire シュロップシャー州	15	Dorset ドーセット州		

州別栽培面積順位

	州
1位	**Kent** ケント
2位	**West Sussex** ウエスト・サセックス
3位	**East Sussex** イースト・サセックス
4位	Hampshire ハンプシャー
5位	Essex エセックス

州	特徴
Kent ケント	英国の南東端、フランスに隣接した「**ドーバー海峡**」に面する。 温暖な気候、果樹やホップの栽培が盛んで「**イングランドの庭園**」とも称される。 **バッカス**/**バッフス**などの品種から造られる白ワインが多いが、 シャンパーニュ3品種で造るスパークリングワインの品質が高い。
Sussex サセックス	イーストとウエストに分かれるサセックス地方は、**ハンプシャー**と並んで英国で 日照量が最も豊富で気候は温暖。イギリス海峡の影響で夏期や昼間の気温が 高くなりすぎず、**酸**が高めに保たれる。 **白亜質**土壌が多い。サセックス2州のピノ・ノワール、ムニエの栽培面積は ケント州より多い他、**リースリング**なども栽培されている。
Hampshire ハンプシャー	海辺のリゾート地として有名な州で、サセックスと並び日照量が最も豊富な地域。 イングランド**南**岸で、ハンプシャーからイースト・サセックスまで続く **白亜質**土壌が地表に露出した「**サウス・ダウンズ**」周辺にワイナリーが多い。 ミネラル感のある白ワインやスパークリングワインが産出され、 ケント州に次いで**シャルドネ**の栽培が多い。
Surrey サリー	ロンドンの**南東**に隣接し、人口が多い。 「**サリー・ヒルズ**（ケント州に連なる丘陵地ノース・ダウンズの西側半分）」周辺に ワイナリーが集中する。 **海**に面していないため、夜間や冬季の気温が低くなる傾向があり、 伝統的にバッカス/バッフス、セイヴァル・ブランなどが多く栽培されてきた。

Wales ウェールズ

- イングランドの**西**側に隣接し、ウェールズ語などの独自のケルト系文化をもつ。
- **山地**が多く、海に囲まれていて**冷涼**な海洋性気候のため、**低温**に強く早熟な品種が主力。
- 比較的温暖で平地の多い**南**部にブドウ畑が集中していたが、
温暖化により中北部にもブドウ畑が増加中。

英国の伝統的な食品

名称	内容
Cheddar Cheese チェダー・チーズ	・牛乳原料、ハードチーズ。 「チェダリング（細かくカットしてから圧搾する）」製法による程よい酸味をもち、 ぽろぽろとした食感がある。 ・発祥はサウス・ウエスト・イングランド地方のサマセット州チェダー村。 ・サマセット、ドーセット、デヴォン、コーンウォールの4州で生産される 「West Country Farmhouse Cheddar Cheese」が最も有名。
Stilton Cheese スティルトン・チーズ	・牛乳原料、円柱形のソフトチーズ。 ・青カビチーズ「Blue Stilton Cheese ブルー・スティルトン・チーズ」と、 青カビを使用しない「White Stilton Cheese ホワイト・スティルトン・チーズ」の 2種類がある。
Clotted Cream クロテッド・クリーム	・牛乳を加熱・冷却した液面の固まり（clot）を集めたクリーム。 ・一般的なクリームよりも脂肪分が高くバターに近い風味で、ナッツのような香りがある。 ・紅茶に添えた焼き菓子のスコーンにジャムと一緒に載せて食べる 「クリーム・ティー」に用いられる。 ・有名な「Cornish Clotted Cream」はコーンウォール州で造られる。

Chapter 25 ルーマニア

Romania

- ルーマニアは、北に**ウクライナ**、南に**ブルガリア**、西に**セルビア**、北西部に**ハンガリー**、北東部に**モルドバ**と隣接していて、東に**黒海**がある。

出題のポイント
モルドバと2カ国1セットで学習する！
（歴史もワインも似ているため、その違いが問われる）

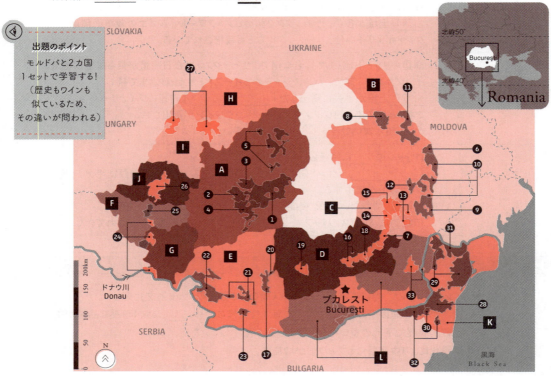

Podişul Transilvaniei
ポディシュル・トランシルヴァニエイ

- **A** I.G. Dealurile Transilvaniei デアルリレ・トランシルヴァニエイ
- **1** D.O.C. Târnave タルナーヴェ
- **2** D.O.C. Alba Iulia アルバ・ユリア
- **3** D.O.C. Aiud アユッド
- **4** D.O.C. Sebeş-Apold セベシュ・アポルド
- **5** D.O.C. Lechinţa レキンツァ

Dealurile Moldovei
デアルリレ・モルドヴェイ

- **B** I.G. Dealurile Moldovei デアルリレ・モルドヴェイ
- **C** I.G. Dealurile Vrancei デアルリレ・ヴランチェイ
- **6** D.O.C. Bohotin ボホティン
- **7** D.O.C. Coteşti コテシュティ
- **8** D.O.C. Cotnari コトナリ
- **9** D.O.C. Dealu Bujorului デアル・ブジョルルイ
- **10** D.O.C. Huşi フシ
- **11** D.O.C. Iaşi ヤシ
- **12** D.O.C. Iana ヤナ
- **13** D.O.C. Nicoreşti ニコレシティ
- **14** D.O.C. Odobeşti オドベシュティ
- **15** D.O.C. Panciu パンチュ

Dealurile Munteniei şi Olteniei
デアルリレ・ムンテニエイ・シ・オルテニエイ

- **D** I.G. Dealurile Munteniei デアルリレ・ムンテニエイ
- **E** I.G. Dealurile Olteniei デアルリレ・オルテニエイ
- **16** D.O.C. Dealu Mare デアル・マーレ
- **17** D.O.C. Drăgăşani ドラガシャニ
- **18** D.O.C. Pietroasa ピエトロアサ
- **19** D.O.C. Ştefăneşti シュテファネシティ
- **20** D.O.C Sâmbureşti サンブレシュティ
- **21** D.O.C. Banu Mărăcine バヌ・マラチネ
- **22** D.O.C. Mehedinţi メヘディンツィ
- **23** D.O.C. Segarcea セガルチェア

Banat
バナット

- **F** I.G. Viile Timişului ヴィイレ・ティミシュルイ
- **G** I.G. Viile Caraşului ヴィイレ・カラシュルイ
- **24** D.O.C. Banat バナット
- **25** D.O.C. Recaş レカシュ

Crişana şi Maramureş
クリシャナ・シ・マラムレシュ

- **H** I.G. Dealurile Sătmarului デアルリレ・サトマルルイ
- **I** I.G. Dealurile Crişanei デアルリレ・クリシャネイ
- **J** I.G. Dealurile Zarandului デアルリレ・ザランドゥルイ
- **26** D.O.C. Miniş ミニシュ
- **27** D.O.C. Crişana クリシャナ

Colinele Dobrogei
コリネレ・ドブロジェイ

- **K** I.G. Colinele Dobrogei コリネレ・ドブロジェイ
- **28** D.O.C. Murfatlar ムルファトラール
- **29** D.O.C. Babadag ババダグ
- **30** D.O.C. Adamclisi アダムクリシ
- **31** D.O.C. Sarica Niculiţel サリカ・ニクリツェル

Terasele Dunării
テラセレ・ドゥナリー

- **L** I.G. Terasele Dunării テラセレ・ドゥナリー
- **32** D.O.C. Oltina オルティナ
- **33** D.O.C. Însurăţei ウンスラツェイ

Nisipuri şi alte Terenuri Favorabile din Sudul Ţări
ニシプリ・シ・アルテ・テレヌリ・ファヴォラビレ・ディン・スドゥル・ツァリ

主にドナウ川沿いに点在する産地をまとめた区分名。I.G.、D.O.C.はない。

DATA 　　　　　　　　　　　　　　　　　　　　　　　　　　　　Romania

ブドウ栽培面積 約18万ha
ワイン生産量 .... 約396万hℓ（ヴィニフェラ系**60**％、ハイブリッド40％）
気候 .... **温帯大陸性**気候（黒海の近くはより温暖な冬）

> モルドバは「大陸性気候」。

概要

- **南フランス**と同緯度の北緯**44**〜**48**度に位置している。

歴史　　　　　　　　　　　　　　　　　　　　　　　　　History

> モルドバは「5000年」の歴史。

- ワイン造りには**4000**年の歴史がある。
  黒海沿いのドブロジェア地方から入ってきた**古代ギリシャ人**の影響も強く、
  ダキア時代には人々の生活にワイン文化が密着していた。

時代	主な出来事
15C頃〜	**コトナリ**地方がワインの銘醸地として名声を上げる。
17C頃	**コトナリ**のワインとトカイワインとを比較した記述が歴史書に残る。
1944年〜	共産主義時代が到来。 質より量を重視したチャウシェスク政権により、 ルーマニアワインの品質が下がった。
1989年〜	チャウシェスク政権崩壊後は、 製造を独占していた国営の協同組合は廃止となり、 徐々に土地が生産者へ返却された。
2007年	**EU加盟**によってワイン法が見直され、 設備投資やワイン造りの改善といった努力が続けられている。

> 古代に、現在のルーマニアの辺りに居住していた民族をダキア人という。つまり"ダキア時代"とは"古代"と意訳してよい。

> 1974年の大統領就任〜1989年のルーマニア革命まで独裁体制をしいた。

> モルドバはEUに加盟していない！

Chapter 25 ルーマニア

主要ブドウ品種

★の4つの品種は、モルドバと共通。
（※Băbească Neagrăはシノニム有り）

	土着品種名	特徴
白ブドウ	**Fetească Regală ★** フェテアスカ・レガーラ	「**高貴な乙女**」を意味する。 栽培面積は全体**1**位。 **フェテアスカ・アルバ**とフランクシャの交配品種。
	Fetească Albă ★ フェテアスカ・アルバ	「**白い乙女**」を意味する。栽培面積は全体**2**位。 **ルーマニア**と**モルドバ**両国の土着品種。
	Grasă de Cotnari グラサ・デ・コトナリ	**コトナリ**地方で最も重要な品種。 **大ぶり**の粒で名前も「大粒」を意味する。 **貴腐**ブドウとしての栽培にも向いており、 **トカイワイン**と並び称されてきた歴史がある。
	Tămâioasă Românească タマヨアサ・ロマネアスカ	Muscat Blanc à Petits Grainsと同一品種。
	Frâncușă フランクシャ	主に Cotnari コトナリ地方で栽培される古代品種。フレッシュな酸と青々しい香りを持つ。
黒ブドウ	**Băbească Neagră ★** バベアスカ・ネアグラ	「**黒い貴婦人**」を意味する。モルドバでは 「**ララ・ネアグラ**」として知られる。
	Fetească Neagră ★ フェテアスカ・ネアグラ	「**黒い乙女**」を意味する。 古い土着品種でルーツは不明。 **高品質**なワインに向くとして、 近年多くの生産者の間で注目される。
	Negru de Drăgășani ネグル・デ・ドラガシャニ	「ドラガシャニの黒」を意味する。 マイナーだが非常にポテンシャルが高く、 同国の代表品種の一つとして評価されている。
	Crâmpoșie クランポシエ	古代土着品種。やや干しブドウ状になったものから優れたワインが生みだされる。栽培が難しい。
	Crâmpoșie selecționată クランポシエ・セレクツィオナタ	上記のクランポシエとゴルダンの交配品種。 クランポシエより栽培効率がよい。
グリブドウ （ロゼ向け）	**Busuioacă de Bohotin** ブスイオアカ・デ・ボホティン	バジル（busuioc）を意味し、強い香りが特徴。 Muscat Blanc à Petits Grainsの 突然変異から生まれたグリブドウ品種。

- ルーマニアでは、国際品種も多く栽培されている。
  ルーマニアで栽培されている国際品種順位
  1位 **メルロ**（全体**3**位）
  2位 **ヴェルシュリースリング** ← "リースリング・イタリコ"のこと。
  3位 ソーヴィニヨン・ブラン

ワイン法と品質分類

- **D.O.C.** — デヌミレ・デ・オリジネ・コントロラータ（産地**33**）原産地呼称保護
- **I.G.P.** — インディカツィエ・ジェオグラフィカ・プロテジャタ（産地**12**）地理的表示保護
- **Vin Varietal** — ヴィン・ヴァラエタル／ヴァラエタルワイン※
- テーブルワイン
- 交雑種（ハイブリッド）ワイン

※ D.O.C.とI.G.P.以外、認可品種名を表示、その品種を85％以上使用。

収穫時期を示す分類
（D.O.C.のみ表示可）

ブドウの収穫時期に関する表記

D.O.C.-CMD	**完熟期**に収穫されたブドウ
D.O.C.-CT	**遅摘み**ブドウ
D.O.C.-CIB	**貴腐**ブドウ

熟成期間による分類
（D.O.C.とI.G.P.共に表示可）

熟成表記

Vin tânăr ヴィン・トゥナル	醸造された年に販売される若いワイン、新酒	
Rezervă レゼルヴァ	樽熟成：6カ月以上	瓶内熟成：6カ月以上
Vin de vinotecă ヴィン・デ・ヴィノテカ	樽熟成：1年以上	瓶内熟成：4カ月以上

主要な産地

- ルーマニアワイナリー協会によって区分された8つのワイン産地※がある。

産地	特徴
Podişul Transilvaniei ポディシュル・トランシルヴァニエイ	**カルパチア**山脈に囲まれ冷たい風から守られる一方 標高600mで、大陸性で冬は厳しく、最も冷涼な地域。近年は赤ワイン生産も盛ん。
Dealurile Moldovei デアルリレ・モルドヴェイ	ルーマニア東部、旧モルドバ公国だった地方で ブドウ**栽培の歴史**が古い。 面積**最大**の産地。 コトナリで産する甘口ワインが有名。
Colinele Dobrogei コリネレ・ドブロジェイ	ドブロジャ地方のドナウ川と黒海の間に位置する地域。雨が少なく黒海により冬が温暖。

モルドバの最大産地
⇩
ヴァルル・ルイ・トラヤン

※上記の他は、クリシャナ・シ・マラムレシュ、バナット、デアルリレ・ムンテニエイ・シ・オルテニエイ、テラセレ・ドゥナリー、ニシプリ・シ・アルテ・テレヌリ・ファヴォラビレ・ディン・スドゥル・ツァリー。

Chapter 26 モルドバ

Moldova

ルーマニアと2カ国 1セットで学習する！

- モルドバは、西に<u>ルーマニア</u>、東と南を<u>ウクライナ</u>に囲まれた国。南東端が僅かに黒海に面している。

沿ドニエストル共和国
ニストル川（ロシア語で"ドニエストル川"）とウクライナ国境との間の細長い土地にあり、国際的にはモルドバの一部と広く認められている未承認の分離国家である。

「ルーマニアとモルドバ」
モルドバ人は言語的、文化的にルーマニア人との違いはほとんどなく、中世のモルドバ公国※以後、トルコとロシアならびソ連、ルーマニアの間で領土の占領・併合が繰り返された地域である。
※「モルドバ公国」（＝モルダヴィア公国）中世に建国された、ルーマニア人の国家である。現在のルーマニア北東部からモルドバ、ウクライナの一部にまたがっていた。

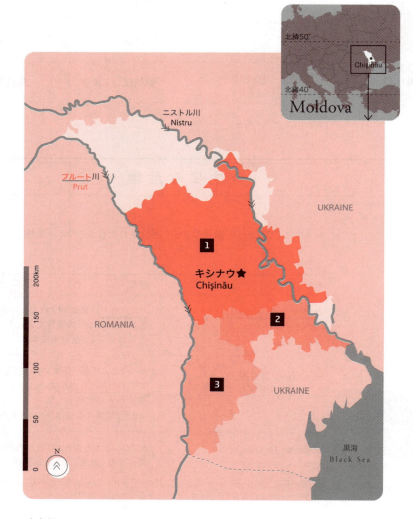

中央部
1 ■ <u>Codru</u>
コドゥル

南東部
2 ■ <u>Ștefan Vodă</u>
シュテファン・ヴォダ

南西部
3 ■ <u>Valul lui Traian</u>
ヴァルル・ルイ・トラヤン

全域
Divin
ディヴィン

DATA		Moldova

ブドウ栽培面積 …… 約12万ha（うちワイン用ブドウは約7万ha、白65％、黒35％）
気候 …………… 穏やかな**大陸性**気候
土壌 …………… 約**75**％は腐植土を豊富に含んだ
黒土（＝**Chernozem** チェルノゼム）、
その他、灰白土（＝Podzol ポドゾル）など全体的に肥沃な土壌。

> ルーマニアは「温帯大陸性気候」。

概要

- 大半のモルドバワインのラベルに見られる「**コウノトリ**と**ブドウ**のマーク」は、戦闘で追い詰められた戦士にコウノトリが与えたブドウで戦局が逆転して勝利したという**シュテファン・チェル・マーレ**時代の逸話から生まれている。
当時のワイン造りの繁栄の様子はこうした逸話に表れており、義務化されていないが、好んで用いられているモチーフである。

> 国土面積は、九州よりも少し小さい。

> モルドバ公シュテファン3世。"チェル・マーレ"とは"大公"という意味。反オスマン帝国闘争を展開し、ローマ教皇から「キリストの戦士」と称えられた。

歴史　　　　　　　　　　　　　　　　History

- ワイン造りには**5000**年の歴史がある。**ダキア**人によるワイン造りが盛んであった。

> ルーマニアとの違い
> ダキア人は共通だが、ルーマニアは「4000年」の歴史。

時代	主な出来事
15C後半	モルドバ公**シュテファン・チェル・マーレ**の時代にワイン造りの最盛期が訪れる。
1980年代	ゴルバチョフ政権時、**禁酒**政策により、ブドウ畑が破壊され、14万haものブドウ畑が消滅したといわれている。
1991年～	ソ連から独立後、ワイナリーの民営化が進む。独立後も大半のワインは**ロシア**を含む旧ソ連国に輸出され続けた。EU基準に沿った新しいワイン法を2006年に導入。
～現在	USAID（米国国際開発庁）やEUの協力を得ながら、西ヨーロッパやアメリカを輸出先とした高品質なワイン生産への転換を進めている。

> ルーマニアは「2007年」にEUに加盟。

主要ブドウ品種

- ヴィティス・ヴィニフェラでは国際品種が約 **73**％、コーカサス品種※は約17％、土着品種は約10％の割合である。
- 土着品種の栽培面積順位は、
  1位 **フェテアスカ・アルバ**（白）、
  2位 **フェテアスカ・レガーラ**（白）、
  3位 **フェテアスカ・ネアグラ**（黒）。

※ルカツィテリ、サペラヴィなど（ジョージアの主要品種を参照）。

	土着品種名	特徴
白ブドウ	**Fetească Albă ★** フェテアスカ・アルバ	モルドバ公国原産、「白い乙女」を意味する。栽培面積は土着品種中 **1** 位。
	Fetească Regală ★ フェテアスカ・レガーラ	「高貴な乙女」を意味する。栽培面積は土着品種中 **2** 位。
	Viorica ヴィオリカ	モルドバで開発された、病気と低温に強い品種。
黒ブドウ	**Fetească Neagră ★** フェテアスカ・ネアグラ	モルドバ公国原産、「黒い乙女」を意味する。栽培面積は土着品種中 **3** 位。
	Rară Neagră ★ ララ・ネアグラ	モルドバ公国で古くから栽培されており、ルーマニアでは「**バベアスカ・ネアグラ**」として知られる。「貴重な黒」を意味する。単一品種でも評価は高いが、**ボルドー**系品種とブレンドされることも多い。

> ルーマニアでの栽培面積第1位はフェテアスカ・レガーラ。

> ルーマニアには記載のない、モルドバだけの品種！★の4つの品種は、ルーマニアと共通。

ルーマニアとモルドバで共通するブドウ品種

	ルーマニア	モルドバ
白ブドウ	フェテアスカ・アルバ	
	フェテアスカ・レガーラ	
黒ブドウ	フェテアスカ・ネアグラ	
	バベアスカ・ネアグラ ＝ ララ・ネアグラ	

ワイン法と品質分類

- D.O.P.とI.G.P.の2種類しかない。
- 「家庭ワイン」の区分があり、個人（自家）消費用に、15アール以下の畑の所有であれば登録**不要**でワイン造りが許可されている。

> モルドバはEUに加盟していないので、3段階のピラミッドではない！

D.O.P. (4)
Denumire de Origine Protejată
デヌミレ・デ・オリジネ・プロテジァタ

現在以下**4**つの地域・名称が登録されている。
① **Romănești** ロマネシュティ
　（同名のワイナリーが製造した赤ワイン）
② **Ciumai** チュマイ
　（同名のワイナリーが製造した赤ワイン、甘口赤ワイン）
③ **Dealul Craveț** デアルル・クラヴェツ
　（デアルル・クラヴェツ地域で製造したスパークリングワイン）
④ **Digestiv Nistreni** デジェスティヴ・ニストレニ
　（ラロヴァおよびニストレニ地域で収穫したブドウや果実のスピリッツやリキュール）

I.G.P. (4)
Indicație Geografică Protejată
インディカツィエ・ジェオグラフィカ・プロテジァタ

現在以下**4**つの地域・名称が登録されている。
① **Codru** コドゥル（中央部）、
② **Ștefan Vodă** シュテファン・ヴォダ（南東部）、
③ **Valul lui Traian** ヴァルル・ルイ・トラヤン（南西部）、
④ **Divin** ディヴィン（全域）

> 「Divin ディヴィン」は全域で認められているため、実質3地域に分かれている。

主要な産地

地方	I.G.P.	備考
中央部	**Codru** コドゥル	モルドバの中央部を占め、首都の**キシナウ**が位置している。 「**森林地帯**」の意味があり、面積の25%を森や草原が占める。 白ブドウが**63**%。フェテアスカ・アルバ、ソーヴィニヨン・ブランなど。 上質な**赤ワイン**（ピノ・ノワール）、 **スパークリングワイン**（**瓶内二次発酵**）も生産される。 **巨大地下セラー**で有名な「Cricova クリコヴァ」村を始め、 「Orhei オルヘイ」「Bulboaca ブルボアカ」 「Romănești ロマネシュティ」などの村が存在。
南東部	**Ștefan Vodă** シュテファン・ヴォダ	生産者**プルカリ**が古くから守り育ててきた土着品種 「**ララ・ネアグラ**」が国内で最も多く栽培されている。 産地として「Purcari プルカリ」 「Crocmaz クロクマズ」の村がある。
南西部	**Valul lui Traian** ヴァルル・ルイ・トラヤン	I.G.P.ワインの面積最大。 **赤**ワインが**60**%を占め、**デザートワイン**も有名。
全域	**Divin** ディヴィン	モルドバ**全域**で製造が許可され、指定された方法で造る **ワインスピリッツ**に対する呼称。**2**回蒸留、オーク樽熟成**3**年以上。

> ルーマニアの最大産地
⇩
デアルリレ・モルドヴェイ

Chapter 27 ブルガリア

Bulgaria

黒海を挟んでジョージアが対岸に位置している。後述するルカツィテリ（白ブドウ品種）は、この2カ国でのみ試験に登場するという共通項をもつ。

首都を含む産地を答えるという観点では、ブルガリアは問われない。

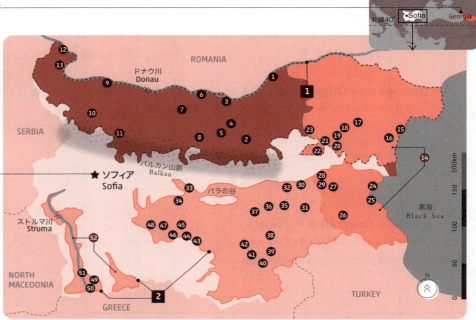

セットで覚えよう！
Danube Plain
（P.G.I.）の重要産地
= Black Sea
（P.D.O.）
Thracian Valley
（P.G.I.）の重要産地
= Struma Valley
（P.D.O.）

1 Danube Plain (P.G.I.)
ドナウ平原

① Ruse ルセ
② Lyaskovets リャスコヴェツ
③ Svishtov スヴィシュトフ
④ Pavlikeni パヴリケニ
⑤ Suhindol スヒンドル
⑥ Lozitsa ロジツァ
⑦ Pleven プレヴェン
⑧ Lovech ロヴェチ
⑨ Lom ロム
⑩ Montana モンタナ
⑪ Vratsa ヴラツァ
⑫ Novo Selo ノヴォ・セロ
⑬ Vidin ヴィディン
⑭ Black Sea 黒海沿岸
⑮ Evksinograd エフクシノグラード
⑯ Varna ヴァルナ
⑰ Novi Pazar ノヴィ・パザル
⑱ Shumen シュメン
⑲ Han Krum ハン・クルム
⑳ Dragoevo ドゥラゴエヴォ
㉑ Veliki Preslav ヴェリキ・プレスラフ
㉒ Varbitsa ヴァルビツァ
㉓ Targovishte タルゴヴィシュテ

2 Thracian Valley (P.G.I.)
トラキア・ヴァレー

㉔ Pomorie ポモリエ
㉕ Southern Black Sea サザン・ブラックシー
㉖ Bolyarovo ボリャロボ
㉗ Karnobat カルノバット
㉘ Slavyantsi スラビャンツィ
㉙ Sungurlare スングルラレ
㉚ Sliven スリヴェン
㉛ Yambol ヤンボル
㉜ Shivachevo シヴァチェヴォ
㉝ Karlovo カルロヴォ
㉞ Hisarya ヒサリャ
㉟ Nova Zagora ノヴァ・ザゴラ
㊱ Oryahovitsa オリャホヴィツァ
㊲ Stara Zagora スタラ・ザゴラ
㊳ Sakar サカル
㊴ Lyubimets リュビメツ
㊵ Ivaylovgrad イヴァイロフグラード
㊶ Stambolovo スタンボロヴォ
㊷ Haskovo ハスコヴォ
㊸ Asenovgrad アセノフグラード
㊹ Brestnik ブレストニック
㊺ Plovdiv プロヴディフ
㊻ Perushtitsa ペルシティツァ
㊼ Pazardjik パザルジック
㊽ Septemvri セプテムヴリ
㊾ Melnik メルニック
㊿ Harsovo ハルソヴォ
51 Sandanski サンダンスキ
52 Struma Vall ストルマ・ヴァレ

DATA		Bulgaria
ブドウ栽培面積	…… 約6万ha	
商業的ワイン生産量	… 約79万hℓ（内地理的表示の無いワイン58％）	
気候	………………… 北側（ドナウ平原）：冬場の冷えこみが厳しい	
	南側（トラキア・ヴァレー）：冬場でも比較的温暖	

概要

- ブルガリアは北緯41～44度に位置し、北部はドナウ川に沿って**ルーマニア**、南部は**ギリシャ**、**トルコ**、西部は**セルビア**、**北マケドニア**、東部は**黒海**に接している。
- 国土の中心部を東西に**バルカン**山脈が走り、山脈の北側（ドナウ平原）と南側（トラキア・ヴァレー）という異なる2つの主要ワイン生産地域を生む要因となっている。
- **バルカン半島**でポピュラーな、発酵させた果実から造る蒸留酒「**Rakiya ラキヤ**」も多く生産している。**ラキヤ**は食前酒として楽しまれ、ブドウ、梨、ベリーなど様々な果物から造られる。アルコール度数は40％以上。

> "バルカン半島"という言葉は、「東南ヨーロッパ」のことであり、地理学的というよりもむしろ地政学的定義。そのため自然境界としての「半島」の意味とは合致しない。
> （試験上扱う国としてはスロヴェニア、クロアチア、ルーマニア、ブルガリアなど）

歴 史　　　　　　　　　　　　　　　History

- ワイン造りの歴史は古く、紀元前1000年以上前まで遡る。
- 古代ギリシャの酒神**ディオニソス**（古代ローマではバッカス）は**トラキア**の神ザグレウス（遊びとワインの神）が起源とされている。

> ※トラキア人
> ブルガリア人の祖先にあたる人々。ダキア人も同族とされる。

時代	主な出来事
BC15C～	6Cまで**トラキア**人※がブルガリアに住んでいたことが明らかになっている。
BC8C	ホメロスの物語の文中に、**トラキア**からギリシャやトロイに輸出されたワインが濃厚な味であったとの記述がある。
BC4C頃	ワインを飲むことに使われる容器として「**リュトン**」が使用された。1949年に発見された最も有名な「**リュトン**」のコレクションはこの頃につくられた。
19世紀後半	フィロキセラが発生し、19世紀末までにブドウ畑の約1/3が被害を受けた。
1902年	フランスから招聘されたピエール・ヴィアラによって、ワイン研究所がプレヴェンに設立された。
1947年	**旧ソ連**市場への輸出拡大のため、質より量が優先された。
1968～1970年	カリフォルニア大学デイヴィス校 **Maynard Amerine メイナード・アメリン**教授からワイン造りに関する技術指導を受ける。その影響で**シャルドネ**が導入されM.L.F.やオーク樽を利用した生産が開始された。
1980年代	ワインの一部が英国、日本、西ドイツなどいくつかの西欧諸国に輸出されることとなり、特に英国では、コストパフォーマンスに優れた**カベルネ・ソーヴィニヨン**が一大ブームとなった。世界第4位のワイン生産国になるが、ゴルバチョフ政権の**禁酒政策**により大打撃を受ける。
1989年	旧ソ連の社会主義体制崩壊。
1999年	テロワールの概念を導入した「新ワイン法」が制定される。
2007年	EU加盟後は近代的なワイナリーが増え、現在は360のワイナリーがある。

> 「トラキアと現在の国境線」
>
> 古代ギリシャ時代、この地にはトラキア人と呼ばれる民族が住んでおり、独自の文化で栄えていた。
> 地図から、ブルガリア南部とギリシャ北部にまたがっているのが見て取れる。

Thracia トラキア

主なブドウ品種

試験で問われやすいのは土着品種であるが、国際品種が上位を占めるのがブルガリアの品種構成の最大の特徴の一つともいえる。

栽培面積順位

	品種名	種類
1位	メルロ	黒
2位	カベルネ・ソーヴィニヨン	黒
3位	Pamid パミッド	黒
4位	Muscat Ottonel ミュスカ・オットネル	白
5位	**Rkatsiteli** ルカツィテリ（ジョージアで白黒合わせて最大の品種）	白

ジョージア最大の品種として後々覚えなければならない重要な品種である。

土着/固有品種

- ブルガリアには **2,000** を超える土着/固有品種がある。下記ルビン以外、代表的な土着品種。

	土着品種名	品質	備考
白ブドウ	**Dimyat** ディミャット	ピュアな果実味でフレッシュなワインとなる。	全土で栽培。
	Misket Cherven ミスケット・チェルヴェン （＝**Red Misket** レッド・ミスケット）	**高品質な辛口**の白になる。	バラの谷（ローズヴァレー）で栽培。
	Vrachanski Misket ヴラチャンスキ・ミスケット	バランスの取れた味わいの高品質なワインを生む。	北西部のヴラツァ周辺でよくみられる。
	Tamyanka タミャンカ	糖度が高く、高品質のワインとなる。	全土で栽培されるが比較的少量生産の珍しい品種。ミュスカ・ア・プティ・グランが長い年月をかけ、変遷してきたものと考えられている。
交配品種（白ブドウ）	Sandanski Misket サンダンスキ・ミスケット	程よく酸があり、アロマティックで高品質の辛口ワインを生む。	メルニック×タミャンカの交配品種。
	Bulgarian Riesling ブルガリアン・リースリング		ディミャット×ライン・リースリングの交配品種。主にヴァルナ周辺の白ワインにブレンドされる。

「Red」だけど白ブドウ
"Red～"なのに白ブドウという引っ掛け問題で出題される。日本の"Red Millennium"（白ブドウ）もセットで覚えてしまおう。

土着/固有品種

	土着品種名	品質	備考
黒ブドウ 🍇	**Pamid** パミッド	**シンプル**で**軽い**赤のテーブルワインになる。	全ブドウ中3位の栽培面積。旧ソ連時代に最も多く栽培された。
	Gamza ガムザ （=**Kadarka** カダルカ）		比較的酸度が**高く**、タンニンは**少ない**。**ラズベリー**のアロマ。
	Mavrud マヴルッド	高品質の品種。	長期熟成型のワインとなる。赤や黒の果実のアロマ、**黒胡椒**、**シナモン**、**チョコレート**の香り。
	Melnik メルニック （=**Shiroka Melnishka Loza** シロカ・メルニシュカ・ロザ）		南西部**メルニック**地方原産。**長熟型**のワインになる。
交配品種 （黒ブドウ）	**Rubin** ルビン		**シラー×ネッビオーロ**の交配品種。
	Melnik 55 メルニック （=ランナ・メルニシュカ・ロザ）		シロカ・メルニシュカ・ロザ（=メルニック）×ヴァルディギエの交配品種。
	Ruen ルエン		シロカ・メルニシュカ・ロザ（=メルニック）×カベルネ・ソーヴィニヨンの交配品種。

> **印象的な交配**
> 有名なブドウ同士を掛け合わせた印象的な交配であるため、従来から試験に頻出。

ワイン法と品質分類

- 2007年にはEUワイン法に基づき以下の表示を採用し、その後2012年に改定した。

P.D.O. >>> **Protected Designation of Origin**
原産地呼称保護ワイン

- 以前のG.D.O.、G.C.D.O.を合わせたもので、**52**の生産地が登録されている。

P.G.I. >>> **Protected Geographical Indication**
地理的表示保護ワイン

- トラキア・ヴァレーとドナウ平原の**2**つがP.G.I.登録されている。

> **出題のポイント**
> 試験上問われるP.D.O.は偏っている。以下の2つは確実に覚えよう！
> ・Black Sea
> ・Struma Valley

P.D.O. (52)
P.G.I. (2)

P.D.O.ワインの特定表示

Barrique バリック	アルコール発酵が500ℓまでのオーク樽で行われる場合。
Premium Oak プレミアム・オーク	500ℓまでの新しいオーク樽で熟成されている場合。 「First filling in oak barrel」(新樽詰め)の表示も可。
Special Reserve スペシャル・リザーブ	特定地域で生産され、1年間以上熟成されたヴァラエタルワインまたはブレンドワイン。
Special Selection スペシャル・セレクション	特定地域で生産され、2年間以上熟成されたヴァラエタルワインまたはブレンドワイン。
Reserve※ **リザーブ**	収穫年の11月から少なくとも**1**年間熟成された場合。
New/ Young※ ニュー/ヤング	その年に収穫されたブドウから生産され、その年の終わりまで瓶詰めされた場合。翌年の3月1日まで販売可能。

※P.G.I.ワインも表示可。

主要な産地

P.G.I.	P.D.O.	品種	備考
北部 **Danube Plain** ドナウ平原		国際品種の他、土着品種の**ガムザ**(黒)や**パミッド**(黒)が多く栽培されている。	**北部**の平野部。国内**最大**のワイン産地の1つで、畑面積は全体の約3割に及ぶ。
	東部 **Black Sea** 黒海沿岸 ※実際には、ドナウ平原P.G.I.とトラキア・ヴァレーP.G.I.にまたがる広域P.D.O.。	**白**品種に定評がある。	**リゾート地**としても人気が高く、昔からブドウ栽培が盛ん。
南部 **Thracian Valley** トラキア・ヴァレー		プロヴディフ近郊のアセノフグラッドを中心とした地域は、土着品種**マヴルッド**の故郷としても知られる。 赤品種に定評がある。	南半分を占めるP.G.I.で、一般には黒海沿岸とストルマ・ヴァレーを除く南部中央部を指す。穏やかな大陸性気候。 南部は地中海の影響を強く受け、オーガニック栽培が可能。
	南西部 **Struma Valley** ストルマ・ヴァレー	人気の高い品種**メルニック**(黒)に定評がある。	トラキア・ヴァレーP.G.I.の西部と重なる。**地中海**の影響を受け、温暖な**大陸性**気候。 ブドウ栽培に適した**火山性**土壌。

※産地名はブルガリア語(キリル文字)を英語に直しているため綴りが文献により異なることがある。当書では、一般的と思われる英語表記を記している。

Chapter 28 ギリシャ

Greece

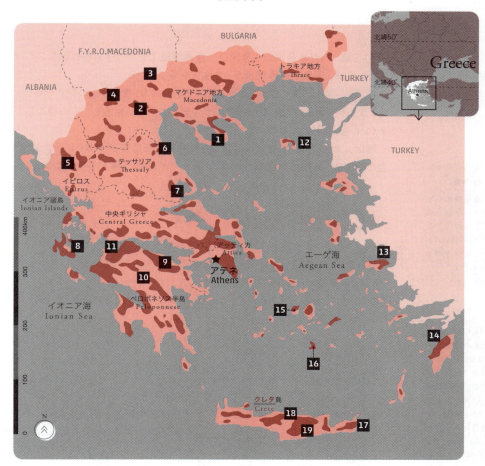

Thrace
トラキア地方

Macedonia
マケドニア地方

- 1 Slopes of Meliton
  スロープス・オブ・メリトン
- 2 Naoussa
  ナウサ
- 3 Goumenissa
  グメニサ
- 4 Amyntaio
  アミンデオ

Epirus
イピロス

- 5 Zitsa
  ジツァ

Thessaly
テッサリア

- 6 Rapsani
  ラプサニ
- 7 Anchialos
  アンヒアロス

Central Greece
中央ギリシャ

Ionian Islands
イオニア諸島

- 8 Cephalonia
  ケファロニア

Peloponnese
ペロポネソス半島

- 9 Nemea
  ネメア
- 10 Mantinia
  マンティニア
- 11 Patras
  パトラス

Aegean Islands
エーゲ海の島々

- 12 Limnos
  リムノス島
- 13 Samos
  サモス島
- 14 Rhodes
  ロドス島
- 15 Paros
  パロス島
- 16 Santorini
  サントリーニ島

Crete
クレタ島

- 17 Sitia
  シティア
- 18 Archanes
  アルハネス
- 19 Peza
  ペザ

DATA		Greece
ブドウ栽培面積	約9.4万ha	
ワイン生産量	約135万hℓ（P.D.O.ワイン：約**20**%、P.G.I.ワイン：約62%）	
気候	**地中海性**気候をベース（沿岸部と島々）に、**大陸性**気候を帯びる（北部のマケドニア、中央ギリシャ、ペロポネソス半島）	

概要

- **200**を超える土着品種が生き延び、産地の風土を反映する個性的なワインが生産されている点が、世界中の専門家からも注目を浴びている。
- 北緯**35**～**41.5**度にワイン産地が広がり、北緯35度はチュニジアやモロッコなどの北アフリカ、北緯41度はイタリアのサルデーニャ島に相当し、その幅の広さがギリシャワインの多様性を生んでいる。
- 土壌は、北部は深くて肥沃な**砂質ローム層**、南部は表土が薄く**石灰岩**の量が多いのが主な特徴で、島部は**有機物**が少なく、**火山岩**や砂地土壌が一般的である。

クレタ島
エーゲ海最大の島であり、かつ、試験上は最南端の島。（※ギリシャ最南端の島はクレタ島の南に位置するガヴドス島）

歴史　History

- ワインとギリシャの文化との結びつきは4000年以上に及ぶ。
- 古代ギリシャには「**symposia シンポジア**」という社交行事があり、ワインを飲みながら哲学的なテーマが話し合われていた。そこでワインをサービスする人は「**oenochooi イノホイ**」と呼ばれ、ソムリエの原型だった。

時代	主な出来事
BC4000年代後半	東マケドニアの**ピリッポイ**で、ブドウ栽培とワイン造りが行われる。
BC2000年以降	世界最古のワイン用圧搾機や容器が出土しており、クレタ島の**ミノア**文明でワインが造られていたことが示されている。
BC1000年～300年	古代ギリシャでは、ワインは宗教的な儀式で重要な役割を果たしており、特に北部で崇拝されていた、ギリシャ神話の酒の神「**ディオニュソス**」は、後のローマ神話で「**バッカス**」と呼ばれるようになる。
BC338年～	**アレキサンダー大王**率いるマケドニア軍が、ギリシャの覇権を掌握し、大帝国を築く。帝国内ではブドウ栽培とワイン生産を奨励、大王の遠征先にギリシャの島々のワインが届けられる。
12～17C	**ヴェネツィア共和国**が勢力を拡大、ヴェネツィア商人などによって交易された島々のワインは、その品質と長期熟成能力の高さにより世界各国で評価を受けるも、その後勢力を伸ばしたオスマン・トルコによってワイン交易が断たれる。

ヴェネツィアを本拠とした歴史上の国家である。7世紀末期から1797年まで1000年以上の間に亘り、歴史上最も長く続いた共和国。「アドリア海の女王」とも呼ばれ、東地中海貿易によって栄えた海洋国家であった。

現在のトルコの前身。オスマン家出身の君主を戴くイスラム教の多民族帝国。13世紀末から1923年にトルコ民族の国民国家トルコ共和国に取って代わられるまで続いた。16世紀に最盛期を迎え、その領域は中央ヨーロッパや北アフリカにまで広がっていた。

歴史

時代	主な出来事
1821年	ギリシャ独立戦争により、オスマン・トルコから独立。ドイツやイギリスからの資本参加で大規模・近代的なワイナリーが設立され、ワインの輸出先が見出される。
1960年代〜	EU加盟を視野に入れた法整備が進み、後にフランスやイタリアを手本とする原産地呼称制度を導入。
1981年	EU加盟をきっかけに、EUワイン法に従った原産地呼称へ移行。
<u>1990</u>年〜2000年	20世紀最後の10年間で、小規模な生産者が、土着品種と国際品種のワイン造りを輸出向けに洗練させる、「**新ギリシャワイン・リバイバル**」と呼ばれる動きが起こる。
2018年	サントリーニの伝統的なワインブドウの栽培が、ギリシャのワイン産地として初めて無形文化遺産に制定された。

> トルコ（オスマン・トルコ）とギリシャはその地理的な近さから、歴史上では切っても切れない関係である。東ローマ帝国が、その首都を「コンスタンティノープル」（現在のトルコの首都イスタンブール）に置いたことから、ギリシャは東ローマ帝国の勢力下に収まっていた。その後、1453年に首都コンスタンティノープルが、力をつけたオスマン・トルコによって陥落し、東ローマ帝国は崩壊。ギリシャもまたオスマン・トルコの一部として取り込まれた。

主なブドウ品種

- ギリシャは土着品種の宝庫であり、約**300**の品種が存在する。
- 栽培面積では、白ブドウ**62**％、黒ブドウ**38**％。

ブドウ栽培面積順位

白ブドウ

	品種名		備考	主な産地
1位	**Savatiano** サヴァティアノ		<u>Retsina</u> レチーナの主要品種。果実が濃厚、強い香り、ジューシーでバランスがよい。	<u>アッティカ</u>などで栽培。
2位	**Roditis** ロディティス	（グリブドウ）	ピンク色の果皮。熟したメロンとハチミツの強い香り。レモンのような後味。デイリーワインからスキンコンタクトによるボディのある高品質ワインまで生産。	全土で栽培されている。
3位	**Assyrtiko** アシルティコ／アシリティコ			<u>サントリーニ</u>島の主要品種。
4位	Muscat = White Muscat = Muscat Blanc a Petits Grains		熟したフルーツとベルガモットの香り、芳醇で濃厚。	サモス島の代表的な品種。
5位	**Moschofilero** モスホフィレロ	（グリブドウ）	バラの花びら、地域によりストーンフルーツ、柑橘などの香り、爽やかな酸味。	ペロポネソス半島の高地など。
他	**Aidani** アイダニ		優雅でフローラル、円みを帯びたテクスチャー。より厳格な味わいのアシルティコとブレンドされる。	<u>サントリーニ</u>島で栽培。

> 「アッティカ」とは？ 首都アテネを含む、アテネ近郊の地方を指す。

> 糖度が上昇しても酸を失わないことで知られる。

Chapter 28 ギリシャ

65

🍇 黒ブドウ

	品種名	備考	主な産地
1位	**Agiorgitiko** アギオルギティコ／アギョルギティコ	豊かなボディと熟したタンニンがあり、高地で生産されたものは特に良質。	**ネメア**地域で主に栽培。
2位	**Liatiko** リャティコ	甘口ワインの原料になる。	**クレタ**島の品種。
3位	**Hamburg Muscat** ハンブルグ・マスカット	強いマスカット香、英国で交配された品種。	
4位	**Xinomavro** クシノマヴロ	明るいルビー色でしっかりとした酸味とタンニンがあり、長期熟成能力の高い赤、高品質ロゼ、スパークリング、甘口ワインにも使用される。Xinoは**酸**、Mavroは**黒い**、の意味。**ナウサ**原産とされる。2019年から11月1日が「クシノマヴロの日（Xinomavro Day）」に定められ、プロモーションが行われている。	
	ネッビオーロとの類似性が指摘される稀有な品種。色調はやや濃い目のルビー、酸が高く、収斂味のあるドライなタンニンをもち、熟成したものはしばしばバローロと間違えられるほど。		
	Limnio リムニョ	リムノス島原産の古代からの品種で、ホメロスが最初に言及した。セージや月桂樹などの香り。	
他	Mandelaria マンディラリア	ギリシャで最も色の**濃い**品種。ブレンドに用いられることが多い。	
	Mavrodaphne マヴロダフネ ＝**Mavrodafni** マヴロダフニ	甘口、辛口、酒精強化ワインなどが造られる。淡い赤色、ほのかなタンニン、シルキーな味わい。	主にパトラスで生産。

ギリシャの二大黒ブドウ品種（赤ワイン）

北部
マケドニア地方
P.D.O. Naoussa
ナウサ
⇒
Xinomavro
クシノマヴロ

南部
ペロポネソス半島
P.D.O. Nemea
ネメア
⇒
Agiorgitiko
アギオルギティコ

"マスカット"だが黒ブドウ品種である！（決して珍しくはない。イタリアのD.O.C.G. Moscato di Scanzoなど）

白・黒ブドウ合わせた栽培面積順位

	品種	色
1位	**Savatiano** サヴァティアノ	白
2位	**Roditis** ロディティス	白
3位	**Agiorgitiko** アギオルギティコ／アギョルギティコ	黒

地方料理と食材　Cooking and Ingredients

料理名	内容
フェタ Feta	ギリシャの代表的なチーズ。羊乳主体（山羊乳を30％まで混乳可）。食塩水の中で熟成させるため塩気が強い。
ムサカ Moussaka	スライスしたナス、ジャガイモ、挽肉、トマトソースを順に重ねた上にベシャメルソースをかけてオーブンで焼いたギリシャを代表する料理。

ワイン法と品質分類

- 1981年にEU加盟、EUのワイン法に沿った原産地呼称制度に移行した。
- 2009年のEU新ワイン法により、以下のカテゴリーに分けられ、約**80**%はP.D.O.とP.G.I.に属する。

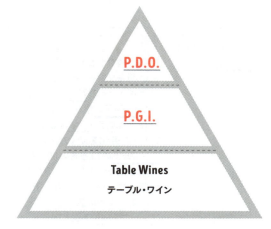

P.D.O. >>> **Protected Designation of Origin**
原産地呼称保護ワイン

P.G.I. >>> **Protected Geographical Indication**
地理的表示保護ワイン

- テーブル・ワインのカテゴリーの中で、特定の原産地名を付記できる。
- 規定原産地内で収穫されたブドウを**85**%以上使用。
- P.G.I.ワインは、
  ① P.G.I. Area Wines エリア・ワイン、
  ② P.G.I. District Wines ディストリクト・ワイン、
  ③ P.G.I. Regional Wines リジョナル・ワインの3つのレベルから成る。

Table Wines テーブル・ワイン
- P.D.O.、P.G.I.、Varietal Winesに当てはまらないワイン。
- ヴィンテージ、品種、統制原産地名の表記不可。

Varietal Wines ヴァラエタル・ワイン
- テーブル・ワインの中で同一品種を75%以上使用、一定の基準を満たしたワイン。
- 品種名、ヴィンテージ表記可能。

トラディショナル・アペレーションの表記

- トラディショナル・アペレーションは、ギリシャの歴史的な価値をもつと認められたワインに与えられる呼称で、P.G.I.に含まれる。

名称	備考
Retsina レチーナ	**松脂**の香りがついた白ワインで、長い間ギリシャワインの象徴となっていた。古代ギリシャの**アッティカ**地方で**サヴァティアノ**種から造られていたが、現在では**ロディティス**も使用されている。ワインの劣化を防ぐために、**アンフォラ**の口と蓋の間に松の樹脂を塗って密閉していたため松脂の香りがついたもので、その後、各地に広まった。**フレーヴァード**ワイン。
Verdea ヴェルデア	イオニア海にある**ザキントス島**の伝統的なワイン。酸が強くシェリーのような**酸化した**フレーバーを持ち、緑がかった色調（イタリア語 Verde（緑）が語源）。かつてこの島が数世紀に亘り**ヴェネツィア**の支配下にあったため。P.G.I.としては「**Verdea**, Traditional Designation of **Zakynthos**」が正式名称。
Vin liastos ヴィン・リアストス	**1～2**週間天日干しにした、遅摘みのブドウから造られる。**甘**口ワイン。この干しブドウ（liasta）から出来たワインを、「**ヴィン・リアストス**」と呼ぶ。

> 「モダン」になりつつあるレチーナ
> 現代では、松の樹脂をティーバッグのような袋に入れて醸造したりするなど、モダンでクリーンなレチーナが出現している。

> ギリシャとイタリアの位置関係
> イタリア南部に広がる海として学習済み。つまり、それほどイタリアに近いということ。

主 要 な 産 地

トラキア地方　　　Thrace

- ギリシャの**最東**部に位置する地方で、トルコ、**ブルガリア**と国境を接している。
- 現在P.D.O.は無し。

> 北部は、ブルガリアのP.G.I.トラキアンヴァレーと接している。

Greece
DATA、概要、歴史、主なブドウ品種、地方料理と食材、
ワイン法と品質分類、トラディショナル・アペレーションの表記
P.64≫68

マケドニア地方　　Macedonia

- ギリシャ**最北**部に位置する産地で、中心都市であるテサロニキはアテネに次ぐ第2の都市。
- 同国最高峰の**オリンポス**山があり、西部の山間部は**高山性**気候、ナウサのある中央部や東部は西部ほど高い山はないため海からの影響が強くなり、主に**地中海性**気候となる。

P.D.O.	主要品種	備考
Naoussa ナウサ	**クシノマヴロ**単一品種のみ認められている。	ギリシャを代表する高品質**赤**ワインP.D.O.の1つ。長期熟成タイプの赤を造り出す**クシノマヴロ**は、ピノ・ノワールや**ネッビオーロ**との類似性を指摘されるが、遺伝的には独立しており、**ナウサ**が原産の黒ブドウ。ヴェルミオ山の北東斜面、標高200〜500mに畑が広がる。
Amyntaio アミンデオ = **Amynteo** / **Amydeon** アミンデオ / アミンデオン	**クシノマヴロ**単一品種の赤ワインが多い。	ヴェルミオ山の北西斜面に位置し、標高650mとギリシャで最も寒い産地の1つ。ナウサよりさらにがっしりしたタンニンと骨格を備えた品種個性がよく表現されている。
Goumenissa グメニサ	**クシノマヴロ**が栽培されるが、通常は**ネゴスカとブレンドされる**。	広大なマケドニア平野の北東部に広がる産地。
Slopes of Meliton スロープス・オブ・メリトン	赤は**リムニョ**に加えてカベルネ・ソーヴィニヨンなどのボルドー系品種も栽培される。	エーゲ海に突き出た**ハルキディキ**半島にあるメリトン山の斜面に広がる産地。ボルドー大学のエミール・ペイノー教授のコンサルティングを受けた**ドメーヌ・カラス**によって創設され、発展したアペレーション。赤白ともに生産可能。

〔クシノマヴロ・トリオ〕
セットで覚えよう！主要品種は全てクシノマヴロ。クシノマヴロというキーワードが共通しているが、それ以下の文章が明確に異なる。ここで違いに気づけるかが勝負。

イピロス　　Epirus

- ギリシャ北西部に位置、ほぼ全域が山岳地帯。生産量は少ないが、高品質なワインを生産する。

P.D.O.	備考
Zitsa ジツァ	イピロス唯一のP.D.O.で最重要品種は白の**デビナ**。辛口、半辛口のスパークリングワインで知られる。

テッサリア　Thessaly

- ギリシャ本土中央部に位置している。
- 穀類や綿花など商品作物の生産が多く「ギリシャの**穀倉地帯**」と呼ばれる。

P.D.O.	備考
Rapsani ラプサニ	この地域で最も重要なP.D.O.。 クシノマヴロをクラサトやスタヴロトとブレンドする。 北部のクシノマヴロと違い、より親しみやすいワインになる。
Messenikola メセニコラ	土着品種をシラーやカリニャンとブレンドした赤を造る。
Anchialos アンヒアロス	サヴァティアノとロディティスから白ワインを造る。

中央ギリシャ　Central Greece

- 広大な中央ギリシャは、気候も地勢も多様で、造られるワインのスタイルも多岐にわたっている。
- 首都アテネがある**アッティカ**県は、中央ギリシャ最大の産地。
- **レチーナ**が有名であり、**レチーナ**のベースとなる**サヴァティアノ**の栽培面積はギリシャ最大。
- 現在P.D.O.は存在しないものの、より高品質なワインが生産され始めている。

イオニア諸島　Ionian Islands

- アドリア海の南部にあり、ギリシャの西岸に沿って浮かぶ7つの島を含む地域。
- ザキントス島は伝統的ワインの「**ヴェルデア**」を有する。
- 3つのP.D.O.を有する**ケファロニア**島が最も重要なワイン産地。

> イオニア諸島を構成する主要な「7つの島」のうち最大の島。☕

P.D.O.	備考
Robola of **Cephalonia** ロボラ・オブ・**ケファロニア**	デリケートな高貴品種ロボラから造られる、この地域唯一の**辛口**ワイン。 レモンのようなフルーティーさと酸味を備え、ミネラルの風味を含む白ワイン。
Muscat of **Cephalonia** マスカット・オブ・**ケファロニア**	マスカットで造る**甘口**ワイン（白）。
Mavrodaphne of **Cephalonia** マヴロダフネ・オブ・**ケファロニア**	マヴロダフネで造る**フォーティファイド**ワイン（赤）。

ペロポネソス半島　Peloponnese

- 本土の**最南端**であるペロポネソス半島は、近年注目度が高まっている産地で、多くのアペレーションがあり、9つのワイン生産地域の中では栽培面積が**最大**の地域。
- **パトラ**が半島最大の都市で、東北部に赤の重要産地である**ネメア**がある。

> ギリシャの
> 二大黒ブドウ品種
> （赤ワイン）
>
> 北部
> マケドニア地方、
> P.D.O. Naoussa
> ナウサ
> ⇩
> Xinomavro
> クシノマヴロ
>
> 南部
> ペロポネソス半島、
> P.D.O. Nemea
> ネメア
> ⇩
> Agiorgitiko
> アギオルギティコ

P.D.O.	備考
Nemea ネメア	ギリシャ**最大**の栽培面積をもち、北部の**ナウサ**と並び、赤ワインの最重要産地の1つ。 **アギオルギティコ**（黒）単一から造る力強くフルーティーな赤ワインが生まれる。神話に因み「**ヘラクレスの血**」とも呼ばれる。 標高600m以上の産地は強い傾斜で日照量が多く、石灰質土壌で、高品質のワインが生まれる。
Mantinia マンティニア	標高600〜800mに及ぶ冷涼な畑で栽培される **モスホフィレロ**から、アロマティックでアルコール度が控えめな白ワインが造られる。
Patras パトラス （現代ギリシャ語表記ではPatra）	半島北部のパトラ周辺。 **ロディティス**から造られる辛口白ワイン。 以下3つのP.D.O.もある。 ①**Muscat of Patras**（マスカット オブ パトラス）、②**Muscat of Rio Patras**（マスカット オブ リオ パトラス） マスカットは酒精強化されることが多く、甘口となる。後者は東部のエリア。 ③**Mavrodaphne of Patras**（マヴロダフネ オブ パトラス） 酒精強化をして、V.D.N.のスタイルで醸造、オーク樽で何年も熟成される。力強く複雑な香りを持つ。
Monemvasia-Malvasia モネンヴァシア・マルヴァジア	半島南東端の沖にある小さな島のアペレーション。 最低2年間の酸化熟成を経た甘口ワイン。

エーゲ海の島々　Aegean Islands

- エーゲ海の島々は北部と南部に分けられ、**甘口**ワインの宝庫。気候は地中海性気候。

> サントリーニ島の
> 地図問題
> サントリーニは、試験上使用される地図で、クレタ島から北へ最も近い場所に位置している。

P.D.O.	備考
Santorini サントリーニ	ワインの独自性の観点から群を抜いている産地。 **アシルティコ**が主要品種。キレのよい酸と、柑橘系の香り、ミネラルの風味を備えるスタイルの辛口の白ワイン。 **火山性**土壌をベースにした砂地の畑は有機物が少なく、フィロキセラの害がないため、自根のブドウが生き延びている。海からの強風に耐えるために、ブドウ樹は地面に低くバスケット型（**Kouloura クルラ**）に ≫ 仕立てるのが特徴。 甘口の「**Vinsanto ヴィンサント**」、夜間収穫の「**Nycteri ニクテリ**」がある。※次ページ参照。 アクロティリでは、紀元前1700年頃の遺跡が1976年に発掘された。 出土品の中にはワインの**アンフォラ**などが含まれていた。

エーゲ海の島々

P.D.O.		備考
Santorini サントリーニ	**Vinsanto** ヴィンサント	P.D.O. **サントリーニ**の中で、伝統的に**天日干し**ブドウで造られる**甘口**の白ワイン。糖度 **370** g/ℓ 以上、樽熟成 **24** カ月以上。
	Nychteri ニクテリ	「Nychta」はギリシャ語で「夜」を意味する。よく熟れたブドウを涼しい夜間に収穫し、夜が明ける前に圧搾して造ったワインは、キレのある酸を持った透明感のある味わいとなる。P.D.O. **サントリーニ**の中でも、ややアルコール度数が高い。（13.5％以上）
Muscat of Limnos マスカット・オブ・リムノス		**マスカット**・オブ・アレキサンドリアから造られる**甘口**ワイン。
Samos サモス		**マスカット**・ブランから造られる**甘口**ワイン。
Muscat of Rhodos マスカット・オブ・ロドス		**マスカット**から造られる**甘口**ワイン。
Rhodos ロドス		
Paros パロス		

☕ イタリア・トスカーナの Vin Santo ヴィンサントよりも起源が古い。中世に Vino di Santorini サントリーニのワインとして輸出されていたことから、この名前が定着した。

クレタ島　Crete

- ギリシャで**最も大きな**島。

▶ 試験上使用される地図で、ギリシャ最大かつ最南端の島。

P.D.O.	備考
Malvasia Handakas-Candia マルヴァジア・ハンダカス・カンディア	**天日干し**したブドウから造られる**甘口**白ワインと酒精強化の白ワイン。
Malvasia-Sitia マルヴァジア・シティア	
Dafnes ダフネ	
Archanes アルハネス	
Peza ペザ	辛口の白と赤を造る。

☕ "Candia カンディア" とは、ヴェネツィアおよびオスマン・トルコがこの島を支配していた際の昔の呼び名である。

VINOLET

Greece
<< 主要な産地
P.68»72

Chapter 29 ジョージア

Georgia

- 北は**ロシア**、南は**トルコ**と**アルメニア**、東は**アゼルバイジャン**と接している。

アメリカのジョージア州のことではない！
※日本では2015年にロシア語読みの「グルジア」から、英語読みの「ジョージア」に呼称が変更された。

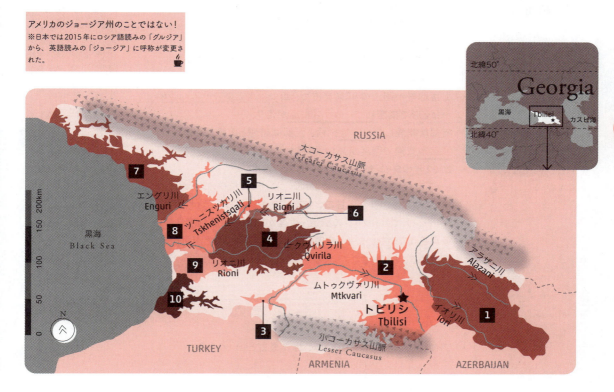

東部

1. ■ **Kakheti** カヘティ
2. ■ **Kartli** カルトリ

南東部

3. ■ Meskheti メスヘティ

西部

4. ■ **Imereti** イメレティ
5. ■ Lechkhumi レチュフミ
6. ■ Racha ラチャ

西部（黒海沿岸）

7. ■ Abkhazia アブハジア
8. ■ Samegrelo サメグレロ
9. ■ Guria グリア
10. ■ Adjara アジャラ

DATA　　　　　　　　　　　　　　　　　　　　　　　　　　　　　　　Georgia

ブドウ栽培面積 …… 約5万ha
ワイン生産量 …… 約166万hℓ
気候 ……………… 東部（カヘティなど）：**大陸性**気候、西部（イメレティなど）：湿潤な**亜熱帯**気候

概要

- ヨーロッパおよびコーカサス地域のワイン産地の東の果てとも言える黒海の東側に位置し、「ワイン造り」発祥の地であるジョージアは、約**8000**年前からワインを造り始めたとされる。また、ヴィティス・ヴィニフェラの起源がジョージアにあると考えられている。

  > **ワインの歴史はジョージアから西へ**
  > ジョージアから西へ、トルコ→ギリシャ→イタリア→フランス（マルセイユ）とヨーロッパ全土にワイン造りが広がっていった。

- 山岳地帯が国土の80％を占め、西の**黒海**と東の**カスピ海**をつなぐ形で東西に**コーカサス山脈**が走り、東部は乾燥した**大陸性**気候、西部は黒海と山脈に挟まれ**亜熱帯**気候で湿度が高く、雨量が多い。

  > コーカサス山脈が、地理学においてのヨーロッパとアジアの壁とされる。（ジョージアはヨーロッパに含まれる）

  > **東西で異なる気候**
  > ジョージアの西部は黒海に面しているが、東部はカスピ海に面していない！（黒海とカスピ海の中間に「東部」は位置する）そのため東西で気候区分が異なる。

- 2022年のワイン輸出量は約1億400万本で、トップ市場は1位**ロシア**、2位ポーランド、3位ウクライナ。輸出トップは、赤の半甘口、**キンズマラウリ**（カヘティ地方）。

- ジョージアでは、ワインの醸造・生産が国家の免許制度などで**管理されていない**ため、自宅でワインを醸造することが可能で、販売することも許されている。

歴史　　　　　　　　　　　　　　　　　　　　　　　　　　　　　　History

- ワイン造りの歴史は**8000**年、世界最古ともいわれる。

時代	主な出来事
BC6000年	コーカサス山脈から黒海にかけての地域でワイン造りが始まったとされる。伝統的なワイン醸造用の素焼きの壺「**クヴェヴリ**」の前身となる粘土製の壺が既に造られていた。首都トビリシ南部で発見された壺からは、ヴィティス・ヴィニフェラの**サティヴァ**種の種子と酒石酸が見付かっている。
BC2000年	大地震で壺が破損したため、以降、地中に埋めて使われるようになる。
337年	キリスト教を国教として認める。キリスト教が広がるにつれ、ワインは聖なる飲み物となる。
10〜**13**C	ジョージアのブドウ栽培とワイン醸造の黄金時代。
1985〜1987年	**旧ソビエト連邦**の「ペレストロイカの**禁酒法**」により大幅に生産量が減る。

↑
クヴェヴリ

時代	主な出来事
1991年	旧ソ連から独立、現代的なワイン造りが始まる。
2006〜2013年	最大の輸出先ロシアが政治的理由でジョージアワインに禁輸措置を取ったため、全輸出量の87%を失い苦境に陥る。2013年に禁輸が解除。
2013年 2016年	**ユネスコの世界遺産**に登録される。 「**クヴェヴリ**を使ったワイン造り」 「ジョージア文字」
2021年	食品以外で初めて「**クヴェヴリ**」が製品の原産地呼称と地理的表示保護制度に登録される。

> 地理的にも歴史的にも、如何にロシアに依存しているかということがわかる。☕

> しかし、2019年に2014〜2018年の間に輸出されたワインの品質を理由にロシアによる輸出規制措置が再び発表され緊張が高まった。☕

> **世界遺産の「製法」**
> ワイン産地が世界遺産に登録されているケースは他にもあるが、「ワインの造り方」が世界遺産（無形文化遺産）に登録されているのはジョージアのクヴェヴリのみ！☕

主要ブドウ品種

- ジョージアは土着品種の宝庫で、少なくとも**525**種類あるとされ、栽培面積は97%（国際品種が3%）を占める。地域別栽培面積は、東部の**カヘティ**地方が約88%、西部の**イメレティ**地方が約5%を占めている。

> **土着品種の数**
> ポルトガル：250種以上
> ブルガリア：2,000種以上
> ギリシャ：200種以上（約300種）
> ジョージア：525種
> （※ジョージアだけ"具体的"な数字で試験に出題される）

ブドウ栽培面積順位

	品種名	種類	産地	備考
1位	**Rkatsiteli** ルカツィテリ	白	**カヘティ**地方の主要品種。	香りは控えめ、ムツヴァネともブレンドされる。
2位	**Saperavi** サペラヴィ	黒	**カヘティ**地方が主要産地だが、全土で広く栽培。	熟成能力のある高品質なワインが造られる。品種名は「色を付ける」の意。
3位	**Mtsvane Kakhuri** ムツヴァネ・カフリ	白	**カヘティ**地方で栽培されるムツヴァネ。	アロマティック品種、白い花や白桃の香り。
他	**Tsolikouri** ツォリコウリ	白	**イメレティ**地方で盛んに栽培。	柑橘系・黄色系果実の香りがあり酸が高めでフルボディ。

> **ブルガリアでも登場**
> ブルガリアの白ブドウ栽培面積2位（白黒合わせた順位が5位）の品種でもある。試験上、ルカツィテリが登場するのはジョージアとブルガリアの2カ国のみ！

ワイン法と品質分類

- 栽培地域は10に分かれている。その中に**29**のP.D.O.(Protected Designation of Origin) が登録されており、このうち**20**が**カヘティ**地方にある。

> 「Kakheti カヘティ」が圧倒的主要産地だということ。

3つのワイン醸造方式

- ジョージアではワインの醸造に主に3つの手法が用いられている。

名称	備考
European method ヨーロッパ式	近代的なワイン醸造法。
Qvevri method クヴェヴリ醸造	**クヴェヴリ**で発酵を行う方法（伝統的手法）。 ブドウジュースと共に「**Chacha チャチャ**」（破砕後の果肉・果皮・種や一部茎）をクヴェヴリに入れて野生酵母で発酵（20〜40日間）させ、果帽が沈むと蓋をして熟成させる。産地により手法は異なるが、主要産地のカヘティでは、セラー（**Marani マラニ**）で、木製の槽（**Satsnakheli サツナヘリ**）を使ってブドウを踏み潰す。この手法により、白ワインはある程度のタンニンと心地よいブーケや味わいを含む、黄金から琥珀の色調を帯びたものに仕上がる。これが**オレンジワイン**の原点であり、ジョージアでは「**アンバーワイン**（琥珀色のワイン）」と呼ぶ。 果皮のマセラシオンの期間は、 白ワイン**5〜6**カ月、赤ワインは**1**カ月程度。 伝統的なジョージアの呼び方では、果汁とともに果皮、茎、種などを漬け込みクヴェヴリ発酵させたワインを**dedaze** デダゼと呼び、ジュースのみを使用しクヴェヴリ発酵させたワインを**udedo** ウデドと呼ぶ。
Modern method モダン式	タンクで果皮・種ごと発酵する方法。

ジョージアワインはクヴェヴリばかりじゃない
間違えないで頂きたいのが、ジョージアワイン全体でクヴェヴリ醸造によって造られるワインは20％に過ぎないということ。

↑
Marani
マラニ
ジョージアではクヴェヴリはイラストのように地中に埋めて使用され、地上からはその口の部分だけを見ることができる。

白ワイン（アンバーワイン）の方が、赤ワインよりもマセラシオン期間が長いことが特徴!!

3つのワイン醸造方式のまとめ

醸造法	クヴェヴリ	果皮・種ごと
ヨーロッパ式	×	×
クヴェヴリ醸造	○	○
モダン式	×	○

76

主要な産地

カヘティ地方　　Kakheti

- ジョージア最**東部**に位置し、最も重要なワイン産地。
- 北東部にアラザニ川、南西部にイオリ川が流れる。
- 29のP.D.O.のうち**20**がカヘティにある。
- 主要品種は、白：**ルカツィテリ**（栽培面積**最大**）、**ムツヴァネ・カフリ**、黒：**サペラヴィ**。
- 栽培地区は大きく下記の2つに分けられる。
  シダ・カヘティ地区（インナー・カヘティ）：コンボリ山脈北側に流れる**アラザニ**川とその流域。
  ガレ・カヘティ地区（アウター・カヘティ）：コンボリ山脈南西側の斜面、**イオリ**川流域。

主なP.D.O.

P.D.O.	備考
Kakheti カヘティ	ジョージア**最大**の広域P.D.O.。 **アラザニ**川の上流と**イオリ**川に沿う産地。 「カヘティP.D.O.」を名乗る**辛口白**ワインは、 **ルカツィテリ**、**ムツヴァネ・カフリ**を使用し、 ヨーロッパ式、伝統的製法（クヴェヴリ醸造）で生産される。
Kardenakhi カルデナヒ	**酒精強化**のP.D.O.。 古い歴史を持つ産地の伝統的なワインとして、 1926年以来生産。
Teliani テリアニ	ジョージアで唯一、**国際品種**から造られるP.D.O.。 主要品種はカベルネ・ソーヴィニヨン。
Kindzmarauli キンズマラウリ	**サペラヴィ**から造る**半甘口**ワイン。 1942年から生産。
Saperavi Khashmi サペラヴィ・ハシミ	**サペラヴィ**から造る**辛口**ワイン。 2018年認定。

イメレティ地方　　Imereti

- ジョージア**西部**の代表的な産地。**亜熱帯**気候で、降水量が**多く**、冬は**黒海**の影響により**温暖**。
- この地方では、クヴェヴリを「**Churi** チュリ」と呼び、地中に埋めずに地上に設置して使われる。

> 地図では黒海に面しているわけではないが、黒海の影響を受ける産地として、ジョージアで最も有名な産地である。つまり、東部を代表するカヘティと気候区分が変わるため、得意とする品種やワインのスタイルが異なっている。

主なP.D.O.

P.D.O.	備考
Sviri スヴィリ	イメレティ地方唯一のP.D.O.。 酸が高く、柑橘系果実や黄色系果実のアロマティックなスタイル。

カルトリ地方 Kartli

- カヘティ（東部）とイメレティ（西部）に挟まれ、首都**トビリシ**を含む。
- P.D.O. は4つある。

主なP.D.O.

P.D.O.
Ateni アテニ

Chapter **29** Georgia

Food Culture

ジョージアの食文化

- ジョージアでは、**Supra スプラ**（テーブルクロスの意）と呼ばれる客人をもてなす宴が伝統的に受け継がれてきた。
- **Tamada タマダ**と呼ばれるトーストマスター（乾杯役）が**Supra スプラ**を取り仕切る。

地方料理と食材 — Cooking and Ingredients

料理名	内容
Mtsvadi ムツヴァディ	カヘティの地方料理。 ブドウ樹で焼いた牛や豚のバーベキュー。
Khinkali ヒンカリ	カルトリの地方料理。 大きめの小籠包のようなもの。
Shkmeruli **シュクメルリ**	鶏肉をニンニク、バター、牛乳と煮込むラチャ発祥の郷土料理。
Khachapuri ハチャプリ	黒海沿岸部の地方料理。 ボート型のパンに卵とチーズを載せたもの。

東欧諸国のまとめ

EU加盟年、最大産地、首都を含む産地

EU加盟年

国	EU加盟年
ハンガリー	2004年
スロヴェニア	2004年
クロアチア	2013年
ルーマニア	2007年
モルドバ	未加盟
ブルガリア	2007年
ギリシャ	1981年
ジョージア	未加盟

最大産地

国	産地名	備考
ハンガリー	Duna-Tisza közi ドゥナ・ティサ・クズィ（P.G.I.）	ハンガリー最大
スロヴェニア	Podravje ポドラウイエ（P.G.I.）	スロヴェニア最大
クロアチア	Slavonija スラヴォニア（P.D.O.）	クロアチア最大規模
ルーマニア	Dealurile Moldovei デアルリレ・モルドヴェイ	ルーマニアで面積最大
モルドバ	Valul lui Traian ヴァルル・ルイ・トラヤン（I.G.P.）	モルドバI.G.P.ワインの面積最大
ブルガリア	Danube Plain ドナウ平原（P.G.I.）	ブルガリアで最大のワイン産地の1つ
ギリシャ	Nemea ネメア（P.D.O.）	ギリシャ最大の栽培面積
ジョージア	Kakheti カヘティ（P.D.O.）	ジョージア最大の広域P.D.O.

首都を含む産地

国	首都	首都を含む産地名
ハンガリー	ブダペスト	×
スロヴェニア	リュブリャーナ	×
クロアチア	ザグレブ	プリゴリエ・ビロゴラ
ルーマニア	ブカレスト	×
モルドバ	キシナウ	コドゥル（I.G.P.）
ブルガリア	ソフィア	×
ギリシャ	アテネ	×
ジョージア	トビリシ	カルトリ地方

Chapter

30 日本

Japan

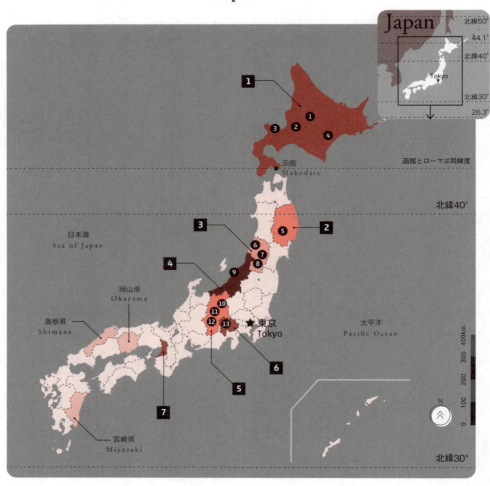

北海道	東北	甲信	近畿
1 ■ 北海道	2 ■ 岩手県	5 ■ 長野県	7 ■ 大阪府
① 上川地方（富良野盆地、上川盆地）	⑤ 北上盆地	⑩ 長野盆地、上田盆地、佐久盆地	
② 空知地方（浦臼町、三笠市、岩見沢市）	3 ■ 山形県	⑪ 松本盆地	
③ 後志地方（余市平野）	⑥ 庄内盆地	⑫ 伊那盆地	
④ 十勝地方（十勝平野）	⑦ 山形盆地（天童市、上山市）	6 ■ 山梨県	
	⑧ 置賜盆地（南陽市、米沢市）	⑬ 甲府盆地	
	北陸		
	4 ■ 新潟県		
	⑨ 新潟平野		

DATA
Japan

国内製造ワイン※ ⋯ 約10.5万kℓ
(うち日本ワイン：約**1.5万**kℓ、全体の**14.3**%、残り約8割強は海外原料ワイン)
(日本ワインの種類構成：白約47%、赤約42%、スパークリング約6%、その他約6%)

ワイナリー数※ ⋯ 約**453**軒(うち日本ワインを生産しているワイナリー**299**軒)

気候 ⋯ 全体として**内陸性**気候が多いが、北と南で大きく異なる。
山梨県：**盆地**気候(甲府盆地)
長野県：すべての栽培地が**内陸性の盆地**気候
北海道：**内陸性**気候(空知地方)、**海洋性**気候(後志地方)
山形県：海洋性気候(日本海側)、盆地気候(内陸側)
岩手県：盆地気候(北上盆地)、海洋性気候(沿岸南部)

※国税庁の「国内製造ワインの概況」はワイナリーへの聞き取り調査を基に作成されているため、各数字は年度ごとの回答率に大きく左右される。
以下、都道府県ごとの数量についても同調査からの数字に準拠する。

日本ワイン生産順位

	道県名	比率	生産数量(kℓ)
1位	山梨県	32%	4,856
2位	長野県	21%	3,136
3位	北海道	19%	2,902
4位	山形県	7%	1,045
5位	岩手県	3%	425
6位	新潟県	3%	407
7位	岡山県		
8位	島根県		
9位	栃木県		
10位	静岡県		

稼働ワイナリー数

	道県名
1位	山梨県
2位	長野県
3位	北海道
4位	山形県
5位	岩手県

山梨県が圧倒的だが…
山梨県は現在のところダントツで多いが近年は緩やかな伸びにとどまっている。それに対して長野県と北海道は急速に数を増やしている。

概要

- 北は**北海道**から南は**九州**までほとんどの都道府県でワインが造られている。
- 原料となるブドウが育てられている土地は、北限の北海道**名寄**で北緯44.1度、南限の沖縄県**恩納村**で26.3度、その差は約**18**度(フランスのワイン産地の北限：**シャンパーニュ**と南限：**コルシカ島**の差が約6度)。
- 産地が南北に離れているのが特徴で、気候と**品種**の**多様性**が日本ワインの**多様性**につながっている。
- 日本のワイン産業は、今まさに発展の最中にありワイナリー設立の動きが活発化している。現在のワイナリー数は**453**軒、そのうち日本ワインを製造中のワイナリー数は**299**軒とされており、山梨県、長野県、北海道の順に多い(日本ワインの生産量順位と毎年ほぼ同じ)。ワイナリー数の**約2割**が山梨県に集中しているが、近年、北海道と長野県でワイン造りが活発になり、ワイナリーも急速に増え、産地が生まれようとしている。

「森臥ワイナリー」
上川地方(名寄市)

「Auberge Bonne Chere RAOUT オーベルジュ ボヌ シェール ラウー」
黒ブドウ「リュウキュウガネブ」：亜熱帯の奄美諸島や琉球諸島に分布する野生のブドウ。
赤ワイン：「涙 なだ」

概要

- 日本ワイン生産量のうち、契約栽培によるものが約 **43** %、原料ブドウの最も多くを自営農園から受け入れているワイナリー（自営農園）は **115** 軒に達している。100％自社管理畑のブドウでワインを造る「**ドメーヌ型**」ワイナリーも増加傾向にある。
- 現在稼働しているワイナリーの約 **87** ％が年間生産量100kℓ未満の**小規模**ワイナリー。その比率は年々増加しており、2000年以降設立のワイナリーでは90％以上が小規模ワイナリー。

歴 史　　History

時代	主な出来事
15〜16世紀	シルクロードを通じて中国に伝わった欧・中東系品種（緑など）や、中国原産の東アジア系品種との交配品種（**甲州**、紫など）が、日明貿易により日本に伝わる。この時のブドウは主に貴族の観賞用だった。16世紀には京都の医学者である曲直瀬道三が薬学書『宜禁本草』を著し、ブドウとブドウ酒を滋養強壮剤・薬として紹介した。
室町時代後期〜江戸時代	中国からブドウ栽培とワインの製法が伝わる。当時のワインは焼酎などにブドウ果汁を混ぜたものだった。
1817年	甲斐州（現山梨県）の医師や薬屋により日本初となるアルコール発酵によるワイン醸造の記録が残るが、本格的なワイン造りは明治時代に始まる。
1870年	開拓使が東京、北海道などでブドウなどの試験園を開設し、海外から苗木を輸入。
1874年（**明治初**期）	**甲府**（山梨県）の**山田有教**と**詫間憲久**が、前年に試験醸造したワインを添えて県に免許申請し、会社を設立。日本の本格的なワイン造りが始まった。
1877年	**祝村**（山梨県）の**高野正誠**と**土屋助次郎**（のちの**龍憲**）が、ワイン研修のため**フランス**に渡る。
1890年代ごろ	各地にワイナリーが誕生。 新潟県：**川上善兵衛**による**岩の原葡萄園**開拓。 牛久（茨城県）：神谷伝兵衛によるフランス型シャトー建設。 山梨県：宮崎光太郎による大黒天印甲斐産葡萄酒設立。**土屋龍憲**による**マルキ葡萄酒**創設。
1885年	三田育種場（現東京都港区）でフィロキセラが発見され、30万本の木を焼却。その後大正期までに全国に爆発的に拡大し、各地でアメリカ系品種やその台木を使ったブドウ栽培への転換が進む。
明治時代	ワインの酸味や渋みが消費者に受け入れられない中、神谷伝兵衛による香竄葡萄酒（薬用甘味ブドウ酒）がヒット。
1907年	寿屋（現サントリー）が赤玉ポートワインを発売。
1918年	ワイン市場における甘味ブドウ酒のシェアが8割となる。
1922年	**川上善兵衛**が本格的なワイン造りのため、ブドウの品種交配に取り組む。1万回を超える交配を行い、1,100株が結実。 のちに**マスカット・ベーリーA**と呼ばれるブドウは1927年に交配開始、1931年に結実した。 1940年には**マスカット・ベーリーA**や**ブラック・クィーン**など22品種を公表し、全国へ配布した。
1936年	善兵衛の活動を経済的に支えた鳥井信治郎が寿屋山梨農場（現登美の丘ワイナリー）を開設、善兵衛の交配品種を植えた。
1940年代	第二次世界大戦中、ワインの酒石酸から製造されるロッシェル塩が潜水艦探知機で利用された。このため1945年のワイン製造量は10年前の10倍以上となった。
1964年	東京オリンピック開催。
1970年	大阪万博開催。オリンピックや万博を受けてワインの消費が拡大。

時代	主な出来事
1973年	「**ワイン元年**」と称される。大阪万博の影響もあり、ワイン消費が前年比162％に急上昇。
1975年	ワインが**甘味ブドウ酒**の消費を始めて上回る。
1985年	オーストリアのワインに入っていたジエチレングリコール（不凍液）が山梨のワインから発見され、国産ワインに輸入ワインが混入していることが発覚。 信頼回復のため、北海道、山形、山梨、長野の各ワイン組合らと日本ワイナリー協会により「国産ワインの表示に関する基準」が施工された。これが現在の「果実酒等の製法品質表示基準」に繋がっている。
1970年代	明治期に病虫害で挫折した欧・中東系ブドウの栽培は1936年のサドヤ農場（甲府）で再開し、1970年代には北海道、山形、長野で、平成に入ると全国に広がった。
1994年	輸入ワインの消費量が国産ワインを上回る。
1995年	第8回世界最優秀ソムリエコンクールで田崎真也が優勝。日本にワイン文化が定着していく立役者となった。
2008年	山梨県でワインツーリズムが始まり、その後、北海道、岩手県、山形県、長野県など全国に広がる。
2010年	**甲州**がO.I.V.（国際ぶどう・ぶどう酒機構）のリストに掲載された。
2013年	**マスカット・ベーリーA**がO.I.V.のリストに掲載された。 **山梨**が初めてワイン産地として地理的表示（**G.I.**）に指定された。
2015年	「果実酒等の製法品質表示基準」を制定。
2018年	「果実酒等の製法品質表示基準」を施行。 **北海道**がワイン産地としてG.I.に指定。
2020年	**山幸**（やまさち）がO.I.V.のリストに掲載された。
2021年	**山形**、**長野**、**大阪**がワイン産地としてG.I.に指定。

ワイン法

酒税法における種類の分類

- 酒税法では酒類の分類、定義および税率が定められている。

	酒類	備考
1	発泡性酒類	ビール、発泡酒、その他の発泡性酒類
2	**醸造酒類**	清酒、**果実酒**[※1]、その他の醸造酒
3	蒸留酒類	連続式蒸留焼酎、単式蒸留焼酎、ウイスキー、ブランデー、原料用アルコール、スピリッツ
4	**混成酒類**	合成清酒、**みりん**、**甘味果実酒**[※2]、**リキュール**、**粉末酒**、雑酒

※1　スパークリングワインは**果実酒**に分類される。
※2　酒精強化ワインは**甘味果実酒**に含まれる。

> ワインにブランデーやアルコールを添加し、添加されたアルコール分が全アルコール分の10％以上になると、甘味果実酒として分類されることとなる。

ワインのラベル表示ルール「果実酒等の製法品質表示基準」

- **2015**年10月、国税庁により「果実酒等の製法品質表示基準」が定められたことで、日本ワインの定義とワインのラベル表示を規定する法制度が整った（施行は**2018**年**10**月）。

ワイン法 >> ワインのラベル表示ルール「果実酒等の製法品質表示基準」

日本ワイン・国内製造ワイン・輸入ワインの3つの区分（出典：国税庁HP）

「国産ワイン」という概念の廃止
従来の"国産ワイン"という呼び方をやめよう！（この言葉だけでは日本産と海外原料のどちらのブドウから造られたワインか区別がつかないから）☕

1. **日本ワイン** ……… **国産ブドウのみ**を原料として、日本国内で製造された果実酒。
2. **国内製造ワイン** … 日本ワインを含む、日本国内で製造された果実酒および甘味果実酒（濃縮果汁やバルクワイン等**海外原料**を使った果実酒を含む）。
3. **輸入ワイン** ……… 海外から輸入された果実酒および甘味果実酒。

② 国内製造ワイン
（日本国内で製造された果実酒・甘味果実酒）

① 日本ワイン
国産ブドウのみを原料とし、日本国内で製造された果実酒
※ブドウ産地（収穫地）や品種等の表示が可能

濃縮果汁等の海外原料を使用したワイン
① 表ラベルに
 ・濃縮果汁使用　・輸入ワイン使用
 等の表示を義務付け
② 表ラベルに、地名や品種等の表示ができない

<<<

③ 輸入ワイン
ボトルワイン 等

海外原料
濃縮果汁
バルクワイン
（原料ワイン）
等

出典：国税庁HP

日本ワインのラベル表示ルール

表ラベル
- 日本ワインには、裏ラベル（表ラベルも可）に「**日本ワイン**」の表示**義務**あり。
- 日本ワインの場合のみ、地名、品種名、収穫年のラベル表示が可能。

地名の表示ルール
1. **ワインの産地名を表示（ブドウ収穫地＝醸造地）→産地名**
   地名が示す範囲内にブドウ収穫地（**85**%以上使用）と醸造地がある場合。
2. **ブドウの収穫地名を表示**
   地名が示す範囲内にブドウ収穫地（**85**%以上使用）がある場合。
3. **醸造地名を表示**
   地名が示す範囲内に醸造地がある場合。（その場合、醸造地名が原料として使用したブドウの収穫地でないことを表記）

① ワインの産地名が表示できる場合	② ブドウの収穫地名が表示できる場合	③ 醸造地名が表示できる場合
 日本ワイン 梅田ワイン シャルドネ 2017	 日本ワイン 梅田産ブドウ使用 シャルドネ 2017	 日本ワイン 梅田醸造ワイン 梅田は原料として使用したブドウの収穫地ではありません 2017
梅田で収穫したブドウを85％以上使用して、梅田で醸造したワイン	梅田で収穫したブドウを85％以上使用したワイン	梅田以外で収穫されたブドウを使用して、梅田で醸造したワイン

出典：国税庁HP

ブドウの品種の表示ルール

❶ **単一品種の表示**

単一品種を **85**% 以上使用した場合。

❷ **2品種の表示**

2品種合計で **85**% 以上使用し、かつ使用量の **多い順** に表示する場合。

❸ **3品種以上の表示**

表示する品種を合計で **85**% 以上使用、それぞれの使用量の **割合** と併せて使用量の **多い順** に表示する場合。

ブドウの収穫年の表示ルール

- 同一収穫年のブドウを **85**% 以上使用した場合、表示可能。

※海外原料を使った場合（国内製造ワイン）は
上記（品種名、収穫年）の表記は **できない**。
「輸入濃縮果汁使用」「輸入ワイン使用」など、その旨を表示する **義務** がある。

> 消費者保護の観点から「義務」となっている。なぜなら、"国内製造ワイン"には、日本のブドウを使用して造られた"日本ワイン"も含まれるので、消費者が混同してしまうのを避けるため。

裏ラベルの一括表示欄

- **裏**ラベルには、記載事項をまとめて表示した一括表示欄をもうける。
- 一括表示欄は、基本的に枠で囲む必要がある。

❶ **日本ワイン**（日本ワインの場合）
❷ **品目**（果実酒など。表ラベルに表示した場合、裏ラベルの一括表示欄では省略できる。）
❸ **原材料名**：例 ブドウ（日本産）※
❹ **製造者**：例 ○○株式会社 ○○県○○市○○
❺ **内容量**：例 750㎖
❻ **アルコール分**：例 12%

日本ワインの一括表示欄表示例（出典：国税庁HP）

- 記載が必要な事項をまとめて表示した欄を「一括表示欄」という。
- 日本ワインの一括表示欄には「日本ワイン」と表示されるほか、原材料名およびその原産地名が表示される。

```
日本ワイン
品目        果実酒
原材料名    ブドウ（日本産）※
            ／酸化防止剤（亜硫酸塩）
製造者      国税株式会社
            東京都千代田区霞が関3-1-1
内容量      720ml
アルコール分  12 %
```

※「日本産」に代えて地域名（「東京都産」等）を表示することも可能。
※地域名は、「○○県産」の他、「□□市産」の表示も可能。

日本における地理的表示制度（G.I.）

- 「地理的表示制度」とは、商品の確立した品質や社会的評価がその商品の産地と本質的な繋がりがある場合に、その産地名を独占的に名乗ることができる制度。
指定を行うのは**国税庁**長官。

「地理的表示制度」に指定されている地域

- 焼酎（蒸留酒）：「壱岐」「球磨」「琉球」「薩摩」「東京島酒」
- 清酒：「白山」「山形」「灘五郷」「はりま」「三重」「利根沼田」「萩」「山梨」「佐賀」「長野」「新潟」「滋賀」「信濃大町」「岩手」「静岡」「日本酒（国レベルの地理的表示）」
- ブドウ酒：「**山梨**」「**北海道**」「**山形**」「**長野**」「**大阪**」※詳細は下記の表参照
- リキュール：「和歌山梅酒」

地理的表示の名称（表示例）	産地の範囲	指定年月	特徴
山梨（G.I. Yamanashi）	山梨県	**2013**年7月	健全でよく熟した「**甲州**」や「**マスカット・ベーリーA**」を中心とし、品種特性がよく維持されたバランスのよいワイン。
北海道（G.I. Hokkaido）	北海道	**2018**年6月	**有機酸**が豊富に含有するブドウを原料とした、豊かな酸味と果実の香りを有するワイン。
山形（G.I. Yamagata）	山形県	**2021**年6月	**ヨーロッパ**系品種（**ヴィニフェラ**種）を中心とした、ブドウ本来の味や香りが引き立った、さわやかな酸による余韻が特徴のワイン。
長野（G.I. Nagano）	長野県	**2021**年6月	ブドウ品種ごとに製法などを細かく定義することにより、その品種が有する本質的な**香味の特性**がはっきりと現れたワイン。
大阪（G.I. Osaka）	大阪府	**2021**年6月	食用ブドウの栽培で培った技術を生かし、**デラウェア**などの食用品種を主体とした新鮮で美しいブドウを原料としたワイン。

「地理的表示」の指定を受ける要件

❶ 酒類の産地に主として帰せられる酒類の特性が明確であること。
❷ 酒類の特性を維持するための管理が行われていること。

酒類の容器または包装に「地理的表示」を使用する場合

- 使用した「地理的表示」名称のいずれか1カ所以上に、「地理的表示」「Geographical Indication」「**G.I.**」の文字を併せて使用する義務がある。

主なブドウ品種

- 明治時代にワイン造りが始まった頃、欧米からの品種は栽培が困難であったため日本固有の品種である甲州からワインが造られた。

原料ブドウ品種の受入（生産）数量と受入産地順位
〈 白ブドウ 〉

	品種名	受入産地 1位	2位	3位
1位	**甲州**	**山梨県**（約96%）	島根県	山形県
2位	**ナイアガラ**	**北海道**（約63%）	長野県	山形県
3位	**デラウェア**	**山形県**（約44%）	山梨県	大阪府
4位	シャルドネ	**長野県**	山形県	山梨県
5位	ケルナー	**北海道**	長野県	岩手県

Japan
<< DATA、概要、歴史、ワイン法
P.81 >> 86

〈 黒ブドウ 〉

	品種名	受入産地1位	2位	3位
1位	**マスカット・ベーリーA**	**山梨県**（約63％）	山形県	長野県
2位	**コンコード**	**長野県**（約99％）	山梨県	―
3位	**メルロ**	**長野県**（約54％）	山形県	山梨県
4位	キャンベル・アーリー	北海道	岩手県	宮崎県
5位	カベルネ・ソーヴィニヨン	山梨県	長野県	山形県

白・黒ブドウ品種の受入（生産）数量順位

	品種名	色	受入産地1位
1位	**甲州**	**白**	**山梨県**
2位	**マスカット・ベーリーA**	**黒**	**山梨県**
3位	**ナイアガラ**	**白**	**北海道**
4位	**コンコード**	**黒**	**長野県**
5位	**メルロ**	**黒**	**長野県**
6位	**デラウェア**	**白**	**山形県**

※国際品種では、7位にシャルドネ：長野県（1位）。8位にカベルネ・ソーヴィニヨン：山梨県（1位）。

> 日本ワインと聞くと、白は甲州、赤はマスカット・ベーリーAが思い浮かぶ消費者が多いのはこのため。その両品種とも山梨県で主に栽培されている。

欧・中東系品種の受入（生産）数量順位

	品種名	色	受入産地1位
1位	**メルロ**	**黒**	**長野県**
2位	**シャルドネ**	**白**	長野県
3位	**カベルネ・ソーヴィニヨン**	**黒**	山梨県

> **長野県は国際品種で有名**
> ワイン用ブドウ（特に国際品種の栽培）においては、長野県が有名。

主要産地の原料用ブドウ品種の生産順位

産地	色	1位	色	2位		白・黒全体生産順位
北海道	白	**ナイアガラ**	白	**ケルナー**	1位	**ナイアガラ**
	黒	**キャンベル・アーリー**	黒	山幸	2位	**キャンベル・アーリー**
山形県	白	**デラウェア**	白	シャルドネ	1位	**デラウェア**
	黒	**マスカット・ベーリーA**	黒	メルロ	2位	**マスカット・ベーリーA**
長野県	白	**ナイアガラ**	白	**シャルドネ**	1位	**コンコード**
	黒	**コンコード**	黒	**メルロ**	2位	**メルロ**
山梨県	白	**甲州**	白	デラウェア	1位	**甲州**
	黒	**マスカット・ベーリーA**	黒	メルロ	2位	**マスカット・ベーリーA**

> **まずは県ごとに大枠のイメージをもとう**
> 北海道：ドイツ・オーストリア系品種。ナイアガラ（全国1位）。
> 山形県：山梨県と似ている。白はデラウェアが両県共に栽培量が多く、また黒はマスカット・ベーリーAが両県ともに黒ブドウ品種の栽培比率第1位となっている。
> 長野県：栽培品種構成は2面性がある。国際品種が成功しているが、栽培第1位品種はラブルスカ系品種。
> 山梨県：日本一の産地には、日本を代表する白・黒ブドウ品種。デラウェア栽培発祥の地（全国2位）。

代表的な東アジア系品種・交雑/交配品種

品種名	色	特徴
Koshu 甲州	白	やや薄い藤紫色の果皮で、日本在来の生食用兼用種。 果皮が比較的厚く、耐病性がある。 栽培方法は大半がX字型剪定 （棚仕立て、日本の伝統的な仕立て法）。 生産量は日本でワイン用に使われるブドウの中で最も多く全体の約19.6％。 2015年のDNA解析の結果、ヴィニフェラ種の比率が71.5％であることが判明した。 また母方の先祖は東アジア系品種のダヴィディ種（Vitis davidii）に近いこともわかった。 2010年にO.I.V.（国際ブドウ・ブドウ酒機構）リストに掲載。
Ryugan 竜眼	白	別名は「善光寺」。 明治時代より長野県善光寺周辺で栽培されてきたことが名前の由来。
Yamabudo ヤマブドウ	黒	学名はVitis Coignetiae ヴィティス・コワニティ。 北海道、東北地方に主に生息。

> これにより甲州のルーツはカスピ海付近にあり、シルクロードを長い時間をかけて、日本にたどりついたという事が判明した。

> 熟すと果皮が灰色がかった藤紫色・ピンク色になるブドウ品種を一般的に「グリ系」品種と呼ぶ。フランスでは灰色＝Grisと表現し、品種はピノ・グリ、甲州など。

> ブドウの粒が大きく、竜の眼のようだということからこの名がつけられた。

代表的な欧・中東系品種

品種名	色	特徴
Chardonnay シャルドネ	白	本格的な栽培が始まったのは、1980年代以降。 生産数量が最多の長野県では、2000年以降栽培面積が3倍以上に急増。
Cabernet Sauvignon カベルネ・ソーヴィニヨン	黒	本格的な栽培は、山梨県で1930年代に始まった。 生産量は山梨県が最も多い。
Merlot メルロ	黒	本格的な栽培開始は、シャルドネ同様1980年代以降。 北海道から九州まで広く栽培されている。 特に長野県塩尻市の桔梗ヶ原がメルロの産地として名高い。
Pinot Noir ピノ・ノワール	黒	本格的な栽培開始は1970年代以降。 主に北海道、長野県で栽培され、生産量は赤用品種中第9位。
Zweigelt ツヴァイゲルト	黒	1970年代に北海道ワインがオーストリアのクロスターノイブルグ修道院から苗木を取り寄せ、その後に普及。 北海道の余市町で栽培が盛ん。

> ピノ・ノワールは冷涼産地
> 特に有名なのが、北海道後志地方「余市」。

主な交配品種

品種名	色	特徴
Kerner ケルナー	白	1973年にドイツから北海道に苗木を導入。 大半が北海道で栽培される北海道を代表する品種。 辛口～極甘口、スパークリングまでスタイルは多様。
Müller-Thurgau ミュラー・トゥルガウ	白	本格的な栽培は1970年代以降。 現在まで大半が北海道で生産されてきたが、近年栽培面積は激減している。

> 栽培は容易
> 多産品種として知られ、質より量が重視されてきたが、ドイツなどでは品質重視へと方向転換しつつある。

代表的なアメリカ系品種・交雑/交配品種

品種名	色	特徴
Delaware デラウェア	白	果皮は赤みがかった灰色。生食用兼用品種。 アメリカのニュージャージー州で交雑によって生まれたとされる品種。 明治初期に日本に伝来。 スパークリングワインが急増中。
Niagara ナイアガラ	白	アメリカのナイアガラで交配された品種。明治時代に日本に伝来。 アメリカ系品種特有香が強い。 中甘口のワイン、スパークリングワインが多い。
Campbell Early キャンベル・アーリー	黒	アメリカで交雑育種され、 1897年に川上善兵衛が日本に導入。生食用兼用品種。 中甘口のロゼ、スパークリング、甘口の赤など。

代表的な日本の交雑/交配品種

分類	品種名	色	特徴
アメリカ系品種	Red Millennium レッド・ミルレンニューム	白	1933年、川上善兵衛が開発し品種登録。 生食用兼用品種。 華やかな香りのワインに仕上がり、 近年評価が上がっている。
	Black Queen ブラック・クイーン	黒	1927年、川上善兵衛が開発 （ベーリー×ゴールデン・クイーン）。 タンニンが穏やかで、酸が豊かなワインに仕上がる。
	Kai Noir 甲斐ノワール	黒	山梨県果樹試験場が開発し、1992年に登録 （ブラック・クイーン×カベルネ・ソーヴィニヨン）。 糖度が上がりやすく、着色は良好。
	Kyoho 巨峰	黒	1937年、大井上康氏が開発した生食用ブドウ。 ヴィニフェラ×ラブルスカの交雑品種。 生産数量の最多は長野県。
	Muscat Bailey A マスカット・ベーリーA	黒	1927年、川上善兵衛が開発した交配種 （ベーリー×マスカット・ハンブルグ）。 生食用兼用種。
東アジア系品種	Shokoshi 小公子	黒	育種家の澤登晴雄氏が開発。 ロシアや日本の野生ブドウの 流れを引くと推測されるが、交配不明。 野趣ある香りと豊かな酸が特徴。
	Yamasachi 山幸	黒	北海道で開発され、2006年に登録された （ヤマブドウ×清見）。 耐寒性に優れ、 厳寒の十勝平野でも越冬が可能。 色合いも濃く、酸も豊か。
	Yama Sauvignon ヤマ・ソービニオン	黒	1990年山梨大学の山川祥秀氏が開発し登録 （ヤマブドウ×カベルネ・ソーヴィニヨン）。 山梨以北で主に栽培されている。 カベルネ・ソーヴィニヨンほどタンニンはないが酸が豊か。

「Red」だけど白ブドウ
"Red～"がつくが白ブドウである点に注意！グリ品種であり、甲州と同様薄い藤紫色になることからこの名前がついた。
ちなみに、ブルガリアのRed Misketも白ブドウ品種。

「A」とは？
名前からイメージできる通り「B」も存在したが、淘汰されAだけが生き残った。

生食用高級ブドウとして有名だが、一部ワインも造られている。

英国で交配・誕生した黒ブドウ品種。

日本のヤマブドウ研究の第一人者。その生涯をヤマブドウの交配、研究や普及活動に費やした。

Seibel セイベル13053のクローン選抜。

Chapter 30 日本

代表的な日本の交雑 / 交配品種

分類	品種名	色	特徴
欧・中東系品種など	**Kai Blanc** 甲斐ブラン	白	1992年に山梨県果樹試験場で開発、甲斐ノワールと同時に登録（**甲州**×**ピノ・ブラン**）。
	Riesling Lion リースリング・リオン	白	サントリーが開発。 1975年に登録（甲州三尺（さんじゃく）×リースリング）。 スパークリングワインが沖縄サミットの乾杯に使われた。 大半が**岩手**県で栽培。
	Shinano Riesling 信濃リースリング	白	マンズワインが開発、1992年に登録（**シャルドネ**×**リースリング**）。シャルドネの栽培のしやすさと、リースリングの芳香性を生かす狙いで交配。

> **三尺とは「大きい」という意味**
> 名前の通り大きさが70cmほどにもなる、カスピ海沿岸にルーツを持つ品種。欧・中東系品種の中で耐病性が特に優れていることから、多くの交配品種の親として用いられた。

> COCO FARM & WINERY "NOVO" Demi-sec（栃木のワイナリー）

> キッコーマンのブランド。「Solaris」などで有名

> 近年、日本においてもオーガニック栽培に挑戦する生産者が増えているなか、その病害耐性の高さから、日本の気候に適した独自の交雑品種が再評価されつつある。

栽 培 方 法

棚仕立て

- 温暖で高湿度という日本の気候条件のもと、主に甲州など樹勢の強いブドウを育てることを目的に江戸時代から日本中で採用されてきた仕立て法。
- **甲州**や**マスカット・ベーリーA**はこの仕立てで栽培されることが多かった。

> 実際にはキレイなX字型をしていない場合が多く、自由に伸びた枝の管理には熟練を要する。

X字型剪定

- 棚仕立てで、長梢剪定したもの。
  日本の伝統的な仕立て法。「X」という文字を意識しながら仕立てていく方法。**甲州**の大半がこの方法を採用している。
- 長所 ・ **枝の配置**の自由度が高く、**樹勢**をコントロールしやすい。

一文字型短梢剪定

- 棚仕立てで短梢に剪定したもの。
  水平方向に一直線に太い枝を配置する。国内で採用する栽培家が増加中で、欧州系品種のシャルドネやメルロにも採用されている。
- 長所 ・ 新梢や房の管理作業が**直線的**になり、**作業効率**が高い。**密植**も可能。

H字型短梢剪定

- 棚仕立てで短梢に剪定したもの。水平方向に左右に2列、H字の形に枝を配置する。
- 長所 ・ 一文字型短梢剪定同様に管理作業が**シンプル**で、**作業効率**がよい。
- 九州で1990年代以降に拓かれたブドウ園ではこの仕立てが採用されている。

スマート・マイヨルガ仕立て

- H字型短梢剪定の変形で、片側のみ新梢を伸ばしていく。
  長野県塩尻市では、これを応用した改良スマート仕立ての導入が進みつつある。

X字型剪定
いわゆるブドウ棚といわれるものはこの**X字型剪定**が多い。

一文字型短梢剪定
新梢は左右の両側に伸ばしていき、ブドウの房も一直線上に並ぶ。

H字型短梢剪定
新梢は左右、両側に伸ばして、下にたらす。

栽培方法の変化
- 日本では棚仕立てが主流ではあるが、**垣根**仕立てが増加傾向にあり、全体の約35％を占めるまでになった。
- 垣根仕立ての生産量上位5品種は、メルロ、シャルドネ、ケルナー、ピノ・ノワール、ツヴァイゲルト。

Japan
主なブドウ品種、栽培方法 >>
P.86 >> 91

Chapter 30 Japan

Hokkaido 主要な産地

北海道

DATA Hokkaido

日本ワイン生産量	約2,902kℓ、全国第3位（約19％）
主要品種	1位）ナイアガラ、2位）キャンベル・アーリー、3位）ケルナー
気候	冬の平均気温は極めて低い。梅雨はなく、台風が襲来することも稀。

内陸性気候　　池田町、富良野市、空知地方の岩見沢市、三笠市、浦臼町

海洋性気候　　北斗市、後志地方の余市町

本州に比べまとまった土地を安価で入手しやすいため。☕

- 2000年以降ワイナリーは急増し、現在のワイナリー数が53軒の活気ある産地。
- 北海道で初めてワインが造られたのは1876年。
- 道内の小規模ワイナリー（年間生産量13万本以下）の自社畑比率が高く、原料ブドウが全て自社畑産というフランスの「ドメーヌ」型ワイナリーも本州に比べて多い。
- 2018年には、国税庁が「北海道」を地理的表示として指定した。
- 欧・中東系品種のワインが多いのが特徴。

主な産地

- 冷涼な気候を活かしてドイツ系白品種の栽培が多い。
- ケルナー、ミュラー・トゥルガウ、バッカスは日本の全醸造量の大半を北海道が占める。
- 栽培面積は小さいが、空知地方や余市町を中心に、ピノ・ノワールが急増。日本のピノ・ノワールの主要産地。
- 北海道特有の品種としては、山幸、清舞。池田町ブドウ・ブドウ酒研究所が寒冷地用の赤用品種として開発した。山幸は2020年にO.I.V.に登録された。耐寒性に優れ、北海道内陸部の低温地域においても冬季の土寄せ作業の必要がないため、最近では栽培面積が拡大している。

産地	特徴	
後志地方 余市町、仁木町など	ワイン用のブドウの栽培面積、収穫量ともに道内1位。 栽培面積の大半を占めるのが余市町。	2010年の「Domaine Takahiko」が火付け役。翌2011年の「余市町」ワイン特区認定を追い風に北海道最重要のワイン産地へと急速に発展を遂げている。☕
余市ワイナリー☕	1982年に、余市の農家にピノ・ノワールの苗木が配られ、現在も栽培が続けられている。 余市では、1984年から本格的にブドウの栽培が始まった。 ワイナリーは2000年時点で1軒のみだったが、 2011年に余市町がワイン特区に認定されて以降増え始め、今や20軒を超える。	
株式会社キャメル珈琲 （店舗名：KALDI COFFEE FARM）☕	直近では、全国展開する珈琲の販売会社が著名なイタリア人コンサルタントの協力を得て、最新の15万本規模のワイナリーを設立した。	Camel Farm Winery キャメルファーム ワイナリー

92

産地	特徴
空知地方 浦臼町、岩見沢市、 三笠市など	ワイン用のブドウの栽培面積、収穫量のいずれも道内2位。 **浦臼町**には100haを超える**日本最大**のブドウ園がある。 2012年に、**岩見沢市**に日本初の **委託醸造**を主とするワイナリーが設立され、 道内全域の栽培農家がそこで経験を積み巣立っている。 **ピノ・ノワール**と**ソーヴィニヨン・ブラン**が増加傾向で、 ケルナーは減少傾向。
上川地方	ワイナリー設立は、**後志**地方と**空知**地方に集中していたが、 近年は上川地方の**富良野**一帯など、 他の地方にもワイナリー設立の動きが広がっている。
函館	2016年には、フランスの**ブルゴーニュ**のドメーヌが ワイナリー設立計画（**函館**ワインプロジェクト）を発表。 2019年には大手ワインメーカーが 20haの自社農園を開園するなど **函館**も注目を集めている。

浦臼町にある、「鶴沼ワイナリー」（北海道ワイン所有）

「10Rワイナリー」元々、栃木のココ・ファームの醸造長として有名であったブルース・ガットラヴ氏が独立して北海道に移住し、設立。

サッポロビールのワインブランド「GRANDE POLAIRE グランポレール」

「Domaine de Montille ドメーヌ・ド・モンティーユ」ヴォルネイを代表する生産者。

ワイン特区

ワイン特区に認定されると、果実酒製造免許の取得に必要な最低数量製造基準が緩和される。酒税法の規定で、通常年間6kℓ以上の製造量を見込んでいる必要があるが、ワイン特区ではこの規定が2kℓに引き下げられる。その効果としては、新規参入障壁が緩和されワイナリーが増加する、観光客が増える、雇用が増える、農業が活性化される、地域のブランド力がつく、といった内容が挙げられる。

日本のワイン特区
※ソムリエ協会教本に掲載されている市町村のみ。実際には、国内に140以上のワイン特区が存在する。

北海道	**余市町**（**2011**年認定）
山形県	**上山市**（**かみのやま**ワイン特区）、 **南陽市**（ぶどうの里**なんよう**ワイン特区）
長野県	〈千曲川ワインバレー〉 **東御市**（長野県**初**のワイン特区）、**上田市**、**小諸市**、**千曲市**、**立科町**、**青木村**、**長和町**、**坂城町** （以上8市町村は「千曲川ワインバレー東地区」として広域のワイン特区認定。） **高山村** 〈日本アルプスワインバレー〉 **山形村** 〈桔梗ヶ原ワインバレー〉 **塩尻市** 〈天竜川ワインバレー〉 **松川町**、**下條村** 〈八ヶ岳西麓ワインバレー〉 **原村**、**茅野市**、**富士見町**
山梨県	**北杜市**（**日本初**のワイン特区。**2008**年認定）
愛知県	**豊田市**

北海道

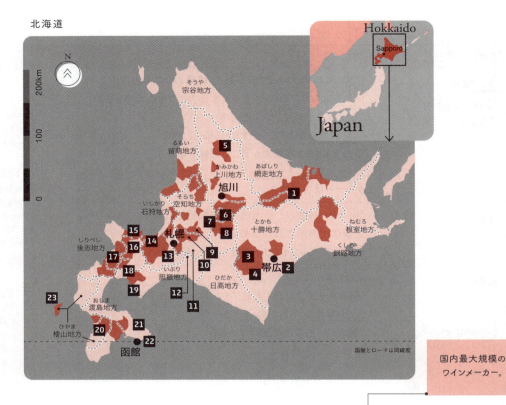

Hokkaido
Sapporo
Japan

国内最大規模の
ワインメーカー。

1	きたみ 北見市 Infeeld winery ボスアグリワイナリー
2	いけだちょう 池田町 池田町ブドウ・ブドウ酒研究所
3	めむろ 芽室町 めむろワイナリー
4	おびひろ 帯広市 相澤ワイナリー
5	なよろ 名寄市 森臥ワイナリー
6	かみふらの 上富良野町 多田ワイナリー
7	なかふらの 中富良野町 Domaine Raisonワイナリー
8	ふらの 富良野市 富良野市ぶどう果樹研究所 ノースカントリー
9	みかさ 三笠市 やまざき 山﨑ワイナリー TAKIZAWA WINERY
10	いわみさわ 岩見沢市 ほうすい 宝水ワイナリー とあーる 10Rワイナリー くりさわ 栗澤ワインズ
11	ながぬま 長沼町 マオイ自由の丘ワイナリー
12	ちとせ 千歳市 千歳ワイナリー
13	さっぽろ 札幌市 ばんけい峠のワイナリー はっけんざん 八剣山ワイナリー さっぽろ藤野ワイナリー さっぽろワイン
14	小樽市 北海道ワイン OSA WINERY
15	よいちちょう 余市町 よいち 余市ワイナリー Domaine Takahiko OcciGabi Winery リタファーム＆ワイナリー のぼりじょうぞう 登醸造 Domaine Atsushi Suzuki 平川ワイナリー Domaine Mont ワイナリー YUMENOMORI キャメルファーム モンガク谷ワイナリー DOMAINE YUI Lan Seqqua
16	にき 仁木町 ベリーベリーファーム＆ワイナリー仁木 NIKI Hills ル・レーヴ・ワイナリー Viña de oro bodega
17	らんこし 蘭越町 まつばら 松原農園
18	ニセコ町 ニセコワイナリー
19	とうやこ 洞爺湖町 つきうら 月浦ワイナリー
20	おとべ 乙部町 おとべワイナリー
21	ななえ 七飯町 はこだてわいん
22	函館市 のらくら 農楽蔵
23	おくしり 奥尻町 おくしり 奥尻ワイナリー

VINOLET

Japan
>> 北海道
P.92 >> 94

Chapter 30 Japan / Tohoku

主要な産地

東北

岩手県

DATA — Iwate

- **日本ワイン生産量** ‥ 約425kℓ、全国第5位（約3％）
- **主要品種** ‥‥‥‥ 1位）キャンベル・アーリー、2位）**リースリング・リオン**、3位）マスカット・ベーリーA
  ※リースリング・リオンの生産数量は全国1位で90％以上が岩手県で栽培されている。
- **気候** ‥‥‥‥‥ 北上川（きたかみがわ）流域の北上盆地は盆地気候、沿岸南部は海洋性気候。

- 岩手県は北東北に位置し、日本のブドウ産地の中では冷涼な気候。
- ワイン産業が活発化したのは、2011年の**東日本大震災**以降で、現在のワイナリー数は15軒。
- 明治以前から、手作りワインで親しまれてきた**ヤマブドウ**を活かしたワイン造りの流れがあるのが特徴的で、沿岸部ではそこに欧・中東系品種の栽培に取り組む動きが生まれつつある。
- 1962年、**花巻**（はなまき）市**大迫**（おおはさま）町で岩手県初のワイナリー（現**エーデルワイン**の前身）が設立され、本格的なワイン造りが始まった。
- 2017年に、ワイン産業を軸とした中山間地の活性化を図るため、**いわてワインヒルズ**推進協議会を設立し、ブドウの生産振興や生産者の育成、県内産ワインのPRに努めている。

（ソムリエでも「おおさこ」と間違えて読んでしまう人が多いので注意。）

主な産地

産地	特徴
北上川（きたかみがわ）**流域**	県内では雨量が少なく気候に恵まれている。1950年代から続くブドウ栽培が盛んなエリアで、県内の半数のワイナリーがあり、特に**花巻市**（はなまき）にワイナリーが集中している。リースリング・リオンの栽培が盛ん。**石灰岩**の地質に着目して、リースリングに取り組むワイナリーもある。
県北	やや寒さが厳しく、ヤマブドウによるワイン造りが中心となっている。
沿岸部南部	**陸前高田**（りくぜんたかた）市のブドウ園がワイナリーをスタート。他にも栽培を始めたケースがあり、可能性は未知数だが今後の動きに注目。

Rias Wine（神田葡萄園）

山形県

Yamagata

DATA

日本ワイン生産量	約1,045kℓ、全国第4位（約7％）
主要品種	1位）デラウェア、2位）マスカット・ベーリーA、3位）シャルドネ
	ワイン用として2位のマスカット・ベーリーAは山梨に次いで全国2位の醸造量。
気候	海洋性気候（日本海側）、
	盆地気候（内陸側）（山形県は庄内平野を除き、内陸性気候が多い。）
	※ブドウ畑のほとんどは、内陸の村山地方と置賜地方に集中している。

- 上山市（村山地方）では2015年に「かみのやまワインの郷プロジェクト協議会」を発足、ワイン産地としての発展を目指し、翌2016年に「かみのやまワイン特区」を取得。
- 南陽市（置賜地方）も、2016年に「ぶどうの里なんようワイン特区」を取得、17年にはワイナリーが設立された。
- 県内のワイナリー数は19軒、2000年以降に設立されたワイナリーは5軒にとどまっている。
- 1892年、赤湯町に設立された酒井ワイナリーは、東北最古のワイナリー。
- 日本の台木生産の7割を占めている。
- 上山市のシャルドネで作られたスパークリング・ワインが洞爺湖サミットで供されたことで注目を集めた。

主な産地

産地	特徴
村山地方 上山市	山形盆地の南端に位置する。 水はけの良さ、日照量の多さ、年間降水量の少なさなどブドウ栽培のための恵まれた条件が揃う。 欧・中東系品種の栽培が盛んで、国内での評価も高い。
村山地方 朝日町	マスカット・ベーリーAは収穫時期が日本で最も遅く、近年評価が上昇。
置賜地方 南陽市	市内の赤湯町には、東北最古のワイナリーなど、ワイナリーが集積。　　酒井ワイナリー
庄内地方 西荒屋地区	甲州ブドウの栽培地として北限。 高樹齢でブドウの糖度が高い。

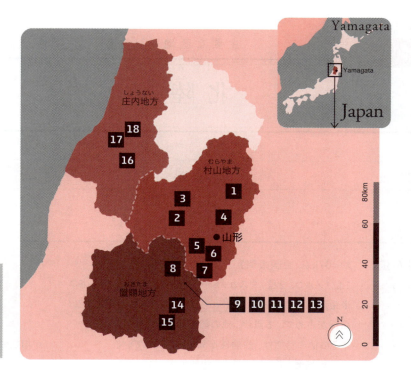

> 上山市と南陽市は隣り合っているが、地方が異なる点に注意。庄内地方のみが海に面している。

東根市
1. 東根フルーツワイン

朝日町
2. 朝日町ワイン

西川町
3. 月山トラヤワイナリー

天童市
4. 天童ワイン

上山市
5. ベルウッドヴィンヤード
6. タケダワイナリー
7. 蔵王ウッディファーム

南陽市
8. グレープリパブリック
9. 須藤ぶどう酒
10. 酒井ワイナリー ※ 東北最古
11. 佐藤ぶどう酒
12. 大浦葡萄酒
13. イエローマジックワイナリー

高畠町
14. 高畠ワイナリー

米沢市
15. シャトーモンサン

鶴岡市
16. 庄内たがわ農業協同組合 月山ワイン山ぶどう研究所
17. HOCCA Winery
18. ピノ・コッリーナ・ファームガーデン&ワイナリー松ケ岡

東北その他

産地	特徴
青森県	ワイナリー10軒。下北半島の南側に**日本最大**の**ピノ・ノワール**の畑を擁するワイナリーがある。
秋田県	ワイナリー4軒。小公子など野生ブドウとの交配種のワイン造りに注力している。
宮城県	ワイナリー7軒。東日本大震災からの復興とともにワイナリー設立が活発化している。
福島県	ワイナリー10軒、半数以上が震災後に設立された。福島県はかねてより上質なブドウが収穫できることで知られていた。

サンマモルワイナリー

VINOLET

Japan
東北
P.95 >> 97

Chapter 30 Japan

Hokuriku

主要な産地

北陸

新潟県

DATA Niigata

- **日本ワイン生産量** ･･･ 約407kℓ、全国第6位
- **主要品種** ･･･ 1位）メルロ、2位）マスカット・ベーリーA、3位）シャルドネ
  ※生産数量の上位を**欧・中東系**品種と川上善兵衛による品種が占めている点が、他の都道府県と大きく異なる。
  ※その他の特徴は、耐病性が高いと言われている**アルバリーニョ**が増加中。
- **気候** ･･･ **海洋性**気候（沿岸部一帯）、盆地気候（内陸部）
  - 長野県や山形県より暖かく、山梨県より寒い。

- 日本ワインの父とも呼ばれる**川上善兵衛**は、**上越**市に「**岩の原葡萄園**」を開き、ブドウの交配育種に力を注いだ。
- 川上は日本の赤用品種の中で、最も醸造量の多い**マスカット・ベーリーA**をはじめとして、**ブラック・クイーン**、白ブドウ品種である**レッド・ミルレンニューム**などの交配品種を開発した。
- 近年では、**新潟砂丘**の一角の角田浜と越前浜にワイナリーが集積し始め、生産者たち自らが一帯を「**新潟ワインコースト**」と称するようになっている。
- 県全体のワイナリー数10軒。

「新潟ワインコースト」
1992年 Cave d'Occi（掛川史人）
2006年 Fermier（本田孝）
2011年 Domaine Chaud（小林英雄）
2011年 Cantina Zio Setto（瀬戸潔）
2015年 Le CINQ Winery（阿部隆史）

主な産地

- 北から胎内市、新潟市南区、南魚沼市、上越市、新潟ワインコーストが主要産地。
- 新潟砂丘に位置する**新潟ワインコースト**は**砂質**土壌。直線距離で300m以内に5軒のワイナリーが集まっている。**欧・中東系**品種でのワイン造りを謳っており、こだわりをもったワイン造りを行っている。
- 上越市の岩の原葡萄園では、マスカット・ベーリーAが生まれた土地として、今もこの品種を中心としたワイン造りが続いている。

北陸その他

産地	特徴	
富山県	ワイナリー3軒。氷見の活性化を目指して、江戸時代から続く鮮魚の仲卸問屋が始めた※ドメーヌ型ワイナリーがあり、シャルドネ、アルバリーニョで知られている。このワイナリーのシャルドネは、2017年の日本ワインコンクールで金賞受賞。	SAYS FARM
石川県	ワイナリー4軒。うち1軒は10万本以上生産する中規模ワイナリーで、ヤマ・ソービニオンのワインで定評がある。	能登ワイン
福井県	ワイナリー1軒。	

※異業種企業が設立したワイナリーは、全国で最近増加傾向にある。

Chapter 30 Japan

Kanto 主要な産地

関東

- 関東の7都県すべてにワイナリーがあるが、栃木県以外は「日本ワイン」生産量がかなり少ない。

産地	特徴
栃木県	原料ブドウは必ずしも県内産ではないが、醸造量はシャルドネが最も多い。県内の自社農園で育てられたリースリング・リオンのスパークリングワインが沖縄サミットの晩餐会で乾杯に使われている。ワイナリー数9軒。
埼玉県	昭和初期より続く歴史の長いワイナリーもある。ワイナリー数4軒。
東京都	2014年以降次々と街中ワイナリーが設立され、現在のワイナリー数は9軒。近年、練馬区や多摩地区などのブドウを使ってワインを造る動きが生まれている。
千葉県	生産量は少ないものの、ブドウ栽培からワイン醸造まで一貫した造りを実践するワイナリーがある。ワイナリー数10軒。

VINOLET

Japan

北陸、関東

P.98 >> 99

Chapter 30 Japan

Koshin　　　　　　　　　　　主要な産地

甲 信

長野県

DATA　　　　　　　　　　　　　　　　　　　　　　　　　　　Nagano

日本ワイン生産量 ‥ 約3,136kℓ、全国第**2**位（約21％）

主要品種 ‥‥‥‥‥‥ 1位）**コンコード**、2位）**メルロ**、3位）ナイアガラ、4位）**シャルドネ**など
- コンコードとナイアガラの2品種で、長野県の約40％も占めるが、その割合は微減傾向。
- 白赤の比率は、赤用品種の割合がかなり高い（赤用品種約61％、白用品種約23％）。
- 北海道や山梨県など他と比べて赤用品種の栽培に適した条件が整っていることが示されている。
- 日本で栽培されている欧・中東系品種の中で、メルロ、シャルドネ、ソーヴィニヨン・ブランの生産数量は長野県がトップ。

気候 ‥‥‥‥‥‥‥‥ 盆地気候（松本盆地、上田盆地、長野盆地、伊那盆地）
- 年間降水量が少なく、昼夜・夏冬の気温差が大きい。

- 2000年以降設立されたワイナリー数は40軒を超え、2021年度で65軒となり、日本のワイン造りにおいて最も活気のある産地。
- 東京都の約6.2倍の面積で、南北に長く、周囲をアルプスに囲まれどこも海に接していない内陸県。
- ブドウ園の標高は350〜900mにわたる。
- ワイン造りは明治初期に始まり、明治政府の殖産興業政策の一環として果樹栽培とワイン造りが奨励された。長野市周辺では、善光寺ブドウの名で竜眼が1900年前後（明治30年頃）から栽培されるようになった。　　　　　　　　　1868〜1912年 ☕
- 認定基準と官能検査を有する制度として「**長野県原産地呼称管理制度**」を**2002**年に創設、**2003**年から導入している。この制度は、2021年G.I.長野の指定とともに**G.I.長野プレミアム**に移行した。また2016年には長野県庁に「日本酒ワイン振興室」が設置された。

☕ 原産地呼称制度が、地方レベルで誕生し、それが国レベルへと派生していくという他国でも見てとれる流れが、日本でも起きているということ。この当時の知事は「田中康夫（やすお）」氏。

主な産地

- **2013**年に県が発表した「**信州ワインバレー構想**」のもと、生産者の育成や県産ワインのPRなどの支援を行い産地化が進んでいる。

産地	特徴
桔梗ヶ原ワインバレー 松本盆地南端の塩尻市全域	長野県におけるワイン造り発祥の地。 塩尻市（特区）の桔梗ヶ原は、標高700〜800mの高地で、 ブドウの生育期間の日照量は全国1位、2位を争い、栽培条件に恵まれている。 桔梗ヶ原産メルロを使った地名を冠したワインが 国際コンクールで金賞を受賞したこともあり、メルロの産地として有名だが、 ワイン原料として使用されているのは、コンコード、ナイアガラ、メルロの順。 近年シラーが増えている。
千曲川ワインバレー 千曲川上流の佐久市から下流の中野市までの流域	県内で最もワイナリーの設立が活発な地域。 2008年に東御市が県初のワイン特区認定を受け、次いで高山村（2011年）が認定を受けた。 2015年には、東地区の8市町村（上田市、小諸市、千曲市、東御市、立科町、青木村、長和町、坂城町）が広域のワイン特区に認定されている。 ①上流域：上田盆地と佐久盆地とその周辺（佐久市、小諸市（特区）、東御市（特区）、上田市（特区）） 　上流に位置する東御市はワイナリー設立の動きが活発で、シャルドネが高評価。 　造り手を養成する「千曲川ワインアカデミー」が開講されており、ブドウ畑も激増している。 　小諸市では標高900m前後の土地で栽培が広がっている。 ②下流域：長野盆地とその周辺（長野市、須坂市、高山村（特区）、小布施町、中野市、飯綱町） 　右岸の高山村は、欧・中東系品種のブドウ園が激増。 　2015年以降毎年ワイナリーが設立されている。
日本アルプスワインバレー 松本盆地から南端の塩尻市を除いたエリア	大町市、池田町、安曇野市、松本市、山形村（特区）などが含まれる。 東部は長野県でブドウ栽培が始まった場所 （松本市山辺地区）。
天竜川ワインバレー 伊那盆地	伊那市、宮田村、松川町（特区）、下條村（特区）などが含まれる。 品種は長野県の他のエリアと異なり、 山ブドウとヤマ・ソービニオンが栽培されている。 近年シードル生産が活発化しており、 シードルの醸造を目的とした醸造場が設立されている。
八ヶ岳西麓ワインバレー ※2023年新設	2023年新たに「八ヶ岳西麓ワイン特区」が認定され、 これを機に誕生したワインバレー。茅野市、富士見町、原村などが含まれる。 長野県内でも標高の高いエリアで、ピノ・ノワールやピノ・グリなど冷涼系品種が期待される。

> "ヴィラデスト"ワイナリーの「玉村豊男」氏が代表となり2014年に立ち上げたプロジェクト。ワイナリー「アルカンヴィーニュ」を作り、その施設の一部を拠点としている。

> 長野県の山形村
> "山形村"だが、長野県にある！（日本アルプスワインバレー）引っ掛け問題に注意！

長野県

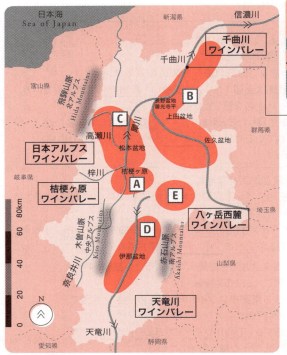

長野県と新潟県を流れ（南から北へと流れる）、日本海へと注ぐ。長野県では「千曲川」と呼ばれ、新潟県では「信濃川」と呼ばれる。

"千曲川ワインアカデミー"の拠点がある。

A 桔梗ヶ原ワインバレー (16場)

塩尻市
アルプス
井筒ワイン
いにしえの里葡萄酒
VOTANO WINE
丘の上幸西ワイナリー
kidoワイナリー
霧訪山シードル
サンサンワイナリー
サントリー塩尻ワイナリー
塩尻志学館高校
信濃ワイン
シャトー・メルシャン桔梗ヶ原ワイナリー
ドメーヌコーセイ
ドメーヌ・スリエ
林農園
ベリービーズワイナリー

ウスケボーイズの一人、
城戸亜紀人氏。

B 千曲川ワインバレー (34場)

中野市 たかやしろファーム
飯綱町 サンクゼール
小布施町 小布施ワイナリー
高山村 ヴィニクローブ
川島醸造
カンティーナ・リエゾー
信州たかやまワイナリー
ドメーヌ長谷
マザーバインズ長野醸造所
須坂市 楠わいなりー
長野市 西飯田酒造店
千曲市 イルフェボー
坂城町 坂城葡萄酒醸造
青木村 ファンキーシャトー
上田市 シャトー・メルシャン椀子ワイナリー

エッセイスト・画家である「玉村豊男」氏が最初に立ち上げたワイナリー。2003年がファーストヴィンテージ。

東御市 アトリエ・デュ・ヴァン
アパチャーファーム＆ワイナリー
アルカンヴィーニュ
ヴィラデストワイナリー
カーヴハタノ
496ワイナリー
ツイヂラボ
ドメーヌナカジマ
ナゴミ・ヴィンヤーズ
はすみふぁーむ
ぼんじゅーる農園醸造所
リュードヴァン
レヴァンヴィヴァン
小諸市 アンワイナリー
ジオヒルズワイナリー
テール・ド・シエル
ドメーヌ・フジタ
マンズワイン小諸ワイナリー
立科町 たてしなップルワイナリー

C 日本アルプスワインバレー (12場)

大町市 Vin d'Omachi Ferme36
うさうさのプチファーム
ノーザン・アルプス・ヴィンヤード
池田町 ドメーヌ・ヒロキ
安曇野市 安曇野ワイナリー
あづみアップル
le milieu
松本市 GAKU FARM AND WINERY
HASE de KADOWAARワイナリー
大和葡萄酒四賀ワイナリー
山辺ワイナリー
山形村 大池ワイン

D 天竜川ワインバレー (7場)

伊那市 伊那ワイン工房
宮田村 マルス信州蒸溜所
中川村 南向醸造
松川町 VINVIE
信州まし野ワイン
マルカメ醸造所
飯田市 クロドテンリュウ

E 八ヶ岳西麓ワインバレー (2場)

原村 ドメーヌ・カマクラ（水掛醸造所）
八ヶ岳はらむらワイナリー

ウスケボーイズ

シャトー・メルシャン勝沼ワイナリーの元工場長であり、"現代日本ワインの父"と称される「麻井宇介」氏（本名：浅井昭吾、2002年没）に薫陶を受け、その思想を受け継いだ山梨大学大学院卒の3人の醸造家を指す。

1. 岡本英史氏（Beau Paysage：山梨県北杜市）
2. 城戸亜紀人氏（Kidoワイナリー：長野県塩尻市）
3. 曽我彰彦氏（小布施ワイナリー：長野県小布施町）

ちなみに曽我氏の弟の曽我貴彦氏は2010年に北海道後志地方余市に「ドメーヌ・タカヒコ」を設立。

VINOLET
Japan
>> 甲信（長野県）
P.100>>102

山梨県

DATA　　　　　　　　　　　　　　　　　　　　　　　　　　　　　　　Yamanashi

- 日本ワイン生産量 ‥ 約4,856kℓ、全国**1**位（約32％）
  - 赤白比率：白用品種約65％、赤用品種約35％
- 主要品種 ‥‥‥‥‥ 1位）**甲州**、2位）**マスカット・ベーリーA**、3位）**デラウェア**
  - うち甲州は約55％、マスカット・ベーリーAは約25％。
  （これら2品種で県内生産量の約**79**％）
- 気候 ‥‥‥‥‥‥‥ **盆地**気候（甲府盆地）
  - 内陸特有の気温特性で、昼夜・夏冬の**気温差**が大きく、特に**勝沼**周辺の降水量が少ない。日照量は全ての地域で日本では最高レベル（長野の各地とほぼ同じ）。

- **日本ワイン生産量**、**ワイナリー数**ともに日本一で、今も昔も日本のワイン造りを支えている。
- ワイナリー数は**94**軒で、日本で稼働しているワイナリーのおよそ2割を占める。
- 東京都の約2倍の面積で、本州のほぼ中央部に位置する内陸県。県の中心部に甲府盆地があり、ワイン用ブドウ栽培、ワイン造りの大半が**甲府盆地**周辺に集中している。
- **2008**年に**北杜市**が**日本初のワイン特区**「**北杜市**地域活性化ワイン特区」に認定された。
- 2010年にはKOJ（**Koshu of Japan**）ロンドンプロモーションが始まった。
- **2013**年には国税庁が「**山梨**」をワインの地理的表示（**G.I.**）として指定したことにより、指定品種の使用と生産基準を満たして山梨で醸造し官能検査を経た場合、ラベルに「**山梨**」の表示ができることになった。

> 1999年に「Beau Paysage」の岡本英史氏が標高800mの北杜市津金に畑を開いたときは"寒すぎる"として誰も目を付けない土地であった。それが今"冷涼な"産地として最も注目を浴びている。

主な産地

> 山梨県の産地は、大きな括りでは「甲府盆地」1つしかないということ。

産地	特徴
甲府盆地**東部** **甲州市**、**山梨市**、**笛吹市**を含む	日本のワイン造り**発祥の地**で、山梨県で最もワイナリーが多いエリア。実質的に稼働している県内約80軒のうち**7**割以上が存在、メーカー大手3社もワイナリーを置く。 代表的なエリアは、甲州市の**勝沼町**（**勝沼地区**、**祝地区**、**菱山地区**、**東雲地区**）、甲州市の塩山地区。
甲州市 塩山地区	標高400〜600m。塩山地区の奥野田で、日本のデラウェア栽培が始まった。
甲州市 **勝沼町**	標高300〜600m。 **勝沼**地区：「**鳥居平**」は高台にあり、ワイン名にも使われている。 **祝**地区：**甲州ブドウ発祥の地**ともいわれ甲州ブドウが集中して栽培されており、ワイナリーが集中している。 **菱山**地区：勝沼町で最も標高が高く、寒暖差も大きく、甲府市勝沼町の中では最も**冷涼**な地区。
山梨市 牧丘	大手メーカーの自社畑産**シャルドネ**のワインが、2017年フランスのコンクール「レ・シタデル・デュ・ヴァン」で金賞を受賞した。

> サントネージュ エクセラント牧丘 倉科畑収穫シャルドネ 2015

山梨県

産地	特徴
甲府盆地**中央**部	甲府盆地の底部に位置、生育期間の平均気温は20℃を超え、勝沼や韮崎に比べて気温が高い。 甲州の収穫も**早め**で、 近年は**スパークリングワイン**の原料として使う生産者もいる。
甲府盆地**北西**部 北杜市 （**明野町**、小淵沢町、須玉町、高根町、白州町）、 韮崎市 （**穂坂**、上ノ山）、 甲斐市	**2000**年頃から新たな畑が次々と拓かれている注目のエリア。 標高は350〜800m、標高が上がるにつれ、 甲府盆地の他の地区に比べて気温も降水量も下がり、日照量が多い。 日本では数少ない「ドメーヌ型」ワイナリーが生まれている （北杜市：**ドメーヌ ミエ・イケノ**）。 韮崎市穂坂町では、**マスカット・ベーリーA**や **カベルネ・ソーヴィニヨン**が主に栽培されている。 甲府盆地の東部や中央部にワイナリーを持ち、このエリアに自社管理農園を置く生産者も増えている。 その1つである**中央葡萄酒**によって北杜市**明野町**で甲州の **垣根栽培**が初めて本格的に取り組まれ、またその甲州ワインがロンドンの「デキャンター・ワールド・ワイン・アワード2014」で日本ワイン初の金賞を受賞。 海外における甲州の注目度も上がった。
甲府盆地**西**部 **南アルプス市**の白根町、八田一帯	背後に急峻な南アルプスの山があるため、 大きめの角張った礫を多く含む砂質土壌になり、 非常に水はけがよい。

「サントリー白州蒸留所」もここにある。☕

「キュヴェ三澤 明野甲州 2013」栽培にリッジシステム（高畝式）を採用することで、甲州ブドウでは難しいとされていた「糖度20度の壁」を突破。DWWDにて日本ワイン初の快挙を成し遂げた。三澤彩奈氏が手掛ける。☕

峡東地域

1 北杜市（ほくと）	7 山梨市（やまなし）
2 韮崎市（にらさき）	8 笛吹市（ふえふき）
3 甲斐市（かい）	9 甲州市（こうしゅう）
4 南アルプス市（みなみ）	10 大月市（おおつき）
5 市川三郷町（いちかわみさと）	11 昭和町（しょうわ）
6 甲府市（こうふ）	12 中央市（ちゅうおう）
	13 富士川町（ふじかわ）
	14 身延町（みのぶ）

峡東地域

A 甲州市塩山地区
1. 牛奥第一葡萄酒
2. 塩山洋酒醸造
3. 甲斐ワイナリー
4. 機山洋酒工業
5. 駒園ヴィンヤード
6. Kisvinワイナリー
7. 奥野田葡萄酒醸造
8. 98WINEs

C 山梨市
9. 旭洋酒
10. 金井醸造場
11. サントネージュワイン
12. 鶴屋醸造
13. 東晨洋酒
14. 日川葡萄酒醸造
15. 八幡洋酒
16. 山梨発酵工業
17. 三養醸造
18. 四恩醸造
19. カンティーナヒロ

D 笛吹市
20. 本坊酒造マルス山梨ワイナリー
21. モンデ酒造
22. 新巻葡萄酒
23. アルプスワイン
24. 北野呂醸造
25. スズラン酒造工業
26. 南アルプスワイン＆ビバレッジ
27. 日川中央葡萄酒
28. モンターナスワイン
29. 矢作洋酒
30. ルミエール
31. ニュー山梨ワイン醸造
32. 笛吹ワイン
33. 八代醸造
34. 勝沼醸造金川ワイナリー

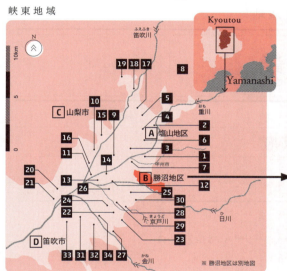

勝沼地区

B 甲州市勝沼町

勝沼町山
35. マンズワイン勝沼ワイナリー

勝沼町綿塚
36. サッポロビール グランポレール勝沼ワイナリー

勝沼町等々力
37. あさや葡萄酒
38. 白百合醸造
39. 中央葡萄酒グレイスワイナリー
40. 大和葡萄酒
41. MGVsワイナリー

勝沼町下岩崎
42. イケダワイナリー
43. 岩崎醸造
44. 大泉葡萄酒
45. 勝沼醸造
46. 蒼龍葡萄酒
47. ダイヤモンド酒造
48. フジッコワイナリー
49. まるき葡萄酒
50. シャトーメルシャン勝沼ワイナリー
51. くらむぼんワイン

勝沼町藤井
52. 丸藤葡萄酒

勝沼町勝沼
53. 柏和葡萄酒
54. 盛田甲州ワイナリー
55. 原茂ワイン
56. 東夢ワイナリー
57. マルサン葡萄酒
58. シャトレーゼ勝沼ワイナリー
59. LA BELL VIGNE
60. ケアフィットファームワイナリー

勝沼町菱山
61. シャトー勝沼
62. シャトージュン
63. 菱山中央葡萄醸造

勝沼町小佐手
64. 錦城葡萄酒

勝沼町中原
65. ペイザナ中原ワイナリー

Japan 甲信（山梨県） >> P.103>>105

Chapter 30 Japan / Tokai 主要な産地

東海

- 日本ワインブームの影響を受けて、愛知県、三重県、静岡県にも新しいワイナリーが立ち上がっている。静岡県は中伊豆の観光施設の一環として設立されたワイナリーなど9軒。愛知県豊田市には特区制度を利用して設立された「ドメーヌ型」ワイナリーがある。
- 岐阜には修道院が営むワイナリーがある。

多治見修道院ワイン

アズッカ・エ・アズッコ

Chapter 30 Japan / Kinki 主要な産地

近畿

大阪府

DATA — Osaka

- 日本ワイン生産量 ‥ 約122kℓ（約1％）
- 主要品種 ……… 1位) **デラウェア**、2位) マスカット・ベーリーA、3位) メルロ

- 大阪は日本でも有数のワイン造りの長い歴史があり、江戸時代にはブドウ酒らしきものが造られていたという記録がある。
- 本格的なワイン造りは**大正**時代に始まった。
- ブドウ園やワイナリーが大阪市街という大都市の近くにあり、街中ワイナリーも市内にスタートしている。
- ワイナリーがあるのは、大阪市、柏原市(かしわらし)、羽曳野市(はびきのし)、豊中市(とよなかし)。

その他の近畿

- 大阪を除く近畿地方には、京都府、兵庫県、滋賀県、和歌山県で計10軒のワイナリーがある。
- うち京都には3軒のワイナリーがあり、丹波(たんば)にあるワイナリーでは、自社農園での台木も含めた極めて多くの品種（ジョージア産のサペラヴィなどを含む）の栽培でも知られる。

丹波ワイン

Chapter 30 Japan / Chugoku/Shikoku

主要な産地

中国・四国

- 中国地方では、岡山県に12軒、広島県に7軒、鳥取県に4軒、島根県に6軒、山口県に2軒、計31軒のワイナリーがある。

産地	特徴
岡山県	日本ワイン生産量全国7位。 大手ワインメーカーのワイナリーがあるため生産量が多い。 2016年には内陸部の新見(にいみ)市に、 「ドメーヌ型」ワイナリーが設立された。 母岩が石灰岩で、 テラロッサという石灰岩が風化した赤土も見られる 日本でも極めて珍しい地質と土壌。
島根県	甲州の生産量が多く、山梨県に次いで**2**位(数量は山梨と大きくかけ離れて約90t)。 雲南(うんなん)市には乳業会社が母体のワイナリーがあり、 このワイナリーの**小公子**(しょうこうし)のワインによって、 この品種の全国的な知名度が上がった。

domaine tetta

オーストラリア サウス・オーストラリア州 "クナワラ" で特に有名な土壌。

奥出雲(おくいずも)葡萄園

- 四国には、徳島県に2軒、香川県に1軒、愛媛県に2軒、高知県に3軒、計8軒のワイナリーがある。

Chapter 30 Japan / Kyushu

主要な産地

九 州

- 近年の研究で1627年から福岡県でヤマブドウからワインが造られていた可能性があることが分かっている。
- 現在の九州のワイナリー数は全27軒。福岡県が7軒、宮崎県と大分県が6軒、熊本県が5軒、鹿児島県が2軒、長崎県が1軒。長崎県は五島列島にワイナリーがある。
- 九州の醸造量順位：1位)**キャンベル・アーリー**(宮崎県が大半を占める)、2位)シャルドネ、3位)マスカット・ベーリーA。
- 日本ワインの生産量は九州全体で約402kℓ。

九州

産地	特徴
大分県 安心院ワイナリー	現在の主要産地は、安心院町と竹田市。安心院は山に囲まれた小さな盆地で、国営総合開発パイロット事業の一環で1965年にブドウ園が開園し栽培が本格化した。 竹田市は、阿蘇くじゅう国立公園の中の標高800mを超える高原で冷涼なため、ピノ・ノワールやドイツ系品種、ヤマブドウ系の交配品種からワインを造っている。
<u>**宮崎県**</u> 都農ワイナリー	主要産地は、都農町と小林市。 降水量は多いが日照量も多く、ブドウ栽培では基本的に雨除けを利用している。　　小林生駒高原葡萄酒工房
熊本県 菊鹿ワイナリー	ブドウ畑は山鹿市（旧菊鹿市）と隣接する玉名市など県北部に集中。 山鹿市では1999年にワイナリーが設立された。熊本県ではシャルドネが多い。

Japan

<< 東海、近畿、中国・四国、九州

P.106 >> 108

Chapter 31 アメリカ

United States of America

1 ■ Washington
ワシントン州
州都：オリンピア　最大都市：シアトル

2 ■ Oregon
オレゴン州
州都：セーラム　最大都市：ポートランド

3 ■ California
カリフォルニア州
州都：サクラメント　最大都市：ロサンゼルス

4 ■ New York
ニューヨーク州
州都：オールバニ　最大都市：ニューヨーク

5 ■ Virginia
ヴァージニア州
州都：リッチモンド　最大都市：ヴァージニア・ビーチ

DATA
United States of America

- **ブドウ栽培面積** ····· 約39.2万ha
- **ワイン生産量** ······· 約2,856万hℓ：**世界4位**
- **ワイン消費量** ······· 約3,649万hℓ：**世界最大**（消費量は生産量よりも多い）
- **ワイン生産量順位** ·· 1位：**カリフォルニア**州、2位：**ニューヨーク**州、3位：**ワシントン**州、4位：**オレゴン**州

> ワシントンD.C.（首都）のことではなく、西海岸最北の州のこと。ワシントンD.C.もワシントン州も、アメリカの初代大統領ジョージ・ワシントンに因む。

概要

- 国内ワイン消費量は**世界最大**で、**消費量**は**生産量**よりも多い。
  2019年にやや頭打ちになる傾向がみられたが、2020年から2021年はコロナ禍で家庭内消費が伸びたことによって、ワイン消費量も大きく伸びた。しかし、規制が緩和された2022年は前年比で9％減少した。
- **カリフォルニア**州が全生産量の約**80**％を占め、国全体のワイナリーの約**43**％が**カリフォルニア**州にある。

歴史 History

時代	主な出来事
1492年	**クリストファー・コロンブス**によってアメリカ大陸の存在がヨーロッパに知られて以降、ヨーロッパ諸国による植民地化が進む。
17C中頃	オランダ人により**ニューヨーク**州 **マンハッタン島**に**最初のブドウ**が植えられる。
1776年	イギリス統治下の13植民地（後の東部13州）が**独立**宣言、アメリカ合衆国が誕生。 アメリカ東部に自生していたヴィティス・ラブルスカ種は、高品質ワインには向かず、ヨーロッパから持ち込まれたヴィティス・ヴィニフェラの栽培が試みられたが定着しなかった。その後、交雑品種の開発や品種改良により、耐寒性に優れた品種が生まれ、ニューヨーク州、ニュージャージー州、ヴァージニア州などでワイン造りが始まった。
18C後半	**フランシスコ修道会**が、**バハ・カリフォルニア**（現在のメキシコを中心とする地域）から**アルタ・カリフォルニア**（現在のカリフォルニア州を含むアメリカ西部）にスペイン原産のワイン用ブドウ「**Mission ミッション**種」をもたらす。**ミッション**はDNA解析から、チリの**パイス**、アルゼンチンの**クリオージャ・チカ**と同一品種とされる。

> 同年、イベリア半島にてレコンキスタが成就。

> **カリフォルニアよりニューヨークが先**
> アメリカで最初のブドウが植えられたニューヨーク州であるが、その寒さゆえ、商業的な成功は20世紀中頃まで待たなくてはならない。

ミッションのシノニム

カリフォルニア	Mission ミッション
チリ	País パイス
アルゼンチン	Criolla クリオージャ・チカ／クリオジャ
スペイン本土	Palomina Negra パロミナ・ネグラ
カナリア諸島	Listán Prieto リスタン・プリエト

歴史　　　　　　　　　　　　　　　　　　　　　　History

時代	主な出来事
19C 初頭	アラスカやカナダ周辺に毛皮貿易のために進出していた**ロシア**は、カリフォルニアに南下し、ボデガ湾の北にフォート・ロス（ロシアの砦）と呼ばれる拠点を築き、**ソノマ・カウンティ**で最初のブドウが植えられた。
1821年	メキシコがスペインから独立。その後、アメリカとメキシコ間で起こった戦争にアメリカが勝利し、**カリフォルニア**州が誕生。
19C 後半	カリフォルニア州は**ゴールド・ラッシュ**による人口急増で、ワイン需要が拡大。カリフォルニア州の**ソノマ**で**フィロキセラ**が発見され、多くの畑が壊滅するが、**ラブルスカ**系を台木にした接ぎ木苗が開発されて畑の再建が進んだ。
1920〜**1933**年	**禁酒法**の施行によりワイン産業は衰退。
1934年	禁酒法廃止の翌年、カリフォルニアのワイン生産者組合で組織される協会、**ワイン・インスティテュート**が設立。**カリフォルニア**大学**デイヴィス**校に、ブドウ栽培およびワイン醸造科が設けられる。
1950年代中頃	ニューヨーク州では、シャンパーニュのヴーヴ・クリコ・ポンサルダンで製造部長を務めていた**シャルル・フルニエ**を招聘し、ゴールド・シール・ワイナリーの高品質スパークリングワインを製造。
1960年代	温度コントロール装置付きの**ステンレススティール・タンク**が、**カリフォルニア**で開発され、世界中へ広まった。
1961年	ニューヨーク州フィンガー・レイクス地方で**Charles Fournier シャルル・フルニエ**と**Dr. Konstantin Frank コンスタンティン・フランク博士**がヴィティス・ヴィニフェラ種を使った最初の商業的ワインを製造した。
1966年	「**近代カリフォルニアワインの父**」と呼ばれる**ロバート・モンダヴィ**が、カリフォルニア州ナパ・カウンティのオークヴィルにワイナリーを設立した。
1965〜1968年	**オレゴン・ピノ・ノワールの父**と呼ばれる**David Lett デイヴィッド・レット**が、**ウィラメット・ヴァレー北部**に同地初のピノ・ノワールを植え、**The Eyrie Vineyards ジ・アイリー・ヴィンヤーズ**を創立。オレゴンワインのパイオニア達がこれに続いた。
1976年	**Steven Spurrier スティーヴン・スパリュア**による**パリ・テイスティング**（パリスの審判）で、白ワイン部門（**シャルドネ**）、赤ワイン部門（**カベルネ・ソーヴィニヨン**）ともにカリフォルニアワインがフランスの一流ワインを抑えて1位になった。
1978年	アメリカの法改訂により、現在の**ワイン法**の原型が形成される。世界初の新旧世界のジョイント・ヴェンチャーとなる「**Opus One Winery オーパス・ワン・ワイナリー**」がナパ・ヴァレーに誕生する。ワイン愛好家だった**ロバート・パーカー Jr.**が、ニュースレター「**Wine Advocate ワイン・アドヴォケイト**」を発行し、100点満点方式の評価法の影響力が高まった。

禁酒の背景

背景には、大量の飲酒層を抱える移民が増え、宗教団体がアルコールの災いを問題視したことや、第一次世界大戦の影響で、アメリカの敵国であるドイツがビールのイメージと重なったことなどが挙げられる。しかし、禁酒法成立後も密造酒は大量に造られており有名無実な状態であったばかりでなく、それらはマフィアの懐を潤すことに繋がった。そのため、世紀の悪法と呼ばれている。

新世界のワイン産地にとりわけ大きな影響を与えている研究および教育機関。

シャルル・フルニエ：フランス人
コンスタンティン・フランク博士：ウクライナ人

ロバート・モンダヴィ（アメリカ）×シャトー・ムートン・ロッチルド（フランス）

パーカーの絶大な影響力

世界で最も影響力のあったワイン評論家。PP（パーカーポイント）＝100点満点方式で高得点を獲得すると、ワイナリーの評価が一変し、ワインの市場価値の上昇に大きな影響を及ぼした。2019年にワイン・アドヴォケイトを退職し、事実上引退した。

「〜の父」
近代カリフォルニアワインの父：ロバート・モンダヴィ
オレゴン・ピノ・ノワールの父：デイヴィッド・レット

歴 史		History
時代	主な出来事	

時代	主な出来事
1979年	ゴー・ミヨ誌主催（パリ）のブラインド・テイスティングのピノ・ノワール部門で、ジ・アイリー・ヴィンヤーズ（デイヴィッド・レット創立）のリザーヴ・ピノ・ノワールがブルゴーニュの銘醸ワインを抑えて10位に入る。 翌年、ボーヌでのブラインド・テイスティングでも2位となり、オレゴンはピノ・ノワールの産地として世界的に脚光を浴びるようになった。
1983年	**ナパ**で発見された新種のフィロキセラ（**バイオタイプB**）に対して、アメリカ系の交配台木**AXR1**に抵抗力がないことがわかり、植え替えを余儀なくされる。
1990年代	優れたワインメーカー（醸造家）が脚光を浴び、極少量生産・高品質のカルト・ワインが生まれる。
1990年代〜	より品質の高いワインを造るためにブドウ栽培に重きが置かれ、オーガニックやサステイナブルな農法が重要視されるようにもなった。また、単一畑が注目され、畑名をラベルに表示するワインも増えた。

> 評論家による高評価と、極少量生産という条件が揃うことで価格が最低でも数十万円と跳ね上がったワインのこと。"オカルト"が名前の由来。

「パリスの審判」（＝パリ・テイスティング事件）

当時、全くの無名だったアメリカワインの品質が世界に知れ渡った伝説的な事件

1 きっかけ
舞台は1976年フランスのパリ、**アメリカ建国200**周年に合わせて、パリでワイン商を営んでいたイギリス人「**Steven Spurrier**スティーヴン・スパリュア」が開催した。

2 ブラインドテイスティング
〜アメリカワイン（カリフォルニア州）VSフランスワイン〜
9人の泣く子も黙る業界内の大物フランス人が審査に当たり、フランス人が自国の銘醸と名前も知らないアメリカのワインをブラインドでテイスティングするといった内容で、フランスワインが圧倒的有利な客寄せの催し物だった。

3 背景
当時のパリではアメリカワインは全くの無名であり、かつ、9人の審査員全員がフランス人（3つ星レストランのシェフ及びソムリエなど）であった。選定されたワインもボルドーとブルゴーニュの超一流のワインばかり。

4 結果
そのような状況にもかかわらず、結果は、白部門、赤部門共にアメリカワインが1位に輝いた。

5 効果
フランスでしか美味しいワインが造れないという宿命的風土論が打ち破られ、世界中のワイン生産者に大きな勇気を与えた。

6 リターンマッチ
その後、「長期熟成タイプのフランスワインには不利であった」と、審査員からの不満を契機に1986年、赤ワイン（カベルネ・ソーヴィニヨン）のみでリターンマッチが開催された。結果はカリフォルニアワインが上位を占めた。
さらに2006年、1986年と同じ赤ワインを使ったリターンマッチが行われたが、またしてもカリフォルニアワインが上位を占めた。

1976年	白部門：1位	Château Montelena シャトー・モンテレーナ シャルドネ 1973
	赤部門：1位	Stag's Leap Wine Cellars スタッグス・リープ・ワイン・セラーズ カベルネ・ソーヴィニヨン 1973
1986年	赤部門：1位	Clos Du Val クロ・デュ・ヴァル カベルネ・ソーヴィニヨン 1972
2006年	赤部門：1位	Ridge Vineyards リッジ・ヴィンヤーズ カベルネ・ソーヴィニヨン モンテ・ベロ 1971

気候風土

太平洋岸（西海岸）
カリフォルニア州
オレゴン州
ワシントン州

北から南へ流れる**寒流**（**カリフォルニア海流**）の影響を受け、海に近いほど**冷涼**で、内陸に入るほど**暑く**なる。カリフォルニア州中部からオレゴン州にかけての太平洋岸にある**海岸**山脈が、冷たい海からの影響を緩和している。

> カリフォルニアワインを理解するために、常に意識しておきたい重要な考え方。

> 海岸山脈の切れ間や、川が海へ注ぐポイント（河口は海へ開けている）から内陸へ冷たい風が侵入する。

大西洋岸（東海岸）
ニューヨーク州
ヴァージニア州

ニューヨーク州の大西洋岸は、夏は蒸し暑く、冬は寒さが厳しい。
五大湖地方にかけての産地は、冬の寒さは厳しく、夏は湖の保温効果によりある程度温暖となる。

> **アメリカとして一括りにはできない**
> アメリカの西海岸と東海岸は、時差でいうと3時間、距離的にも非常に離れており気候も異なるため、ワインの性質を区別して考える必要がある。

- 世界的な地球温暖化の影響は、どのワイン産地でも観測されており、気温の上昇だけではなく、**豪雨**と**干魃**の激化、強風による**山火事**の増加をもたらしている。

[**クール・クライメット**]

新世界のワイン産地は、ヨーロッパと比べ概より温暖であり、ブドウが熟すのに困らない。近年より高品質なブドウを求めて、冷涼な気候（クール・クライメット）を持つ土地＝注目の産地にブドウを植え始めている。クール・クライメットの代表的な要件は以下の2つ。

1. 標高の高い土地　　2. 海の側（※寒流の場合）

ワイン法と品質分類

- 1789年以来、酒類の製造と徴税に関する法律は米国財務省の管轄下にあり、**1933**年に禁酒法が撤廃された後、**1935**年に再び酒類の製造と税制に関する法律が規定された。
- その後、**1978**年に行われた法改訂によって、アペレーションの規定を含む現在のワイン法の原型が形成された。
- 2003年から、**TTB**（**Alcohol and Tobacco Tax and Trade Bureau** アルコール・アンド・タバコ・タックス・アンド・トレード・ビューロー）がワインの製造方法を規定し品質管理を担っている。
- 米国政府認定ブドウ栽培地域（**A.V.A.** = **American Viticultural Areas**）が認定され、一定の地理的・気候的なブドウ栽培条件を持つとみなされるエリアの境界線を規定している。
- 品種・栽培・醸造方法などは規定しない。
- 同一の地理的特徴を持つA.V.A.が、複数の州やカウンティにまたがっている場合も多い。
- 近年は、より小規模で特殊な地理的・気候的特徴を持つ地区の存在が明らかになり、既存のA.V.A.の中に小規模A.V.A.が新たに認定される傾向にある。
- 格付けは存在せず、A.V.A.間の優劣はつけられない。

> **「新旧世界のワイン法の考え方の比較」**
> ヨーロッパのワイン法の目的は、長い伝統と消費者の保護にある。しかし、新世界のワイン産地の歴史は短いため、ブドウ品種などのルールを事細かく決めるにはまだ経験が浅く、雁字搦めにしてしまっては将来の可能性を奪ってしまうことに繋がってしまうため、自由度が高い。

ラベル表示規制

表示内容		アメリカ合衆国	カリフォルニア州	オレゴン州
品種名		75%以上※1	75%以上	90%以上※2
産地名	州 State※3	75%以上	100%	100%
	郡 County※4	75%以上	75%以上	95%以上※5
	A.V.A.	85%以上	85%以上	95%以上※5
	畑 Vineyard	95%以上	95%以上	95%以上
収穫年	A.V.A.表示の場合	95%以上	95%以上	95%以上
	A.V.A.以外の原産地表示の場合	85%以上	85%以上	85%以上

※1 ヴィティス・ラブルスカ系の品種（交配品種を除く）は、51%以上使用で表示可能、その旨記載義務。
※2 品種によって75%以上使用で品種表示可能。
※3 境界線でつながる3州までの表示が可能。当該州内で栽培されたブドウを100%使用し、各州のブドウの比率をラベルに記載。
※4 同一州内にある、連続した境界線でつながっている3カウンティまでの表示が可能。当該カウンティ内で栽培されたブドウを100%使用し、各カウンティのブドウの比率をラベルに記載。
※5 オレゴン州産ブドウ100%、かつ当該カウンティ、A.V.A.のブドウ最低95%以上使用。

> オレゴン州のワイン法は全米で最も厳しい。

規定アルコール含有量

テーブルワイン	7%以上、14%以下（誤差は±1.5%まで許容されている）。14%を超えるものはその旨を明示する義務あり。
デザートワイン	酒精強化によりアルコール度数が14%を超え、24%未満のもの。

Estate Bottled エステイト・ボトルド の表示

- 「生産者元詰め」にあたるもので、「**Estate Bottled**」を表記する場合、ワイナリーとブドウ畑が同一A.V.A.に位置していなければならない。

> ちなみに、ブドウ品種のことを英語で「Grape Variety」という。

ワインのタイプ（品質分類）

分類	定義	表示例
Varietal ヴァラエタル	ブドウ品種名をラベルに表示したワイン。	Chardonnay Pinot Noir
Meritage メリテージ	ボルドータイプの高品質ワイン（赤白）。生産者の任意使用。	Opus One
Semi-Generic セミ・ジェネリック※	ヨーロッパの有名な産地名をワインの銘柄名に使ったもの。2006年以降、新規の銘柄への使用は禁止。	Burgundy Chablis

Merit + Heritage をあわせた造語。

※消費者に耳慣れた地名を盛り込むことで中身の味わいが想像でき、その結果の販売量の増加を狙ったもの。その地名の味わいのタイプ、品種名と関係がある訳ではなく、大量生産型の安価なワインに多い。

VINOLET

U.S.A.
DATA、概要、歴史、気候風土、ワイン法と品質分類
P.110 » 114

Chapter **31** U.S.A.

California

主要な産地

カリフォルニア州

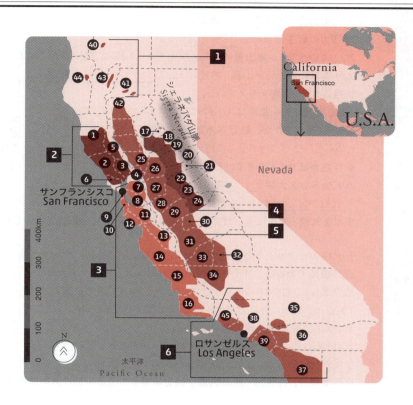

California
カリフォルニア州

1 Far North California ファー・ノース・カリフォルニア	**2** North Coast ノース・コースト	**3** Central Coast セントラル・コースト	**4** Sierra Foothills シエラ・フットヒルズ	**5** Inland Valleys インランド・ヴァレーズ	**6** Southern California サザン・カリフォルニア

- ㊵ Siskiyou シスキュー
- ㊶ Shasta シャスタ
- ㊷ Tehama テハマ
- ㊸ Trinity トリニティ
- ㊹ Humboldt フンボルト

- ① Mendocino メンドシーノ
- ② Sonoma ソノマ
- ③ Napa ナパ
- ④ Solano ソラノ
- ⑤ Lake レイク
- ⑥ Marin マリン

- ⑦ Contra Costa コントラ・コスタ
- ⑧ Alameda アラメダ
- ⑨ San Francisco サンフランシスコ
- ⑩ San Mateo サンマテオ
- ⑪ Santa Clara サンタ・クララ
- ⑫ Santa Cruz サンタ・クルーズ
- ⑬ San Benito サンベニート
- ⑭ Monterey モントレー
- ⑮ San Luis Obispo サン・ルイス・オビスポ
- ⑯ Santa Barbara サンタ・バーバラ

- ⑰ Yuba ユバ
- ⑱ Nevada ネヴァダ
- ⑲ Placer プレイサー
- ⑳ El Dorado エル・ドラド
- ㉑ Amador アマドール
- ㉒ Calaveras カラヴェラス
- ㉓ Tuolumne トゥオルミ
- ㉔ Mariposa マリポサ

- ㉕ Yolo ヨロ
- ㉖ Sacramento サクラメント
- ㉗ San Joaquin サン・ホアキン
- ㉘ Stanislaus スタニスラウス
- ㉙ Merced マーセド
- ㉚ Madera マデラ
- ㉛ Fresno フレズノ
- ㉜ Tulare トゥーレ
- ㉝ Kings キングス
- ㉞ Kern カーン

- ㉟ San Bernardino サン・バーナーディーノ
- ㊱ Riverside リバーサイド
- ㊲ San Diego サン・ディエゴ
- ㊳ Los Angeles ロサンゼルス
- ㊴ Orange オレンジ
- ㊺ Ventura ヴェンチュラ

U.S.A. >> California

DATA California

ブドウ栽培面積 ····· 約 18.5 万 ha
ワイン生産量 ······· 約 2,308 万 hℓ

概要

- アメリカ国内の約 **43** ％を占めるワイナリーがあり、約 5,900 軒の栽培農家がある。アメリカの総生産量の約 **80**％を占める。
- アメリカの全ワイン輸出量の **90** ％以上をカリフォルニアワインが占める。
- 太平洋岸にある **海岸** 山脈、内陸に入った **シェラネヴァダ** 山脈が気候に大きく影響を与えている。 　　全長 640km、ロッキー山脈よりも高いこの山脈はアメリカ西海岸のワイン産業進出の大きな妨げとなっていた。
- 1970 年代以降、重厚なスタイルがカリフォルニアワインの筆頭とされてきたが、最近は冷涼産地で生まれるピノ・ノワールやシャルドネの評価も高まり、多様性が認められてきている。
- カリフォルニア大学 **デイヴィス** 校は、**マイクロ・クライメット**（＝微気候）の研究を長年続け、様々な気候・風土に合ったブドウ品種の選定、栽培法の改良を行ってきた。

サステイナビリティ

- カリフォルニアの人々の健康や環境への意識の高さから、アメリカで初のオーガニック認証機関である CCOF（California Certified Organic Farmers）が 1973 年に設立された。CCOF の働きかけにより、カリフォルニア州政府は 1990 年、全米に先駆けてオーガニックに関するガイドラインを制定し、認証制度の礎を築いた。
- 2000 年代に入ってからは「サステイナブル」が主流となっている。サステイナブルとは、オーガニックからさらに進んで、自然環境や、社会的・経済的健全性を考慮する循環可能な農業生産方式である。

現在カリフォルニアで運用されている主なサステイナブル認証制度

認証制度	取り組み等
CCSW（**Certified California Sustainable Winegrowing**） サーティファイド・カリフォルニア・サステイナブル・ワイングローイング	2010 年制定。カリフォルニア全ブドウ畑の 38 ％に相当する畑とワイナリーがこの制度に認証されている。
Fish Friendly Farming フィッシュ・フレンドリー・ファーミング	河川の水質保全を目的とした認証制度。
Lodi Rules ローダイ・ルール	インランド・ヴァレーズの **ローダイ** から始まった、カリフォルニアの中でも最も早期に制定されたサステイナブル認証制度。現在は **ローダイ** にとどまらずカリフォルニア州全域やワシントン州、海外のイスラエルの畑が認証されている。
SIP（**Sustainable in Progress**） サステイナブル・イン・プログレス	2008 年、モントレー・カウンティからサンタ・バーバラ・カウンティまでのブドウ畑を対象に制定。現在カリフォルニア州とミシガン州の畑が認証されている。

＊その他の認証制度や取り組み
- Sonoma County Sustainability Program ソノマ・カウンティ・サステイナビリティ・プログラム
- ナパ・グリーン（Napa Green Vineyard/Napa Green Winery）
- カーボン・ニュートラルへの取り組み

主要ブドウ品種

白ブドウ	順位	黒ブドウ
Chardonnay シャルドネ ＊全体**2**位	1位	**Cabernet Sauvignon** カベルネ・ソーヴィニヨン ＊全体**1**位
Sauvignon Blanc ソーヴィニヨン・ブラン	2位	Pinot Noir ピノ・ノワール ＊全体**3**位
Pinot Gris ピノ・グリ	3位	**Zinfandel** ジンファンデル =**プリミティーヴォ** （イタリア・プーリア州） ＊全体4位
French Colombard フレンチ・コロンバール =**コロンバール**（仏コニャック地方）	4位	Merlot メルロ
Muscat of Alexandria マスカット・オブ・アレキサンドリア	5位	Syrah シラー

- 主に大量生産型の白とスパークリングワインの原料となる。

- ルーツは長らく**クロアチア**の土着品種Plavac Mali プラヴァッツ・マリと勘違いされていたが、後に同じく**クロアチア**の土着品種Tribidragトリビドラグと判明。

- シラーの子孫に当たる品種。

- **Petite Sirah プティ・シラー（プティットゥ・シラー）**：アメリカ及び南米で、色が濃くタンニンの強いワインを造るブドウ。

地区名と特徴

- カリフォルニア州は6つの地域に分かれている。

> カリフォルニアは試験対策上、**ノース・コースト**と**セントラル・コースト**が学習の9割を占めており、その他の地区は覚えることが少ない。

地区名	特徴
Far North California ファー・ノース・カリフォルニア	カリフォルニア北端、ノース・コーストより北のオレゴン州との境界までの地域にあるワイン・リージョンで、いくつかの小規模なワイン産地が存在している。
North Coast ノース・コースト(A.V.A.)	サンフランシスコ湾より北の太平洋岸の**ナパ**、**ソノマ**、**メンドシーノ**、**レイク**等のカウンティを内包する広域のA.V.A.。
Central Coast セントラル・コースト (A.V.A.)	**サンフランシスコ**・カウンティ南部からロサンゼルスに近い**サンタ・バーバラ**まで南北約400kmに延びる広大な産地。 **10**のカウンティを包括し、太平洋岸中部のほとんどを占める。 北部はブドウ栽培とワイン造りの長い歴史を持つ地域で、カリフォルニアで最古のオールド・アルマデン・ワイナリーがある。
Sierra Foothills シエラ・フットヒルズ (A.V.A.)	シェラネヴァダ山脈の西側の山麓の産地。 8つのカウンティを包括する。 **ゴールド・ラッシュ**の舞台となったエリア。 代表的な品種は**ジンファンデル**。
Inland Valleys インランド・ヴァレーズ	海岸山脈とシェラネヴァダ山脈の間にある、肥沃で広大な農業地帯。 **日常消費用大型ブランド**のワイン（主に州名表示のワイン）のほとんどが生産される。
Southern California サザン・カリフォルニア	**セントラル・コースト**の南から**メキシコ**国境までのワイン産地を包括するワイン・リージョン。

> **人口が増加し、ワインの需要も増加**
> 新しく金が発見された地へ、金脈を探し当てて一攫千金を狙う採掘者が殺到すること。本格的に移民が流入するきっかけとなり、その結果、ワインの需要供給が増える。狭義の意味ではカリフォルニアの"ゴールド・ラッシュ"を指すが、世界各地で歴史上何度も起こっている現象である。

Chapter **31** アメリカ

U.S.A. >> California

ノース・コースト A.V.A.（広域）　　　North Coast

Napa County　ナパ・カウンティのA.V.A.

馬蹄型
ばていがた

四方あるうちの三方を山に囲まれており、南のみサン・パブロ湾に開けている。
- 北　セント・ヘレナ山
- 西　マヤカマス山脈
- 東　ヴァカ山脈
- 南　サン・パブロ湾

北半球であるから、通常は北に行けば行くほど（赤道から離れれば離れるほど）寒くなるはずだが、ナパは地形と海流の都合上、南の方が寒いという逆転現象が起こっている。

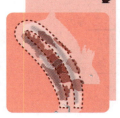

Napa Valley
ナパ・ヴァレー

ヴァレー中央部

1. Carneros / Los Carneros
   カーネロス / ロス・カーネロス
   ※ソノマ・カウンティにまたがる
2. Coombsville
   クームスヴィル
   ※ナパの町の東側からヴァカ山脈の麓の斜面までを含む
3. Oak Knoll District of Napa Valley
   オーク・ノール・ディストリクト・オブ・ナパ・ヴァレー
4. Yountville
   ヨーントヴィル
5. Stags Leap District
   スタッグス・リープ・ディストリクト
6. Oakville
   オークヴィル
7. Rutherford
   ラザフォード
8. St. Helena
   セント・ヘレナ
9. Calistoga
   カリストガ

ヴァカ山脈側

10. Wild Horse Valley
    ワイルド・ホース・ヴァレー
11. Atlas Peak
    アトラス・ピーク
12. Chiles Valley
    チャイルス・ヴァレー
13. Howell Mountain
    ハウエル・マウンテン

マヤカマス山脈側

14. Mount Veeder
    マウント・ヴィーダー
15. Spring Mountain District
    スプリング・マウンテン・ディストリクト
16. Diamond Mountain District
    ダイヤモンド・マウンテン・ディストリクト

- 西側にあるソノマ・カウンティとの間の**マヤカマス**山脈、
  東側のソラノ・カウンティとの境界線にある**ヴァカ**山脈との間に挟まれた渓谷地で、
  550以上のワイナリーが存在する。
- 南だけが**サン・パブロ**湾に向かって開けているため、
  南から吹き込む冷たい海風と霧が与える大小の影響が、
  ナパ・ヴァレー内に多様なマイクロ・クライメットを形成する。
  それによって、南端の**Carneros カーネロス**A.V.A.が最も海からの影響が強く**冷涼**で、
  北へ向かって温暖になる。

Napa Valley ナパ・ヴァレーA.V.A.

> **カリフォルニアの第1位と、ナパの第1位は共通**
> カリフォルニア州の白黒合わせた1位もカベルネ・ソーヴィニョン。

- ナパ・カウンティのほとんどの部分は**Napa Valley ナパ・ヴァレー**A.V.A.に含まれる。
- ナパ・ヴァレーA.V.A.には現在**16**のサブ・リージョンがある。
- 主要品種は、黒ブドウは**カベルネ・ソーヴィニヨン**で栽培面積の約**50**％を占め、
  白ブドウはシャルドネやソーヴィニヨン・ブランなどで、いずれも高品質ワインが造られる。
- **Carneros カーネロス**A.V.A.は**ナパ**と**ソノマ**の両郡にまたがり、
  ナパでもソノマでも一番**南**に位置する。**冷涼**な気候のため、
  冷涼な気候に適した品種（シャルドネやピノ・ノワールなど）が栽培され、
  カリフォルニアの高品質**スパークリング・ワイン**の生産拠点である。

> 大手シャンパーニュメゾン「Taittinger テタンジェ」がこの地に進出し、「Domaine Carneros」を1987年に設立した。

- 温暖なナパ・ヴァレー中央部には、セント・ヘレナA.V.A.、ラザフォードA.V.A.、
  オークヴィルA.V.A.とやや南東側のスタッグス・リープ・ディストリクトA.V.A.があり、
  歴史的ワイナリーやカルト・ワインの生産者が集中している。
  畑の多くは**ヴァレーフロア**（谷床平地）にあるが、
  東西の山側の**ベンチ**（段丘）や**ヒルサイド**（傾斜地）にも広がる。
- 以前はヴァレー中央部に評価の高いワイナリーが集中していたが、
  より高品質なワインを目指す生産者は、
  徐々に標高の高い丘陵の斜面に畑を求める傾向にある。
- 西側の**マヤカマス**山脈にあるマウント・ヴィーダーA.V.A.、
  東側のヴァカ山脈側にあるハウエル・マウンテンA.V.A.やアトラス・ピークA.V.A.などの
  山地の畑は、高い所で標高800m近くに達し、
  霧が流れる位置（フォグ・ライン）より高い位置にあるため、冷涼ながら日照量が多い。
- ナパ・ヴァレーの一番**北**にあり、セント・ヘレナ山に近い**Calistoga カリストガ**A.V.A.は、
  ソノマ側から入ってくる海風の影響がある程度あり、降雨量も適度。
  この地区の**火山性**土壌がワインに強いミネラル感を与えているといわれる。
- まだ正式なA.V.A.にはなっていないが、ラザフォードとオークヴィルの東側に
  プリチャード・ヒル地区がある。ナパ・ヴァレーの中で最も著名なスポットの一つで、
  シャペレなどのワイナリーが有名。

> カリストガA.V.A.を代表する生産者が、パリ・テイスティング事件で有名な「シャトー・モンテレーナ」。

U.S.A. >> California >> North Coast

Sonoma County　ソノマ・カウンティのA.V.A.

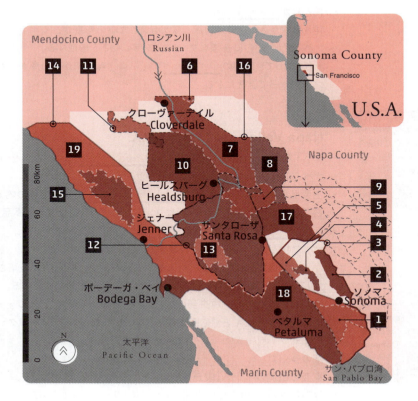

出題のポイント
問題文中のA.V.A.が、「ナパ」か「ソノマ」のどちらに属すかが問われる。

① ナパのA.V.A.を全て覚えよう！
② とりわけナパの16のA.V.A.は地図問題も頻出！

Sonoma County
ソノマ・カウンティ

1. **Carneros / Los Carneros**
   カーネロス／ロス・カーネロス
   ※ナパ・カウンティにまたがる
2. Moon Mountain District
   ムーン・マウンテン・ディストリクト
3. Sonoma Valley
   ソノマ・ヴァレー
4. Sonoma Mountain
   ソノマ・マウンテン
5. Bennett Valley
   ベネット・ヴァレー
6. Pine Mountain-Cloverdale Peak
   パイン・マウンテン・クローヴァーデイル・ピーク
7. **Alexander Valley**
   アレクサンダー・ヴァレー
8. **Knights Valley**
   ナイツ・ヴァレー
9. Chalk Hill
   チョーク・ヒル
10. **Dry Creek Valley**
    ドライ・クリーク・ヴァレー
11. Rockpile
    ロックパイル
12. **Russian River Valley**
    ロシアン・リヴァー・ヴァレー
13. Green Valley of Russian River Valley
    グリーン・ヴァレー・オブ・ロシアン・リヴァー・ヴァレー
14. **Sonoma Coast**
    ソノマ・コースト
15. Fort Ross-Seaview
    フォート・ロス・シーヴュー
16. Northern Sonoma
    ノーザン・ソノマ
17. Fountaingrove District
    ファウンテングローヴ・ディストリクト
18. Petaluma Gap
    ペタルマ・ギャップ
19. West Sonoma Coast
    ウエスト・ソノマ・コースト
    ※2022年認定、最新A.V.A.

- 大きさはナパ・カウンティの2倍以上のエリアで、多様な気候風土を持ち、425以上のワイナリーがある。
- 海岸山脈が途切れる**ペタルマ・ギャップ**（峡谷）付近も海風が吹き込むため冷涼となる。
- 太平洋に近い冷涼エリアでは、**シャルドネ**、**ピノ・ノワール**など、温暖な内陸部では、**カベルネ・ソーヴィニヨン**、**ジンファンデル**、（シャルドネ）が高い評価を得る。

〈代表的なA.V.A.〉
- **Russian River Valley** ロシアン・リヴァー・ヴァレーA.V.A.は、西側にあるペタルマ・ギャップから太平洋で発生する冷たい霧と海風が内陸側に流れ込み、冷涼な気候で他の地区よりもブドウ生育期間が長く、良い酸も維持される。
- **Alexander Valley** アレクサンダー・ヴァレーA.V.A.は、マヤカマス山脈に近く温暖な気候。ヴァレー底部は、ナパ・ヴァレーと並ぶ高品質なカベルネ・ソーヴィニヨンの産地で、シャルドネも定評がある。

	太平洋岸	内陸部
気候	冷涼	温暖
主要品種	**シャルドネ** **ピノ・ノワール**	**カベルネ・ソーヴィニヨン** **ジンファンデル** （シャルドネ）
主要産地	**Russian River Valley**	**Alexander Valley**

※シャルドネは、冷涼な地区から温暖な地区まで幅広く栽培され、それぞれの気候に合ったワインが造られている。

Mendocino County メンドシーノ・カウンティ

- ノース・コーストで**最も北**にあり、太平洋の影響が強いため沿岸部は特に冷涼。
- 栽培面積の約**25**%がオーガニック認証を受けている。
- カウンティの東側を流れるロシアン・リヴァー沿いの地域は太平洋からの影響が弱く、比較的温暖。北東部の産地は、海からの影響がほとんど届かないため、**大陸性**気候で寒暖の差が激しい。

〈代表的なA.V.A.〉
- **Anderson Valley** アンダーソン・ヴァレーA.V.A.は、ナヴァーロ川とその上流のアンダーソン川沿いにある代表的地域で、カリフォルニアで最も**冷涼**なブドウ栽培地の1つ。高品質な**スパークリングワイン**の産地であり、かつ**アルザス**品種が成功している。また、近年カリフォルニアの高品質**ピノ・ノワール**生産者の多くがこの地に進出している。

> **引っ掛け問題に注意！**
> 似ている名称の産地のため、それぞれどのカウンティに属するか区別して覚えよう。
> Alexander Valley：ソノマ・カウンティ、
> Anderson Valley：メンドシーノ・カウンティ

> 大手シャンパーニュメゾン「Louis Roederer ルイ・ロデレール」がこの地に進出し、「Roederer Estate」を1982年に設立した。

U.S.A. >> California >> North Coast

Lake County レイク・カウンティ

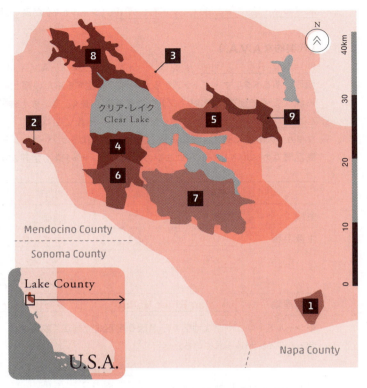

Lake County
レイク・カウンティ

1. ■ Guenoc Valley
   ゲノック・ヴァレー
2. ■ Benmore Valley
   ベンモア・ヴァレー
3. ■ Clear Lake
   クリア・レイク
4. ■ Big Valley District-Lake County
   ビッグ・ヴァレー・ディストリクト-レイク・カウンティ
5. ■ High Valley
   ハイ・ヴァレー
6. ■ Kelsey Bench-Lake County
   ケルセイ・ベンチ-レイク・カウンティ
7. ■ Red Hills-Lake County
   レッド・ヒルズ-レイク・カウンティ
8. ■ Upper Lake Valley
   アッパー・レイク・ヴァレー
9. ■ Long Valley-Lake County
   ロング・ヴァレー-レイク・カウンティ

- ノース・コーストA.V.A.の中で唯一**内陸**部にあり、標高が高い山岳地帯に囲まれたクリア・レイク周辺に位置する。
- 約30のワイナリーしかないが、禁酒法以前からのグローワーに加え、近年新規参入のグローワーも多い。
- 知名度が低いためブドウの品質が高いわりに価格が安い傾向にあり、カリフォルニアの多くの銘醸ワイナリーへブドウを供給している。

U.S.A. >> California

セントラル・コースト A.V.A.（広域） — Central Coast

Central Coast A.V.A.
セントラル・コースト

- **1** San Francisco County サンフランシスコ・カウンティ
- **1** San Francisco Bay A.V.A. サンフランシスコ・ベイ
- **2** San Mateo County サンマテオ・カウンティ
- **3** Santa Cruz County サンタ・クルーズ・カウンティ
- **2** Santa Cruz Mountains A.V.A. サンタ・クルーズ・マウンテンズ
- **4** Contra Costa County コントラ・コスタ・カウンティ
- **3** Contra Costa A.V.A. コントラ・コスタ
- **5** Alameda County アラメダ・カウンティ
- **4** Livermore Valley A.V.A. リヴァモア・ヴァレー

- **6** Santa Clara County サンタ・クララ・カウンティ
- **7** San Benito County サンベニート・カウンティ
- **5** Mount Harlan A.V.A. マウント・ハーラン
- **6** Gabilan Mountains A.V.A. ガビラン・マウンテンズ ※2022年認定
- **8** Monterey County モントレー・カウンティ
- **7** Chalone A.V.A. シャローン
- **8** Monterey A.V.A. モントレー
- **9** Santa Lucia Highlands A.V.A. サンタ・ルシア・ハイランズ
- **10** Arroyo Seco A.V.A. アロヨ・セコ

- **9** San Luis Obispo County サン・ルイス・オビスポ・カウンティ
- **11** Paso Robles A.V.A. パソ・ロブレス
- **12** San Luis Obispo (SLO) Coast A.V.A. サン・ルイス・オビスポ・コースト ※2022年認定
- **13** Edna Valley A.V.A. エドナ・ヴァレー
- **14** Arroyo Grande Valley A.V.A. アローヨ・グランデ・ヴァレー
- **10** Santa Barbara County サンタ・バーバラ・カウンティ
- **15** Santa Maria Valley A.V.A. サンタ・マリア・ヴァレー
- **16** Santa Ynez Valley A.V.A. サンタ・イネズ・ヴァレー
- **17** Alisos Canyon A.V.A. アリソス・キャニオン

U.S.A. >> California >> Central Coast

- **サンフランシスコ**・カウンティ南部からロサンゼルスに近い**サンタ・バーバラ**までの南北約400km、東西約40kmの広大な産地で、**10**のカウンティを包括している。
- 沿岸部は冷涼な産地が多く、カリフォルニアの優良な**ピノ・ノワール**や**シャルドネ**の産地が集中。
- 内陸は乾燥した温暖な気候で、カベルネ・ソーヴィニヨン、メルロ、ジンファンデルの他、早い時期からシラー、グルナッシュ、ヴィオニエ等の**ローヌ**系品種が栽培されていた。
- San Francisco Bay サンフランシスコ・ベイ A.V.A. の南側の**Santa Cruz Mountains** サンタ・クルーズ・マウンテンズ A.V.A. は、標高の高い地勢条件が特殊なため、セントラル・コースト A.V.A. には含まれない独立した A.V.A.。

カウンティ名	主要A.V.A.	備考
マルチ・カウンティ・アペレーション	**Santa Cruz Mountains** サンタ・クルーズ・マウンテンズ	セントラル・コースト A.V.A. には含まれない。
	Livermore Valley リヴァモア・ヴァレー	
Santa Clara County サンタ・クララ・カウンティ		カリフォルニア最古のオールド・アルマデン・ワイナリーがある。
San Benito County サンベニート・カウンティ	**Mount Harlan** マウント・ハーラン	このA.V.A.にあるワイナリーは、**カレラ**（ピノ・ノワールのパイオニアの1人、ジョシュ・ジェンセンが創設）のみ。
Monterey County モントレー・カウンティ	**Monterey** モントレー	モントレーからサリーナス・ヴァレーを含む広大なA.V.A.。
	Santa Lucia Highlands サンタ・ルシア・ハイランズ	
	Chalone シャローン	このA.V.A.にあるワイナリーは現在も**シャローン・ヴィンヤード**のみ。
San Luis Obispo County サン・ルイス・オビスポ・カウンティ	**Paso Robles** パソ・ロブレス	サン・ルイス・オビスポ・カウンティの北半分を占める広大なA.V.A.。1797年にフランシスコ修道会により最初にブドウが植えられた。ジンファンデルと**ローヌ系**品種が成功している。
	Edna Valley エドナ・ヴァレー	
	Arroyo Grande Valley アロー ヨ・グランデ・ヴァレー	
Santa Barbara County サンタ・バーバラ・カウンティ *セントラル・コースト最南に位置。西から南が太平洋に向かって開けているため、海からの冷たい風や霧が大量に流れ込む。サンタ・バーバラ南側では、北から流れてくる寒流と、南から上がってくる暖流がぶつかるため、特に大量の霧が発生する。 *サンタ・バーバラを舞台に、2004年に映画「サイドウェイ」（原題 Sideways）が製作された。	**Santa Maria Valley** サンタ・マリア・ヴァレー	ピノ・ノワールの伝道師といわれるジム・クレンデネンは、1982年**オー・ボン・クリマ**を設立。サンタ・マリア・ヴァレーを世界のワイン地図に載せた。
	Santa Ynez Valley サンタ・イネズ・ヴァレー	セントラル・コースト最南端のA.V.A.。 「Au Bon Climat オー・ボン・クリマ」は、フランス語で"良い畑"という意味。ブルゴーニュの伝説的醸造家アンリ・ジャイエ氏を師と仰ぐ"ジム・クレンデネン"が1982年に設立。ブルゴーニュスタイルのワインを造るパイオニア的生産者。

"ジョシュ・ジェンセン"はブルゴーニュで修業し帰国。「カリフォルニアで最高のピノ・ノワールを造る」という信念のもと理想の石灰質土壌を探し求め、1974年にマウント・ハーランに「カレラ」を設立した。

南ブルゴーニュスタイルのワインで有名。1976年の「パリ・テイスティング事件」で、白ワイン部門の第3位に入ったのが、「Chalone Vineyards 1974」だった。

南ローヌ A.O.C. Châteauneuf-du-Pape のトップ生産者「Château de Beaucastel シャトー・ド・ボーカステル」と、そのアメリカの輸入代理店ロバート・ハース氏（ヴィンヤード・ブランズ）とのジョイント・ベンチャーによって生まれた「Tablas Creek タブラス・クリーク」がワイナリーをここに構える。ボーカステルと同様の"ローヌ系品種"を栽培している。

U.S.A. >> California

シエラ・フットヒルズ A.V.A.（広域） Sierra Foothills

- **シェラネヴァダ**山脈の**西**側の麓に点在するブドウ畑の総称。
- 北の**ユバ**から南の**マリポサ**まで、**8**つのカウンティにわたる広域のA.V.A.。
- 全てのA.V.A.で**ジンファンデル**が代表的な品種。
- 1840年代から50年代の**ゴールド・ラッシュ**の舞台となったエリアで、その当時からブドウ栽培が始まった。

〈代表的なA.V.A.〉
- **California Shenandoah Valley** カリフォルニア・シェナンドー・ヴァレーA.V.A.には、シエラ・フットヒルズ内で最も歴史の長いワイナリーが集まっている。

インランド・ヴァレーズ（A.V.A.ではない） Inland Valleys

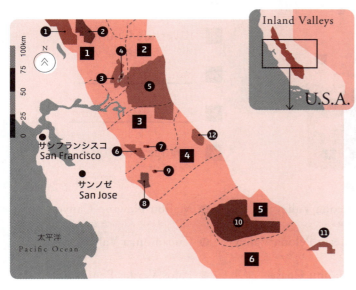

インランド・ヴァレーズ中央部のワイン産地

1 Yolo County ヨロ・カウンティ
2 Sacramento County サクラメント・カウンティ
3 San Joaquin County サンホアキン・カウンティ
4 Stanislaus County スタニスラウス・カウンティ
5 Madera County マデラ・カウンティ
6 Fresno County フレズノ・カウンティ

❶ Capay Valley カペイ・ヴァレー
❷ Dunnigan Hills ダニガン・ヒルズ
❸ Clarksburg クラークスバーグ
❹ Merritt Island メリット・アイランド
❺ Lodi ローダイ
❻ Tracy Hills トレーシー・ヒルズ
❼ River Junction リヴァー・ジャンクション
❽ Diablo Grande ディアブロ・グランデ
❾ Salado Creek サラド・クリーク
❿ Madera マデラ
⓫ Squaw Valley-Miramonte スクウォ・ヴァレー・ミラモンテ
⓬ Paulsell Valley ポールセル・ヴァレー ※2022年認定

- **海岸**山脈と**シェラネヴァダ**山脈の間にある、肥沃で広大な農業地帯（一般的には**セントラル・ヴァレー**と呼ばれてきた地域）で、エリアの中には多様な地勢・土壌・気候条件をもつ産地が存在する。
- ここからカリフォルニアの日常消費用大型ブランドのほとんどが産出され、そのほとんどは「カリフォルニア」という州名表示のワインとなる。

U.S.A. >> California >> Inland Valleys

〈代表的なA.V.A.〉

- **Lodi ローダイ** A.V.A.、サンフランシスコ湾とシェラネヴァダ山脈の間に位置するカリフォルニア州で最大のA.V.A.のひとつ。
ジンファンデルが歴史的にも代表品種で、カリフォルニア州全体の**ジンファンデル**栽培面積の約40％を占めている。現在、アルバリーニョはフードフレンドリーかつ高品質なワインとして注目を集める。

> 高樹齢のジンファンデルが多く残っており、"量"の産地インランド・ヴァレーズにおいて、数少ない"質"を造ることができる産地として有名。

- ローダイでは、**サステイナブル農法**に早くから取り組んでおり、**サステイナブル農法**に関する教育プログラムは、2005年には **Lodi Rules** という認証制度として制定された。

サザン・カリフォルニア（A.V.A.ではない） Southern California

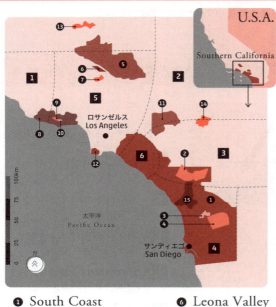

サザン・カリフォルニアのワイン産地

1. Ventura County ヴェンチュラ・カウンティ
2. San Bernardino County サン・バーナーディーノ・カウンティ
3. Riverside County リバーサイド・カウンティ
4. **San Diego County** サン・ディエゴ・カウンティ
5. **Los Angeles County** ロサンゼルス・カウンティ
6. Orange County オレンジ・カウンティ

❶ South Coast サウス・コースト
❷ **Temecula Valley** テメキュラ・ヴァレー
❸ San Pasqual Valley サン・パスカル・ヴァレー
❹ Ramona Valley ラモナ・ヴァレー
❺ Antelope Valley of The California High Desert アンテロープ・ヴァレー・オブ・ザ・カリフォルニア・ハイ・デザート
❻ Leona Valley レオナ・ヴァレー
❼ Sierra Pelona Valley シエラ・ペロナ・ヴァレー
❽ Malibu Coast マリブ・コースト
❾ Saddle Rock-Malibu サドル・ロック・マリブ
❿ Malibu-Newton Canyon マリブ・ニュートン・キャニオン
⓫ Cucamonga Valley クカモンガ・ヴァレー
⓬ Palos Verdes Peninsula パロス・ヴェルデス・ペニンシュラ
⓭ Tehachapi Mountains テハチャピ・マウンテンズ
⓮ Yucaipa Valley ユカイパ・ヴァレー
⓯ San Luis Rey サン・ルイス・レイ

〈代表的なA.V.A.〉

- **South Coast サウス・コースト** A.V.A.は、カリフォルニア州南部のロサンゼルス・カウンティから南を包括する広域のA.V.A.。レインボー峡谷を通って入る冷たい空気の影響を受けるテメキュラ周辺以外、非常に暑く乾燥している。

- **Temecula Valley テメキュラ・ヴァレー** A.V.Aは、サンディエゴとロサンゼルスの間に位置し、日中は日照量が多く非常に温暖、夜は周囲の山から吹き下ろす風で気温が下がる。

Chapter 31 U.S.A.

Washington

主要な産地

ワシントン州

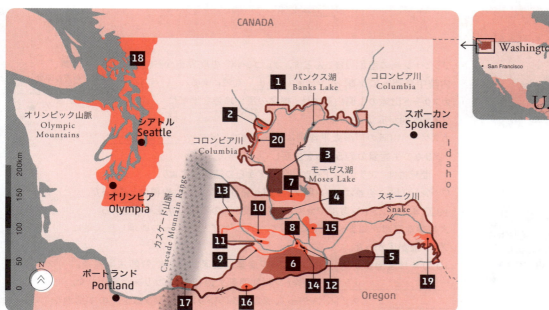

Washington
ワシントン州

1 ☐ Columbia Valley
コロンビア・ヴァレー
※ワシントン州とオレゴン州にまたがる

2 ■ Lake Chelan
レイク・シェラン

3 ■ Ancient Lakes of Columbia Valley
エインシェント・レイクス・オブ・コロンビア・ヴァレー

4 ■ Wahluke Slope
ワルーク・スロープ

5 ■ Walla Walla Valley
ワラワラ・ヴァレー
※ワシントン州とオレゴン州にまたがる

6 ■ Horse Heaven Hills
ホース・ヘヴン・ヒルズ

7 ■ Royal Slope
ロイヤル・スロープ

8 ■ Red Mountain
レッド・マウンテン

9 ☐ Yakima Valley
ヤキマ・ヴァレー

10 ■ Rattlesnake Hills
ラトルスネーク・ヒルズ

11 ■ Snipes Mountain
スナイプス・マウンテン

12 ■ Candy Mountain
キャンディ・マウンテン

13 ■ Naches Heights
ナチェス・ハイツ

14 ■ Goose Gap
グース・ギャップ

15 ■ White Bluffs
ホワイト・ブラフス

16 ■ The Burn of Columbia Valley
ザ・バーン・オブ・コロンビア・ヴァレー

17 ■ Columbia Gorge
コロンビア・ゴージ
※ワシントン州とオレゴン州にまたがる

18 ■ Puget Sound
ピュージェット・サウンド

19 ■ Lewis-Clark Valley
ルイス・クラーク・ヴァレー
※ワシントン州とアイダホ州にまたがる

20 ■ Rocky Reach
ロッキー・リーチ
※2022年認定

127

U.S.A. >> Washington

DATA — Washington

- **ブドウ栽培面積** ······ 約2.5万ha
- **ワイン生産量** ······· 約123万hℓ
- **気候** ············ カスケード山脈の西側：**冷涼**な**海洋性**気候。やや**湿度**が高い。
  カスケード山脈の東側：寒暖差が大きく**乾燥**した**大陸性**気候から半**砂漠**〜**砂漠**気候。**灌漑**が必須。

概要

- ワシントン州の産地のほとんどは、オレゴン州との境界線から、内陸中央部へ広がる**コロンビア・ヴァレー**流域にある。
- カスケード山脈の**東**側山麓では、標高の高い冷涼な地域にワイン産地が広がっている。
- カスケード山脈の**西**の太平洋側にある産地は、現在**ピュージェット・サウンド**のみ。
- アメリカの生産量の約5.5%を生産している。
- **19**世紀には、フランス、ドイツ、イタリアからの植民者により、ワシントン州の各地にワイン用ブドウ畑が拓かれたが、小規模にとどまった。
- 1903年、ワシントン東部でカスケード山脈からの雪解け水を資源とする大規模**灌漑**が始まったことによって、コロンビア・ヴァレーの乾燥した大地にブドウ畑が広がった。
- 1920年に禁酒法が施行されるとワイン産業は衰退していき、禁酒法撤廃後、**ピュージェット・サウンド**にワシントン州北西部で最初のワイナリーが築かれた。
- **マイクロソフト**、アマゾン、スターバックスなど、アメリカを代表する企業の本拠地や**任天堂**のアメリカ本社がある。
- ワイナリーの数は過去10年間で2倍以上に増えており、2024年現在で1,050を超えるワイナリーがある。
- 海岸山脈はカスケード山脈に合流し、最も高い**レーニエ**山は4,392mに達する。
- 太平洋からの湿った風は、**カスケード**山脈にぶつかって雨を落とし、乾燥した風が内陸に吹き込む（**Rain Shadow** レイン・シャドー効果）。このため、内陸にある**コロンビア・ヴァレー**は寒暖差が大きく**乾燥**した**大陸性**気候から**砂漠**気候、半**砂漠**気候で、**灌漑**が必須となる。
- 7〜8月の平均気温は**ボルドー**より高いが、9〜10月は**ブルゴーニュ**と同じくらいまで冷え込む。年間平均降雨量は203mmと非常に少なく、雨のほとんどは10〜4月に降る。
- 冬の厳しい寒さと砂質土壌、乾燥した気候のもとでは**フィロキセラ**が生息できないため、ワシントン州の**ほとんど**のブドウ樹は接ぎ木をせず、自根で栽培されている。

山麓：山の下の方の部分。山地と平地の境界部。

州都 Olympia オリンピア
最大の都市 Seattle シアトル

主なブドウ品種

白ブドウ	順位	黒ブドウ
Riesling リースリング *全体**2**位	1位	**Cabernet Sauvignon** カベルネ・ソーヴィニヨン *全体**1**位
Chardonnay シャルドネ *全体**3**位	2位	Syrah シラー *全体**4**位
Sauvignon Blanc ソーヴィニヨン・ブラン	3位	Merlot メルロ

CS1位はカリフォルニア州ナパ・ヴァレーと同じ！

U.S.A. >>Washington

主要A.V.A.

「またがる」A.V.A.に着目！

ワシントン＋オレゴン：3つ	① コロンビア・ヴァレー
	② コロンビア・ゴージ
	③ ワラワラ・ヴァレー
ワシントン＋アイダホ：1つ	① ルイス・クラーク・ヴァレー
オレゴン＋アイダホ：1つ	① スネーク・リヴァー・ヴァレー

カスケード山脈西側（海洋性気候）

Puget Sound ピュージェット・サウンド

ワシントン州で唯一西側に位置するA.V.A.。
穏やかな海洋性気候。

カスケード山脈東側（大陸性気候）

Columbia Valley コロンビア・ヴァレー

オレゴン州にまたがり、州内のワイン産地のほとんどを内包する広大なA.V.A.。

Yakima Valley ヤキマ・ヴァレー

州で最初に認可されたA.V.A.。カスケード山脈ふもとの冷涼な地区では白ワインが、東側の温暖な地区では高品質な赤ワインが生産される。
〈 サブ・リージョン 〉
- Red Mountain レッド・マウンテン：
  面積は小さいが、カベルネ・ソーヴィニヨン、シラーで注目。
- Rattlesnake Hills ラトルスネーク・ヒルズ
- Snipes Mountain スナイプス・マウンテン
- Candy Mountain キャンディ・マウンテン
- Goose Gap グース・ギャップ

Walla Walla Valley ワラワラ・ヴァレー

パイオニア的ワイナリーが多い。
特にシラーが世界的に高い評価を受けている。
オレゴン州との境にあたり、面積の1/3はオレゴン側にある。
オレゴン州ザ・ロックス・ディストリクト・オブ・ミルトン・フリーウォーターを包含。

（ワラワラ・ヴァレーのサブ・リージョンとして）2015年にコロンビア・ヴァレー流域で初の、オレゴン側に100％含まれるA.V.A.として認定された。

Lake Chelan レイク・シェラン
Naches Heights ナチェス・ハイツ
Ancient Lakes of Columbia Valley※
エインシェント・レイクス・オブ・コロンビア・ヴァレー
※標高が高く、冷涼で白ブドウに適する。

Rocky Reach ロッキー・リーチ

2022年認定の新しいA.V.A.。

Royal Slope ロイヤル・スロープ

Wahluke Slope ワルーク・スロープ

Horse Heaven Hills ホース・ヘブン・ヒルズ

White Bluffs ホワイト・ブラフス
The Burn of Columbia Valley
ザ・バーン・オブ・コロンビア・ヴァレー

コロンビア・ヴァレー内に存在

Columbia Gorge コロンビア・ゴージ

コロンビア・ヴァレーA.V.A.に含まれず、独立して存在するA.V.A.。

東西約130kmにわたるコロンビア峡谷にある地区。
オレゴン州にまたがる。東部は暑く乾燥した気候。
西部は太平洋からの影響で涼しく降水量も多い。

Lewis-Clark Valley ルイス・クラーク・ヴァレー

栽培面積40haの内36haがアイダホ州にあり、
4haだけがワシントン州にある。

Chapter 31 アメリカ

129

Chapter 31 U.S.A.

Oregon   主要な産地

オレゴン州

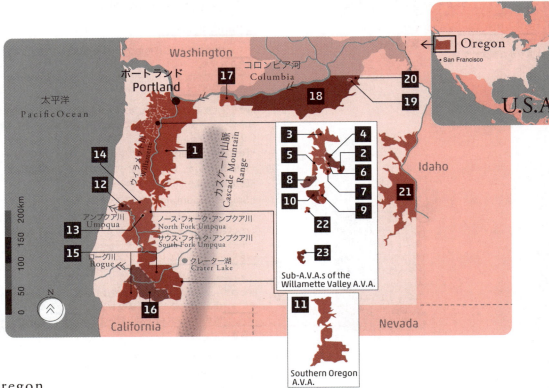

Oregon
オレゴン州

#	名称	#	名称	#	名称
1	Willamette Valley / ウィラメット・ヴァレー	9	Eola-Amity Hills / エオラ・アミティ・ヒルズ	15	Rogue Valley / ローグ・ヴァレー
2	Laurelwood District / ローレルウッド・ディストリクト	10	Van Duzer Corridor / ヴァン・ドゥーザー・コリドー	16	Applegate Valley / アップルゲート・ヴァレー
3	Tualatin Hills / チュアラティン・ヒルズ	22	Mt. Pisgah, Polk County, Oregon / マウント・ピスガー、ポーク・カウンティ、オレゴン ※2022年承認	17	Columbia Gorge / コロンビア・ゴージ ※ワシントン州とオレゴン州にまたがる
4	Chehalem Mountains / シェヘイラム・マウンテンズ	23	Lower Long Tom / ローワー・ロング・トム ※2021年承認	18	Columbia Valley / コロンビア・ヴァレー ※ワシントン州とオレゴン州にまたがる
5	Yamhill-Carlton District / ヤムヒル・カールトン・ディストリクト	11	Southern Oregon / サザン・オレゴン	19	The Rocks District of Milton-Freewater / ザ・ロックス・ディストリクト・オブ・ミルトン・フリーウォーター
6	Ribbon Ridge / リボン・リッジ	12	Elkton Oregon / エルクトン・オレゴン	20	Walla Walla Valley / ワラワラ・ヴァレー ※ワシントン州とオレゴン州にまたがる
7	Dundee Hills / ダンディー・ヒルズ	13	Red Hill Douglas County / レッド・ヒル・ダグラス・カウンティ	21	Snake River Valley / スネーク・リヴァー・ヴァレー ※オレゴン州とアイダホ州にまたがる
8	McMinnville / マクミンヴィル	14	Umpqua Valley / アンプクア・ヴァレー		

130

DATA　　　　　　　　　　　　　　　　　　　　　　　　　　　　Oregon

ブドウ栽培面積	約1.9万ha
ワイン生産量	約65万hℓ：1位 ピノ・ノワール、2位 ピノ・グリ、3位 シャルドネ
気候	ウィラメット・ヴァレー および サザン・オレゴン：海洋性気候 コロンビア・ヴァレー沿い：非常に乾燥した大陸性気候

概要

- オレゴン州のワイン産地は太平洋岸沿いの海岸山脈とカスケード山脈の間にあるウィラメット・ヴァレーとその南側のサザン・オレゴンおよびワシントン州との境界を流れるコロンビア川流域にある。
- 冷涼な気候から生まれる高品質なピノ・ノワールの産地として世界的な注目[※]を集め、現在では栽培面積の約60%をピノ・ノワールが占めている。
- 1987年以降毎年7月に「インターナショナル・ピノ・ノワール・セレブレーション」が、ウィラメット・ヴァレーのマクミンヴィルで開催されている。
- 環境保全に対する意識も高く、生産もサステイナビリティ（持続可能性）を重んじ、栽培面積の47%がサステイナブル、オーガニック、あるいはバイオダイナミックの認定を受けている。
- 雨は冬に集中して降り、夏は温暖で乾燥した気候だが、カスケード山脈からの雪融け水が河川に流れ込み、灌漑の必要がない畑も多い。
- 標高約60〜500mの山地や丘陵の斜面にブドウ畑がある。
- カリフォルニアに比べて全体的に気温が低く、秋の訪れも早いため、いかに霜害のリスクの高い場所を避け、ブドウの完熟しやすい場所に畑を拓くかが重要。

※オレゴン州のピノ・ノワールが世界的に認められたきっかけは、1979年にフランスで行われたブルゴーニュとオレゴンのピノ・ノワール部門のブラインド・テイスティングで、ジ・アイリー・ヴィンヤーズのリザーヴ・ピノ・ノワールが10位に入り、翌年ボーヌでのテイスティングでも第2位になったこと。

州都：Salem セーラム
最大の都市：Portland ポートランド

オーガニック認証

- オレゴンのワイン生産者の多くは環境に対する意識が高く、アメリカ全体のオーガニック認証制度に加えて、下記のオーガニック認証を受けている生産者が多い。

オーガニック認証制度

認証制度	取り組み等
Oregon Tilth オレゴン・ティルス	1974年設立。 農産物と加工食品などに関するオーガニック認証と教育・情報提供を行う団体。アメリカで最も厳格な基準の一つと言われる独自認証制度 **Oregon Tilth** を運営している。
LIVE ライヴ （**Low Input Viticulture & Enology** ロー・インプット・ヴィティカルチャー・アンド・エノロジー）	低投入型ブドウ栽培とワイン醸造を意味する。 1997年、ウィラメット・ヴァレーのワイン生産者が設立したワインのみを対象とする認証制度。
Salmon Safe サーモン・セーフ	2007年にワシントン州で設立。 水質保全を目的とする認証制度で、アラスカ州からカリフォルニア州までの太平洋岸の州で採用されている。 Oregon Tilth、LIVE、Demeter等他のサステイナブル認証機関と連携した認証制度を特徴とする。
drc （**Deep Roots Coalition** ディープ・ルーツ・コオリジョン）	ウィラメット・ヴァレーで発足。 灌漑を行わずに栽培されたブドウのみを使用してワインを造る生産者団体。ワインへのテロワールの反映、水資源の保全が基本方針。

Chapter 31 アメリカ

131

U.S.A. >>Oregon

主要A.V.A.

カスケード山脈西側（海洋性気候）

Willamette Valley ウィラメット・ヴァレー

オレゴン州北、州内最大のA.V.A.。
北部は州で最も**冷涼**で、高品質の**ピノ・ノワール**を産み出す。
土壌は多様で、火山性の土壌に**ミズーラ洪水**がもたらした砂利、
岩、シルト等が堆積した複雑な土壌。
赤みを帯びた火山性土壌（**ジョリー・ローム**）、
古代に海底だった堆積土壌（**ウィラケンジー**）、
シルト・レス質土壌（**ローレルウッド**）などが存在する。

〈 サブ・リージョン 〉

- **Dundee Hills** ダンディー・ヒルズ：
  エリア内で初めてのピノ・ノワールが植えられた。
- Chehalem Mountains シェヘイラム・マウンテンズ
- Laurelwood District ローレルウッド・ディストリクト
- Tualatin Hills チュアラティン・ヒルズ
- Yamhill-Carlton District ヤムヒル・カールトン・ディストリクト
- Ribbon Ridge リボン・リッジ
- **McMinnville** マクミンヴィル
- Eola-Amity Hills エオラ・アミティ・ヒルズ
- Van Duzer Corridor ヴァン・ドゥーザー・コリドー
- **Mt. Pisgah, Polk County, Oregon**
  マウント・ピスガー、ポーク・カウンティ、オレゴン
  2022年認定の新しいA.V.A.。
- **Lower Long Tom** ローワー・ロング・トム
  2021年認定の新しいA.V.A.。ウィラメット・ヴァレー南部で初。

> ウィラメット・ヴァレーA.V.A.のサブ・リージョンの数は「11」。

Southern Oregon サザン・オレゴン

〈 サブ・リージョン 〉

- Umpqua Valley アンプクア・ヴァレー
  - Elkton Oregon エルクトン・オレゴン
  - Red Hill Douglas County
    レッド・ヒル・ダグラス・カウンティ
- **Rogue Valley** ローグ・ヴァレー：
  州の南端に位置。
  - Applegate Valley アップルゲート・ヴァレー

カスケード山脈東側（大陸性気候）

The Rocks District of Milton-Freewater
ザ・ロックス・ディストリクト・オブ・ミルトン・フリーウォーター

ワシントン州にまたがる**ワラワラ・ヴァレー**のサブ・リージョンであり、
オレゴン側に100％含まれる。

Snake River Valley スネーク・リヴァー・ヴァレー

アイダホ州にまたがり、
オレゴン側では現在のところブドウ栽培地がほぼない。

VINOLET

U.S.A.
>> ワシントン州、オレゴン州
P.127 >> 132

Chapter 31 U.S.A.
New York

主要な産地

ニューヨーク州

New York
ニューヨーク州

出題のポイント
地図問題が頻出！

- **1** ■ Long Island
  ロング・アイランド
- ❶ ■ North Fork of Long Island
  ノース・フォーク・オブ・ロング・アイランド
- ❷ ■ The Hamptons
  ザ・ハンプトンズ
- **2** ■ Hudson River Region
  ハドソン・リヴァー・リージョン
- **3** ■ Upper Hudson
  アッパー・ハドソン
  ※2019年承認の最新A.V.A.
- **4** ■ Finger Lakes
  フィンガー・レイクス
- ❸ ■ Cayuga Lake
  カユガ・レイク
- ❹ ■ Seneca Lake
  セネカ・レイク
- **5** ■ Niagara Escarpment
  ナイアガラ・エスカープメント
- **6** ■ Lake Erie
  レイク・エリー
- **7** ■ Champlain Valley of New York
  シャンプレイン・ヴァレー・オブ・ニューヨーク

U.S.A. >>New York

DATA   New York

ブドウ栽培面積 ····· 約1.4万ha
ワイン生産量 ······· 約125万hℓ
主要品種 ············ 白：リースリング、シャルドネ、ナイアガラ ／ 黒：カベルネ・フラン、メルロ等

概要

- 東の**ロング・アイランド**から、西の**ペンシルヴァニア**州との境界まで、東西約**800**kmの産地で、現在州内に**471**のワイナリーがある。
- 大市場であるニューヨーク市から**至近距離**にある点が、ニューヨーク州のワイン産業にとって大きな**アドバンテージ**をもたらしている。
- 1976年に制定された**ファーム・ワイナリー・アクト**により、ワイナリー数およびワイン生産量が増え、現在のワイナリー数は471となった。
- ニューヨークを先駆けとして広まった都市型の小規模ワイナリーである**アーバン・ワイナリー**は、近年世界的なトレンドとなっている。
- 1800年代中頃までに**フィンガー・レイクス**に最初のブドウ畑が拓かれ、コンコード種、デラウェア種のブドウが急速に主要品種となった。
  - > この頃はまだ、ほとんどが耐寒性のある交配品種の栽培のみであり、商業上、ワインは成功しているとはいえなかった。
- ニューヨーク州のワイン産地は北緯**41**〜**43**度と高緯度に位置し、大西洋岸の**ロング・アイランド**は、海流の影響によりやや**温暖**。
  - > ボルドーや英国のワイン産地に影響を与える「メキシコ湾流」のこと。
- **ハドソン・リヴァー・リージョン**や内陸の**フィンガー・レイクス**、カナダとの国境に位置する五大湖地方は、より**冷涼**で、特に冬の寒さは厳しい。
- 大きな湖の近辺はやや寒さが**和らぐ**。厳しい寒さや**霜害**に見舞われがちな産地の宿命で、年によって収穫量が大幅に**減少**することがある。

ニューヨーク州の2大産地

産地	Long Island	Finger Lakes
気候	温暖	冷涼
代表品種	メルロ	リースリング
サブ・リージョン	North Fork of Long Island The Hamptons	Seneca Lake Cayuga Lake

主要A.V.A.

ニューヨーク州のワインの味わいを一言でいうと、「ヨーロッパ的」味わいのものが多い。

ニューヨーク州は地図問題が特に頻出！

A.V.A.	特徴
Long Island ロング・アイランド	ボルドーに似ているとされる穏やかな**海洋性気候**。 1970年代からワイン造りが始まった新しい産地だが、近年**メルロ**を中心とするボルドー系品種の評価が高い。マンハッタンから大西洋に大きく延びる島の東部にある産地で、北と南の2つのサブ・リージョンに分かれる。 〔北部〕 **North Fork of Long Island** ノース・フォーク・オブ・ロング・アイランドA.V.A.は、南の **The Hamptons** ザ・ハンプトンズA.V.A.に比べ、より穏やかな気候で、ワイナリー数、生産量ともに圧倒的に多い。 〔南部〕 **The Hamptons** ザ・ハンプトンズA.V.A.は、サウス・フォークが「**ハンプトンズ**」と呼ばれ、上流階級の別荘が多く社交の場ともなっている。
Hudson River Region ハドソン・リヴァー・リージョン	ハドソン川中流域からニューヨーク市北部までの地域。アメリカにおいて商業ベースでワインが生産された**最も古い**生産地区。
Upper Hudson アッパー・ハドソン	2019年に承認された**最新**のA.V.A.。
Finger Lakes フィンガー・レイクス	オンタリオ湖に近い指の形をしたような11の細長い湖の周囲に広がる産地。辛口**スパークリングワイン**やリースリング、カベルネ・フランに定評があり、ヴィダルを使った**アイスワイン**やレイトハーベストワインも高評価。 〈 サブ・リージョン 〉2つ **Seneca Lake** セネカ・レイク、 **Cayuga Lake** カユガ・レイク。
Champlain Valley of New York シャンプレイン・ヴァレー・オブ・ニューヨーク	ニューヨーク州と**ヴァーモント**州の境にあり、ニューヨーク州で最**北**に位置する。
〈その他のA.V.A.〉 **Niagara Escarpment** ナイアガラ・エスカープメント **Lake Erie** レイク・エリー	

Chapter 31 U.S.A.

Virginia

主要な産地

ヴァージニア州

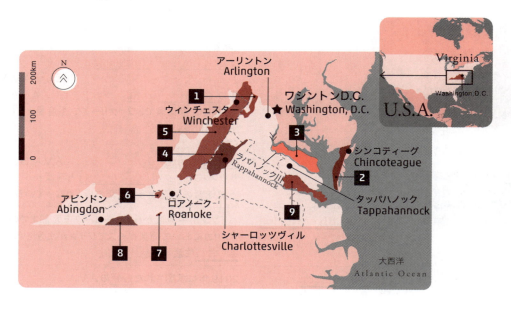

Virginia
ヴァージニア州

1. ■ Middleburg Virginia
   ミドルバーグ・ヴァージニア

2. ■ Virginia's Eastern Shore
   ヴァージニアズ・イースタン・ショア

3. ■ Northern Neck George Washington Birthplace
   ノーザン・ネック・ジョージ・ワシントン・バースプレイス

4. ■ Monticello
   モンティチェッロ

5. ■ Shenandoah Valley
   シェナンドア・ヴァレー

6. ■ North Fork of Roanoke
   ノース・フォーク・オブ・ロアノーク

7. ■ Rocky Knob
   ロッキー・ノブ

8. ■ Appalachian High Country
   アパラチアン・ハイ・カントリー

9. ■ Virginia Peninsula
   ヴァージニア・ペニンシュラ

DATA   Virginia

ブドウ栽培面積 ····· 約1,895ha
ワイン生産量 ······· 約10.7万hl
主要品種 ·········· 白：シャルドネ、ヴィオニエ／黒：カベルネ・フラン、メルロ等

U.S.A. >> Virginia

概要

- アメリカ合衆国**東**部、大西洋岸の南部に位置する州で、州都は**リッチモンド**。首都ワシントンD.C.に隣接。
- イギリスから最初に独立した東部13州のうちの1つで、州憲法で自らを「**Commonwealth コモンウェルス**（一般民衆の利益）」と呼ぶ4つの州の1つ。StateではなくCommonwealth of Virginiaと呼び、アメリカの憲法でも承認されている。
- 初代大統領**ジョージ・ワシントン**、第3代大統領トーマス・ジェファーソンや第4代大統領ジェームズ・マディソンの出身地。

> 北米におけるイギリスの植民地として最も規模が大きかったのがヴァージニア植民地で、アメリカ独立の際には、中心的な役割を果たした。☕

- 1820年代に、ヴァージニア州リッチモンドで、**Dr. Daniel Norton ダニエル・ノートン博士**が交配に成功した**Norton ノートン種**※から、高品質ワインが造られるようになる。
- 1873年、ウィーン万国博覧会においてアメリカ産**ノートン**ワインが「赤ワイン部門世界1位」に選ばれ、1889年パリ国際見本市でも金賞を受賞した。
- 観光客が多いワシントンD.C.の中心地からヴァージニア州のワイン産地北端まで、車で1時間の距離であることから、**ワイン産業**はヴァージニアの観光資源としても重要性を増している。
- 気候は**南東**部に行くほど**北大西洋**海流（暖流）の影響で**温暖**で湿度が**高く**なる。

> 海に近づけば近づくほど、ということ。☕

- 州の総面積の約**65**％が森林に覆われている。

> 試験上、ココ（ノートンの箇所）でしか登場しない。

※**ノートン**種は、近年のDNA鑑定により、**ヴィティス・アエスティヴァリス**とヴィティス・ヴィニフェラの交雑種であることが判明している。ノートン種は、フィロキセラ耐性があり、フォクシー・フレーヴァーがないことから、高品質**赤**ワイン用ブドウとして、ヴァージニア州から広まった。このヴァージニア発祥の**ノートン**種は、禁酒法によって衰退したが、復活の兆しがある。

主要A.V.A.

A.V.A.	特徴
Middleburg Virginia ミドルバーグ・ヴァージニア	ワシントンD.C.の西約80kmにミドルバーグの街を取り巻くように位置する。24以上のワイナリーを巡るワイントレイルが整備されており観光客をひきつけている。
Monticello モンティチェッロ	1984年、州内で**最初**に承認されたA.V.A.。1770年代、**トーマス・ジェファーソン**の**モンティチェッロ**農園が拓かれた場所がシャーロッツヴィルで、現在も周辺に多くのワイナリーが設立されている。
Appalachian High Country アパラチアン・ハイ・カントリー	州内の**最西**にあるA.V.A.。ヴァージニア州とテネシー州の一部を含むが、ブドウ栽培地区のほとんどは、**ノース・カロライナ**州にある。
Virginia Peninsula ヴァージニア・ペニンシュラ	2021年9月に承認された**最新**のA.V.A.。

> 3つの州にまたがっているということ。☕

U.S.A.
ニューヨーク州、ヴァージニア州 >>
P.133 >> 137

Chapter

32 カナダ

Canada

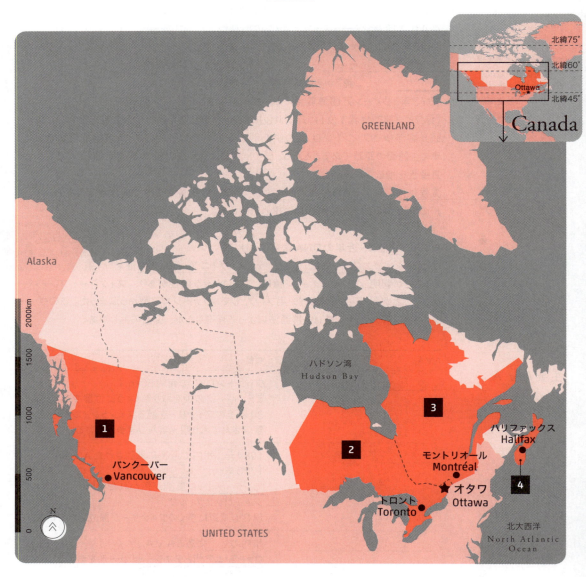

- **1** British Columbia
  ブリティッシュ・コロンビア州
- **2** Ontario
  オンタリオ州
- **3** Québec
  ケベック州
- **4** Nova Scotia
  ノヴァ・スコシア州

DATA　　　　　　　　　　　　　　　　　　　　　　　　　　　　　　　　Canada

ブドウ栽培面積 ⋯⋯ 約1.3万 ha
ワイン生産量 ⋯⋯⋯ 約68万 hℓ

概要

- カナダは**ロシア**に次いで世界で2番目に広大な国土を持ち、北アメリカ大陸の約40％を占めている。人口の約40％は東部オンタリオ州に集中。
- カナダ特有の事項として、酒類の輸入・販売が州（準州）政府の専売となっており、小売店は基本的に専売公社が経営し、バーやレストランへの卸販売も専売公社が行っている。人口が最も多いオンタリオ州の専売公社は、約680の酒販店を持ち、約400地域のコンビニエンスストアや約450の小売ライセンスをもつ食料品店などへの卸売りも行う。
- 〔西部〕ブリティッシュ・コロンビア州は、アメリカの**ワシントン**州の影響を受け、東西の共通性は非常に少ない。
- 〔東部〕アメリカの**ニューヨーク**、**ペンシルバニア**州の影響を受けて発展し、30～40年前まで、**ヴィティス・ラブルスカ**種とフランス系との交配品種を使用した地元消費用の甘口ワイン造りを主流としていた。
- ワイン産地は、**Ontario オンタリオ**州（東部）と、**British Columbia ブリティッシュ・コロンビア**州（西部）に集中している。
- オンタリオ州では**ナイアガラ・ペニンシュラ**地区、ブリティッシュ・コロンビア州では**オカナガン・ヴァレー**地区が主要産地。
- その他、**Nova Scotia ノヴァ・スコシア**州、**Québec ケベック**州にもワイン産地があり、国内消費量の増加傾向に伴い、最近では **New Brunswick ニュー・ブランズウィック**州、**Prince Edward Island プリンス・エドワード・アイランド**州でもワイン生産を始めている。
- 現在、カナダ全体で約620軒のワイナリーがあり、そのうち200軒がスパークリング・ワインを製造。
- オンタリオ州、ノヴァ・スコシア州を中心に高品質**スパークリング・ワイン**の生産が増加しており、近年世界的に人気のあるPét-Nat ペット・ナットの生産も増えている。

> **ケベック州はフランス語**
> ケベック州はカナダで唯一、フランス語を公用語として定めている。なぜなら、この地に最初に到達した開拓者はフランス人であり、その後も北米フランス植民地として発達してきた歴史があるから。

歴 史　　　　　　　　　　　　　　　　　　　　　　　　　　　　　History

時代	主な出来事
1811年	**Johann(John) Sciller** ヨハン（ジョン）・シラーが**オンタリオ**州でワイン造りを始めた。

> **"ジョン"がつく人物**
>
> | | |
> |---|---|
> | ジョン・ウッドハウス | 1773年、シチリアでマルサラを生産。 |
> | ジョン・シラー | 1811年、オンタリオ州（カナダ）でワイン造りを始めた。 |
> | ジョン・リドック | 1890年、クナワラ（オーストラリア）でブドウを植樹。 |
> | ジョン・グラッドストーンズ | 1966年、マーガレット・リヴァー（オーストラリア）に栽培適正があることを発表。 |

1980年代	従来のラブルスカ種から、より高品質なワインを生産するヴィニフェラ種への植え替えが奨励され、その間の生産量の大幅な減少を補うため、政府がワイン原料の輸入を推奨した。その結果、海外原料ワインとオンタリオ州のワインをブレンドした「Cellared in Canada」が誕生し、市場を占有した。
1980年代以降	近代醸造技術を用いた、**ヴィティス・ヴィニフェラ**種による国際水準のワインが増え、一気に世界に注目されるようになった。寒冷な気候を生かして造られる**アイスワイン**も特筆される。
1988年	**オンタリオ**州でV.Q.A.が組織され、100%**オンタリオ**州産ブドウによるワイン生産についての規定が定められた。

> **アイスワインは3カ国**
>
> アイスワインという名称は国際登録商標であるため、ドイツ、オーストリア、カナダの3カ国で生産されたものだけにしか使うことはできない。

> 「Cellared in Canada」の問題点は、カナダ産のブドウ100%で造られたワインでないのにもかかわらず"カナダ"という表記のあるラベルで販売されていること。

> 1988年、カナダのワイン産業にとっての転機となる米国との貿易協定（後のUSMCA）が締結される。外国産のワインが自国に流入してくることを予見したカナダの生産者は、国際競争力をつけるため当時栽培面積が多かったラブルスカ種から、より高品質ワインを生産するヴィニフェラ種のブドウへの大規模な植え替えを奨励、少量限定生産で品質重視のワイン造りにシフトしていった。その一方で、ブドウ樹が若く、生産量が大幅に減少するのを補うために、政府がワイン原料を海外から輸入することを奨励した。結果的に、これらの海外原料ワインとオンタリオ州産ワインをブレンドしたワインが、「Cellared in Canada」の名前で販売されるようになった。その後、冷涼で厳しい自然環境により毎年の生産量が大きく変動するオンタリオ州では、前述のヴィニフェラ種が成熟した以降も、このタイプのワインの生産が継続され、市場で大きな割合を占め続けた。

地方料理と食材　　　　　　　　　　　　　　　　　　　Cooking and Ingredients

料理名	内容
Poutine プーティン	フライドポテトに粉チーズとグレーヴィーソースをかけて食べるスナック。カナダのソウルフードといわれる。

ワイン法と品質分類

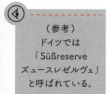
（参考）
ドイツでは
「Süßreserve
ズュースレゼルヴェ」
と呼ばれている。

- カナダは連邦制を採用しているため、連邦政府と共に州政府が立法権を持っており、ワインに関する規定も、州ごとに制定されてきた。
- ワイン生産に関する詳細な規定は、各州の連邦政府やその地域のワイン機関（Wine Authority）によって規定・運用されている。
- 寒冷な気候の産地が多いカナダでは、シャプタリゼーション（アルコール補強のための糖分添加）及び甘味付けのためのスイート・リザーヴ（未発酵のブドウ果汁）の添加は、**アイスワイン**やレイト・ハーヴェスト・ワインを**除いて**、規定の範囲内で許可されている。
- 現在カナダのワインには、大きく分けると以下の**3**つのカテゴリーがある。

3つのカテゴリー

1 Vintners Quality Alliance
ヴィントナーズ・クオリティ・アライアンス（V.Q.A.）認証ワイン

- **V.Q.A.**（ブドウ醸造業者資格同盟制度）の基準により認証される高品質ワイン。
- 現在**V.Q.A.**規定に沿ったワイン生産が実施されているのは、**オンタリオ**州と**ブリティッシュ・コロンビア**州のみ。
- **V.Q.A.**の規定は**100**％カナダ産のブドウを使用しているワインに適用され、厳しい品質判定条件に則り複数の専門家によって評価される。
- **V.Q.A.**は、**1988**年に**オンタリオ**州で最初に作られた制度。
- ラベルに「**V.Q.A.**」と単体で記載されている場合、**オンタリオ**州の**V.Q.A.**を意味する。
- **ブリティッシュ・コロンビア**州の**V.Q.A.**は、「**BC V.Q.A.**」と記載される。

2 International Blends
インターナショナル・ブレンド

例えば輸入原料（Imported）の方が多い場合は、「International Blends from Imported and Domestic Content」となる。

- カナダ産の原料（ワイン、マスト、果汁等）と、輸入した原料をカナダでブレンドして生産・瓶詰めしたワイン。
- 2018年に、Canadaを含む表記を100％カナダ産ワイン以外に使用することが禁じられ、従来の「Cellared in Canada」の名称が使用できなくなったため、新たに「International Blends」の表記が採用された。
- 原料のうち、Domestic（カナダ産）とImported（輸入）の多い方を先に記載する。
- オンタリオ州では、オンタリオ州産のブドウを25％以上使用することを義務づけている。
- オンタリオ州では、V.Q.A.ワインとInternational Blendsの両方を生産するワイナリーも多い。

3 100% Canadian Wine
100％カナディアン・ワイン（Product of Canada）

- カナダ産のブドウ100％で造られる高品質ワイン。
- V.Q.A.の規定に当てはまらないオンタリオ州、ブリティッシュ・コロンビア州のワインと、V.Q.A.が採用されていないノヴァ・スコシア州、ケベック州のワイン、生産者がV.Q.A.の認証を希望しないワイン等が含まれている。

各州のワイン法

★オンタリオ州、ブリティッシュ・コロンビア州、2つの州で異なる点。

オンタリオ州　　　　　　　　　　　　　　　Ontario

★ブリティッシュ・コロンビア州と異なる点。

表示	規定
州名	**100**%オンタリオ州で収穫された、認定品種を使用（**ヴィティス・ヴィニフェラ**種のほとんど及び一部の**交雑品種**）。★
収穫年	**85**%以上。
品種	使用された割合が多い順にラベルに記載する。
	Single-Varietal　　**85**%以上。
	Dual-Varietal　　合計**90**%以上（どちらも**15**%以上）。
	Triple-Varietal　　合計**95**%以上。 2番目に多い品種：**15**%以上。 3番目の品種：**10**%以上。
	Multi-Varietal　　合計**95**%以上。★
D.V.A.※★	**85**%以上当該産地、認可品種を使用（ヴィニフェラ種のみ、ヴィダル種のアイスワインを除く）。残り15%以下のブドウもオンタリオ産であること。 **ナイアガラ・ペニンシュラ**のサブ・アペレーションを名乗る場合は当該産地のブドウを**100**%使用すること。
畑名	**100**%当該ブドウ畑から収穫された、認可品種（**ヴィニフェラ**種のみ、**ヴィダル**種の**アイスワイン**を除く）を使用。
Estate Bottled	畑を所有または管理する生産者が、同一の特定栽培地区にある醸造施設で醸造から瓶詰めまでを行う。 認可された**ヴィニフェラ**種のみ（**ヴィダル**種の**アイスワイン**を除く）。 畑の取得後、**4**年目から表示可能。

※ D.V.A.：Designated Viticultural Areas、**V.Q.A.**により規定されたアペレーション。

ブリティッシュ・コロンビア州　British Columbia

- ブリティッシュ・コロンビア州では、近年設立されたブリティッシュ・コロンビア・ワイン・オーソリティ(**BCWA**、独立行政法人格)が、州政府からの委託により、V.Q.A.ワインを含むブリティッシュ・コロンビア産ワインの原産地の適切な表示や運用、官能評価に則った品質基準の維持などを行うようになった。

★オンタリオ州と異なる点。

表示	規定
州名	**100**%ブリティッシュ・コロンビア州で収穫された、認定品種を使用(**ヴィティス・ヴィニフェラ**種と一部の**交雑品種**)。★
収穫年	**85**%以上。
品種	使用された割合が多い順にラベルに記載する。
	Single-Varietal　**85**%以上。
	Dual-Varietal　合計**90**%以上(どちらも**15**%以上)。
	Triple-Varietal　合計**95**%以上。 2番目に多い品種：**15**%以上。 3番目の品種：**10**%以上。
BC Wines of Distinction★ BCワインズ・オブ・ディスティンクション	**100**%ブリティッシュ・コロンビア産ブドウまたはマストを使用し、州内で規定に従い醸造・瓶詰するワイン。 ラブルスカ種**100**%のワインは認められない。
BC V.Q.A.★	州内で最も厳しい品質基準と審査をクリアしたワインのみが認証される。1990年にBC州で導入された。 **アイスワイン**と**レイト・ハーヴェスト**・ワインはV.Q.A.格付けのみが認められている。 BC V.Q.A.ワインは、G.I.**ブリティッシュ・コロンビア**以外のG.I.ワインであること。 認可品種を使用(**ヴィニフェラ**種及び認定された**交雑品種**のみ)。
G.I.　※1★ ジェオグラフィカル・インディケーション	G.I.ブリティッシュ・コロンビアの場合、ブドウは**100**%州内産。 それ以外のG.I.の場合は、当該G.I.のブドウ**95**%以上かつ州内産ブドウ**100**%であること。
畑名	**100**%当該ブドウ畑産。 G.I.ブリティッシュ・コロンビア以外のG.I.内にある畑で、事前に登録された畑のブドウであること。
Estate Bottled	G.I.ブリティッシュ・コロンビア以外の単一のG.I.内にある畑を所有または管理する生産者が、同じG.I.にある醸造施設で醸造から瓶詰までを行う。 BC V.Q.A.ワインの場合、畑の取得後、**4**年目から表示可能。

※1 G.I.はWines of Marked Quality Regulation(高品質ワインに関する規定)のもとに定められている。

アイスワイン規定

オンタリオ州、ブリティッシュ・コロンビア州共通

ラベルに**ヴィンテージ**を表記すること。
同一原産地のブドウを**100**％使用、
ラベルに記載された原産地名のブドウを85％以上使用。
認可された**ヴィニフェラ**種または**ヴィダル・ブラン**のみ使用。
樹上凍結ブドウを外気温**−8**℃以下で収穫すること。
タンクを**−4**℃より低い温度に冷却することは禁止。
シャプタリザシオン禁止。

> 人工的な冷凍など、糖分凝縮操作は禁止。

> **出題のポイント**
> Cryo-extraction 氷果凍結圧搾は「**-7**℃」。間違いの選択肢として頻出なので、区別して覚えよう！

> シャプタリザシオン（仏）＝チャプタリゼーション（英）
> アルコールをかさ増しするための「補糖」作業のこと。

ブリティッシュ・コロンビア州

ラベルにヴァラエタル表記が必要。
生産者は収穫前に、アイスワインを造ることを**BCWA**に告げ、登録しなければならない。地理的表示名は、州名以外の**G.I.**（オカナガン・ヴァレー等）でなければならない。

オンタリオ州

ヴィダル・ブランを使用する場合のみヴァラエタル表記が必要。
スパークリング・アイスワインは、スパークリング・ワインおよびアイスワインの製造規程を満たす必要がある。
アイスワインをスパークリング・ワインのドサージュに使用する場合、容量の10％以上のアイスワインを含み、最終的な残糖は合計20g/ℓ以上、出来上がったワインは**アイスワイン**の特徴がなければならない。

主要ブドウ品種

- ヴィダルは、正確には**ヴィダル・ブラン**、**ヴィダル256**と呼ばれ、「**ユニ・ブラン**×**セイベル4986**」の交配種。

ブドウ生産量順位

オンタリオ州※

白ブドウ	順位	黒ブドウ
Riesling リースリング *全体**1**位	1位	**Cabernet Franc** カベルネ・フラン
Chardonnay シャルドネ *全体**2**位	2位	Merlot メルロ
Pinot Gris ピノ・グリ *全体**3**位	3位	Cabernet Sauvignon カベルネ・ソーヴィニヨン
Sauvignon Blanc ソーヴィニヨン・ブラン	4位	Pinot Noir ピノ・ノワール

ブリティッシュ・コロンビア州

白ブドウ	順位	黒ブドウ
Pinot Gris ピノ・グリ *全体**2**位	1位	**Merlot** メルロ *全体**1**位
Chardonnay シャルドネ	2位	Pinot Noir ピノ・ノワール *全体3位
Riesling リースリング	3位	Cabernet Franc カベルネ・フラン
Sauvignon Blanc ソーヴィニヨン・ブラン	4位	Cabernet Sauvignon カベルネ・ソーヴィニヨン

※全V.Q.A.ワイン用ブドウのランキング。

アイスワイン生産量順位

オンタリオ州

	品種
1位	**Vidal Blanc** ヴィダル・ブラン
2位	**Cabernet Franc** カベルネ・フラン
3位	**Riesling** リースリング
4位	Cabernet Sauvignon カベルネ・ソーヴィニヨン

カテゴリー別ワイン生産量順位

オンタリオ州

	カテゴリー
1位	**白**ワイン
2位	**赤**ワイン
3位	スパークリングワイン
4位	ロゼワイン
5位	アイスワイン

※**リースリング**や**カベルネ・フラン**など、ヴィニフェラ種を使ったアイスワインが増えている。

Chapter 32 Canada / Ontario

主要な産地

オンタリオ州

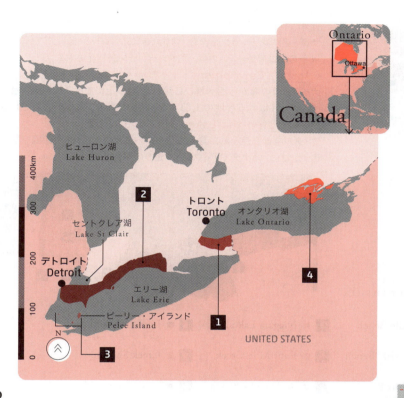

Ontario
オンタリオ州

1 ■ Niagara Peninsula
ナイアガラ・ペニンシュラ

2 ■ Lake Erie North Shore
レイク・エリー・ノース・ショア

3 ■ South Islands
サウス・アイランズ

4 ■ Prince Edward County
プリンス・エドワード・カウンティ

> **冷涼だけじゃない**
> 緯度だけに着目すると、北イタリアとほぼ同じ。つまり、カナダ＝冷涼 一辺倒と考えると見誤ってしまう産地なので、注意が必要。

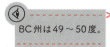
BC州は49〜50度。

- カナダ**南東**部、栽培地域は北緯41〜44度に位置する。
- 隣接する**エリー**湖や**オンタリオ**湖などの影響で、**大陸性**気候による夏の暑さや、冬の厳しい寒さが緩和され、湖からの風の流れがブドウを**霜害**から守るなど良い影響を与えている。
- 遅摘みブドウの収穫は11月中旬、アイスワインは**12月中旬**〜**1月初旬**が一般的だが、その年の気候により、2月または3月になることもある。

Canada
DATA、概要、歴史、ワイン法と品質分類、各州のワイン法、アイスワイン規定、主要ブドウ品種

P.139 >> 144

VINOLET

Canada>>Ontario

アペレーション	特徴
Niagara Peninsula ナイアガラ・ペニンシュラ	カナダ**最大**の栽培面積。オンタリオ州のワイン生産量の約**68**％を占める。東北側の**オンタリオ**湖と南西側の**エリー**湖の中間に位置する。ナイアガラの滝周辺の**ナイアガラ**山の巨大な**傾斜台地**（**Escarpment エスカープメント**）の断崖壁に湖からの風がぶつかり、ブドウ栽培に最適な気候をもたらしている。近年、10のサブ・アペレーションが制定され、地区内の2つ以上のサブ・アペレーションを含む、より大きなアペレーションとして、以下の2つのリージョナル・アペレーションが制定された。 〈**Niagara Escarpment**〉ナイアガラ・エスカープメント ナイアガラの滝から西へ延びる傾斜台地の上にあるブドウ栽培地区。ベンチと呼ばれる台地の上部では、特に良質なブドウが栽培される。 〈**Niagara-on-the-Lake**〉ナイアガラ・オン・ザ・レイク ヴィダル種から造られた最初のアイスワインが、世界的な評価を獲得したのをきっかけに、カナダでアイスワイン造りの風潮が強まった。

> カナダのオンタリオ州とアメリカのニューヨーク州とを分ける国境に位置している。☕

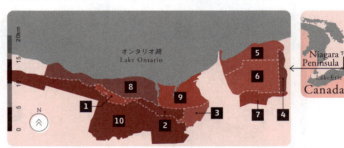

Niagara Peninsula
ナイアガラ・ペニンシュラ

1. ■ Beamsville Bench ビームズヴィル・ベンチ
2. ■ Twenty Mile Bench トウェンティ・マイル・ベンチ
3. ■ Short Hills Bench ショート・ヒルズ・ベンチ
4. ■ Niagara River ナイアガラ・リヴァー
5. ■ Niagara Lakeshore ナイアガラ・レイクショア
6. ■ Four Mile Creek フォー・マイル・クリーク
7. ■ St. David's Bench セント・デイヴィッズ・ベンチ
8. ■ Lincoln Lakeshore リンカーン・レイクショア
9. ■ Creek Shores クリーク・ショアズ
10. ■ Vinemount Ridge ヴァインマウント・リッジ

> North Shore：北岸という意味。☕

Lake Erie North Shore レイク・エリー・ノース・ショア	オンタリオ州の南西端に位置する。エリー湖北岸のカナダとしては、非常に日照時間が長いことから、長いブドウ生育期間と穏やかな気候が得られる。サブ・アペレーションに**South Islands サウス・アイランズ**がある。
South Islands サウス・アイランズ	レイク・エリー・ノース・ショアの一部である**ピーリー**島と8つの小さな島々からなるサブ・アペレーション。カナダ最南に位置する**ピーリー**島は、エリー湖からの影響を受け、温暖な気候と長いブドウ生育期間によって、他の地域ではあまり見られない**テンプラニーリョ**も栽培されている。
Prince Edward County プリンス・エドワード・カウンティ	オンタリオ湖北岸の**東**端。 主要品種はピノ・ノワール、シャルドネ、カベルネ・フラン、ピノ・グリ。

州内最大の産地

※オンタリオ州のサブ・リージョン数の「2」は広域に認められているリージョナル・アペレーション。

産地	オンタリオ州	ブリティッシュ・コロンビア州
	Niagara Peninsula カナダ最大。	**Okanagan Valley** **州**最大。緯度49～50度。
州のワイン生産量	約**68**％（生産量）	約**87**％（栽培面積）
サブ・リージョン数	10+2	12

146

Chapter 32 Canada

British Columbia

主要な産地

ブリティッシュ・コロンビア州

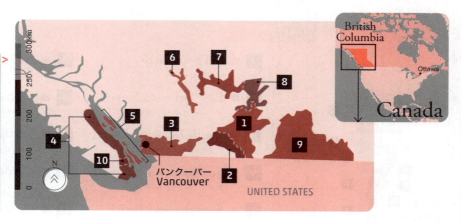

単数形と複数形
Vancouver Island は、単数形 "Island" であるから大きな島を指し、Gulf Islands は複数形 "Islands" であるから、小さな島々を指す。これを覚えれば地図問題も解ける。

British Columbia
ブリティッシュ・コロンビア州

1. **Okanagan Valley** オカナガン・ヴァレー
2. **Similkameen Valley** シミルカミーン・ヴァレー
3. **Fraser Valley** フレーザー・ヴァレー
4. Vancouver Island バンクーバー・アイランド
5. **Gulf Islands** ガルフ・アイランズ
6. Lillooet リルーエット
7. Thompson Valley トンプソン・ヴァレー
8. Shuswap シャスワップ
9. Kootenays クートネイ
10. Cowichan Valley カウチン・ヴァレー

- カナダ**最西**端、栽培地域は北緯**49**〜**50**度に位置する。
- 太平洋沿岸のフレーザー・ヴァレー、バンクーバー・アイランド、ガルフ・アイランズは温暖。

オンタリオ州は 41〜44度。

アペレーション	特徴
Okanagan Valley オカナガン・ヴァレー BC州の北緯と同じ。つまり、縦長の産地だとわかる。	ブリティッシュ・コロンビア州**最大**のワイン産地。 州の全栽培面積の約**87**%を生産。 北緯**49**〜**50**度に位置し、 太平洋から約**300**km内陸に入ったアメリカとの国境沿いから、 北へ向かって**250**kmにわたり細長く延びる。 **大陸性**気候で、**海岸**山脈と**モナシー**山脈の中間にあることから、雨雲が遮られ、降水量が少なく乾燥しているため、**灌漑**が必須。 南北に長いため北部と南部で気温差があり、北部では白ブドウ品種が、南部では黒ブドウ品種がより適する。 12のサブ・リージョンがある。

147

Canada >> British Columbia

アペレーション	特徴

Okanagan Valley
オカナガン・ヴァレー

Okanagan Valley
オカナガン・ヴァレー

1. Lake Country / レイク・カントリー
2. East Kelowna Slopes / イースト・ケローナ・スロープス
3. South Kelowna Slopes / サウス・ケローナ・スロープス
4. Summerland Valleys / サマーランド・ヴァレーズ
5. Summerland Bench / サマーランド・ベンチ
6. Summerland Lakefront / サマーランド・レイクフロント
7. Naramata Bench / ナラマタ・ベンチ
8. Skaha Bench / スカハ・ベンチ
9. Okanagan Falls / オカナガン・フォールズ
10. Golden Mile Bench / ゴールデン・マイル・ベンチ ※2015年最初にG.I.に認められた
11. Golden Mile Slopes / ゴールデン・マイル・スロープス
12. Black Sage Bench/Osoyoos / ブラック・セージ・ベンチ/オソヨース地区 ※G.I.ではない地区

Similkameen Valley
シミルカミーン・ヴァレー

オカナガン・ヴァレーの南西側に位置する。「カナダのオーガニックの首都」と称される。
主要品種はメルロ、カベルネ・ソーヴィニヨン、カベルネ・フラン、シャルドネ等。

Fraser Valley
フレーザー・ヴァレー

太平洋沿岸のバンクーバーから東へ延びている海洋性気候のブドウ栽培地区。
主要品種はゲヴュルツトラミネール、ピノ・グリ、ピノ・ノワール、バッカス等。

Vancouver Island
バンクーバー・アイランド

ダンカン市を中心として、バンクーバー島の南半分に広がる産地。
主要品種はピノ・ノワール、ガメイ、ミュラー・トゥルガウ、シャルドネ、
ピノ・ブラン、ピノ・グリ等。

Cowichan Valley
カウチン・ヴァレー

2020年にバンクーバー・アイランドで初のサブ・リージョン（G.I.）として承認された地区。
カウチン湾を中心に沿岸部から南北に広がり、西はカウチン湖の近くまでを含むエリア。

Gulf Islands
ガルフ・アイランズ

ガルフ諸島の島々を含む40haほどの産地で、2005年に認定された。
主要品種はピノ・ノワール、ピノ・グリ、オルテガ、マレシャル・フォッシュ。

その他G.I.

2018年7月、上記エリア以外で下記4つのG.I.が新しく認定された。

Lillooet
リルーエット

Thompson Valley
トンプソン・ヴァレー

Shuswap
シャスワップ

Kootenays
クートネイ

VINOLET

Canada
<< オンタリオ州、ブリティッシュ・コロンビア州
P.145 >> 148

Chapter 32 Canada / Québec　　主要な産地

ケベック州

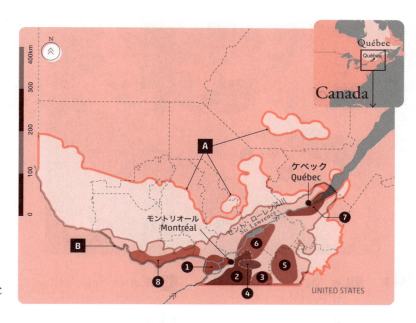

Québec
ケベック州

A ☐ P.G.I. Québec Wine　　※❶〜❼は **A** のサブリージョン

❶ ■ Deux-Montagnes
ドゥー・モンターニュ

❷ ■ Richelieu River Valley
リシュリュー・リヴァー・ヴァレー

❸ ■ Appalachian Foothills
アパラチアン・フットヒルズ

❹ ■ Monteregian Hills
モンテレジャン・ヒルズ

❺ ■ Appalachian Plateau
アパラチアン・プラトー

❻ ■ Lake Saint-Pierre
レイク・サン・ピエール

❼ ■ Québec and The Banks of The St. Lawrence River
ケベックとセント・ローレンス川流域

❽ ■ Ottawa Valley
オタワ・ヴァレー

B ☐ P.G.I. Québec Ice Wine　　※サブリージョン無し

- フランス語が公用語である。
- 大西洋岸に近いカナダ**北東**部にあり、ブドウ栽培地区は北緯 **45** 〜 **47** 度で、州**南**部に集まっている。
- 湿度の高い**大陸性**気候。
- P.G.I. Québec Wine　ケベック・ワイン
（仏語：I.G.P. Vin du Québec ヴァン・デュ・ケベック）がケベック州初のP.G.I.として2018年に承認された。P.G.I.ケベックの中に **8** つのワイン・リージョンがある。
- P.G.I. Québec **Ice Wine** ケベック・**アイス・ワイン**（仏語：I.G.P. Vin de Glace du Québec ヴァン・ド・グラス・デュ・ケベック）は、2014年に承認された**アイス・ワイン**のP.G.I.。規定された生産地域内で収穫されたブドウのみ使用でき、生産可能な地域はP.G.I. Québec Wineとは異なる。

Chapter 32 Canada

Nova Scotia

主要な産地

ノヴァ・スコシア州

Nova Scotia
ノヴァ・スコシア州

1 ■ Marbel Mountain
マーベル・マウンテン

2 ■ Malagash Peninsula
マラガシュ・ペニンシュラ

3 ■ Avon River
エイヴォン・リヴァー

4 ■ Gaspereau
ガスペロー

5 ■ Annapolis Valley
アナポリス・ヴァレー

6 ■ Bear River
ベア・リヴァー

7 ■ LaHave River
ラヘヴ・リヴァー

- シグネスト地峡で大陸につながった、3方を大西洋に囲まれている半島。
  北緯**44**〜**46**度。
- 非常に**寒冷**な気候。
- 栽培面積は約400haで、全てのブドウ畑が海から**20**km以内にあり、
  現在19のワイナリーがある。
- **寒冷**な気候により、フレッシュな酸とかすかな**塩気**を感じる味わいをもつ白ワインが多く、
  新鮮で生き生きとしたロゼ、赤ワインも造られている。
- 最も高く評価されているのは**スパークリング・ワイン**で、
  近年カナダでも人気がある**Pét-Nat ペット・ナット**タイプのワインも造られている。
- **Tidal Bay タイダル・ベイ**は、**ノヴァ・スコシア州初**のワイン・アペレーションで、
  必要な特徴として、「冷涼気候の特徴を表す繊細で**アロマティック**な白ワインであること」、
  「ブドウ品種はノヴァ・スコシアで栽培される20種以上が使用可能だが、
  ラカディー、**セイヴァル**、**ヴィダル**、**ガイゼンハイム318**が構成の主体となること」などがある。

VINOLET

Canada

« ケベック州、ノヴァ・スコシア州

P.149 » 150

Chapter 33 チリ

Chile

出題のポイント
産地の縦の関係を問う並び替え問題が頻出。

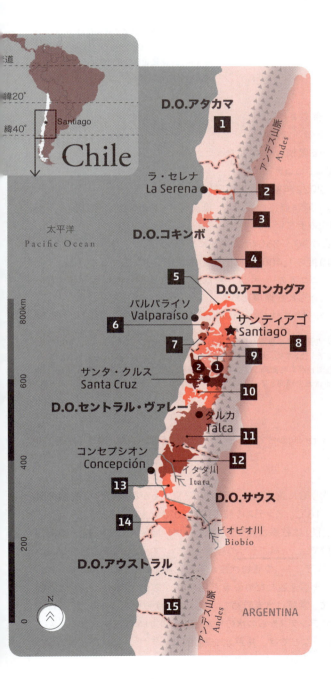

D.O.Atacama
D.O.アタカマ

1. Huasco Valley
   ウアスコ・ヴァレー

D.O.Coquimbo
D.O.コキンボ

2. Elqui Valley
   エルキ・ヴァレー
3. Limarí Valley
   リマリ・ヴァレー
4. Choapa Valley
   チョアパ・ヴァレー

D.O.Aconcagua
D.O.アコンカグア

5. Aconcagua Valley
   アコンカグア・ヴァレー
6. Casablanca Valley
   カサブランカ・ヴァレー
7. San Antonio Valley
   サン・アントニオ・ヴァレー

D.O.Central Valley
D.O.セントラル・ヴァレー

8. Maipo Valley
   マイポ・ヴァレー
9. Rapel Valley
   ラペル・ヴァレー
   ❶ Cachapoal Valley
      カチャポアル・ヴァレー
   ❷ Colchagua Valley
      コルチャグア・ヴァレー
10. Curicó Valley
    クリコ・ヴァレー
11. Maule Valley
    マウレ・ヴァレー

D.O.South
D.O.サウス

12. Itata Valley
    イタタ・ヴァレー
13. Bío Bío Valley
    ビオ・ビオ・ヴァレー
14. Malleco Valley
    マジェコ・ヴァレー

D.O.Austral
D.O.アウストラル

15. Osorno Valley
    オソルノ・ヴァレー

DATA

Chile

ブドウ栽培面積 ····· 約13万ha
　　　　　　　　　　（うち赤ワイン用品種：約9.5万ha、白ワイン用品種：約3.4万ha）

気候 ············· **地中海性**気候

緯度 ············· 南緯27～40度

> **地中海性気候の代表産地**
> 地中海性気候を代表するワイン産地！絶対に海洋性気候と間違えて覚えてはいけない！

概要

- **2007**年に日本とチリの間で発効された**経済連携協定**に基づく**関税率**の逓減により、2019年からチリワインにかかる関税はゼロ※になった。日本へのチリワインの輸入量は、コロナ禍で一時フランスに抜かれたが、2022年第**1**位に復帰した。コンテナ不足や、干ばつによる原料価格の高騰で、低価格ワインの輸入が伸び悩んだが、中価格帯ワインが増加傾向をみせている。

> **逓減**
> 税率が次第に減ること。

- 国土は南北4,274km、東西は90～380kmと南北に細長く、ブドウ栽培地は南緯27～40度の1,400km（国土の中間部分）に広がっている。
- 北は**アタカマ砂漠**、南はパタゴニアの**南氷洋**、東は**アンデス山脈**、西は**太平洋**（太平洋岸には海岸山地が走る）に遮られた環境にある。

※同年、日欧EPAによりEUワインの関税も撤廃されたため、EU産ワインとの関税差はなくなっている。

> 2007年から逓減された関税率の恩恵を受け、2015年にチリワインがフランスワインを抜いて、日本での国別輸入量第1位となり、大きなニュースとなった。しかし、2019年2月に日本とEUとの間でEPAが結ばれ関税が即時撤廃。直近のデータでは、フランスやイタリアの輸入量が再度増えており、チリワインは減少傾向となっている。

気候風土

- 太平洋に面し、南氷洋から北へ向かってペルー沖まで流れる**フンボルト海流**（寒流）の影響を受ける。
- 典型的な**地中海性**気候。
- 最も暑い月は日中の気温が**30**℃に達するが、夜になると夏でもかなり涼しい。昼夜の気温差は、海沿いの畑で15～18℃、アンデスの麓の畑で20℃以上になる。
- ブドウの生育期間（発芽～収穫）は乾燥状態が続くため、ボトリティスやベト病などの菌類の病気に罹らないことが特徴で、**フィロキセラ**の被害もない。**フィロキセラ**の被害がない理由の1つとして、農業省農牧庁**SAG**の植物検疫が非常に厳しいためといわれている。

> チリは真夏でも水温が冷たすぎて海水浴はできない。

- 古くからアンデスの雪解け水を引き込むための灌漑用水路があり、アルゼンチンと同様に伝統的な灌漑の方法として、雪解け水を貯めて（もしくは川から引き込んで）畝間に流す「**間断灌漑**」がある。また、アンデスからの水の供給量が足りない地域や水がほとんど来ないカサブランカ・ヴァレーなどでは、井戸水を利用した「ドリップ・イリゲーション（点滴灌漑）」で水の浪費を抑えている。
- 近年は、自然に任せて灌水しない「**ドライ・ファーミング**」も増えてきた。給水によるブドウ果粒の水ぶくれを避け、フェノール類の成熟を促すため、一般に収穫の1カ月前には完全に灌水を中止する。

- チリでは水の確保と同様に**冷気**、ブドウ成熟期の気候の**涼しさ**が重要である。涼しさを求めたため、万年雪を被ったアンデスの山々から風が吹き下ろす山麓・斜面や、太平洋を流れるフンボルト寒流で冷やされた海風が吹きつける海岸に近い土地に畑が拓かれている。
- ブドウは強い**紫外線**に抵抗して**果皮**を厚くする。厚い**果皮**にはポリフェノールが豊富に含まれるため、冷涼産地のブドウ(ピノ・ノワールやシラー)で造ったものでも色の**濃い**ものが多い。

歴史 History

時代	主な出来事
16C 中頃	**スペイン**のカトリック伝道者が、**パイス**(**リスタン・プリエト**)種などを植えた。**フランシスコ・デ・アギーレ**のブドウ畑が最初のものとされる。
1830 年	チリ政府が**サンティアゴ**に農事試験場「キンタ・ノルマル・デ・アグリクルトゥラ」を開設。フランスから招聘された **Claude Gay クロード・ゲイ**が、ヨーロッパから苗木を輸入して農事試験場に植え、パイスに代わる**ワイン用ブドウ**の栽培を企図した。
1852 年	**Silvestre Ochagavia シルベストレ・オチャガビア**がフランスから大量に**ボルドー**系の苗木(**カルメネール**など)を輸入した。
1979 年	スペインの**ミゲル・トーレス**が**クリコ・ヴァレー**に土地を購入し、最新醸造機器や技術を導入して、フレッシュ&フルーティなワインを造り始めた。
1985 年以降	チリワインが最も遅く国際市場に参入。
1990 年代	1980 年代にパブロ・モランデが見出していた**カサブランカ・ヴァレー**で、90 年代に開拓ラッシュが起こり、絶対量の不足していた**シャルドネ**の生産適地として冷涼地を求めるようになる。
近年	クール・クライメット(冷涼な栽培環境)を超えた、これ以上またはこれ以下の条件ではブドウ栽培ができない究極の栽培環境(エクストリーム・ウェザー、アルティメット・クライメット)を求める栽培家が多くなってきている。

南米で登場する 2 人の"フランシスコ"
フランシスコ・ヴィディエラ(ウルグアイの歴史にて)と区別しよう!
⇒ Folle Noire をヨーロッパから持ち込んだ人物。

これが現在のチリ=ボルドー品種のイメージに繋がっていく。

スペインの著名な大手生産者。

ステンレススティール・タンクは、1960 年代のカリフォルニアが発祥の地。

実際には、1994 年にアパルトヘイトが終焉し、国際市場に参入した南アフリカの方が遅い。

冷涼産地の筆頭
チリにおける「クール・クライメット」の走りの産地。海(寒流)に近い産地。

ワイン法

- 1994年、原産地呼称（D.O.= Denominación de Origen）とワインの品質表示が規定され、農業省農牧庁（SAG）は定められた原産地呼称、品質規定などを保護・監督し、輸出ワインの品質保証・統制を担当している。
- ワイン法でチリワインは、**ヴィティス・ヴィニフェラ**のブドウ果汁を発酵させたものに限る、などと定義されている。

原産地呼称ワイン（D.O.ワイン）

品質表示（任意表示）

- D.O.ワインには次の品質表示を加えることができる。

品質表示	アルコール度数	香味・樽熟成
Superior スペリオール		香味に独自性が認められる場合
Reserva レセルバ	アルコール度数が法定最低アルコール度数より少なくとも **0.5**％以上高い	独自の**香味**がある場合
Reserva Especial レセルバ・エスペシアル	アルコール度数が法定最低アルコール度数より少なくとも **0.5**％以上高い	独自の**香味**があり**樽熟成**した場合
Reserva Privada レセルバ・プリバダ	アルコール度数が法定最低アルコール度数より少なくとも **1**％以上高い	独自の**香味**がある場合
Gran Reserva グラン・レセルバ	アルコール度数が法定最低アルコール度数より少なくとも **1**％以上高い	独自の**香味**があり**樽熟成**した場合

表示基準

表示基準	国内向けワイン	輸出向けワイン
原産地呼称（D.O.）	**75**％以上	**85**％以上
ブドウ品種	**75**％以上（単一品種の場合）	**85**％以上
収穫年	**75**％以上	**85**％以上

85％が原則
特にEU諸国に輸出するためには、EU基準である「85％ルール」を満たす必要がある。

2012年に改訂された原産地呼称表示

- チリの原産地呼称は北から南に向かって国土を行政区分（州）に沿って水平に区切ったものだが、気候の特徴（あるいは土壌の組成）に沿って東西に垂直に区分した方が、土地の共通項がはっきり見えてくる。
- 2011年より従来の原産地呼称に付記する格好で二次的な産地表示が可能となったのは以下3つ。
- 表示には当該産地のブドウが**85**％以上含まれる必要がある。
- 今後、「D.O.マイポ・アンデス」「D.O.ラペル・コスタ」などとラベル表記されたボトルが出てくることになる。

> アンデス山脈に沿って「縦」に区切った方が、品種やテロワールの特徴に共通項が見てとれるということ。

> 実際に、採用しているケースはまだ多くない。

新しい原産地呼称表示	備考
Costa コスタ	コースタル（沿岸）の意。**海岸**に面した畑。 南極海からの**フンボルト寒流**による**冷たい**海風の影響を受け、**冷涼**な気候。 **冷涼地**に適した品種（ソーヴィニヨン・ブラン、シャルドネ、ピノ・ノワール）が主体。
Entre Cordilleras エントレ・コルディリェラス	**2つの山脈の間**の意味で、**海岸**山地と**アンデス**山脈の**間**に位置する平坦で肥沃な地域を指す。**チリの農業が始まった地**でもある。 チリの全ワイン生産量の**60**％を占め、チリを代表する赤ワインを生産。
Andes アンデス	**アンデス**山脈側の斜面。 早朝にアンデス山中で形成された**冷気**の塊（**El Laco エル・ラコ**）が、山から毎朝吹き下ろすため、比較的涼しく風通しが良く、また遅霜の心配がない。 日中は強い日差しを受ける斜面も日が落ちると急激に冷えるため、昼夜の**寒暖**差が大きい。

> まずは栽培の容易な平坦な土地でブドウの栽培が広まり、その後、高品質なブドウを求めて「コスタ」「アンデス」での「クール・クライメット」の探索が始まっていく。また、ドリップ・イリゲーションの普及と共に、斜面でのブドウ栽培が可能となっていったという背景もある。

> **アンデス山脈から吹く2つの風**
> アンデス山脈を越えてアルゼンチン側に吹き荒れる風の名前を「Zonda ソンダ」と呼び、アンデス山脈からチリ側に吹く風を「El Laco エル・ラコ」と呼ぶ。

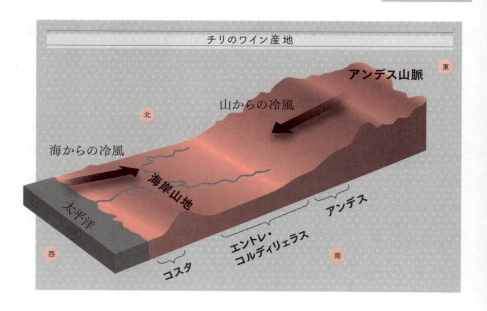

チリのワイン産地

Chapter **33 Chile**

Wine Special

主要産地（D.O.）

> **チリにおける「サブ・リージョン」の概念に注意**
> 他国で通常「サブ・リージョン」といえば、ある産地の中のさらに細かな区分けとなることが多い。しかし、チリの産地の線引きにおいては「サブ・リージョン」が中心的な位置づけとなっている。

リージョン	サブ・リージョン	ゾーン	ゾーン/備考
Atacama アタカマ	Copiapó Valley コピアポ・ヴァレー		蒸留酒**ピスコ**の原料**モスカテル**種を栽培。近年、海から20kmの河岸段丘にブドウ畑が拓かれ**ソーヴィニヨン・ブラン**などが栽培されている。
	Huasco Valley ウアスコ・ヴァレー		透明で淡い色調のブランデー。ピスコ・サワーとして親しまれている。
Coquimbo コキンボ	Elqui Valley エルキ・ヴァレー		港町**ラ・セレナ**と内陸のD.O.**エルキ・ヴァレー**は、サンフランシスコとナパ・ヴァレーの関係に似ている。午前中の**ラ・セレナ**は霧に覆われ、霧は夜に**エルキ・ヴァレー**の奥深くまで覆い、朝日が差し始めると徐々に退いていく。**エルキ・ヴァレー**を上り詰めたアンデス山中の**アルコワス**（標高2,200m）にチリで最も標高の高いブドウ畑がある。
			「馬蹄型」の産地に冷たい霧が侵入してくるイメージを思い出そう。
	Limarí Valley リマリ・ヴァレー		冷たい海霧**カマンチャカ**が内陸部まで吹き込む。土壌には**石灰質**が多く含まれる。伝統的にピスコを生産するエリアがある他、近年ではシラーやカルメネールが注目されている。
	Choapa Valley チョアパ・ヴァレー		
Aconcagua アコンカグア	Aconcagua Valley アコンカグア・ヴァレー		アンデス山脈の麓から海岸に向かい**アコンカグア**川沿いの平地で、穏やかなステップ気候。
	Casablanca Valley カサブランカ・ヴァレー		沿岸山地の内側にあるため、朝には霧が、午後には冷涼な海風が、この地の気温を下げる。**1990**年代にチリで初めて開拓された**冷涼**な畑で、**シャルドネ**、**ソーヴィニヨン（・ブラン）**、**ピノ・ノワール**、**シラー**が栽培される。
	San Antonio Valley サン・アントニオ・ヴァレー	Leyda (Valley) レイダ（・ヴァレー）	沿岸山地の西側で太平洋に面した斜面。冷涼な海風の影響で、酸とミネラルの要素を持つ白ワインや繊細なピノ・ノワールが頭角を現す。
Central Valley セントラル・ヴァレー			チリの**ブドウ栽培**が始まった地域。年間の雨量は300mm未満と少なく**灌漑**が必要。大規模ワイナリーが存在し、その大規模ワイナリーにブドウを供給してきた南のD.O.**マウレ・ヴァレー**の栽培家が独立し、海外から移住してワイン造りを始めた生産者とともに「**MOVI**」という生産者団体を組織している。

> 近年、テロワールを意識した高品質で抑えのきいたワイン（シャルドネなど）が増え始めており、注目の産地である。

> チリのクール・クライメットにおける二大巨頭ともいえる産地。

> 最初にこの地にブドウを植えたワイナリー「Viña Leyda」が牽引しているソーヴィニヨン・ブランやシラーなどが特に有名な産地。

主要産地（D.O.）

リージョン	サブ・リージョン	ゾーン	ゾーン/備考
Central Valley セントラル・ヴァレー	**Maipo Valley** マイポ・ヴァレー		首都州に位置し、首都**サンティアゴ**が含まれ、**海**がない産地。 **カベルネ・ソーヴィニヨン**が栽培面積の**50**% 以上を占める。
	Rapel Valley ラペル・ヴァレー	**Cachapoal Valley** カチャポアル・ヴァレー	**カチャポアル**川流域の産地。
		Colchagua Valley コルチャグア・ヴァレー	**ティングイリリカ**川流域の産地。 **アパルタ**はチリのグランクリュとも呼べる。
	Curicó Valley クリコ・ヴァレー	Teno Valley テノ・ヴァレー	カベルネ・ソーヴィニヨンの古木が多い。
		Lontué Valley ロントゥエ・ヴァレー	
	Maule Valley マウレ・ヴァレー		チリ**最大**の産地で、やや湿潤な**地中海性**気候。 VIGNOが有名。
		Tutuvén Valley トゥトゥベン・ヴァレー	カウケネス産**カリニャン**が有名。
South サウス			パイスの栽培が多く、国内消費用のワインが生産されてきたが、近年、パイス、サンソー、モスカテルが輸出市場から注目されつつある。降水量が多く**灌漑**は必要ない。
	Itata Valley イタタ・ヴァレー		パイスとモスカテル・デ・アレハンドリアが主だったが近年シャルドネなどの栽培が広がっている。
	Bío Bío Valley ビオ・ビオ・ヴァレー		海岸山地の東側斜面を中心に冷涼産地向け品種の栽培が増えている。
	Malleco Valley マジェコ・ヴァレー		**新しい**栽培地、冷涼湿潤な気候。 フレッシュで複雑味のあるシャルドネを生産。
Austral アウストラル			**2011**年認定の新しい原産地呼称。 スール（**南**）よりさらに**南**にあるため**アウストラル**（南極）と名付けられた。 シャルドネ、ピノ・ノワールを栽培。 オソルノよりもさらに南には、D.O. 未認定の栽培地であるチロエや**チレ・チコ**がある。**チレ・チコ**は南緯46.3度に位置するチリ**最南端**のブドウ畑。
	Osorno Valley オソルノ・ヴァレー		オソルノの湖水地方では、ソーヴィニヨン・ブラン、リースリングも栽培。
（4地域） **D.O.Secano Interior** セカノ・インテリオル			**クリコ**、**マウレ**、**イタタ**、**ビオ・ビオ**の**非灌漑地**で栽培した**パイス**と**サンソー**に適用される呼称。 4地域のブドウは単独でもブレンドしてもよい。 **パイス**と**サンソー**は単独でもブレンドしてもよい。

ラペル・ヴァレー（サブ・リージョン）＝カチャポアル・ヴァレー（ゾーン）＋コルチャグア・ヴァレー（ゾーン）

特殊なD.O.で、
1. 4つの並んでいる産地（クリコ、マウレ、イタタ、ビオ・ビオ）
2. 非灌漑地限定
3. パイスとサンソーのみ

Chapter **33** **Chile**

Food Culture

チリの食文化

> 南米3ヵ国はどこもスペインの植民地だったため、食文化は共通している部分も多い。

- スペインから移民が来て先住民の食と融合し、そこにドイツなどからの移民が加わって現代のチリの食文化が生まれた。
- 「**Choclo チョクロ**」と呼ばれるトウモロコシを使った料理は先住民由来のもので、代表的なものに以下のPastel de Choclo パステル・デ・チョクロ、Humitas ウミタスがある。
- アルゼンチン同様に、「**Asado アサード**」（バーベキュー）もよく食べられている。
- アボカドの栽培地が急拡大し、アコンカグアではブドウ畑と水の取り合いになっている。

地方料理と食材　　Cooking and Ingredients

料理名	内容
Empanada エンパナーダ	スペイン由来の薄皮に、具のPino ピノ（先住民マプーチェの挽き肉に炒めた玉ねぎとスパイスをまぜたもの）を入れたパン。チリの伝統的な家庭料理。
Pastel de Choclo パステル・デ・チョクロ	トウモロコシのグラタン。
Humitas ウミタス	クリーム状にしたトウモロコシにバジルを加えトウモロコシの葉で包んで蒸したもの。
Ceviche **セビーチェ**	魚介類のレモン果汁和え。
Pisco Sour ピスコ・サワー	食前酒。ピスコのカクテル。

Column

チリとアルゼンチンのクール・クライメットの考え方の違い

アルゼンチン　① 標高を上げる（アンデス山脈を上る）

チリ　① 標高を上げる　② 海（寒流）に近づく

Chapter 34 アルゼンチン

Argentina

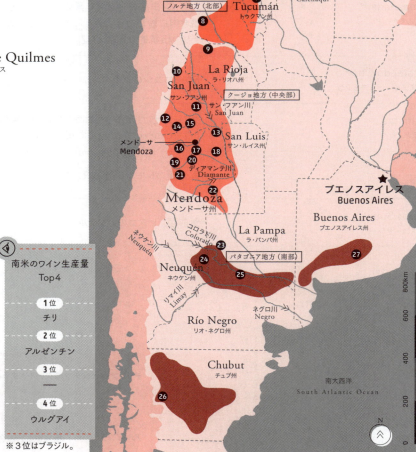

- **Norte**
  ノルテ地方（北部）

① Quebrada de Humahuaca
ケブラダ・デ・ウマワカ

② El Arenal
エル・アレナル

③ Molinos
モリノス

④ Cfayate
カファジャテ

⑤ Colalao del Valle
コララオ・デル・バジェ

⑥ Ciudad Sagrada de Quilmes
シウダー・サグラダ・デ・キルメス

⑦ Amaicha
アマイチャ

⑧ Fiambala
フィアンバラ

- **Cuyo**
  クージョ地方（中央部）

⑨ Famatina
ファマティナ

⑩ Zonda
ソンダ

⑪ Tulum
トゥルム

⑫ Pedernal
ペデルナル

⑬ Norte
ノルテ

⑭ Lujan oeste
ルハン・オエステ

⑮ Lujan/Maipu
ルハン/マイプ

⑯ Rio Mendoza sur
リオ・メンドーサ・スル

⑰ Maipu este
マイプ・エステ

⑱ Este
エステ

⑲ Valle de Uco oeste
バジェ・デ・ウコ・オエステ

⑳ Valle de Uco centro
バジェ・デ・ウコ・セントロ

㉑ San Carlos
サン・カルロス

㉒ San Rafael
サン・ラファエル

- **Patagonia**
  パタゴニア地方（南部）

㉓ Alto Valle del Rio Colorado
アルト・バジェ・デル・リオ・コロラド

㉔ San Patricio del Chañar
サン・パトリシオ・デル・チャニアル

㉕ Alto Valle del Rio Negro
アルト・バジェ・デル・リオ・ネグロ

㉖ Trevelin
トレベリン

㉗ Chapadmalal
チャパドマラル

160

DATA		Argentina
ブドウ栽培面積	約21万ha	
気候	**大陸性**気候	

地図上では海に近いように見えるが、海側（チリ）との間には、アンデス山脈という名の"壁"が存在する。（チリ：地中海性気候）

南米のワイン生産国の栽培面積比較
アルゼンチン：21万ha
チリ：12.9万ha
ウルグアイ：0.6万ha

概要

南米3ヵ国（アルゼンチン、チリ、ウルグアイ）は全てスペインの植民地であったため、公用語は共通してスペイン語。

- アルゼンチンは、ワインの**国内**消費量が大きかったが、年々減少しており、国民1人当たりの年間ワイン消費量は、1970年のピーク時には91.8ℓであったが、年々減少傾向にあり、2021年は24.5ℓであった。
- 国土面積はブラジルに次いで南米第2位。ブドウ畑は国土の**西**側を南北に延びる**アンデス**山脈に沿って、北は**フフイ**州（南緯23度）から南はパタゴニアの**チュブ**州（南緯43度）まで、直線距離で**2,500**kmにも及ぶ。
- 日本のアルゼンチンワイン輸入量は2014年をピークに減少傾向が続いている。
- 隣国チリと異なり、日本とのEPAは締結されていない。

EPA＝経済連携協定
チリと日本では二国間のEPAを締結しており、関税が撤廃されている。それに対しアルゼンチンワインには関税がかかるため、低価格帯競争において価格面で不利だということ。

気候風土

フェーン現象
「アンデス山脈＝大きな壁」のため、「フェーン現象」の影響が非常に強い産地である。

「Z」の発音は濁らない。

- アルゼンチンのブドウ栽培地域は、乾燥した温暖な気候で、日照量が豊富である。
- 畑は海岸線から遠く離れており、世界でも数少ない**大陸性**（内陸型）気候の巨大なワイン産地。
- ブドウ畑は標高**450**〜**3,329**mに分布し、その標高差は2,800m以上ある。高地で緯度が低いため**紫外線**が極端に強い。
- **湿気**が極端に少なくカビ除けの**薬剤散布**が不要だが、例年**雹**（ひょう）による被害が甚大で、畑に防雹ネット（アンチ・グラニソ）を敷設している。
- 「Zonda ソンダ」という、時に台風を上回る規模と強さを持つこの風は、フェーン現象の一種であり、太平洋の寒冷風がチリ側アンデスに雨を落とし、乾いてアルゼンチン側に吹き下ろす。
- 年間降水量は**150**〜**400**mmで、ほとんどは春から夏に降るため、ブドウ栽培には**灌漑**が欠かせない。
- 伝統的な灌漑方法は、**アンデス**の雪解け水を利用し、用水路から水を引き込み、畑を水浸しにする**フラッド**灌漑である。

↑
フラッド灌漑

気候風土

- 今でも樹齢の古い畑はフラッド灌漑を使用しているが、新しい畑は**ドリップ**（**点滴**）灌漑に変わっている。
- 新しい畑は、ニューワールドのブドウ畑と同じように低いコルドン仕立てを行い、これはアルゼンチンでは、**VSP**（ヴァーティカル・シュート・ポジション）※と呼ばれている。
  ※新梢が垂直に伸びる仕立て方、という意味。

ドリップ灌漑

歴 史　　　　　　　　　　　　　History

時代	主な出来事
16C	キリスト教の普及活動者がスペインからリスタン・プリエトを持ち込んだとされる。

> アルゼンチンは1816年にスペインから独立した。

ミッションのシノニム	
カリフォルニア	Mission ミッション
チリ	Pais パイス
アルゼンチン	Criolla クリオジャ
スペイン本土	Palomina Negra パロミナ・ネグラ
カナリア諸島	Listán Prieto リスタン・プリエト

リスタン・プリエトはアルゼンチンでは**クリオジャ（・グランデ）**、チリでは**パイス**、北米では**ミッション**と呼ばれるようになった。アルゼンチンにブドウを持ち込んだのは以下とされる。

> 都市の名前であり、州、ワイン産地の名前でもある。アルゼンチンで圧倒的な規模を誇る「最大」のワイン生産地であり、都市の規模では首都ブエノスアイレスに次ぎ第2位。

1561年	Pedro del Castillo ペドロ・デル・カスティージョが、**メンドーサ**にブドウ畑を拓く。
1562年	Juan Jufré フアン・フフレが、**サン・フアン**にブドウ畑を拓いた。

> メンドーサ北部に隣接し、メンドーサに次いで大きな栽培面積を誇る産地（州）。

19C後半〜	農畜産物の生産に適したパタゴニアの土地を整備したことで、ヨーロッパからの**移民**が増えワイン消費層が急激に拡大した。**鉄道**の敷設によって西部のワイン産地と消費地である首都ブエノスアイレスが繋がった。
1853年	**メンドーサ**に農事試験場（キンタ・ノルマル）を開設。招聘した植物学者の**Michel Aimé Pouget ミシェル・アイメ・プージェ**により初めて植えられた品種の内、とりわけ適合した**マルベック**は栽培面積を広げ、後に「**La Francesa ラ・フランセサ**」と呼ばれるほどポピュラーな品種になる。
1910年代	イタリアから大量の移民が到来し、**ボナルダ**種や、大量生産に向く**パラール**（**棚仕立て**）などをもたらす。
1970年代後半〜	ワインの国内消費が落ち込む。
1990年代〜	**ニコラス・カテナ**がメンドーサでカベルネ・ソーヴィニヨンのヴァラエタルワインをリリースし、他の生産者たちもこれに倣った。
2000年代〜	メンドーサの栽培地はルハン・デ・クージョだけでなく、徐々に標高の高い**ウコ・ヴァレー**へと広がっている。

> 東部ブエノスアイレスと西部メンドーサは、東西1,000km以上も離れている。

> カリフォルニアの「ロバート・モンダヴィ」で学んだため、シャルドネとカベルネ・ソーヴィニヨンを植えた。現在でもメンドーサのトップ生産者の1人。

> メンドーサで注目のクール・クライメットを求めて開拓が進んでいる産地。

チリとアルゼンチン "はじまりの登場人物"

チリ

Francisco de Aguirre フランシスコ・デ・アギーレ	16C中頃	カトリックの伝道師。チリにパイス種をもたらした。
Claude Gay クロード・ゲイ	1830年	フランスから招聘され、ヨーロッパから苗木を輸入、パイスに代わるワイン用ブドウの栽培を企図した。
Silvestre Ochagavia シルベストレ・オチャガヴィア	1852年	フランスから大量にボルドー系の苗木を輸入した。

アルゼンチン

Michel Aimé Pouget ミシェル・アイメ・プージェ	1853年	マルベックを初めて植樹。マルベックは「ラ・フランセサ」と呼ばれるまでに普及した。

> ミシェル・アイメ・プージェは、チリの権力者によって招聘されたサンティアゴ(チリの首都)の師範学校の責任者だった。当時、先見の明のあるアルゼンチン人で、後の大統領ドミンゴ・ファウスティーノ・サルミエントは、チリに政治亡命をしていた。ブドウ栽培地域であるアルゼンチンのサン・フアンで育った彼は、特にワインに愛着を持っていた。彼はアルゼンチンに1851年に戻り、メンドーサに「キンタ・ノルマル」を開設。彼の説得によりミシェル・アイメ・プージェはメンドーサに移り、マルベックをフランスから持ち込み定着させるなど、大きな功績を残した。

主なブドウ品種

- アルゼンチンのブドウ畑は高地で緯度が低いため陽光の**紫外線**が極端に強く、これが樹にストレスを与え、ブドウの純粋性や品種固有の香味を強く引き出している。
- 標高の高い畑は、空気が薄く日射が強い。日射量の多さは光合成を促進し、果実の糖とタンニン量が増加する。
- 一方、空気が薄いと夜の気温は急激に下がる。日中の日差しが強くても夜に気温が下がるとブドウ樹は呼吸作用を抑制して酸の消費を抑えるため、高度が高く冷涼な気候では、光合成が促進され**酸**の消費は抑えられる。

ブドウ栽培面積順位

> チリの1位は
> カベルネ・ソーヴィニヨン。

	品種名	備考
1位	**Malbec** マルベック	起源は南西フランスで、カオールの主力品種**コット**と同じ。 南西地方からボルドーに移植され、 一時期ボルドーの栽培面積の6割を占めたが、 病害や霜害などにより栽培面積が減少した。 初めてメンドーサに植栽された**1853**年4月17日は 「マルベックデー」に制定されている。 アルゼンチンのマルベックは、房も果粒も小さく引き締まっており、 アロマも豊かであるのが特性。
2位	**Cereza** セレサ	ピンク色の果皮のブドウ(セレサは英語でチェリーの意味)で、 リスタン・プリエトの亜種と考えられている。 白や色の淡いロゼ、濃縮果汁の他、 塩分耐性があるため台木として使用されることもある。
3位	**Bonarda** ボナルダ	イタリア移民が持ち込んだとされている黒ブドウであるが、 近年のDNA解析で、イタリアのボナルダ・ピエモンテーゼではなく、 フランス・サヴォワ産のドゥース・ノワールだと判明。
他	**Torrontés** トロンテス	3つの亜種(①リオハーノ、②サンフアニーノ、③メンドシーノ)※があり、 内①、②の2つは**マスカット・オブ・アレキサンドリア**と**クリオジャ・チカ** の自然交配種。 北部カルチャキ・ヴァレーの**カファジャテ**のトロンテスは 最も個性的で高品質といわれ、高原の冷気と強烈な日差しを受け、 砂地で育ったトロンテスは、 柑橘系のアロマが強く、固有のバラの花弁の香りがする。

※3つの亜種のうちの1つ、トロンテス・メンドシーノはマスカット・オブ・アレキサンドリアの相手方が不明。

ワイン法

ワインの分類

- 1959年公布のワイン法によって設立された国立ブドウ栽培醸造研究所 (INV) が、ブドウ栽培とワイン生産を管轄している。

Vinos Genuinos ビノス・ヘヌイノス	スティル・ワイン。	
Vinos Espumosos ビノス・エスプモソス	二次発酵させたスパークリング・ワイン。	**Vino Genuinos** ヘヌイノス：純正 ⇓ 「スティル・ワイン」
Vino Gasificado ビノ・ガシフィカド	スティル・ワインにガスを注入したスパークリング・ワイン。	
Vino Compuesto ビノ・コンプエスト	ワインに芳香物質や甘味を加えたもの。	**Vino Compuesto** コンプエスト：化合物 ⇓ 「フレーヴァード・ワイン」
Chicha チチャ	アルコール発酵途上の甘いワイン。アルコールが5％になる前に発酵を止め、糖分を最低80g/ℓ以上含有しているもの。	

ワインの品質分類

- 1999年に新たに施行されたワインとブドウ原料のスピリッツに関する法律により、I.P.、I.G.、D.O.C. の3つに分類され、製造と表示に関わる基準が定められた。

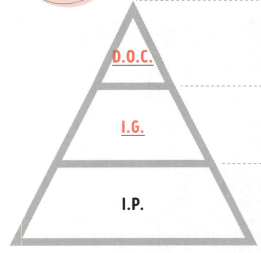

D.O.C. — Denominacion de Origen Controlada
デノミナシオン・デ・オリヘン・コントロラダ
- 当該地で収穫したヴィティス・ヴィニフェラ種を当該地で規定の方法で醸造・瓶詰め。
- 植密度、剪定法、収量、搾汁率、最低アルコール度数などの規定を遵守する。
- メンドーサの Luján de Cuyo ルハン・デ・クージョ (2005年)、San Rafael サン・ラファエル (2007年) の2つのみ。

I.G. — Indicacion Geografica
インディカシオン・ヘオグラフィカ
- 特徴のある限定された産地名付きの地理的表示ワイン。
- 産地と醸造地は同一 I.G. 域内になければならない。

I.P. — Indicación de Procedencia
インディカシオン・デ・プロセデンシア
- 当該地のブドウを80％以上使用することで当該産地名を表示できる。
- ブドウ品種の規定はない。

> **Column**
> アルゼンチンの D.O.C. は、収量や剪定方法、植密度など、まるでヨーロッパのワイン法のように細部にわたり雁字搦めに規定されており、生産者による自由度が低い。
> そのため、この D.O.C. が現在推進されている産地は、ほぼ存在せず、それに対して、産地の境界線だけを定めればよい I.G. が増えている。

ワインの表示

品種・生産年

- 輸出市場向けのワインはEU規則に合わせており、それぞれ最大のものが **85**％以上含まれていれば当該ブドウ品種名、当該生産年を表示できる。

熟成期間

	赤	白
Reserva レセルバ	最低**1**年	最低**6**カ月
Gran Reserva グラン・レセルバ	最低**2**年	最低**1**年

主要産地

- アルゼンチンワイン協会は、ワイン産地をノルテ（北部）、クージョ（中央部）、パタゴニア（南部）、アトランティカ（大西洋沿岸部、2017年から加わった）の4地域に分類している。

Chapter **34** Argentina

Norte

ノルテ地方（北部）

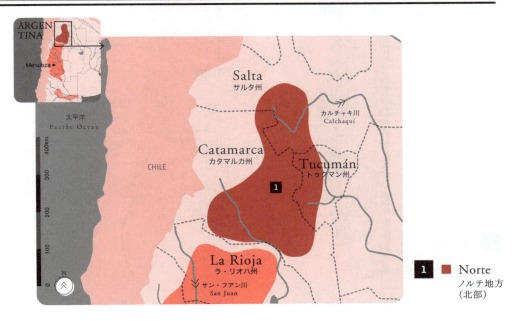

ノルテ地方（北部）

> 「広：I.G.カルチャキ・ヴァレー（ワイン産地）」の中心地が、「狭：カファジャテ（サルタ州の町の名前であり、有数のワイン産地）」。混同しないように！

- **カルチャキ・ヴァレー**（州名I.G.を包括するI.G.：**Valles Calchaquíes** バジェ・カルチェキ）は、**Salta** サルタ州、トゥクマン州、カタマルカ州を南北に縦断する。ブドウ畑の標高は **750～2,980**m。
- プレ・アンデス山中にあるI.G. ケブラダ・デ・ウマワカは、標高2,720～3,329mで、現在**世界で最も高地**にあるブドウ畑。
- ブドウ栽培地域はカルチャキ川に沿ったカルチャキ・ヴァレーで、中心地は**カファジャテ**（Valle de Cafayate）。
- カルチャキ・ヴァレーは、キルメス山脈と、大西洋側のアコンキハ山脈の間を南北に延びる谷間。
- 本来は亜熱帯に属する土地のはずだが、標高が高いため、涼しさが保たれている。
- 年間平均気温は **15**℃、年間降雨量はわずか **200**mm。 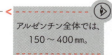 アルゼンチン全体では、150～400mm。
- 栽培品種は、**トロンテス**、**マルベック**など。
- カファジャテは、最も個性的で同国最高の**トロンテス**を生む。また、標高1,700～2,200mで栽培される冷涼高地の**マルベック**も注目されている。

> トロンテスの産地として試験上押さえておきたいのは、サルタ州（カファジャテ）とメンドーサ。

Chapter 34 Argentina
Cuyo

クージョ地方（中央部）

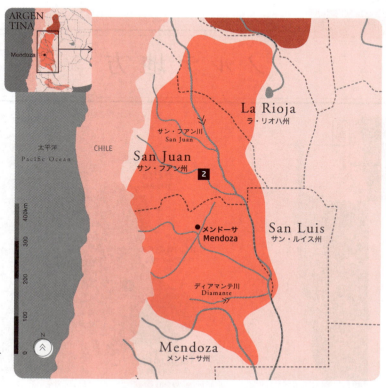

2 ■ Cuyo クージョ地方（中央部）

- **La Rioja** ラ・リオハ州、**San Juan** サン・フアン州、**Mendoza** メンドーサ州の3つの州が該当し、**南アメリカ**最大のブドウ産地。ブドウ畑の標高は430～2,000m。

メンドーサ州　　Mendoza

- アルゼンチン全体のブドウ栽培面積の約**70**%を占める同国最大の州で、5つのサブ・リージョンに分けられる。

サブ・リージョン	主な地区	特徴
メンドーサ北部 標高 550〜700 m	**Maipú マイプー**	メンドーサの中では標高が**低い**。 **シュナン・ブラン**、トロンテスなどの白品種を栽培。
プリメーラ・ソナ	**Luján de Cuyo ルハン・デ・クージョ** （2005年認定のD.O.C.、アンデスに近い西側一帯）	メンドーサ市に隣接したメンドーサ川流域一帯。 伝統的で安定した評価のあるブドウ畑が多い。 主要品種は**マルベック**を中心にカベルネ・ソーヴィニヨン。 この地域に初めてブドウ畑を開いたので「プリメーラ・ソナ」という。 アルゼンチンの約4割のワイナリーが集結している。
ウコ・ヴァレー 標高 <u>860</u>〜<u>1,610</u> m	3つのサブ・リージョンを総称し、 ウコ・ヴァレー（**Valle de Uco**）と呼ぶ。 ① **Tupungato トゥプンガト** ② **Tunuyán トゥヌジャン** ③ **San Carlos サン・カルロス**	メンドーサ南西部に位置し、メンドーサ州の中で最も標高の**高い**エリア。 1990年代後半から、標高の高い畑がアンデス山麓の扇状地に開拓され、**冷涼地**として急速に拡大。 主要品種は、**マルベック**とセミヨン。 ウコ・ヴァレーの**マルベック**は、ストロベリーなど新鮮なフルーツのアロマをふんだんに含み、パワフルな**ルハン・デ・クージョ**の**マルベック**と好対照。 2019年、**I.G. パラヘ・アルタミラ**の小規模な12ワイン生産者が**PiPA**という生産者団体を創設し、個性的な**マルベック**を消費者に訴えかけようとしている。 2019年、**I.G. サン・パブロ**が新しく認証された。
メンドーサ東部 標高 640〜750 m		平地が多く、灌漑用水を引いている。
メンドーサ南部 標高 450〜800 m	**San Rafael サン・ラファエル** （2007年認定のD.O.C.）など。	

低　→　高（標高）

アンデスに近い＝標高がより高くなる、という意味を汲み取ろう！

出題のポイント
ウコ・ヴァレーの3つのサブ・リージョンは試験に頻出。

Chapter 34 アルゼンチン

クージョ地方（中央部）

サン・フアン州　San Juan

メンドーサに次ぐ、アルゼンチン第2の産地。

- メンドーサに次いで栽培面積の大きな州。標高460～1,400m。

標高	エリア	品種	備考
低	トゥルム・ヴァレー 標高 630m	**ボナルダ**が有名。古くから栽培されているマスカット・オブ・アレキサンドリア、ペドロ・ヒメネスなどもある。	サン・フアンで最も暑い地域。
↓	ソンダ・ヴァレー 標高 900m	主要品種は**タナ**。	トゥルム・ヴァレーより栽培面積は狭く、さらに涼しい。
高	ペデルナル・ヴァレー 標高 1,400m	冷涼地の特徴を生かし、ソーヴィニヨン・ブラン、ピノ・ノワール、シャルドネが栽培されている。	サン・フアンで最も**涼しく**、最も**新しい**産地。

「冷涼」のキーワードに注目　標高が高くなるにつれ、冷涼というキーワードが含まれていることに着目しよう。

Chapter 34 Argentina

Patagonia

パタゴニア地方（南部）

- **La Pampa** ラ・パンパ州、**Neuquén** ネウケン州、**Río Negro** リオ・ネグロ州の3州に加え、近年は南のチュブ州でも栽培が始まっている。
- 畑の標高は4～670mと**低い**地域。とりわけ、**リオ・ネグロ**州は、ブドウ栽培地として標高が最も低い。
- アルゼンチンの栽培地方としては、最南端の南緯**39**度付近にブドウ畑が拓かれる。
- 中でも、チュブ州はアルゼンチン**最南端**のブドウ栽培地域で、I.G.トレベリン（南緯43度）が新たに認証された。

Chapter 34 Argentina

Atlantica

アトランティカ地方（大西洋沿岸部）

ついに"海"の産地が登場　アルゼンチンでも、ついに海の影響を受ける産地の開拓が始まったということ。

- **ブエノスアイレス**州南部の沿岸部マル・デル・プラタの近郊に拓いた新しい栽培地。
- アルゼンチン初の海風や霧の影響を受ける産地で、ソーヴィニヨン・ブラン、ピノ・ノワールなどが栽培されている。

Chapter 35 ウルグアイ

Uruguay

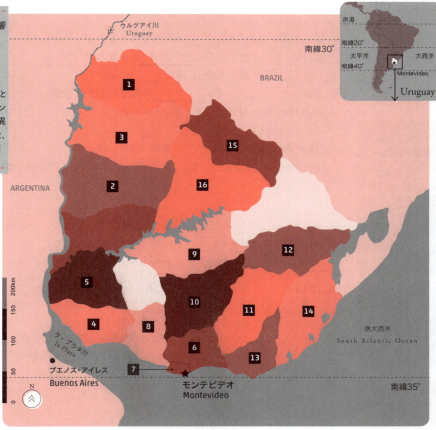

- アンデス山脈の影響はない。
- 標高が低い。
- 雨がたくさん降る。
- 湿度も高い。

つまり、アルゼンチンとチリの2カ国と、ワイン産地の性質は大きく異なる！"南米の産地"と、一括りにしないように！

Litoral Norte
リトラル・ノルテ
北部ウルグアイ川流域

1. Artigas アルティガス
2. Paysandú パイサンドゥ
3. Salto サルト

Litoral Sur
リトラル・スル
南部ウルグアイ川流域

4. Colonia コロニア
5. Soriano ソリアノ

Metropolitana
メトロポリターナ
首都圏部

6. Canelones カネロネス
7. Montevideo モンテビデオ
8. San José サン・ホセ

Centro
セントロ
中央部

9. Durazno ドゥラスノ
10. Florida フロリダ
11. Lavalleja ラバジェハ
12. Treinta y Tres トレインタ・イ・トレス

Oceánica
オセアニカ
大西洋沿岸地域

13. Maldonado マルドナド
14. Rocha ロチャ

Norte
ノルテ
北部内陸地域

15. Rivera リベラ
16. Tacuarenbó タクアレンボ

169

DATA　　　　　　　　　　　　　　　　　　　　　　　　　　　　Uruguay

- **ブドウ栽培面積** ····· 約0.6万ha
- **ワイン生産量** ······ 約76万hℓ（白11％、赤54％、ロゼ35％、生産量の約90％は国内消費）
- **気候** ············· <u>温暖湿潤</u>気候

> アルゼンチン：<u>大陸性</u>気候
> チリ：<u>地中海性</u>気候
> ウルグアイ：<u>温暖湿潤</u>気候

概要

- 国の西部を流れる**ウルグアイ**川にちなんで国名がつけられた。
- 東は**ブラジル**、西の一部は**ラ・プラタ**川を挟んで**アルゼンチン**と国境を接し、南は**大西洋**に面する。
- 首都は**モンテビデオ**で、**ラ・プラタ**川河口の左岸に位置し、約200km先の対岸にはアルゼンチンの首都ブエノス・アイレスを臨む。
- ウルグアイは南米大陸の中で**2**番目に小さい国だが、ワインの生産ではアルゼンチン、チリ、ブラジルに続いて南米第**4**位。

> **アンデス山脈の影響は受けない**
> アンデス山脈がチリとアルゼンチンの国境を形成している。（だからチリは細長い）それに対して"ウルグアイ"は、一切アンデス山脈の影響を受けない。

> ウルグアイ川は河口付近で川幅を大きく広げ、この部分を「ラ・プラタ川」と呼んでいる。

> **ブドウ栽培の始まりは**
> アルゼンチン：16C
> チリ：16C中頃
> ウルグアイ：17C末

> ウルグアイの独立は1825年。もともとスペインの植民地であったが、その独立運動中にポルトガルの植民地であったブラジルから侵攻され全土を占領される。ブラジルから独立を果たしたのが1825年。
> （参考）
> 「南米諸国の独立年」
> アルゼンチン：1816年
> チリ：1818年
> ウルグアイ：1825年

歴 史　　　　　　　　　　　　　　　　　　History

時代	主な出来事
17C末	植民地開拓者によってスペインから初めてブドウ（**モスカテル**）が持ち込まれた
1873年	スペイン系の移民であった **Francisco Vidiella フランシスコ・ヴィディエラ**がヨーロッパから苗木を持ち帰った。その中で、当時 Viña de Peñarol ヴィーニャ・デ・ペニャロールという名で知られていた **Folle Noire フォル・ノワール**の栽培が成功を収めた。

品種	昔の呼び名	シノニム（人の名前）
Tannat	Lorda	Harriague
Folle Noire	Viña de Peñarol	**Vidiella**

19C（1874年）	フランスのバスク地方からの移民 **Pascual Harriague パスカル・アリアゲ**が、アルゼンチンからLorda ロルダ（現在の**Tannat タナ**）を初めて持ち込んだ。現在もウルグアイを代表するブドウになる。現在ウルグアイで**タナ**は別名 **Harriague アリアゲ**と呼ばれる。
1893年	フィロキセラが発生。（2021年現在、国のブドウ栽培面積の98％以上のブドウ樹が接ぎ木されている。）
1965年	LATU（ウルグアイ技術研究所）が設立。
1987年	ウルグアイワインの国際的な競争力を養う目的でINAVI（国立ブドウ栽培ワイン醸造協会）が設立される。
2016年	4月14日がタナの日（Día del Tannat）と制定される。

> フランシスコ・デ・アギーレ（チリの歴史にて）と区別しよう！
> ⇒チリで初めてブドウを植えた人物。

170

気候風土

- ワイン産地は南緯**30**〜**35**度に位置し、平均標高は約**100**mと国土全体が極めて**平坦**。ラ・プラタ川や大西洋からの影響を強く受け、年間平均湿度が**75**%と**高い**。

> 南緯30度を北緯に置き換えた場合、北アフリカのアルジェリアやエジプトを通過するほど緯度が低いということがわかる。つまり、赤道と近い、非常に温暖なエリアだということ。

主なブドウ品種

- ウルグアイで栽培されるブドウのうち、**80**％が黒ブドウ、**20**％が白ブドウとなっている。
- **Marselan** マルスラン（**カベルネ・ソーヴィニヨン**×**グルナッシュ・ノワール**）が徐々に人気を博している。
- 同様に増加傾向にある **Arinarnoa** アリナルノアは、近年のDNA検査で（**タナ**×**カベルネ・ソーヴィニヨン**）の交配品種であると判明した。
- ブドウ樹は**垣根**仕立てが全体の約68％と最も多いが、降雨量が比較的多く湿度が高いウルグアイではブドウ樹をY字型にする伝統的な **LIRA** リラ仕立て※も採用されている。**リラ**仕立ては、風通しがよくなるので湿気や病害対策に効果的である。

「印象的な交配品種」
- **Rubin** ルビン：Syrah × Nebbiolo（ブルガリア）
- **Marselan** マルスラン：CS × Grenache Noir（ウルグアイ）
- **Arinarnoa** アリナルノア：Tannat × CS（ウルグアイ）
- **Pinotage** ピノタージュ：PN × Cinsaut（南アフリカ）

※ **LIRA** リラ仕立て
ブドウ樹をY字型にし、そこから伸びる新梢が天に向かってV字型に広がるような仕立て方。

ブドウ栽培面積順位

白ブドウ	順位	黒ブドウ
Ugni Blanc ユニ・ブラン	1位	**Tannat** タナ※ ＝ **Harriague** アリアゲ ＊全体1位
Sauvignon (Blanc) ソーヴィニヨン（・ブラン）	2位	Moscatel de Hamburgo モスカテル・デ・アンブルゴ ＊全体2位
Chardonnay シャルドネ	3位	Merlot メルロ ＊全体3位
Albariño アルバリーニョ	4位	Cabernet Sauvignon カベルネ・ソーヴィニヨン

※ウルグアイのタナ（＝**ウルタナ**）はフランスのマディランのタナと比較すると、タンニンは比較的柔らかく、若いうちから飲みやすいものが多い。**ウルタナ**はヴァラエタルワインだけでなく、メルロ、テンプラニーリョ、カベルネ・ソーヴィニヨン、カベルネ・フランなどとブレンドされることもある。

 **ワイン法**

- ウルグアイには原産地呼称制度が存在しない。
- しかし、1993年以降、優良品質ワイン（**V.C.P.**）とテーブルワイン（**V.C.**）のカテゴリーに分類されており、条件を満たすとラベル表示が可能。

V.C.P.
Vino de Calidad Preferente
ヴィノ・デ・カリダッド・プレフェレンテ

- ヴィティス・ヴィニフェラ種のブドウから造る。
- 収穫年およびブドウ品種名の表示は、当該年のブドウ/当該ブドウ品種を <u>**85**</u>％以上使用する。

Calidad：品質
Preferente：優良
Común：一般

V.C.
Vino Común
ヴィノ・コムン

- 紙パックやデミジョンボトルなどで売られている場合が多い。テーブルワイン。

主要産地

- 19の県のうち16の県でブドウが栽培されている。
- ワイナリーの多くは、<u>**カネロネス**</u>、<u>**モンテビデオ**</u>、<u>**コロニア**</u>などの<u>**南部**</u>に集中している。
- 南部には一般的に石灰粘土質土壌が多く分布している。

栽培面積TOP3
1位：Canelones カネロネス
2位：Montevideo モンテビデオ
3位：Maldonado マルドナド

地域（Region）	県（Departmento）	概要
北部ウルグアイ川流域 Litoral Norte リトラル・ノルテ	**Paysandú** パイサンドゥ	サルトから南に下った西部に位置し、アルゼンチンと国境を接する。国名の由来となった<u>ウルグアイ</u>川の恩恵を受ける肥沃な土地。
	Salto サルト	北西部に位置し、アルゼンチンと国境を接する。ウルグアイ川と支流のダイマン川からの影響を強く受けている地域で、水はけのよい砂利の層の上にロームや砂がある。栽培されているブドウは黒ブドウ100％。
南部ウルグアイ川流域 Litoral Sur リトラル・スル	**Colonia** コロニア	ウルグアイ第4位のワイン産地。モンテビデオから<u>ラ・プラタ</u>川沿いの177km上流に位置し、対岸には<u>アルゼンチン</u>の首都ブエノス・アイレスを臨む。ウルグアイ<u>最古</u>のワイナリーであるロス・セロス・デ・サン・フアンが現存する。
首都圏部 Metropolitana メトロポリターナ	**Canelones** カネロネス	首都<u>モンテビデオ</u>の北に位置する、ウルグアイ<u>最大</u>のワイン産地。栽培面積は国内全体の約66％を占める。地形は海抜25〜50mと標高が<u>低い</u>。
	Montevideo モンテビデオ	首都<u>モンテビデオ</u>が位置するモンテビデオ県は、大西洋に注ぐ<u>ラ・プラタ</u>川の河口で発達したウルグアイ第<u>2</u>位のワイン産地（全体の12％）。
大西洋沿岸地域 Oceánica オセアニカ	**Maldonado** マルドナド	ウルグアイ第<u>3</u>位の産地。ウルグアイ有数のビーチリゾートを有し、首都から東へ約130kmに位置しアクセスがよい。特にこの地に位置する<u>Bodega Garzón ボデガ・ガルソン</u>は国際的な注目を集めている。
北部内陸地域 Norte ノルテ	Rivera リベラ	ウルグアイの北東に位置し、<u>ブラジル</u>のワイン産地と国境を接する県。年間平均降雨量は1,400mm以上、ウルグアイの中でも最も降雨量が<u>多い</u>地域。

172

Chapter 35 Uruguay

Food Culture

ウルグアイの食文化

- ウルグアイ国民1人当たりの**牛肉**年間消費量は45kgと非常に多く、アルゼンチンやアメリカ、ブラジルなどの牛肉消費大国よりはるかに**多い**。

地方料理と食材 — Cooking and Ingredients

料理名	内容
Asado アサード	専用のパリージャ（グリル）を使い、大きなブロック肉を薪火で豪快に焼き上げる牛肉料理。
Chivito チビート	パンに薄切りの牛焼肉、トマト、レタスなどの野菜、オリーブ、チーズなどを挟んだサンドイッチ。ウルグアイの国民食。

> アサードはチリでも問われるので、必ず覚えよう！

Chapter 36 オーストラリア

Australia

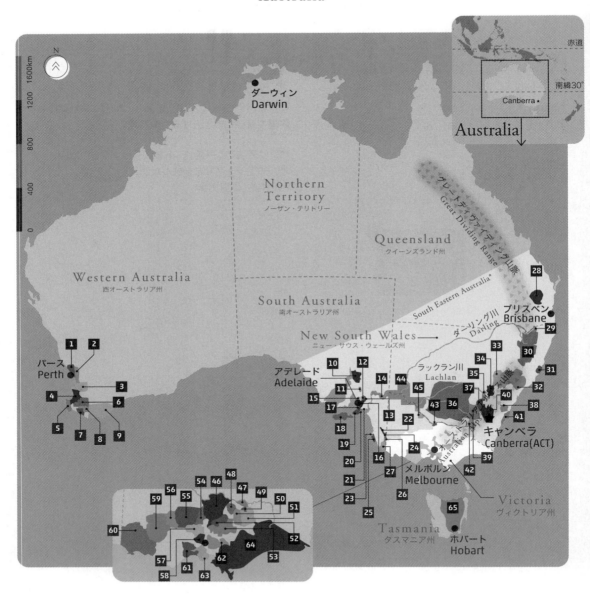

略語の意味					
WA	Western Australia	西オーストラリア州	**TAS**	Tasmania	タスマニア州
SA	South Australia	南オーストラリア州	**NSW**	New South Wales	ニュー・サウス・ウェールズ州
VIC	Victoria	ヴィクトリア州	**QLD**	Queensland	クイーンズランド州

Western Australia (WA)
西オーストラリア州

1	■	Swan District	スワン・ディストリクト
2	■	Perth Hills	パース・ヒルズ
3	■	Peel	ピール
4	■	Geographe	ジオグラフ
5	■	<u>Margaret River</u>	<u>マーガレット・リヴァー</u>
6	■	Blackwood Valley	ブラックウッド・ヴァレー
7	■	Pemberton	ペンバトン
8	■	Manjimup	マンジマップ
9	■	<u>Great Southern</u>	<u>グレート・サザン</u>

South Australia (SA)
南オーストラリア州

10	■	Southern Flinders Ranges	サザン・フリンダーズ・レーンジズ
11	■	<u>Clare Valley</u>	<u>クレア・ヴァレー</u>
12	■	<u>Barossa Valley</u>	<u>バロッサ・ヴァレー</u>
13	■	<u>Eden Valley</u>	<u>イーデン・ヴァレー</u>
14	■	Riverland	リヴァーランド
15	■	Adelaide Plains	アデレード・プレインズ
16	■	<u>Adelaide Hills</u>	<u>アデレード・ヒルズ</u>
17	■	McLaren Vale	マクラーレン・ヴェール
18	■	Kangaroo Island	カンガルー・アイランド
19	■	Southern Fleurieu	サザン・フルーイオ
20	■	Currency Creek	カレンシー・クリーク

21	■	Langhorne Creek	ラングホーン・クリーク
22	■	Padthaway	パッドサウェー
23	■	Mount Benson	マウント・ベンソン
24	■	Wrattonbully	ラットンブリー
25	■	Robe	ローブ
26	■	<u>Coonawarra</u>	<u>クナワラ</u>
27	■	Mount Gambier	マウント・ガンビア

Queensland (QLD)
クイーンズランド州

28	■	South Burnett	サウス・バーネット
29	■	Granite Belt	グラニット・ベルト

New South Wales (NSW)
ニュー・サウス・ウェールズ州

30	■	New England Australia	ニュー・イングランド・オーストラリア
31	■	Hastings River	ヘイスティングス・リヴァー
32	■	<u>Hunter</u>	<u>ハンター</u>
33	■	Mudgee	マジー
34	■	Orange	オレンジ
35	■	Cowra	カウラ
36	■	Riverina	リヴァリーナ
37	■	Hilltops	ヒルトップス
38	■	Southern Highlands	サザン・ハイランズ
39	■	Gundagai	グンダガイ
40	■	Canberra District	キャンベラ・ディストリクト
41	■	Shoalhaven Coast	ショールヘイヴン・コースト
42	■	Tumbarumba	タンバランバ
43	■	Perricoota	ペリクータ

Victoria (VIC)
ヴィクトリア州

44	■	Murray Darling	マレー・ダーリング
45	■	Swan Hill	スワン・ヒル
46	■	Goulburn Valley	ゴールバーン・ヴァレー
47	■	Rutherglen	ラザグレン
48	■	Glenrowan	グレンローワン
49	■	Beechworth	ビーチワース
50	■	King Valley	キング・ヴァレー
51	■	Alpine Valleys	アルパイン・ヴァレーズ
52	■	Strathbogie Ranges	ストラスボーギ・レーンジズ
53	■	Upper Goulburn	アッパー・ゴールバーン
54	■	Heathcote	ヒースコート
55	■	Bendigo	ベンディゴ

56	■	Pyrenees	ピラニーズ
57	■	Macedon Ranges	マセドン・レーンジズ
58	■	Sunbury	サンブリー
59	■	Grampians	グランピアンズ
60	■	Henty	ヘンティー
61	■	<u>Geelong</u>	<u>ジロング</u>
62	■	<u>Yarra Valley</u>	<u>ヤラ・ヴァレー</u>
63	■	<u>Mornington Peninsula</u>	<u>モーニントン・ペニンシュラ</u>
64	■	Gippsland*	ギップスランド

Tasmania (TAS)
タスマニア州

65	■	Tasmania*	タスマニア

* サウス・イースタン・オーストラリアと
　ギップスランドはゾーン、タスマニアは州区分。

Chapter 36 オーストラリア

175

DATA　　　　　　　　　　　　　　　　　　　　　　　　　　　　　　　　Australia

ブドウ栽培面積 ･････ 約14.6万ha ※ボルドーより多く、カリフォルニアより少ない。
ワイン生産量 ･･････ 約946万hℓ

> オーストラリア
> ⇒東西3,000km以上
> チリ　⇒南北1,400km

概要

- 国土の大きさはヨーロッパ全体の約7割に相当する。
- ブドウ栽培地域は南緯31～43度の国の南半分にあたる位置に分布し、東端のニュー・サウス・ウェールズ州から西端の西オーストラリア州まで**3,000**km以上にわたりワイン産地が点在する。
- 多くのエリアでは温暖で冬に降雨がある**地中海性**気候。南部沿岸地域やタスマニアは、南極からの冷たい海の影響により**冷涼**なエリアとなる。内陸の産地は、高温と乾燥により**灌漑**が必須。
- 使用可能な**水**資源が限られており、ブドウ畑の増加を妨げる一番の**障害**となっている。
- 各州で頻繁に開催される品評会「ショー・システム」がワインの品質向上に大きく貢献している。中でも、仕込みから1年後の赤ワインで競う「**Jimmy Watson Trophy ジミー・ワトソン・トロフィー**」は、醸造家にとって最も権威ある賞の1つ。
- ブドウ栽培・ワイン醸造の教育は、アデレード大学、チャールズ・ステュート大学が双璧をなし、多くの国際的な醸造家・栽培家を輩出している。
- 世界第5位のワイン輸出国であり、上位輸出国は金額ベースで英国（20％）、アメリカ（19％）、香港（15％）、カナダ（8％）、シンガポール（6％）。中国は全体の4割を占める最大の輸出国であったが、貿易摩擦により輸出が減少した。現在は中国との関係は改善され関税も再撤廃されている。
- **BYO**（Bring Your Own＝レストランへのワインの持ち込み）というユニークなワイン文化が、広く国中に広がっている。

BYO
オーストラリアのレストランでは、アルコール類の販売ライセンスを取得する審査が厳しかったことがあった。そのため、アルコール類を飲みたい人は自分で持ち込んでいいというシステムができた。

「ワイン教育をリードする世界の大学」
- Bordeaux大学（ボルドー）（フランス）
- Geisenheim大学（ガイゼンハイム）（ドイツ）
- California大学Davis校（カリフォルニア・デイヴィス）（アメリカ）
- Stellenbosch大学（ステレンボッシュ）（南アフリカ）
- Adelaide大学（アデレード）（南オーストラリア州）
- Charles Sturt大学（チャールズ・ステュート）（NSW州）

土壌

- オーストラリアは世界7大陸の中で最も古い大陸で、様々な地質年代の土壌が見られる。

> 南アフリカの土壌は世界最古といわれている。

州	代表的な産地	土壌	備考
WA	Great Southern グレート・サザン	コーヒー・ロック	鉄分を大量に含む コーヒー豆のような赤茶けた丸い岩石
SA	Limestone Coast ライムストーン・コースト （Coonawarra クナワラ など）	Terra rossa テラロッサ	鉄分を含んだ赤い粘土質の表土と、白い石灰岩質土壌。カベルネ・ソーヴィニヨンに向くとされている。
	McLaren Vale マクラーレン・ヴェール	砂質ローム土壌	
VIC	Mornington Peninsula モーニントン・ペニンシュラ	粘土質と火山性土壌	
	Macedon Ranges マセドン・レーンジズ	花崗岩質土壌	岩山に分布
TAS	（最も広い範囲に分布）	Jurassic dolerite ジュラシック・ドレライト	ジュラ紀の粗粒玄武岩、水はけがよい。

「花崗岩質土壌の代表的産地」
Beaujolais ボージョレ（フランス、ブルゴーニュ地方）
Pays Nantais ペイ・ナンテ（フランス、ロワール地方）
Rías Baixas リアス・バイシャス（スペイン、ガリシア州）

歴史　History

> オーストラリアとニュージーランドはイギリスの植民地だった。

時代	主な出来事
1788年	ニュー・サウス・ウェールズ州の初代総督であった英国海軍 Arthur Phillip アーサー・フィリップ大佐が南アフリカ喜望峰とブラジルからシドニーにブドウ樹を持ち込んだ。
1825年	James Busby ジェームズ・バズビー（オーストラリアのワイン用ブドウ栽培の父）がニュー・サウス・ウェールズ州ハンター・ヴァレーに本格的なブドウ園を開設。
1831年	James Busby ジェームズ・バズビーが、欧州をめぐり、フランス・モンペリエの植物園から入手したものを主体にヨーロッパ系のブドウを「王立シドニー植物園」で栽培。この後、他の産地に拡散し、ブドウ栽培の礎が築かれた。オーストラリアの多くのピノ・ノワール栽培で用いられている「MV6」は、通称「バズビー・クローン」と呼ばれているクローンの一例である。
1840年代	バロッサ・ヴァレーに、現ドイツ周辺から宗教的迫害を逃れてきたシレジア人が多く入植、ワイン造りを開始。後にジェイコブス・クリークを設立するヨハン・グランプ、ヤルンバを設立するサミュエル・スミスらが入植。

> スコットランド人。ニュージーランドの歴史でも登場する。

> はじまりの登場人物として、2人セットで覚えよう！
> アーサー・フィリップ大佐
> ⇩
> ジェームズ・バズビー

177

歴史

時代	主な出来事
1843年	現存する同国最古のシラーズが植栽 （バロッサ・ヴァレー「**ラングメール・ワイナリー**」所有）。

「古木のシラーズ」

Langmeil Winery ラングメール・ワイナリー	Tahbilk タビルク
1843年 南オーストラリア州 Barossa Valley バロッサ・ヴァレー	1860年 ヴィクトリア州 Goulburn Valley ゴールバーン・ヴァレー

> **記録が更新された**
> 以前までは、オーストラリア最古のシラーズとされていたが、近年の研究によりラングメール・ワイナリーのシラーズの方がより古いことがわかった。

時代	主な出来事
1860年	ヴィクトリア州ゴールバーン・ヴァレーの「タビルク」がシラーズを植栽（現在もワインを生み出す古樹）。
1877年	**ヴィクトリア**州で最初に**フィロキセラ**が発見された。
1890年	**クナワラ**で**ジョン・リドック**がブドウを植樹。ペノーラという土地を開拓。

"ジョン"がつく人物

ジョン・ウッドハウス	1773年、シチリア（イタリア）でマルサーラを生産。
ジョン・シラー	1811年、オンタリオ州（カナダ）でワイン造りをはじめた。
ジョン・リドック	1890年、クナワラ（オーストラリア）でブドウを植樹。
ジョン・グラッドストーンズ	1966年、マーガレット・リヴァー（オーストラリア）に栽培適正があることを発表。

時代	主な出来事
1951年	ペンフォールズ社 （醸造技術者 **Max Schubert** マックス・シューバート）が、 「Grange Hermitage グランジ・ハーミテージBIN 1」 （**複数畑**の**シラーズ**を用いてアメリカンオーク内発酵、熟成）を試験生産。
1958年	ヘンチキ社が「Hill of Grace ヒル・オブ・グレース」 （単一畑の**シラーズ**）を発表。

> 高級ワインは、限定されたエリアのブドウから造られるという従来のヨーロッパ的な考え方に対し、その対極ともいえるワイン。最高のシラーズを各エリアから集め、それをブレンドして造られている。

「2方向のワイン造りの確立」

Grange Hermitage BIN1	Hill of Grace
1951年、 Penfolds ペンフォールズ、 複数畑。	1958年、 Henschke ヘンチキ、 単一畑。

時代	主な出来事
1993年	地理的呼称制度（**G.I.**）の導入。
1990年代末	シラーズが質・量ともに同国を代表する品種として、国内・海外で人気が高まる。 米国メディアの影響を受け、完熟・超熟したブドウへの傾倒が強まり、アルコール分が14％を超えるものが多くなった。

歴史

時代	主な出来事
2000年	**クレア・ヴァレー**の生産者のスクリュー栓（STELVIN® ステルヴァン）採用宣言を皮切りに、世界にスクリュー栓が普及する。この中にはクレア・ヴァレーを代表する生産者「**Grosset グロセット**」が含まれる。
2008年	ヘンチキ社がVinolok（ガラス栓）を採用。
現在	ブドウ破砕量10,000t以上の規模のワイナリーがワイン生産量の**79**％を占める一方、100t未満の小規模生産者数は全体の**58**％を占めるが、その生産量は1％未満。**ナチュラル・ワイン**（自然発酵で亜硫酸をごく少量あるいは不使用のワイン）の若手生産者が多数登場。

> **スクリュー栓の普及**
> 現在のスクリューキャップの高い普及率のキッカケとなった。スクリューキャップでも有効な熟成が出来ることはすでに証明されている☕

主なブドウ品種

- 栽培されているブドウは、すべてヨーロッパからもたらされたもの。

ブドウ生産量順位

白ブドウ	順位	黒ブドウ
Chardonnay シャルドネ	1位	**Shiraz** シラーズ ＊全体**1**位
Sauvignon Blanc ソーヴィニヨン・ブラン	2位	**Cabernet Sauvignon** カベルネ・ソーヴィニヨン
Pinot Gris / **Grigio** ピノ・グリ / グリージョ	3位	**Merlot** メルロ

※白ブドウの4位はSemillon

> 「Syrahシラー」と同じ品種！二次テイスティング試験においても、フランスのシラー、オーストラリアのシラーズが出題されている。

ワイン法と品質分類

ワイン法

- 1929年、オーストラリア連邦政府の管轄下に「**ワインオーストラリア公社**（**WAC**）」が設立され、オーストラリアワインに関する様々な規定を定めた。
- 2019年、「豪州ワイン生産者連盟」と「豪州ヴィニュロンズ」が合併して誕生した「オーストラリアン・グレープ＆ワイン（AGW）」は、ワイン用ブドウとワイン生産者の全国組織で、オーストラリア政府の法定機関であるWine Australiaの代表組織である。
- 酸化防止剤、保存料の表示が義務付けられ、その番号がラベルに表示される。

添加物	表示コード
亜硫酸（二酸化硫黄）	**220**
ソルビン酸	**200**
アスコルビン酸（ビタミンC）	**300**

> ソルビン酸は、日本では「保存料」の名目で様々な食材に用いられる。☕

地理的呼称 Geographical Indications（G.I.）

- **1993**年に**G.I.**が導入され、**G.I.**を決定する権限は、地理的呼称委員会「Geographical Indications Committee（**G.I.C.**）」が持っている。
- G.I.制度は、ヨーロッパの原産地呼称制度に類似しているが、栽培・醸造面での自由度が高いことが特徴である。

> NZも同様にG.I.が導入されている。

ラベル表示	条件
G.I.（地理的呼称）	**85**％以上が当該G.I.で産出。3つ以下のG.I.で産出されたワインが合計95％以上含まれる場合、それらのG.I.を多い順に表示可能。
収穫年	**85**％以上当該ヴィンテージを含む。
ブドウ品種名	**85**％以上当該品種を使用する場合、その品種のみ表示可能。20％以上含まれるブドウ品種が3種類以下、かつその合計が85％以上となる場合、当該品種すべてを表示。5種類以下のブドウ品種を使用し、各品種が5％以上含まれている場合は、当該品種全てを表示する。

カテゴリー

ジェネリック・ワイン	低価格ワイン、2010年以降、EU内産地の名称使用禁止。
ヴァラエタル・ワイン	品種名表示付きワイン（単一品種名）。
ヴァラエタル・ブレンドワイン	オーストラリア独自のスタイル。複数の品種がラベルに表記されるブレンドワイン。

> **Generic** 汎用性のある。いわゆる一般的なワインという意味。

ワインの産地

州別ワイン用ブドウ生産量順位

	州	ブドウ生産量比
1位	**南オーストラリア**州（**SA**）	**55**％
2位	**ニュー・サウス・ウェールズ**州（**NSW**）	27％
3位	**ヴィクトリア**州（**VIC**）	13％
4位	**西オーストラリア**州（**WA**）	**3.4**％
5位	タスマニア州（TAS）	0.9％
6位	**クイーンズランド**州（**QLD**）	<0.1％

> **圧倒的な存在感** 西オーストラリア州は、全般的に"高級ワイン"の産地であることから、ブドウ生産量が少ない（3.4％）にもかかわらずオーストラリアを代表するワイン産地（州）の1つとしての地位を確立している。

Australia
DATA、概要、土壌、歴史、主なブドウ品種、ワイン法と品質分類、ワインの産地

P.174 » 180

Chapter 36 Australia

Western Australia

ワイン産地

西オーストラリア州（WA）

州都は
「Perthパース」

- ワイン生産量はオーストラリア全体の**3**％程度だが、品質は**国内トップクラス**の産地。
- 1820年代後半、スワン・ヴァレー周域で英国からの移民によりブドウ栽培が始まったとされる。
- **1834**年初めてワインが生産された記録が残っている。
- 1955年、西オーストラリア州政府は、米国カリフォルニア州UCデイヴィス校の**Harold Olmo ハロルド・オルモ博士**に西オーストラリア州のブドウ栽培適正調査を依頼し、翌56年に西オーストラリア州南部一帯が**ボルドー**の気候条件に似て、ブドウ栽培に好適であると報告を受けた。これが「**グレート・サザン**」の始まりとなる。
- オルモ博士の報告を受けて、西オーストラリア大学の**John Gladstones ジョン・グラッドストーンズ博士**は同様の調査方法を用いて1966年に「**マーガレット・リヴァー**」にも栽培適正があることを発表した。
- 報告後、グレート・サザンでの植栽の動きは遅かったのに対し、マーガレット・リヴァーでの発表後の反応は、素早かった。

特に地元に縁のある医師や学者などの動きが急で、今なおマーガレット・リヴァーを代表する「創業5生産者」のことを、「First Five」と呼ぶ。

「西オーストラリア州のファインワイン産地の成り立ち」

〈産地〉

1956年	Great Southern	Harold Olmo ハロルド・オルモ博士
1966年	Margaret River	John Gladstones ジョン・グラッドストーンズ博士

〈ワイナリー〉

1967年	Vasse Felix ヴァス・フェリックス	心臓病学者 Tom Cullity トム・カリティ
1969年	Moss Wood モス・ウッド	医師 Bill Pannell ビル・パネル
1970年	Cape Mentelle ケープ・メンテル	醸造技術者 David Hohnen デイヴィッド・ホーネン
1971年	Cullen カレン	医師 Kevin John ケヴィン・ジョン夫妻
1972年	Leeuwin Estate ルーウィン・エステート	企業家 Denis Horgan デニス・ホーガン

西オーストラリア州（WA）　　　Western Australia

Western Australia (WA)
西オーストラリア州

1 Swan District
スワン・ディストリクト
※WA最北

2 Perth Hills
パース・ヒルズ

3 Peel
ピール

4 Geographe
ジオグラフ

5 Margaret River
マーガレット・リヴァー

6 Blackwood Valley
ブラックウッド・ヴァレー

7 Pemberton
ペムバトン

8 Manjimup
マンジマップ

9 Great Southern
グレート・サザン

西オーストラリア州（WA）

産地	特徴
Swan District スワン・ディストリクト	**地中海性気候**で生育期は暑い。「**Fremantle Doctor フリーマントル・ドクター**」と呼ばれる海風によって暑さが和らいでいる。 スワン・ヴァレー（スワン・ディストリクトのサブ・リージョンG.I.）が同州**初**の重要産地として確立された。
Margaret River マーガレット・リヴァー	オーストラリア最**西**端の産地。 パースから南へ270km、インド洋に突き出た半島で、南北**110**km。栽培面積は約**5,700**ha。 **地中海性**気候で年間を通じて温暖、ブドウの生育期間中はほとんど雨が降らない。 **カベルネ・ソーヴィニヨン**と**シャルドネ**で知られる西オーストラリア最有力のファインワイン産地。
Great Southern グレート・サザン	リースリング、シラーズ、ピノ・ノワール、シャルドネ、 瓶内二次発酵のスパークリングワインなどの個性的なファインワイン産地。 ブドウ生産量はマーガレット・リヴァーの1/3程度。 **5**つの公的なサブ・リージョンG.I.を包含するが、産地の大部分は開発不可の森林が占めている。 ユーカリ原生林の土壌は、「**コーヒー・ロック**」と通称されるアイアンストーン（ラテライト）で、ブドウ畑の多くがこれと同じ土壌を持つ。 主要なサブ・リージョンは以下。

> ボルドーの気候条件に似ていることで開拓が進んだ産地であるが、栽培品種は決して似ていない点に注意。

Mount Barker マウント・バーカー	1965年、グレート・サザンで最初にワイン用ブドウが植えられた。 少し南<ruby>氷<rt>なんぴょうよう</rt></ruby>洋よりで、**リースリング**の栽培適性が高い。 「フォレスト・ヒル・ヴィンヤード」が代表的な銘醸畑。
Perth Hills パース・ヒルズ	パース郊外に広がる。
その他の産地	**Geographe ジオグラフ**、**Peel ピール**

> これらのG.I.は、西オーストラリア州に存在するという点のみ判別がつけばOK。

Chapter 36 Australia
South Australia

南オーストラリア州（SA）

- オーストラリアワイン生産量の大半を担う、同国**最大**のワイン生産州。
- ブドウ畑は未だにフィロキセラから完全に守られ、ブドウ栽培の優位性を保っている。
- 自根のブドウ樹が多くあり、世界で**最も古い**シラーズ（シラー）のブドウ樹が**バロッサ・ヴァレー**に現存する。
- オーストラリア・ワイン・リサーチ・インスティテュート（**AWRI**）では、最先端の研究が行われており、近年シラーズの胡椒の香りの原因物質が「**Rotundone ロタンドン**」であると特定した。
- 100～200万年前、カンガルー・アイランドから始まって弓なりに出来上がった山脈の一部を「**Mount Lofty Ranges マウント・ロフティー・レンジズ（山脈）**」といい、アデレード周域の6産地は、この山脈を軸にすると理解しやすい。

> 「フィロキセラフリー」の産地
> ・南オーストラリア州
> ・ワシントン州（アメリカ）
> ・チリ

> ロタンドンは、熟した果実のアロマにマスキングされやすい。よって、温暖なオーストラリア産では感じづらく、フランスや冷涼地のシラー（シラーズ）は黒胡椒の香りを顕著にとらえることができる。

Australia
西オーストラリア州（WA）
P.181>183

南オーストラリア州（SA）

- 「アデレード・ヒルズ」「イーデン・ヴァレー」「クレア・ヴァレー」：
  山脈の上に乗った、岩・石が多く含まれる地質の山のワイン。
- 「バロッサ・ヴァレー」「マクラーレン・ヴェール」：
  山裾の表土が比較的深い、粘土・壌土が豊富な平坦地土壌が特徴。
- 「ラングホーン・クリーク」：
  元々海だったために、海の堆積物由来の石灰岩質の特徴を持つ。
- 「バロッサ・ヴァレー」「イーデン・ヴァレー」「クレア・ヴァレー」はドイツ系移民の文化、「マクラーレン・ヴェール」は**イタリア**系移民の文化が色濃い。

> **温暖な産地ばかりではない**
> 標高が高い＝クールクライメットであるということ。実際に「イーデン・ヴァレー」と「クレア・ヴァレー」はオーストラリアを、ひいては世界を代表するリースリングの産地として知られている。

南オーストラリア州（SA） — South Australia

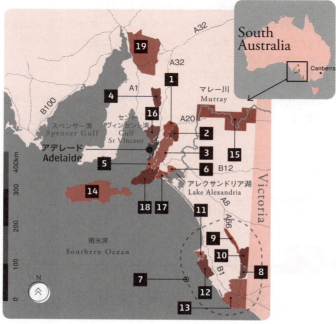

South Australia(SA)
南オーストラリア州

1. ■ **Barossa Valley** バロッサ・ヴァレー
2. ■ **Eden Valley** イーデン・ヴァレー
3. ■ **Adelaide Hills** アデレード・ヒルズ
4. ■ **Clare Valley** クレア・ヴァレー
5. ■ **McLaren Vale** マクラーレン・ヴェール
6. ■ Langhorne Creek ラングホーン・クリーク

（標高の低い産地）

7. □ Limestone Coast (G.I. Zone) ライムストーン・コースト
8. ■ Coonawarra クナワラ
9. ■ Padthaway パッドサウェー
10. ■ Wrattonbully ラットンブリー
11. ■ Mount Benson マウント・ベンソン
12. ■ Robe ロープ
13. ■ Mount Gambier マウント・ガンビア

14. ■ Kangaroo Island カンガルー・アイランド
15. ■ Riverland リヴァーランド
16. ■ Adelaide Plains アデレード・プレインズ
17. ■ Currency Creek カレンシー・クリーク
18. ■ Southern Fleurieu サザン・フルーイオ
19. ■ Southern Flinders Ranges サザン・フリンダーズ・レーンジズ

南オーストラリア州（SA）

産地	特徴

Barossa Valley
バロッサ・ヴァレー

シラーズの銘醸地が点在し「シラーズの首都」と称されるほどのワイン産業の中心地。
酒精強化ワインの主要産地でもある。
標高は112〜596mと低い。
シラーズは栽培面積の5割を占め、黒ブドウが85％を占める。
「イーデン・ヴァレー」とは「バロッサ・レンジ」という
標高差150〜200mの断崖で隔てられているものの、
「G.I.バロッサ」はバロッサ・ヴァレーとイーデン・ヴァレーのブドウを使うことができる。
バリック（225ℓ）より大きい「Hogsheads ホグスヘッド（300ℓ）」や
「Puncheons パンチョン（500ℓ）」の使用も一般的。
「Langmeil Winery ラングメール・ワイナリー」所有のシラーズは、
1843年に植栽され、オーストラリア最古のブドウ樹とされる。
「Barossa Old Vine Charter（古木憲章）」：2009年に制定され、
ブドウ畑を樹齢によって区分、登録し、古木を保存、維持、振興する事が目的。
「Barossa Grounds
バロッサ・グラウンズ」：
バロッサ・ヴァレーの土壌は大きく6種類
程（主に粘土、ローム質）に分けられ、そこ
から生まれるワインと土壌の関係を解説し
ようと、2008年から始まったプログラム名。

> G.I.バロッサ
> ＝
> G.I.バロッサ・ヴァレー
> ＋
> G.I.イーデン・ヴァレー
>
> G.I.バロッサとG.I.バロッサ・ヴァレーが指し示す産地の境界線は異なるということ。

> 「Barossa Old Vine Charter（古木憲章）」
> Barossa Old Vine：樹齢35年以上
> Barossa Survivor Vine：樹齢70年以上
> Barossa Centenarian Vine：樹齢100年以上
> Barossa Ancestor Vine：樹齢125年以上

Eden Valley
イーデン・ヴァレー

シラーズとリースリングの重要産地。
標高219〜632m。
「アデレード・ヒルズ」から繋がる、マウント・ロフティー山脈の上に位置する山のワイン。
リースリングが有名でクレア・ヴァレーと双璧の品質を持ち、極めて長い熟成能力を持つ。
オーストラリアを代表する単一畑のシラーズは、
1864年植栽の「Henschke Hill of Grace ヘンチキ・ヒル・オブ・グレース」で、
非公式の小地区「Keyneton ケイントン」に位置する。
リースリングで重要な畑は、非公式の小地区にある
「Pewsey Vale ピュージー・ヴェール」。

産地		標高
McLaren Vale	マクラーレン・ヴェール	0〜417m
Barossa Valley	バロッサ・ヴァレー	112〜596m
Clare Valley	クレア・ヴァレー	190〜609m
Adelaide Hills	アデレード・ヒルズ	190〜609m
Eden Valley	イーデン・ヴァレー	219〜632m

Adelaide Hills
アデレード・ヒルズ

非常に冷涼で、主にシャルドネ、ピノ・ノワール、
シラーズ、ソーヴィニヨン・ブランが栽培されている。
高級スティルワインや瓶内二次発酵のスパークリングワインなどのファインワイン産地。
標高190〜609m。産地の中にあるマウント・ロフティー（標高727m）が最高標高地点。
マウント・ロフティー山脈の上に位置し、「山のブドウ」によるワイン造りが行われる産地。
サブ・リージョンは2つ
（「Lenswood レンズウッド」、「Piccadilly Valley ピカデリー・ヴァレー」）。
ナチュラルワイン・ムーヴメントを牽引する小規模生産者が
「バスケット・レンジ」地区を中心に多数存在。

> 冷涼産地のため、酸が豊富なブドウが収穫される。よって、酸味が重要なスパークリングワインの生産に向いている。

> ナチュラル・ワインのメッカといわれている。

Chapter 36 オーストラリア

185

南オーストラリア州（SA）

産地	特徴
Clare Valley クレア・ヴァレー	**リースリング**、**シラーズ**の重要な産地。 カベルネ・ソーヴィニヨンを含めた3品種で全体の8割を占める。 標高**190**〜**609**m。 **マウント・ロフティー**山脈の上に乗っている産地。 海の影響がほとんどない**大陸性**気候。 「Clare Valley Rocks クレア・ヴァレー・ロックス」： リースリングが産地内の地区によって味わいが違うことがわかり、異なる土壌、母岩の違いを突き止め、それを販売に生かそうという活動が広がっている。 （例）非公式の小地区に以下などがある。 「Watervale ウォーターヴェール地区」： 石灰岩質。ライムの香味豊かで、柔らかく、ジューシー。 「Polish Hill River ポリッシュ・ヒル・リヴァー地区」： 黒い粘板岩質。果実香少なめ。堅牢でフリンティ。

> 「Vale：谷」という意味であることから、標高が低い産地であると気づくことができる。

産地	特徴
McLaren Vale マクラーレン・ヴェール	生産は**シラーズ**、カベルネ・ソーヴィニヨン、グルナッシュなど 赤ワインの生産が大部分を占める。近年は、**イタリア**系、**スペイン**系品種が増えている。 標高**0**〜**417** m。マウント・ロフティー山脈の麓、 セントヴィンセント湾に近い平坦地に大部分の畑に広がる。
Langhorne Creek ラングホーン・クリーク	黒ブドウが8割を占め、シラーズとカベルネ・ソーヴィニヨンが大半。 南氷洋からアレキサンドリナ湖を横切って吹く冷涼な南風「**Lake Doctor レイク・ドクター**」により比較的冷涼な気候。レイク・ドクターは夏の気温を下げるとともに、冬の霜害を防ぐ役割も果たしている。

ライムストーン・コースト　Limestone Coast

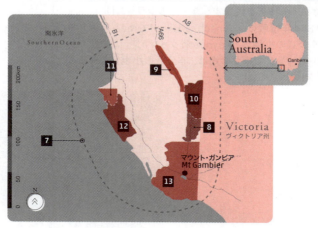

- 7　Limestone Coast(G.I. Zone)　ライムストーン・コースト
- 8　**Coonawarra**　クナワラ
- 9　Padthaway　パッドサウェー
- 10　Wrattonbully　ラットンブリー
- 11　Mount Benson　マウント・ベンソン
- 12　Robe　ロープ
- 13　Mount Gambier　マウント・ガンビア

Limestone Coast
ライムストーン・コースト

巨大なG.I.「ライムストーン・コースト」は、南オーストラリア州の産地の内、東のヴィクトリア州との州境から南のマウント・ガンビア、インド洋に接する海岸線をつなぐ南東域一帯。

> 6つのG.I.を含む広域G.I.。その内の1つがG.I.「Coonawarra クナワラ」。

> 「英：Limestone ライムストーン＝石灰岩」の名前の通り、石灰岩（テラロッサ土壌）をもつ場合が多いことからこの名前がついている。（特にクナワラが有名だが、決してクナワラだけの土壌ではなく、その周辺の産地にも分布している）

南オーストラリア州（SA）

産地	特徴
Coonawarra クナワラ	オーストラリアを代表する**カベルネ・ソーヴィニヨン**の銘醸地の1つ。**海洋性**気候、気象統計を比較すると**ボルドー**と似ている。1890年スコットランド人の**ジョン・リドック**が最初のブドウを植え、ペノーラという土地を開拓した。特にクナワラの中心域、南北16km、東西2kmの葉巻型のエリアに広がる**テラロッサ**土壌（赤い粘土質の表土と、その下に深く連なる石灰岩のコンビネーション）が有名。

> 西オーストラリア州で"ボルドーと似ている"のは、グレート・サザン。

> 「南オーストラリア州、赤の銘醸地」
> Barossa Valley：シラーズの首都
> Coonawarra：CSの銘醸地

Kangaroo Island カンガルー・アイランド	オーストラリアで**3**番目に大きい島。海洋性気候。
Riverland リヴァーランド	南オーストラリア州の中で比較的北部に位置。ヴィクトリア州から流れ込む最大の川である**マレー**川沿いの産地。オーストラリアワイン産業の「**機関室**」と形容され、大規模に**量販**ワイン用ブドウを生産する、灌漑をすることを前提とした地域。南オーストラリア州のブドウ生産量の60%（オーストラリア全体の約30%相当）を占める。近年の気候変動による水不足から灌漑用水が高騰しており、この地域のブドウはチリなど他国との厳しい価格競争にさらされている。

> 1番大きな島はタスマニア島（＝州）。

> 量販ワイン用のブドウの産地
> ・リヴァーランド（SA州）
> ・リヴァリーナ（NSW州）
> ・マレー・ダーリング（VIC州）

Chapter 36 Australia

Victoria

ヴィクトリア州（VIC）

- 内陸部から沿岸部まで様々な気候・土壌の産地が点在する、**中・小規模生産者**中心のワイン産地。
- ヤラ・ヴァレー以北の産地（内陸部）は、**シラーズ**、カベルネ・ソーヴィニヨンが中心。
- ヤラ・ヴァレー以南の産地（沿岸部）は、**冷涼**な産地が多く**ピノ・ノワール**と**シャルドネ**が中心。
- 1860年代、ヴィクトリア州は同州のワイン生産量、英国向け輸出量が国内最多であったため、「**John Bull's Vineyards（英国民のブドウ畑）**」として知られた。
- ニュー・サウス・ウェールズ州との州境をマレー川が流れている。

> ヤラ・ヴァレーが基準
> ヤラ・ヴァレー以北は温暖、ヤラ・ヴァレー以南は冷涼！

> ヴィクトリア州、ヤラ・ヴァレー以南の産地が、オーストラリアにおける「クールクライメット」の産地として現在最も注目を集めている。代表的な産地は、モーニントン・ペニンシュラ、ジロングの2つ。（後述するタスマニア島も）

VINOLET

Australia
南オーストラリア州（SA）　>>
P.183 >> 187

ヴィクトリア州（VIC）

産地	特徴
Yarra Valley ヤラ・ヴァレー ヤラ・ヴァレー自身は温暖なエリアと冷涼なエリアに分かれる。	メルボルンから車で1時間程度の距離（約60km）で、日帰りでワインツーリズムが楽しめる。 栽培面積約 **2,870**ha。 ヴィクトリア州で **最初** にワイン用ブドウが植えられた地域（1838年）。 主要品種は、**シャルドネ**、**ピノ・ノワール**、シラーズ、カベルネ・ソーヴィニヨン。 やや大陸性の気候で、昼夜の寒暖差が大きい。 ブドウ畑は大きく3つのエリアに分けられ、サブ・リージョンは **9** つ。
	ヴァレー・フロア / 標高100〜250m、最初に発展した平坦で比較的温暖な地域。
	アッパー・ヤラ・ヴァレー / 標高250〜360m、比較的冷涼。
	北側の「ディクソン・クリーク周辺」 / 標高200〜300m。
Mornington Peninsula モーニントン・ペニンシュラ 英：Peninsula＝半島の意味。 ヤラ・ヴァレー以南＝冷涼	冷涼産地。海洋性気候で、常に海からの強風にさらされている。 標高40〜250m。 周囲を海に囲まれた風光明媚な半島でリゾート地として人気。 ワイナリー数は50以上で、**小規模生産者** で構成。 この10年程度でタスマニアと並び **ピノ・ノワール** の重要産地として存在感が高まっている。 その要因として以下のイベント・品評会が挙げられる。 「**Mornington Peninsula International Pinot Noir Celebration**」： 2003年から始まった国際イベント。 「**Australian Pinot Noir Challenge**」： 2017年から開催しているオーストラリア産ピノ・ノワールの品評会。 栽培面積は920ha。 主要品種は全体の半数を占める **ピノ・ノワール**（大部分は **バズビー・クローン**、MV6とも呼ばれる）、シャルドネ、ピノ・グリ、シラーズ。 玄武岩由来の赤土の土壌と、古い海の堆積土壌が隣り合って分布し、ピノ・ノワールが主要品種になっている点で、オレゴン州ウィラメット・ヴァレー北部（ダンディー・ヒルズA.V.A.やヤムヒル・カールトン・ディストリクトA.V.A.）と類似している。 代表的な生産者：**Main Ridge** メイン・リッジ など。
Geelong ジロング ヤラ・ヴァレー以南＝冷涼	**ピノ・ノワール** と **シャルドネ** の重要な産地。 海洋性気候の影響を強く受ける。 1877年、ヴィクトリア州で最初の **フィロキセラ** が発見されたエリア。
Goulburn Valley ゴールバーン・ヴァレー ヤラ・ヴァレー以北＝温暖	**1860** 年設立の **Tahbilk** タビルクは、オーストラリアで最も長い歴史を持つワイナリーの1つ。 なかでもマルサンヌは1927年植樹の古木が現存し、単一畑として最大の栽培面積を誇る。 1860年代に植えられたブドウの木から、今でも毎年何百ケースものワインが造られている。 有史前からのゴールバーン川の流れによって形成された石英砂の土壌は、フィロキセラを食い止め、タビルクの古いシラーズの木を守ってきた。

ヴィクトリア州（VIC）

産地	特徴
Beechworth ビーチワース	花崗岩土壌で、シャルドネ、ピノ・ノワール、シラーズが主要品種。ワインは品種を問わず口中が冷やされるような印象の強いミネラル感を持つ。個性的な生産者が集まっている。 代表的な生産者：**Giaconda** ジャコンダ、**Castagna** カスターニャ など。
Henty ヘンティー	オーストラリア大陸で最も**冷涼**なワイン産地の1つ。主要品種は、シャルドネ、リースリング、ピノ・ノワール。
Rutherglen ラザグレン	**酒精強化ワイン**の産地として有名。原料は**マスカット**と**ミュスカデル**（オーストラリアでは伝統的にトカイと呼ばれる）。完全な大陸性気候。
Murray Darling マレー・ダーリング	生産量の多いブランドワイン用ブドウを得るのに、非常に重要な地域である。ニュー・サウス・ウェールズ州との境に流れる**マレー**川に沿って両州にまたがる広大な産地。
その他の産地	**Pyrenees** ピラニーズ、**Alpine Valleys** アルパイン・ヴァレーズ、**Heathcote** ヒースコート、**King Valley** キング・ヴァレー

> ヤラ・ヴァレー以北であるが、「口中が冷やされるような〜」という決して温暖とはいえないようなキーワードに注意。

> ヤラ・ヴァレー以北＝温暖であるが、それよりも酒精強化ワインの産地として出題される。

Chapter **36** Australia

New South Wales

ニュー・サウス・ウェールズ州（NSW）

- オーストラリアのワイン産業の起源となっている州。
- 現在でもシドニーから日帰りで訪問できるワイン産地として人気がある。
- 1990年代後半以降、より冷涼なブドウ栽培地を求めて標高の高いところへブドウ畑を開発。それが**オーストラリア大分水嶺**（だいぶんすいれい）（**グレート・ディヴァイディング・レンジ**）の斜面を利用した「**カウラ**」「**マジー**」「**オレンジ**」といった産地である。
- 沿岸部は**高温**と生育シーズンを通しての**降雨**がブドウ栽培において問題となる。

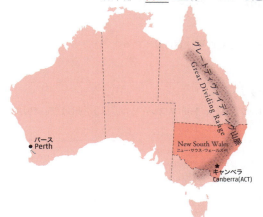

産地	標高
Cowra カウラ	300〜380m
Mudgee マジー	450〜600m
Orange オレンジ	600〜1,150m

ニュー・サウス・ウェールズ州(NSW)

産地	特徴
Hunter ハンター	1825年に最初のブドウが植えられた。 代表品種は**シラーズ**と**セミヨン**。 代表的白品種であるセミヨンは 「**ハンター・セミヨン**」として親しまれている。 収穫時は降雨量が多いため降雨を避け、 酸度が下がる前に収穫する。 長期の熟成を経ることが可能。 ハンター・セミヨンの代表格に、 Tyrrell'sティレルズの「VAT1 Semillon」がある。 **シラーズ**は60〜100年の古木が豊富で、**セミヨン**同様に長期熟成に耐える。 3つの小地区(Pokolbin ポコルビン(Lower Hunter Valley ローワー・ハンター・ヴァレー)、Broke Fordwich ブローク・フォードウィッチ、Upper Hunter Valley アッパー・ハンター・ヴァレー)に分類され、ブローク・フォードウィッチには、国内最古の**ヴェルデーリョ**が現存する。
Cowra カウラ	標高300〜380m。
Mudgee マジー	大分水嶺(グレート・ディヴァイディング・レンジ)の西斜面に位置。 標高450〜600m。 マジーとは原住民アボリジニの言葉で「丘のある巣」の意味。
Orange オレンジ	標高**600**〜**1,150**m。 マジーよりも数百m標高が高い。 ブドウ畑は標高の異なる様々な場所に展開されている。
Canberra District キャンベラ・ディストリクト	オーストラリア首都特別地域(ACT)のワイン産地で、ACTの周辺に点在。 オーストラリアで内陸性気候の強い産地の1つ。 近年、標高が高く冷涼なため、アロマの豊かな**シラーズ**を造る生産者が登場している。
Tumbarumba タンバランバ	オーストラリアで最も遠隔地にある産地の1つで、 スノーイー山脈の中に位置する。 標高300〜800m。 ピノ・ノワールとシャルドネが全体の**75**%を占め、 高品質の**スパークリングワイン**に使用される。
Riverina リヴァリーナ	**量販**用ワイン向けの重要なブドウ栽培地域。 同州で栽培されるブドウの55%を生産(オーストラリア全体では15%)。 マランビジー川から灌漑用水を引いて栽培している。 南オーストラリア州の**リヴァーランド**やヴィクトリア州とNSW州にまたがる**マレー・ダーリング**と同様の位置づけのワイン産地として捉えることができる。 晩秋には多湿となりボトリティス菌が発生するため、貴腐ワインも造られる。
New England Australia ニュー・イングランド・オーストラリア	1850年代に開拓された産地。 オーストラリアで最も**高標高**の産地として近年注目されている。
その他の産地	Hastings River ヘイスティングス・リヴァー Murray Darling マレー・ダーリング、Swan Hill スワン・ヒル(この2州はヴィクトリア州にまたがっている)

セミヨンが有名
セミヨンがソーテルヌ以外に登場するのは試験上ハンターのみ。セミヨン単一から造られる辛口高品質白ワインの産地として唯一の産地といってよく、世界的に有名。アルコール度数が11%程度と低く、その分酸味がシャープなワインとなり、また長期熟成も可能である。

低 → 高

"スパークリング"ワインの産地として押さえておきたい3つの産地
・タンバランバ
・タスマニア
・アデレード・ヒルズ

VINOLET

Australia
<< ヴィクトリア州(VIC)、ニュー・サウス・ウェールズ州(NSW)
P.187 » 190

Chapter 36 Australia
Queensland

クイーンズランド州 (QLD)

> 2つのG.I.がクイーンズランド州には存在するとだけ覚えよう。

- 日常消費用ワインのブドウ栽培からスタートし、現在では高級ワインのブドウ栽培において急成長を遂げている州の1つ。
  G.I.：Granite Belt グラニット・ベルト、**South Burnett サウス・バーネット**
- 緯度が低いエリアでは、グレート・ディヴァイディング・レンジの斜面を利用したブドウ栽培が行われる。

Chapter 36 Australia
Tasmania

タスマニア州 (TAS)

> 地図で位置を確認すると、ヴィクトリア州の南に位置している。つまり、ヴィクトリア州における「ヤラ・ヴァレー以南＝冷涼」の特徴を受け継いでいる産地と言える！

- <u>1823</u>年、最初にワイン用ブドウ樹がもたらされた記録がある。
- <u>1840</u>年代には、州都<u>ホバート</u>近郊で小規模なブドウ栽培が行われていた。
- <u>1970</u>年代半ばに入ってから商業用規模のブドウ畑が開かれた。
- 島全体は北海道のちょうど8割に当たる広さでその37％は「世界自然遺産」「自然保護区」に指定され、島の西半分は人間の介入が許されない広大な原生林がある。
- ワイナリー数は185ほど。中小ワイナリーが5社ほどあり、その他は個人によるドメーヌ型の小さな生産者となっている。
- 北の都市ランセストン近郊のテイマー川流域「<u>テイマー・ヴァレー</u>」は、ワイン生産量の5割を占める<u>最大</u>の産地。
- <u>ピノ・ノワール</u>（面積<u>最大</u>）、<u>シャルドネ</u>他ソーヴィニヨン・ブラン、ピノ・グリ、<u>リースリング</u>。

> 冷涼産地だということを裏づけている。

- 大手ワイナリーが、瓶内二次発酵<u>スパークリングワイン</u>の原料供給地として、自社畑や契約栽培畑を展開している。
- ワイン用のブドウは他の産地に比べ非常に<u>高値</u>で取引され、オーストラリア随一のプレミアム産地として知られる。
- 土壌として、最も広く分布しているのは「<u>ジュラシック・ドレライト</u>（ジュラ紀の粗粒玄武岩）」で、1億7,000万年前に形成されたもの。

「最初にブドウが植えられた」産地

州名	Region(G.I.)	最初の植樹年
New South Wales ニュー・サウス・ウェールズ州	Hunter ハンター	1825年
Victoria ヴィクトリア州	Yarra Valley ヤラ・ヴァレー	1838年
Tasmania タスマニア州	（無し）	1823年

Chapter 36 Australia

Fortified Wine

酒精強化ワイン

- 1880年代以降、ワイン造りは辛口のテーブルワインから酒精強化ワインへとシフトしていく。
- 1930年代～1960年代までは、酒精強化ワインの生産量がワイン全体の70%を占めていた。
- 主要産地は、南オーストラリア州「バロッサ・ヴァレー」とヴィクトリア州「ラザグレン」。
- 2008年EUとの合意により、シェリーやポートなど「ジェネリック・ワイン」の名称が2010年から使用禁止となって名称が変更された。

出題のポイント
バロッサ・ヴァレーが酒精強化ワインの産地であることが盲点となりやすいので要注意!!

1880年代ということは、ヨーロッパにおいてフィロキセラが猛威を振るっていた時代である。ポルトガルのポートワインが大きなダメージを受け、その代替品として酒精強化ワインの英国への輸出の需要が高まったという背景がある。

2010年以降の国内名称

新カテゴリー	旧称	タイプ／等級	備考
Apera アペラ	Sherry シェリー	Dry ドライ	
		Medium Dry ミディアム・ドライ	
		Sweet スイート	
		Cream クリーム	
Fortified フォーティファイド	Port ポート	Tawny トゥニー	品種は、シラーズ、グルナッシュ、ムールヴェードル（マタロ）。
		Vintage ヴィンテージ	
Topaque トパーク 品種：ミュスカデル	Liqueur Tokay リキュール・トカイ	Rutherglen ラザグレン	
		Classic クラシック	
		Grand グランド	
		Rare レア	

出題のポイント
1. 新カテゴリーと旧称の組み合わせを覚える。
2. タイプから新カテゴリーを選べるようにする。

Chapter 36 オーストラリア

Australia
クイーンズランド州（QLD）、タスマニア州（TAS）、酒精強化ワイン
P.191>>192

192

Chapter 37 ニュージーランド

まずは10の産地（北島5つ、南島5つ）を暗記するところから学習をスタートさせる。

全18G.I.地域（Geographical Indication=地理的表示/サブ・リージョン含む）

北島 North Island

1 ■ Northland
ノースランド

2 ■ Auckland
オークランド

　❶ ■ Matakana
　マタカナ

　❷ ■ Kumeu
　クメウ

　❸ ■ Waiheke Island
　ワイヘケ・アイランド

3 ■ Gisborne
ギズボーン

4 ■ Hawke's Bay
ホークス・ベイ

　❹ ■ Central Hawke's Bay
　セントラル・ホークス・ベイ

5 ■ Wairarapa
ワイララパ

　❺ ■ Gladstone
　グラッドストーン

　❻ ■ Martinborough
　マーティンボロ

南島 South Island

6 ■ Marlborough
マールボロ

7 ■ Nelson
ネルソン

8 ■ Canterbury
カンタベリー

　❼ ■ North Canterbury
　ノース・カンタベリー

　❽ ■ Waipara Valley
　ワイパラ・ヴァレー

9 ■ Waitaki Valley North Otago
ワイタキ・ヴァレー・ノース・オタゴ

10 ■ Central Otago
セントラル・オタゴ

DATA		New Zealand
ブドウ栽培面積 ·····	約4.2万ha	
ワイン生産量 ·······	約361万hℓ	
気候 ··············	南北に長いため多様な気候条件が見られる	
	最南端のセントラル・オタゴのみ**半大陸性**気候	

概要

- 北島と南島の2つの島から構成され、距離は南北**1,600**kmに及ぶ。
- 南島には中央を背骨のように走る「**サザン・アルプス**」山脈が、主に西側からの悪天候を遮る役割を果たしている。
- ワイン産地は**南緯35～45**度の間に分布している。
- 年間ブドウ収穫量の**75**%を**ソーヴィニヨン・ブラン**が占める。
- 生産量の大半を**マールボロ**の**ソーヴィニヨン・ブラン**が担っている。
- 小規模生産者が中心。
- 輸出は全販売量の**80**%以上を占め、内約**85**%がソーヴィニヨン・ブラン。
- 現在**95**%以上のボトルワインにスクリューキャップ（**STELVIN**® **ステルヴァン**）が使われている。
- 政府は先住民であるマオリ民族の文化との融合を積極的に進めている。マオリ語で人間が結びついている土地を意味する「**Turangawaewae トゥーランガワエワエ**」は、「**テロワール**」と重なる概念。
- 冷涼で多雨のため、年ごとの収穫量が安定しないことが課題である。

> 産地名にも度々「マオリ語」が登場する。

> **距離の問題**
> オーストラリアは「東西3,000km」
> ニュージーランドは「南北1,600km」。

ソーヴィニヨン・ブランに関する数字問題

年間収穫量の内	75%
全輸出量の内	約85%
マールボロの栽培面積の内	8割以上

歴史　History

時代	主な出来事
1819年	英国人宣教師**Samuel Marsden サミュエル・マースデン**がオーストラリアから持ち込んだブドウの苗木を、北島のベイ・オブ・アイランズのKerikeri ケリケリに初めて植樹。
1836年	「オーストラリアのブドウ栽培の父」とされるスコットランド人**James Busby ジェームズ・バズビー**が、北島ノースランドのWaitangi ワイタンギに開いた畑から初めてワインを生産。

> オーストラリアの"はじまりの登場人物"は、
> Arthur Phillip アーサー・フィリップ大佐
> ⇩
> James Busby ジェームズ・バズビー

「James Busby ジェームズ・バズビー」 オーストラリアとNZ、両国で「はじまりの登場人物」として登場する。

1825年 （オーストラリアにて）	≫	1836年 （その後、ニュージーランドに移り）
NSW州ハンター・ヴァレーに本格的なブドウ園を開設		北島ノースランドのWaitangi ワイタンギに開いた畑から初めてワインを生産。

1898~1899年	フィロキセラがノースランドの**Whakapirau ワカピラウ**で発見される。

歴史

時代	主な出来事
1960年代〜20C後半	ドイツのガイゼンハイム研究所のヘルムート・ベッカー博士の指導により、早生・豊産で、様々な土壌に適応するミュラー・トゥルガウの栽培がギズボーン地域で盛んになる。 20世紀前半まで主流だったハイブリッド種による**酒精強化**ワインから、テーブルワインに消費傾向が変化。
1970年代前半	Derek Milne ディレック・ミルネ博士が、ニュージーランド各地の気候や土壌を分析・調査。「**マーティンボロ**」の気候が**ブルゴーニュ**と似ているとして推奨され、現在の銘醸地の始まりとなる。この際、「**マールボロ**」も二番目に推奨されたが、当時地元では「**寒すぎる**」ため、ブドウ栽培が可能だとは考えられていなかった。
1975年	**マールボロ**地区で**ソーヴィニヨン・ブラン**が栽培された。当初は栽培方法を確立するのに試行錯誤を繰り返したが、その後ワイン生産者が相次いで進出し、発展を遂げていく。
1982〜1990年	**Richard Smart リチャード・スマート**博士の指導により、「**キャノピー・マネジメント**」導入。
2006年	地理的表示（Geographical Indication = **G.I.**）制定法が成立。
2017年	「地理的表示登録法」が成立し、2020年7月までに全18 G.I.が登録された。

> 似ている名前に注意
> マーティンボロは"北島"
> マールボロは"南島"
> 混同しないように注意！

> オーストラリアのブドウ栽培学者。日本の箇所（長野県塩尻市）で登場した「スマートマイヨーガー仕立て」は、リチャード・スマート博士によりオーストラリアで考えられた仕立て方。

> 樹冠管理
> 樹冠＝「土から上の部分」を管理し、コントロールすること。（収穫量の増減、成熟度合いを高めて品質を上げるなどの目的がある）

> 2006年にG.I.が制定されたが、実際に産地がG.I.として認められるまでに十数年かかったということ。

主なブドウ品種

- **1980**年代後半にソーヴィニヨン・ブラン、**1990**年代末からピノ・ノワールが登場し、世界の注目を集めるようになった。
- 最大生産量を誇ってきた品種は目まぐるしく移り変わってきた。これは「ギズボーンの縮小」と「マールボロの拡大」という産地の移り変わりを映し出している。

> ギズボーンはシャルドネ、マールボロはソーヴィニヨン・ブランで有名な産地であり、シャルドネの栽培面積が減って、ソーヴィニヨン・ブランが増加したということ。

最大生産量品種の移り変わり

年代	品種
〜1995年	**ミュラー・トゥルガウ**
1996年〜2001年	**シャルドネ**
2002年〜現在	**ソーヴィニヨン・ブラン**

ブドウ栽培面積順位

白ブドウ	順位	黒ブドウ
Sauvignon Blanc ＊全体**1**位	1位	**Pinot Noir** ＊全体2位
Chardonnay ＊全体3位	2位	**Merlot**
Pinot Gris	3位	Syrah
Riesling	4位	**Cabernet Sauvignon**

ピノ・ノワールのクローン

- ニュージーランドでは以下のクローンが基礎を成しており、求めるワインのスタイルに応じて複数を組み入れるブドウ栽培が一般的。

クローン	備考
10/5 （テン・バイ・ファイブ）	カリフォルニア州では「ヴェーデンスヴィル・クローン」とも呼ばれる。スイスのヴェーデンスヴィル研究所経由でもたらされ、1960年代から存在。相対的に**華やかさ**に欠け、やや**地味で単調**との評価もあるが、高評価を得ている生産者も少なくない。
UCD5	通称「**ポマール・クローン**」の1つ。1970年代に**カリフォルニア**の**デイヴィス校**から複数もたらされたクローンの内の1つ。同校の博士が1940年代にブルゴーニュの「シャトー・ド・ポマール」から採取してきたとされる。色調豊かで、濃く、バイオレットの香り、肉厚な果実の特徴。
DRCエイベル	「アタランギ・クローン」とも呼ばれる。1970年代半ば、税関職員のマルコム・エイベルがフランスからの帰国客から没収した枝。**DRCの畑**からのものだとされている。その後、マーティンボロのアタ・ランギを興すClive Paton クライヴ・ペイトン氏がもらい受ける。アタ・ランギの畑は当初このエイベル・クローンだけで仕込まれていた。成熟がやや遅く、骨格（タンニン）がしっかりしており、黒系のフルーツをもたらす。
ディジョン・クローン	**1988**年に前述のClive Paton クライヴ・ペイトン氏がフランスから「115」番※を入手。以降、他の番号も複数のルートでニュージーランドへもたらされた。モレ・サンドニの「**ドメーヌ・ポンソ**」から採取された枝。総じて比較的早く適熟し、房は小さく密着粒。アロマ華やかでエレガント、明るい赤いフルーツに持ち味がある。

カリフォルニア大学デイヴィス校
「University of California, Davis」の略。

DRC
「Domaine de la Romanée Conti＝ロマネ・コンティの生産者」の略。

※「114」「667」「777」など、**3桁の数字**で種類を示す。

ワイン法

- ニュージーランド食品衛生安全局（NZFSA）がワイン法を管轄。
- 2006年に地理的表示（Geographical Indication 略称 G.I.）制定法が成立。
- 2007年ヴィンテージより下記一覧内の「85%ルール」が適用されている。

ブドウ品種表示	85%以上
原産地表示	85%以上
収穫年表示	85%以上

※複数の品種・収穫年・産地を表示する場合は、使用比率の多い順に表示する。

「新世界の各国のワイン法の管轄機関」

アメリカ	TTB
チリ	SAG
オーストラリア	Wine Australia
ニュージーランド	NZFSA

「新世界各国のワイン法の導入年」

アメリカ（A.V.A.）	1978年
カナダ（V.Q.A.）	1988年（オンタリオ州）
アルゼンチン（※D.O.C.）	1959年
チリ（D.O.）	1994年
南アフリカ（W.O.）	1973年
オーストラリア（G.I.）	1993年
ニュージーランド（G.I.）	2006年（2007年から適用）

※アルゼンチンのワイン法は、EUのワイン法のように3階層に分かれている。

主要産地

- 2020年時点で、全18地域がG.I.登録済み。
- 全土をカバーするG.I.として「G.I. New Zealand」、北島、南島をそれぞれカバーするG.I.として「G.I. North Island」「G.I. South Island」が法令によって認定されている。

産地別栽培面積順位

	産地（G.I.）
1位	**Marlborough** マールボロ（南島）
2位	Hawke's Bay ホークス・ベイ（北島）
3位	Central Otago セントラル・オタゴ（南島）
4位	North Canterbury ノース・カンタベリー（南島）
5位	Gisborne ギズボーン（北島）

New Zealand
DATA、概要、歴史、主なブドウ品種、ブドウ栽培面積順位、ピノ・ノワールのクローン、ワイン法
P.193 ≫ 197

「混同しやすいワイン産地名」

Marlborough マールボロ	南島、ニュージーランド最大の産地。 ソーヴィニョン・ブランが栽培面積の8割以上を占める。	
Martinborough マーティンボロ	北島、ワイララパの サブリージョンのうちの1つ。	
Wairarapa ワイララパ	北島、首都ウェリントンの北東に位置する産地。 サブリージョンにマーティンボロを含む。	
Waipara Valley ワイパラ・ヴァレー	南島、カンタベリーのサブリージョン。 クライストチャーチから北へ車で1時間ほど。	
Waikari ワイカリ	南島、カンタベリーのサブリージョンのうちの1つ 「ノース・カンタベリー」に位置する地域の名前。 石灰岩質が広く分布している、注目の産地。	
Waitaki Valley North Otago ワイタキ・ヴァレー・ノース・オタゴ	南島、オタゴの北端に位置する。 カンタベリーとの境界となる ワイタキ川南岸に沿う新興産地。	

北島　North Island

以下のマークで「公式G.I.」「非公式G.I.」を表している。
>>> ✽：公式G.I.　✲：非公式G.I.

産地（G.I.）	特徴
Northland ノースランド	ベイ・オブ・アイランズのケリケリは、ニュージーランドのワイン用ブドウ栽培発祥の地（**1819**年）。 ワイタンギはジェームズ・バズビーによって同国初のワインが造られた場所（1836年）。
Auckland オークランド	3つのサブリージョンに分けられる。 温暖で多湿な海洋性気候で、西部ほど雨が多い。

人口最大の都市
オークランドは都市の名前でもあり、その規模はニュージーランドで最大。（首都ウェリントンを上回る人口ということ）☕

秀逸な生産者の存在
オークランドは全体の産地の中では規模の点で主要な産地とは決していえないが、各サブG.I.に最低一人以上の極めて優秀な生産者が存在する。☕

✽ G.I. **Kumeu クメウ**
20世紀初めから**クロアチア**（ダルマチア地方）移民により
ニュージーランドワイン産業の礎が築かれた地域。
代表的な生産者：「Kumeu River クメウ・リヴァー」同国を代表する
シャルドネの生産者の1つ。醸造責任者はMichael Brajkovich マイケル・ブラコヴィッチ
（ニュージーランド初のマスター・オブ・ワイン）。

✽ G.I. **Matakana マタカナ**
オークランドの30kmほど北。**ワインツーリズム**が盛ん。鉄分を含む赤い**火山性**土壌。
代表的な生産者：「**Providence プロヴィダンス**」自然発酵・亜硫酸無添加で
長期熟成を実現。そのメルロは麻井宇介氏※の著作執筆に重要な着想を与えた。
※本名・浅井昭吾、元メルシャン技術者。著書「ワインづくりの思想」。

✽ G.I. **Waiheke Island ワイヘケ・アイランド**
オークランドからフェリーで1時間弱の、東西15kmほどの小さな島。
ボルドー系品種から少量生産の高級ワインが産出される。

Gisborne ギズボーン	ニュージーランド**最東端**の産地。 1960年代ドイツのガイゼンハイム研究所ヘルムート・ベッカー博士の指導の下、**ミュラー・トゥルガウ**が積極的に植えられたが、現在は**シャルドネ**が主体。 主要品種：**シャルドネ**、ピノ・グリ、ソーヴィニヨン・ブラン。

北島 North Island

産地（G.I.）	特徴
Hawke's Bay ホークス・ベイ	国内栽培面積第**2**位（第**1**位は南島マールボロ）、北島最大の産地。 **ボルドー系黒**ブドウ品種と**シラー**の産地として、同国の中でも重要な地位を占める。 以下3つのサブエリアがある。
	✱ G.I. **Central Hawke's Bay** セントラル・ホークス・ベイ 　ホークス・ベイの南半分の地域。
	川沿いの沖積土壌の地域に以下2つの有力な地区があり、 対照的な赤ワインを生み出している（いずれもG.I.ではない）。 両地区ともに冷涼気候の**シラー**の産地として注目度が高い。
	✱ **Gimblett Gravels District** ギムレット・グラヴェルズ・ディストリクト 　ホークス・ベイの約20社がここに畑を持つ。 　スパイシーでタンニン豊かで、骨格がしっかりしているのが特徴。
	✱ **Bridge Pa Triangle** ブリッジ・パ・トライアングル 　ギムレット・グラヴェルズ・ディストリクトより西側（上流）にほど近い、 　川沿いに三角形の形状に広がる産地。 　ホークス・ベイで最も畑が集中している地区で、栽培面積2,000ha。 　柔らかなテクスチャーと滑らかな果実感を持つのが特徴。
Wairarapa ワイララパ	首都 **Wellington** ウェリントンの**北東**にある産地。 半海洋性気候で、昼間は北西からの強風と鋭い太陽にさらされ、 夜間は急激に冷やされる。 主要品種：白はソーヴィニョン・ブラン、シャルドネ、ピノ・グリ、 黒は**ピノ・ノワール**。 以下4つのサブエリアがあり、 新しいサブリージョン Ōhau オハウ（非公式）が注目を集めている。
	✱ G.I. **Martinborough** マーティンボロ 　ニュージーランドを代表するピノ・ノワールの産地で、 　最初に同国のピノ・ノワールの存在を世界に知らしめた。 　「**マーティンボロ・テラス**」地区とその南に続く「ドライ・リヴァー」地区、 　「テ・ムナ・テラス」地区などから構成される。 　**マーティンボロ・テラス**は、2万年以上前に流れていた川の流域が 　ずれたあとの河床で、沖積土壌で水はけがよい。 　先駆者の「**Ata Rangi** アタ・ランギ」をはじめとした有名生産者が集中している。
	✱ G.I. **Gladstone** グラッドストーン
	✱ Masterton マスタートン
	✱ Ōhau オハウ

> ニュージーランドでは「Syrah シラー」と呼ばれる。オーストラリアの温暖・濃厚なシラーズとは対照的で、黒胡椒のニュアンスを感じることの多い、冷涼・ローヌ寄りのスタイルとなることが多い。

> マオリ語で「新しい始まり、夜明けの空」という意味。

Chapter 37 ニュージーランド

南島　South Island

以下のマークで「公式G.I.」「非公式G.I.」を表している。
>>> ✱：公式G.I.　✱：非公式G.I.

産地（G.I.）	特徴
Marlborough マールボロ	ニュージーランド**最大**の産地。**ソーヴィニヨン・ブラン**、**ピノ・ノワール**が主要品種。うちソーヴィニヨン・ブランの栽培面積は**8**割以上を占める。南島の東端に位置する。北東は「クック海峡」に面し、**北側のリッチモンド・レンジ**が悪天候を遮り、南側のウィザー・ヒルズが太平洋からの強風など厳しい天候から守っている。トロピカル・フルーツやハーベイシャスな香りを持つスタイルのソーヴィニヨン・ブランは、ワイン産業を大きく発展させる原動力となった。栽培面積2位の**ピノ・ノワール**も重要な品種。

> **似ている名前に注意**
> 「マーティンボロ」（北島）と混同しないように！
>
> Herbaceous ハーベイシャス：草のような、という意味。マールボロのSBは、その品種個性が最も顕著に香りに表れる産地として世界的に有名。「芝生のような」と表現されることも多い。☕

	✱ **Wairau Valley** ワイラウ・ヴァレー 沖積土壌が分布するワイラウ川流域。周囲の山によって雨が遮られ、豊かな日照量が得られる。果実の凝縮感とボディの強さが特徴。
	✱ **Southern Valleys** サザン・ヴァレー 北向きの日当たりがよい斜面に畑があり、特にピノ・ノワールやアロマティック品種に適している。
	✱ **Awatere Valley** アワテレ・ヴァレー ウィザー・ヒルズを越えた南部。太平洋からの強風を受け、3つのサブリージョンのうち最も**冷涼**で乾燥した気候。標高のある斜面の畑では、収量が低く、アロマが豊かなワインが生産される。
Nelson ネルソン	マールボロよりも西側に位置し、西からの低気圧の影響により降水量は**多め**。主要品種：白はソーヴィニヨン・ブラン、ピノ・グリ、黒はピノ・ノワール。ビールに用いられる「**ネルソン・ホップ**」の重要産地でもある。以下2つのサブエリアにワイナリーが点在する。

> 山脈に守られていない
> 南島で唯一サザン・アルプスの西側に位置し、例外的に降水量の多い産地。

	✱ **Moutere Hills** ムーテレ・ヒルズ ネルソンの町から内陸、西側に連なる丘。やや温暖湿潤で、砂利を敷き詰めた粘土質土壌がワインに豊かさとテクスチャーをもたらす。
	✱ **Waimea Plains** ワイメア・プレインズ ワイメア川沿いの平地。穏やかな海洋の影響を受け、軽やかでフレッシュ、アロマ豊かなワインが多い。
Canterbury カンタベリー	主要品種：白は**リースリング**、シャルドネ、ソーヴィニヨン・ブラン、ピノ・グリ、黒はピノ・ノワール。 カンタベリー地方は、3つのG.I. が重なっている。 最も大きな「G.I. Canterbury」、この内**ワイカリ**や**ワイパラ**地域を含む北側部分を「North Canterbury」（G.I.）、そしてさらにその中の「G.I. Waipara Valley」がある。

> **似ている名前に注意**
> 「ワイララパ」（北島）と混同しないように！

	✱ **G.I. Waipara Valley** ワイパラ・ヴァレー **クライストチャーチ**から北へ車で1時間ほど。太平洋側には、太平洋プレートの沈み込みによってかつての海底が隆起して形成された低い山々が沿岸に連なり、海風を遮るためクライストチャーチよりも温暖な気候をもつ。代表的な生産者：「Pegasus Bay ペガサス・ベイ」。
	✱ **G.I. North Canterbury** ノース・カンタベリー ワイパラ・ヴァレーからさらに内陸の「**Waikari ワイカリ**」地域を含み、ここには**石灰岩**質（**チョーク**質）が広く分布。

南島 South Island

産地（G.I.）	特徴
Central Otago セントラル・オタゴ	南緯 **45** 度以南に位置し、世界**最南端**のワイン産地の1つ。 ニュージーランドで唯一の**半大陸性**気候で、 昼夜の寒暖差が非常に激しい。 主要品種：白はピノ・グリ、シャルドネ、黒は**ピノ・ノワール**。 栽培面積最大は**ピノ・ノワール**で、**8**割を占める。 代表的なワイナリーに、ピノ・ノワールの産地として世界に認知させ、産地発展のきっかけとなった「Felton Road　フェルトン・ロード」がある。 生産者出資の任意のマーケティング団体 「**COPNL** コプネル（Central Otago Pinot Noir Limited」が産地のプロモーションを担っており、 「Central Otago Pinot Noir Celebration」を毎年開催している。 8つのサブリージョンに分かれる（全てG.I.ではない）。

> 新世界の"半大陸性気候"は試験上ここだけ！

> NZ国内のPNの産地としては、マーティンボロと共に二大巨頭と言える。試験的にはマールボロも重要である。

> ファーストヴィンテージは1997年。サブリージョンはバノックバーン。

「～ Pinot Noir Celebration」

ウィラメット・ヴァレー（アメリカ）	International Pinot Noir Celebration
モーニントン・ペニンシュラ（オーストラリア）	Mornington Peninsula International Pinot Noir Celebration
セントラル・オタゴ（ニュージーランド）	Central Otago Pinot Noir Celebration

✱ **Gibbston Valley** ギブストン・ヴァレー
　オタゴの中で最も**標高**が高く、南極からの冷たい南風が入り込む**冷涼**な産地。

✱ **Bannockburn** バノックバーン
　骨格の柔らかい、丸みのあるたっぷりとした**黒系果実**のワインを生み出す。
　これが**セントラル・オタゴを象徴するスタイル**となり、
　90年代末から国際的評価が高まった。

> ピノ・ノワールで"黒系果実"を感じるのは非常に珍しい。

✱ **Cromwell** クロムウェル
✱ Lowburn ローバーン
✱ **Pisa Range** ピサ・レンジ
　クロムウェルの街から北に25ｋｍ連なる。
　ピサ・レンジは上流のワナカレイクから流れてきた川石や砂の堆積土壌が分布しており、
　その下流であるローバーンは、砂主体。
　ワインのスタイルは、骨格が柔らかく、シルキーで丸みのあるバノックバーンに近い。

✱ **Bendigo** ベンディゴ
　石英を含むシストの丘に畑が開発された地区。オタゴの中で最も**温暖**な地区の1つ。
　ピノ・ノワールは色が濃く、シスト由来のスパイシーさとミネラル感が感じられる。

✱ **Wanaka** ワナカ
　オタゴの中では**比較的冷涼**。

✱ **Alexandra** アレクサンドラ
　最も南に位置するサブリージョン。夏と冬の気温差が激しく乾燥した気候。

Waitaki Valley **North Otago** ワイタキ・ヴァレー・ノース・オタゴ	オタゴの北端、 カンタベリーとの境界となるワイタキ川南岸に沿う**新興産地**。

> 従来はセントラル・オタゴの一部に数えられていたが、石灰岩質が発見されたのをきっかけに注目され、G.I.誕生の際に、セントラル・オタゴとは異なる、単独の産地として制定された。

産地×代表的なワイナリー

産地		ワイナリー	
北島	Auckland（G.I.）	Kumeu（G.I.）	Kumeu River　クメウ・リヴァー
		Matakana（G.I.）	**Providence** プロヴィダンス
	Hawke's Bay（G.I.）		Mission Estate Winery　ミッション・エステート・ワイナリー
		Bridge Pa Triangle	Te Mata Estate　テ・マタ・エステート
	Wairarapa（G.I.）	Martinborough（G.I.）	**Ata Rangi** アタ・ランギ
南島	Marlborough（G.I.）		Gisen Wines　ギーセン・ワインズ
			Cloudy Bay クラウディ・ベイ ※創始者：デヴィット・ホーネン
	Canterbury（G.I.）		St. Helena　セント・ヘレナ
		Waipara Valley（G.I.）	Pegasus Bay　ペガサス・ベイ
			Daniel Shuster　ダニエル・シュスター
	Central Otago（G.I.）		Felton Road　フェルトン・ロード

Chapter 37　New Zealand
Food Culture

ニュージーランドの食文化

- 移民国家であることから、多様な食文化がみられる。

地方料理と食材　Cooking and Ingredients

料理名	内容
Hangi ハンギ料理	先住民マオリ族の伝統料理。 熱した石の上で葉や布でくるんだ食材を蒸し焼きにする。
Pavlova パヴロヴァ	メレンゲと生クリーム、フルーツを使った、 ニュージーランドの伝統的なスイーツ。

VINOLET

New Zealand
<< 主要産地（北島、南島）、産地×代表的なワイナリー、ニュージーランドの食文化

P.197»202

Chapter

38 南アフリカ

South Africa

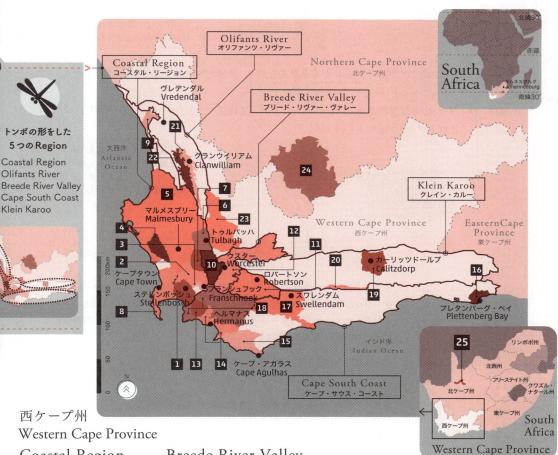

トンボの形をした
5つのRegion
Coastal Region
Olifants River
Breede River Valley
Cape South Coast
Klein Karoo

西ケープ州
Western Cape Province

Coastal Region
コースタル・リージョン

- 1 ■ Stellenbosch ステレンボッシュ
- 2 ■ Paarl パール
- 3 ■ Franschhoek / Franschhoek Valley フランシュフック / フランシュフック・ヴァレー
- 4 ■ Darling ダーリン
- 5 ■ Swartland スワートランド
- 6 ■ Tulbagh トゥルバッハ
- 7 ■ Wellington ウェリントン
- 8 ■ Cape Town ケープタウン
- 9 ■ Lutzville Valley ルツヴィル・ヴァレー

Breede River Valley
ブリード・リヴァー・ヴァレー

- 10 ■ Breedekloof ブリードクルーフ
- 11 ■ Robertson ロバートソン
- 12 ■ Worcester ウスター

Cape South Coast
ケープ・サウス・コースト

- 13 ■ Elgin エルギン
- 14 ■ Walker Bay ウォーカー・ベイ
- 15 ■ Cape Agulhas ＊最南端 ケープ・アガラス
- 16 ■ Plettenberg Bay プレタンバーグ・ベイ

- 17 ■ Swellendam スワレンダム
- 18 ■ Overberg オーヴァーバーグ

Klein Karoo
クレイン・カルー

- 19 ■ Calitzdorp カーリッツドールプ
- 20 ■ Langeberg-Garcia ランゲバーグ・ガルシア

Olifants River
オリファンツ・リヴァー

- 21 ■ Citrusdal Valley シトラスダル・ヴァレー
- 22 ■ Citrusdal Mountain シトラスダル・マウンテン

No Region
独立した地区

- 23 ■ Ceres Plateau セレス・プラトー

北ケープ州
Northern Cape Province

- 24 ■ Sutherland-Karoo サザーランド・カルー
- 25 ■ Central Orange River セントラル・オレンジ・リヴァー

203

DATA   South Africa

ブドウ栽培面積 ····· 約8.8万ha
ワイン生産量 ······· 約786万hℓ、世界第7位（2023年）
　　　　　　　　　生産量の<u>約半数</u>を輸出（うち約6割はバルクで輸出）
気候 ··············· <u>地中海性</u>気候

> 公用語は11カ国語が認められているが、共通言語として最も重要なのは英語、次いで"アフリカーンス語"。
> （南アフリカの産地名に、微妙に読みづらいものが多いのはこのため）

概要

- ワイン造りは360年以上にわたる歴史を誇り、環境と人に配慮したワイン造りを行うニューワールドワインのリーディングカントリー。
- 南アフリカは世界最大のフェアトレードワイン生産国で、世界のフェアトレードワインの売り上げの80％以上を占める。

> 新世界のワイン生産国の中で最も歴史が長い。

> 公正貿易。途上国の生産者に公正な賃金や労働条件を保証した価格で商品を購入することで、途上国の自立や環境保全を支援する国際協力の新しい形態。

歴史   History

時代	主な出来事
1655年	オランダ東インド会社の <u>Jan van Riebeeck</u> ヤン・ファン・リーベックがケープタウンでブドウ栽培を開始。この時に <u>Steen</u> スティーンがもたらされた。当時のケープタウンは、インドやその周辺地域に向かう商船の食品供給の寄港地とされていた。
1659年	最初のワインが誕生する。<u>ヤン・ファン・リーベック</u>が「ケープのブドウから最初のワインが造られた」ことを記録。
1685年	フランスでナントの勅令が廃止され、宗教迫害を受けた<u>ユグノー派</u>のフランス人が入植を開始。多くはロワール地方出身者で、生活必需品としてワインを造り始めた。総領事シモン・ファン・デル・ステルがフォルス湾に面した渓谷を<u>コンスタンシア</u>と名付け、ブドウを植樹。
1726年	<u>コンスタンシア</u>産甘口ワイン「<u>Vin de Constance</u> ヴァン・ド・コンスタンス」の輸出開始。18〜19世紀にかけてナポレオンをはじめとするヨーロッパ貴族らに愛された。
1886年	<u>フィロキセラ</u>が発生。
1918年	南アフリカのワイン産業を守るため、「南アフリカブドウ栽培者協同組合（<u>KWV</u>）」が設立。

> **ナントの勅令**
> 1598年、ユグノーなどのプロテスタント信徒に対してカトリック信徒とほぼ同じ権利を与えた。しかし、1685年ルイ14世は「フォンテーヌブローの勅令」によりこの勅令を廃止。これによって、プロテスタントの大半は国外へ逃れ、商工業の担い手を失ったフランスの衰退を招くことになった。

> **混同しないように！**
> **KWV**
> 南アフリカブドウ栽培者協同組合
> **KMW**
> Klosterneuburger Mostwaage（オーストリアでの果汁糖度を計る単位）

KWVとは、アフリカーンス語の "Koöperatieve Wijnbouwers Vereniging van Zuid-Afrika" の頭文字の一部を取ったもの。KWVの設立により、国をあげて産業として、ワインの品質向上や輸出増進へと取り組むようになった。1997年、KWVは組織改革を行い、株式会社として再スタートを切った。南アフリカ最大の輸出業者であり、指導者であり、政府機関とも緊密な連携を取りながら、南アフリカ産業のリーディングワイナリーとして大きな役割を果たしている。

時代	主な出来事
1925年	ステレンボッシュ大学の<u>Abraham Perold アブラハム・ペロード</u>博士により、<u>ピノタージュ</u>（ピノ・ノワール×サンソー）が誕生する。
1963年	ステレンボッシュ大学のCJオルファー教授により、<u>Steen スティーン</u>が<u>シュナン・ブラン</u>と同一品種であることが認められた。
1971年	南アフリカ初のワインルート「<u>ステレンボッシュ・ワインルート</u>」が整備される。
<u>1973</u>年	原産地呼称制度 Wine of Origin（<u>W.O.</u>）を制定。
1986年	<u>コンスタンシア</u>の伝説の甘口デザートワイン「<u>Vin de Constance ヴァン・ド・コンスタンス</u>」が復活。
1994年	ネルソン・マンデラ氏の大統領就任によりアパルトヘイトが撤廃され、海外市場に向けた積極的な取り組みを強化。ワインの輸出量はこの20年間で約20倍になっている。
1998年	減農薬や減酸化防止剤、リサイクルの徹底や水源の維持などを盛り込んだガイドライン「環境と調和したワイン生産」（<u>IPW</u>）を制定。
2002年	ワイン産業に従事する労働者の<u>労働環境改善</u>を目的とする「ワイン産業倫理貿易協会（<u>WIETA</u> ヴィエタ Wine & Agricultural Industry Ethical Trade Association）」が設立される。
2004年	ワイン生産地の9割が含まれる「<u>ケープ植物区</u>」がユネスコ世界自然遺産に登録。「生物多様性とワインのイニシアティブ」（BWI）※を提唱し、貴重な植物群を尊重したブドウ栽培を行う。※現在は、Conservation Champion コンサヴェーション・チャンピオンに改名。
2010年	2010年ヴィンテージから世界で初めてサステイナビリティ（持続可能性）を保証するシールを採用。

ワインルートとは？
歴史的な街並みや自然の景観と一つになったブドウ畑とワイナリーは、ワインルートと呼ばれる観光ルートとなっており、現在南アフリカには23カ所のワインルートが存在する。

気候風土

- 産地は<u>南緯27〜34</u>度に位置し、東は<u>インド洋</u>、西は<u>大西洋</u>に面している。
- 大半が<u>地中海性</u>気候で、ブドウの生育期は温暖で乾燥し、冬は冷涼だが霜害はほとんどない。
- 西ケープ州は南極からの冷たい海流と、インド洋からの暖かいアガラス海流が合流し、大西洋へと北上する<u>Benguela ベンゲラ</u>海流（<u>寒流</u>）の影響により、緯度のわりには冷涼。
- また、春から夏にかけて<u>西ケープ</u>州には「<u>Cape Doctor ケープドクター</u>」や「South Easter サウスイースター」と呼ばれる強い乾燥した風が南東から吹く。夏の間も、インド洋からの冷たい風が地表を冷やし、病害を防ぐため、防虫剤や防カビ剤の使用を最小限に抑えられる。
- 海岸から50km以内に産地の多くがあり、日中は大西洋とインド洋からの冷たい潮風の影響によって、夜は霧が立ち込め、湿り気を帯びた風が吹く。
- 土壌は世界最古といわれている。

一般的に海岸から50kmまでが、海の影響が届く範囲だと言われる（地形にもよる）。

「ワイン産地に吹く風」
- <u>Mistral</u> ミストラル：ローヌ地方、プロヴァンス地方（フランス）
- <u>Tramontane</u> トラモンタン：ラングドック地方（フランス）
- <u>Sirocco</u> シロッコ：シチリア州（イタリア）
- <u>Zonda</u> ソンダ：アルゼンチン
- <u>El Laco</u> エル ラコ：チリ
- <u>Cape Doctor</u> ケープ ドクター：西ケープ州（南アフリカ）
- <u>Fremantle Doctor</u> フリーマントル ドクター：西オーストラリア州（オーストラリア）

主なブドウ品種

- 栽培されるブドウの比率は、白ブドウ約55%、黒ブドウ約45%。
- 白の代表品種は、かつて <u>Steen</u> スティーンと呼ばれていた**シュナン・ブラン**で、栽培面積は**世界一**を誇る。
- 赤品種は、南アフリカ独自のブドウとして**ピノ・ノワール**と**サンソー**の交配種である「**ピノタージュ**」が有名。

> 世界的にシュナン・ブランの代表産地として有名なのは、
> ① 南アフリカ
> ② ロワール地方（フランス）
> であるが、ロワール地方の約2倍の栽培面積を誇るのが南アフリカ。

ブドウ栽培面積順位

白ブドウ	順位	黒ブドウ
<u>**Chenin Blanc**</u> シュナン・ブラン = <u>Steen</u> スティーン　＊全体1位	1位	<u>**Cabernet Sauvignon**</u> カベルネ・ソーヴィニヨン
Sauvignon Blanc ソーヴィニヨン・ブラン	2位	Shiraz シラーズ / Syrah シラー
<u>**Colombard**</u> コロンバール	3位	<u>**Pinotage**</u> ピノタージュ = [<u>**Pinot Noir**</u> ピノ・ノワール × <u>**Cinsaut**</u> サンソー]
Chardonnay シャルドネ	4位	Merlot メルロ
<u>**Muscat of Alexandria**</u> マスカット・オブ・アレキサンドリア	5位	<u>**Ruby Cabernet**</u> ルビー・カベルネ

> Ruby Cabernet
> = CS × Carignan カリニャン
> 1936年、カリフォルニア大学 Harold Olmo ハロルド・オルモ教授が発明。

「印象的な交配品種」

- <u>**Rubin**</u> ルビン ： Syrah シラー × Nebbiolo ネッビオーロ（ブルガリア）
- <u>**Marselan**</u> マルスラン ： CS × Grenache Noir グルナッシュ・ノワール（ウルグアイ）
- <u>**Arinarnoa**</u> アリナルノア ： Tannat タナ × CS（ウルグアイ）
- <u>**Pinotage**</u> ピノタージュ ： PN × Cinsaut サンソー（南アフリカ）

ブレンドについて

- 単一品種だけでなくブレンドワインも多い。

名称	内容・特徴	
Bordeaux Blend ボルドーブレンド	白	ソーヴィニヨン・ブランとセミヨン。
	赤	カベルネ・ソーヴィニヨンやメルロ主体。最も多い。
Rhone Blend ローヌブレンド ※フランスでは「Rhône」だが、南アフリカでは「Rhone」とアクサンが付かない。	赤	<u>シラー</u>を主体にムールヴェードルや<u>グルナッシュ</u>をブレンド。近年人気を増している。
Cape Blend ケープブレンド ※法的規則はなく、生産者の間で呼ばれている名称。	白	<u>シュナン・ブラン</u>主体。
	赤	<u>ピノタージュ</u>主体（30〜70％）。

> ケープブレンドとは？
> 南アフリカを代表するブドウを主体としたブレンドのこと。

206

ワイン法

- **1973**年、南アフリカのワイン法 **Wine of Origin**（**W.O.**）原産地呼称制度が制定。
- ワインの産地を法的に保証するだけではなく、品種やヴィンテージについても規定し、保護している。
- ワイン法に準じた原産地呼称を持つワインの量は、全生産量のおよそ**60**％。

ラベル表記	
W.O.産地名表記	**100**％
ブドウ品種表示	**85**％以上
収穫年表示	**85**％以上

W.O.認定単位	対訳	備考
GU（**Geographical Unit**）	州域	2023年8月、北西州が登録され7州となった。
Region	地域	
District	地区	
Ward（ウォード）	小地区	

> **西ケープ州が中心**
> 大きく7州にわかれるが、ワイン産地のほとんどが「西ケープ州」に集まっており、試験対策上もここが中心となる。

> 聞き慣れないが、東京23区の"区"はWardという。（※ウォードは南アフリカでしか使用されていない）

サステイナビリティ認証保証シール

- **2010**年ヴィンテージより、世界で初めてサステイナビリティ（持続可能性）を保証するシールを採用。ワインの品質保証およびトレーサビリティも担保する。
- 近年、カーボンフットプリントの削減に向け、軽量ボトルの採用にも積極的。
- 現在、W.O.認証ワインの約94％がサステナブルシールを添付する要件を満たしている。

> 「炭素の足跡」
> 企業などが活動していく上で、排出される二酸化炭素などの温室効果ガスの出所を調べて把握すること。

オールド・ヴァイン・プロジェクト（OVP）

- 高樹齢の畑を保護する活動を行う組織。
- Rosa Kruger ロサ・クルーガーが2002年から始めた古木のブドウ畑に対する調査が、2016年に組織化したものである。
- 樹齢35年以上の認定ブドウ畑から造られるワインに、植樹年を記したシールを取り付けることができる。

キャップ・クラシック

- スパークリングワインでは、伝統的製法（**瓶内二次**発酵）によって生産される「**キャップ・クラシック**（**MCC**＝**Méthode Cap Classique** メトード・キャップ・クラシック）」がここ最近大きな成功を収めている。
- 1992年にキャップ・クラシック生産者協会（CCPA）が設立され、現在52ワイナリーが加盟。
- 使用可能品種の規定はなく、シュナン・ブランやピノタージュを使用したMCCも生産されているが、CCPAはシャンパーニュ主要3品種（**シャルドネ**、**ピノ・ノワール**、**ムニエ**）の使用を推奨している。
- 2023年より、キャップ・クラシックを名乗る全てのワインは瓶内熟成期間を最低**12**ヵ月とすることが法律で定められた。

主要産地

Geographical Unit (GU)

産地	特徴
Western Cape 西ケープ州	国内6つの州のワイン生産量の**9**割が**西ケープ**州に集中している。
Northern Cape 北ケープ州	国内最大面積で、州域を流れるオレンジ川が重要な灌漑用水の供給源となっている。 9割近くが**白**ブドウ品種で、そのうちコロンバールが5割を占める。 南アフリカで最も**標高が高く**、大陸性の気候を持つ「**サザーランド・カルー**地区」が注目されている。
Kwazulu Natal クワズル・ナタール州	2005年、同州のツーリスト向けワインを造る小規模生産者のために、新たに「州」として認められた。
Free State フリーステイト州	ヨハネスブルグの南西に位置する内陸の州で、元々コーンやジャガイモの産地であったが、近年ワインの生産を始める生産者がわずかに登場し、新たに原産地呼称に加わった。
Limpopo リンポポ州	一部地域でワインが生産されるが、量は非常に少ない。
Eastern Cape 東ケープ州	

試験対策上も9割が西ケープ州に集中していると考えてよい。

※2022年、**Lanseria ランセリア**が州域、地域、地区制定のない小地区（Ward）として登録された。

西ケープ州　　Western Cape

原産地呼称認定産地

各産地（District）が、トンボの形をした5つのリージョンの内どこに属しているかを覚え、また説明文の中のキーワードから該当する産地を選べるようにしよう！

地域 (Region)	地区 (District)
Coastal Region コースタル・リージョン ステレンボッシュをはじめとする主要地区が集まる、南アフリカワイン生産の**中心地**。大西洋に近い沿岸部では、冷たい**海洋**の影響を受ける。内陸部は安定した**地中海性**気候。土壌は多様で、主に火山性の花崗岩、片岩、砂岩ベースが多い。	**Stellenbosch** ステレンボッシュ ケープタウンに次いで2番目に古い街で、17世紀半ばに遡るワイン造りの伝統を誇る。ワイン教育や研究におけるハブでもあり、**ステレンボッシュ**大学はブドウ栽培と醸造学の学位が受けられる同国唯一の大学。 1971年に同国**初のワインルート**が設立された。 伝統的なワイナリーから近代的なワイナリーまで200以上ある。 8つのサブリージョンを有し、フォルス湾からの距離、複雑な地形による多様なテロワールが存在する。 **Paarl** パール ステレンボッシュの北に位置する。 南アフリカでも2番目に**古い**ワインルートがある。 地名の由来となったパールロックはオーストラリアのウルル（エアーズロック）に次ぐ規模の巨大な一枚岩。 山頂が丸く、早朝には光の中で**真珠**のように輝くことからその名がつけられた。 地中海性気候。

西ケープ州

地域(Region)	地区 (District)

Coastal Region
コースタル・リージョン

Franschhoek フランシュフック /
Franschhoek Valley フランシュフック・ヴァレー

17世紀に入植したユグノー派の**フランス**移民に由来する地名で、街並みやレストランにもフランスの影響が強く感じられる**グルメタウン**。**キャップクラシック**（**MCC**）の産地として名高い。

Darling ダーリン

高品質なソーヴィニヨン・ブランの先駆者的存在。

Swartland スワートランド

総面積としては西ケープ州で**最大**の地区。
年に一度大地を黒く埋めつくすレノスタルボス（ライノブッシュ）という硬い植物にちなんで、スワートランド（**黒の大地**）の名がつけられた。
伝統的にフルボディの赤ワインや酒精強化ワインが造られてきたが、**シュナン・ブラン**や地中海品種とのブレンドの赤・白でも知られるようになった。
暑く乾燥した地中海性気候。
近年テロワールを反映した高品質なワインを目指す生産者が「スワートランド・インデペンデント・プロデューサーズ（**SIP**）」を結成。
2022年、新たにPorseleinberg ポルセレインベルグとPiket-Bo-Berg ピケット・ボ・ベルグが加わり、さらに2023年、St.Helena Bay セント・ヘレナ・ベイがスワートランド地区に組み込まれることとなったため、小地区は8つ。

Tulbagh トゥルバッハ

三方を山々に囲まれた谷に位置し、多様なミクロクリマに恵まれているため、小規模生産者やブティックワイナリーが多い。
自然がもたらす冷却効果「**コールドトラップ**」が特徴。
渓谷内に夜間の冷たい空気が1日中残るため冷涼になる。

Wellington ウェリントン

山と谷が複雑に入り混じり、
ユニークな**メソ**気候（狭い地域での異なる気候）に恵まれている。
国内で使う**苗木**の85％以上を供給。

Cape Town ケープタウン

2017年ケープ・ペニンシュラ地区が廃止され、新たに追加された地区。
＜小地区（Ward）＞ **コンスタンシア**
南アフリカで最も歴史のあるワイン産地の1つ。
サイモン・ファン・デル・ステルが17世紀に農園を築き、
後に**デザートワイン**「**ヴァン・ド・コンスタンス**」が誕生、
18～19世紀にかけて
ナポレオンなどのヨーロッパ貴族に愛された。

Breede River Valley
ブリード・リヴァー・ヴァレー

栽培面積は国全体の**1/3**を占める。
灌漑施設の整備と
低温発酵技術の進化、
ブランデー産業の成長により、商業的成功をおさめた。
シュナン・ブラン、
コロンバールの主要産地。

Robertson ロバートソン

石灰質が豊富な土壌。
栽培面積は**コロンバール**が最大だが、良質な**シャルドネ**に定評があり、近年はソーヴィニヨン・ブランも注目される。
キャップ・クラシックも高評価。
古くから**酒精強化**ワインにも定評がある。

Worcester ウスター

200年近い歴史を持つ、ブリード・リヴァー・ヴァレー地域の中心地。
コストパフォーマンスのよい赤・白ワインに加え、**酒精強化**ワインも有名。
ブランデーの一大産地。
世界最大規模を誇る「KWV」の**ブランデー**蒸溜所がある。

Breedekloof ブリードクルーフ

> キャップ・クラシックで言及されている産地は2つある。
> ① **フランシュフック**
> ⇒「キャップ・クラシックの産地として名高い」
> ② **ロバートソン**
> ⇒「キャップ・クラシックも高評価」

Chapter 38 南アフリカ

209

西ケープ州

地域 (Region)	地区 (District)
Cape South Coast ケープ・サウス・コースト 西ケープ州**最南端**。近年注目されている産地。**ピノ・ノワール、シャルドネ、ソーヴィニヨン・ブラン**に取り組むブティックワイナリーも多く、良質なワイン産地として期待される。	**Elgin** エルギン 標高300m付近の起伏のある土地で、**冷涼**な気候を生かした高品質なブドウ栽培が行われており、**昼夜の寒暖差**がエレガントで風味豊かなワインを生む。特に、**ソーヴィニヨン・ブラン**の評価が高い。大西洋から**20**km以内に位置し、冷たい海風や雨雲によって、真夏でも最高気温30℃を超えることは珍しい。リンゴや洋梨の栽培が多く、**Appletiser® アップルタイザー**の故郷でもある。世界で初めて生物多様性を謳ったワインルート「Green Mountain Eco Route グリーンマウンテンエコルート」の一部でもある。
	Walker Bay ウォーカー・ベイ ホエールウォッチングで有名な海辺のヘルマナスやスタンフォードの街を含む地区。冷たい海風による**冷涼**な気候が特徴の**海洋性**気候。土壌は頁岩と砂岩が中心で、シュナン・ブラン、**ピノタージュ**に加え、ローヌ品種も多く植えられている。1975年設立のHamilton Russell ハミルトン・ラッセルが、南アフリカにおけるピノ・ノワールの先駆者。
	Cape Agulhas ケープ・アガラス アフリカ**最南端**に位置。**アガラス平原**は世界で最も多様な土壌。ポテンシャルが高く評価されている。**ソーヴィニヨン・ブラン**の適地として知られ、**セミヨン**、シラーの可能性も期待されている。
	Overberg オーヴァーバーグ
Klein Karoo クレイン・カルー 年間降水量200mm以下の非常に乾燥した地域。有機栽培が可能。**マスカット**の甘口ワインで成功、近年ソーヴィニヨン・ブラン、ピノ・ノワールの栽培が増えている。	**Calitzdorp** カーリッツドールプ **ポート**スタイルの**酒精強化**ワインの産地。近年、メルロから飲みやすいタイプの赤ワインや、シラーから本格的なワインも増えている。**ブランデー**の産地としても有名。
Olifants River オリファンツ・リヴァー オリファンツ川沿いに南北に広がる比較的温暖な産地。	**Citrusdal Valley** シトラスダル・ヴァレー オリファンツ川の南、かんきつ類を生産。キャノピーマネジメントが徹底しており、手ごろな価格で高品質なワインを生産する。
	Citrusdal Mountain シトラスダル・マウンテン

南アで今最も注目されている"クールクライメット"の産地が
① エルギン
② ウォーカー・ベイ
である。

北ケープ州　Northern Cape

地域 (Region)	地区 (District)
(No Region)	**Sutherland-Karoo** サザーランド・カルー 南アフリカで最も標高が**高く、大陸性**気候の注目産地。

Chapter 38 South Africa

Food Culture
南アフリカの食文化

- 「レインボーネイション」（虹の国）とも呼ばれる多民族国家の南アフリカは、料理もバラエティ豊か。
- ケープタウンを中心に、ワイン産地の周辺には洗練されたファインダイニングも多く、世界の美食家を魅了している。

地方料理と食材 — Cooking and Ingredients

料理名	内容
Bobotie ボボティ	挽き肉を甘さとスパイスを効かせて煮込んだ、Cape Malay ケープ・マレー料理*の代表的な料理。
Braai ブライ	ワニ、インパラ、ダチョウなどのゲームミートを使ったバーベキュー。
Biltong ビルトン	牛やダチョウ、鹿肉で作るジャーキー。
Boerewors ブルボス	スパイスで味付けされた長いソーセージをぐるぐる巻いたもの。

*Cape Malay ケープ・マレー料理：かつてオランダ人入植者が連れてきたマレー系の人々が、アジアのスパイスやアフリカの食材でヨーロッパ料理をアレンジして作った料理。南アフリカの国民食。

新世界"はじまりの登場人物"

Robert Mondavi ロバート・モンダヴィ （カリフォルニア州/アメリカ）	「近代カリフォルニアワインの父」。
David Lett デイヴィッド・レット （オレゴン州/アメリカ）	「オレゴン・ピノ・ノワールの父」にしてジ・アイリー・ヴィンヤーズの創設者。
Charles Fournier & Dr. Konstantin Frank シャルル・フルニエ & コンスタンティン・フランク博士 （ニューヨーク州/アメリカ：1961年）	フィンガー・レイクス地方で、ヴィティス・ヴィニフェラを使った最初の商業的ワインを製造。
Johann (John) Schiller ヨハン（ジョン）・シラー （オンタリオ州/カナダ：1811年）	オンタリオ州でワイン造りをはじめた。
Jan van Riebeeck ヤン・ファン・リーベック （南アフリカ：1655年）	ケープタウンでブドウ栽培を開始。
Arthur Phillip アーサー・フィリップ大佐 （オーストラリア：1788年）	シドニーにブドウ樹を持ち込んだ。
Samuel Marsden サミュエル・マースデン （ニュージーランド：1819年）	オーストラリアから持ち込んだブドウの苗木を、北島のベイ・オブ・アイランズのKerikeri ケリケリに初めて植樹。
James Busby ジェームズ・バズビー （オーストラリア：1825年、ニュージーランド：1836年）	（AUS）ニュー・サウス・ウェールズ州ハンター・ヴァレーに本格的なブドウ園を開設。（NZ）北島ノースランドのワイタンギに開いた畑から初めてワインを生産。
John Riddoch ジョン・リドック （南オーストラリア州/オーストラリア：1890年）	クナワラでブドウを植樹。ペノーラという土地を開拓。

Chapter 39 酒類飲料概論

日本酒・焼酎、その他ワイン以外の酒類

醸造技術について

- 酒類の醸造方法には**単**発酵、**単行複**発酵、**並行複**発酵という分類がある。

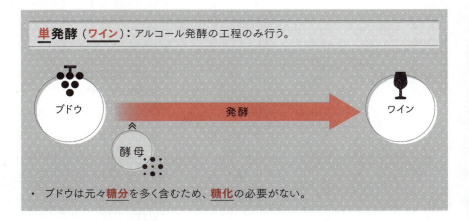

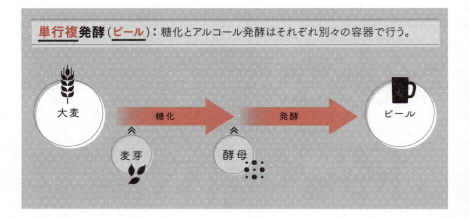

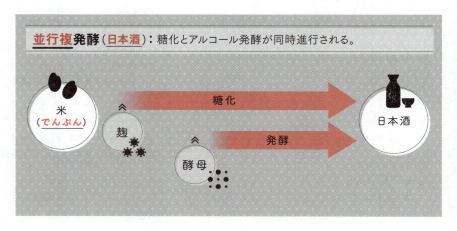

並行複発酵

- 日本酒造りには**並行複**発酵が用いられる。
- 米に含まれる**でんぷん**を麹菌の力によって糖化し、糖化を行いながら、同じ発酵容器内で酵母はアルコール発酵を行っている。**糖化作用**と**アルコール発酵**が同時進行される。
- アルコール発酵とは、酵母による糖分の分解によるものだが、酵母は糖分しか分解できない。
- ワイン醸造のように、原料に最初から糖分が含まれていればすぐに発酵することができるが、米が原料の日本酒の場合、米のままでは糖分が少ないので、まず米に含まれる「**でんぷん**」を「糖」に分解する必要がある。

> **日本酒のアルコール度数が高い理由**
> 糖化によって得られた糖分を逐次アルコール発酵し、アルコール生成の効率が良いため、アルコール度数が高くなりやすい。

日本酒

日本酒の定義

- 酒税法上の表記は「清酒（せいしゅ）」と呼ばれる。
- 酒税法による「日本酒」とは、原料により以下の3種類に定義されている。

① **米、米麹（こめこうじ）、水** ≫ 原料を発酵させ、漉（こ）したもの。

② 米、米麹（こめこうじ）※1、水、清酒粕（せいしゅかす）、その他「政令で定める物品」 ≫ 原料を発酵させ、漉（こ）したもの。

③ 清酒に清酒粕（せいしゅかす）を加え、漉（こ）したもの。

※①〜③の日本酒造りにおいて、必ず**漉（こ）す**。
※**アルコール分はいずれも22度未満でなければならない。**

> 意外に高いことに注意！

- **漉（こ）す**とは、酒類の醪（もろみ）※2を**液状**部分と**粕（かす）**部分とに分離する行為のこと。漉したものを清酒（せいしゅ）と呼ぶことができる。
- 漉す方法に関しては決まりがなく、目の粗い漉し器を用いたにごり酒など、滓（おり）が多分に含まれているものも清酒となる。
- 漉（こ）すことをしない「**どぶろく**」は清酒に含まれない。
- 「日本酒」は2015年より地理的表示（G.I.）によって保護された呼称で、日本国内で日本産米を使用して醸造されたものに限って名乗ることができる。

※1 米麹（こめこうじ）とは、麹菌が繁殖したお米のことで、糖化酵素を有し、米（蒸米）を甘くさせる。
※2 醪（もろみ）とは、発酵中のお粥状態の液体のこと。

日本酒の特性

1 幅広い飲用温度

- 日本酒の飲み方には、冷酒、そのまま（常温）、燗酒があり、飲用温度は6～60℃ほどと幅広い。
- 冷蔵庫普及前は「冷や※1」か「燗※2」の区別しかなかったが、冷蔵庫が普及し、温度帯にさらに幅が出来た。
- **40**℃前後のぬる燗が、人の舌がうまみや甘みを最も強く感じる温度とされる説もある。
- **50**℃以上の燗にしても味わいのバランスが崩れないことを目指した商品もある。
- 近年、火入れ（加熱殺菌）しない生酒を始め、日本酒を冷やして飲むスタイルが定着し、氷結酒であるシャーベット状の「みぞれ酒」なども登場している。
    - ※1 日本酒において「冷や」とは、「常温」を意味する。
    - ※2 燗又はお燗とは、酒を適度にあたためること、またはそのあたため加減。

2 造りによる分類

- **新酒**
秋に収穫した米を晩秋から冬の間に仕込み、初冬～早春に出荷。

> ① ひと夏熟成させ秋に出荷される。
> ② 二度目の（出荷前の）火入れをしない。
> ※論述試験で出題履歴あり。

> 稲刈りの時期は、9月が最盛期。ブドウの収穫時期は9～10月。

- **ひやおろし**※
新酒をひと夏熟成させて、二度目の（出荷前の）**火入れ**をせずに、**秋**（9～11月）に出荷したもの。
ひと夏越すことで、味わい成分がなじみ、うまみ、まろみを育み、酒質が向上する。
→「**秋上がり**」「**秋晴れ**」と呼ばれる。穏やかな香り、滑らかな口当たり、とろみのある濃密な味わいになる。造りや貯蔵環境が悪いと夏をうまく越せずに酒質が低下することもあり、「**秋落ち**」という。

> 外気と貯蔵室の温度が同じくらいになる頃に出荷する際、日本酒で常温を意味する「冷や」の状態で「おろす」ことから"ひやおろし"（別名：秋上がり）と呼ばれるようになった。

- **樽酒**
搾った酒を樽に詰め、木の香りが程よく移ったころに瓶詰めする。

- **貴醸酒**
仕込み水の一部、もしくは全部に**日本酒**を用いて発酵させる**甘口**酒。
酒類総合研究所の前身、国税庁醸造試験所が**1973**年に開発。

> 名前の由来は「貴腐ワイン」から。

- 日本酒は複雑な醸造工程を経るため、杜氏※1を始めとして蔵人※2の技術力に酒質が大きく左右される。
米の品種、水、土壌、気候、年ごとの米の作柄も造りに反映される。
    - ※1 杜氏：醸造長、ワインにおけるチーフワインメーカーのこと。
    - ※2 蔵人：日本酒を造る人。

3 アミノ酸によるうまみ

- 日本酒には糖類や有機酸類（リンゴ酸、乳酸、コハク酸など）、窒素化合物（アミノ酸など）、ビタミン、ミネラルなど微量物質が多く含まれる。
これらは原料の米由来の成分が多いが、麹菌や酵母の働きによって造り出されるものもある。
- 豊富に含まれるアミノ酸（アラニン、アルギニン、グリシン、グルタミン酸など）が日本酒に旨味やコクを与えている。
これらの旨味成分があるため、日本酒は調味料としても活躍している。

> 同じ醸造酒と比べてみると、そのアミノ酸含有率はビール「1」に対し、ワインは「3」、日本酒は「8」とケタはずれに多い。

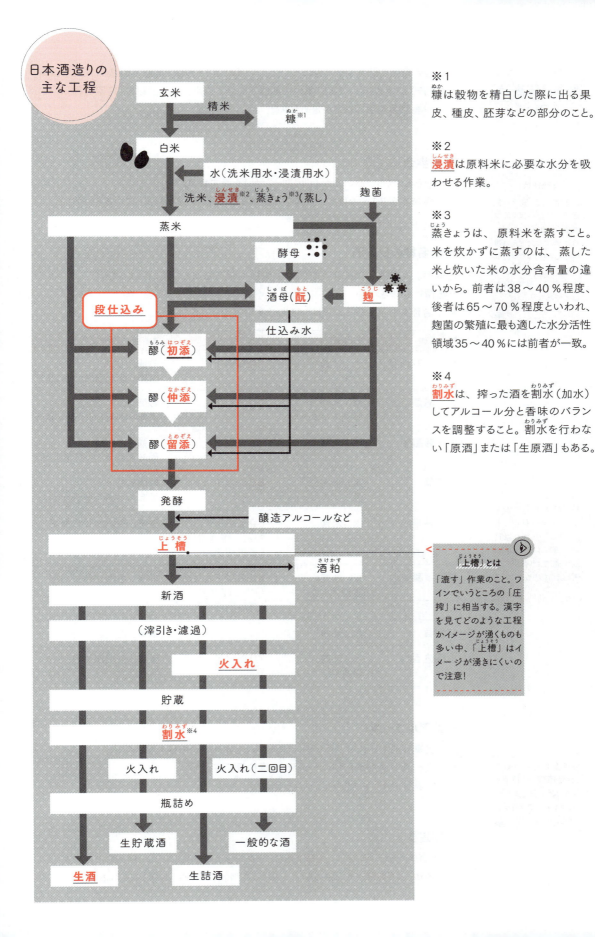

日本酒造りの主な工程

※1
糠は穀物を精白した際に出る果皮、種皮、胚芽などの部分のこと。

※2
浸漬は原料米に必要な水分を吸わせる作業。

※3
蒸きょうは、原料米を蒸すこと。米を炊かずに蒸すのは、蒸した米と炊いた米の水分含有量の違いから。前者は38〜40％程度、後者は65〜70％程度といわれ、麹菌の繁殖に最も適した水分活性領域35〜40％には前者が一致。

※4
割水は、搾った酒を割水（加水）してアルコール分と香味のバランスを調整すること。割水を行わない「原酒」または「生原酒」もある。

「上槽」とは
「漉す」作業のこと。ワインでいうところの「圧搾」に相当する。漢字を見てどのような工程かイメージが湧くものも多い中、「上槽」はイメージが湧きにくいので注意！

Chapter 酒類飲料概論

製法品質表示について

- 日本酒の商品に記載する内容について、<u>1989</u>年11月に「清酒の製法品質表示基準」（国税庁）が定められ、2003年の一部改正を経て適用、以下記載の「特定名称」の表示基準や表示義務事項などが定められた。

精米歩合

- 玄米からどのくらい<u>磨いたか</u>（<u>削り取ったか</u>）を表す数値。
  例：精米歩合70％の場合、玄米を外側から30％除き、70％残っているということ。

> **精米とは？**
> 米を磨くこと。玄米は表層近くにたんぱく質や脂質などが多く含まれ、日本酒にしたときの雑味になりやすいため。ちなみに、飯米の精米歩合は、通常92％ほどである。

特定名称の日本酒

- 吟醸酒、純米酒、本醸造酒のことで、原料や製造法などの違いによって<u>8</u>種類に分類されている。
- 特定名称を表示する日本酒は、麹米の使用割合が<u>15</u>％以上。

特定名称	使用原料	精米歩合	香味等の要件
純米大吟醸酒	米、米麹	<u>50</u>％以下	吟醸造り 固有の香味、色沢が特に良好
大吟醸酒	米、米麹、醸造アルコール	<u>50</u>％以下	吟醸造り 固有の香味、色沢が特に良好
純米吟醸酒	米、米麹	<u>60</u>％以下	吟醸造り 固有の香味、色沢が良好
吟醸酒	米、米麹、醸造アルコール	<u>60</u>％以下	吟醸造り 固有の香味、色沢が良好
特別純米酒	米、米麹	<u>60</u>％以下または特別な醸造方法（要説明表示）	香味、色沢が特に良好
特別本醸造酒	米、米麹、醸造アルコール	<u>60</u>％以下または特別な醸造方法（要説明表示）	香味、色沢が特に良好
純米酒	米、米麹		香味、色沢が良好
本醸造酒	米、米麹、醸造アルコール	<u>70</u>％以下	香味、色沢が良好

> 特に決められておらず、それが「特別である」と認められれば良い。（例えば、発酵日数が通常より長い、木槽による絞りなど）

醸造アルコール

- 醪に適量添加すると、より香り高く、すっきりとした味わいの日本酒になる。
- 特定名称酒の使用量（アルコール分95度換算の重量）は、白米の重量の<u>10</u>％より多くてはならない。

> 品評会に出品される「大吟醸酒」に使用されるなど、決してネガティブなものではないということ！

吟醸造り

- 「吟醸造り」とは、「<u>吟味して醸造する</u>ことをいい、伝統的に、よりよく精米した白米を<u>低温でゆっくり発酵</u>させ、粕の割合を高くして、特有な芳香（吟香）を有するように醸造すること」（国税庁）。

地理的表示（G.I.）について

- 国が地域ブランドとして保護する制度。G.I.は国内のみならず、WTO世界貿易機関加盟国においてもその保護が約束されている。

年月日	G.I.指定
2005年12月	加賀菊酒の伝統を持つ「白山（はくさん）」（石川県白山市）が指定される。
2015年12月	「日本酒」を指定。
2016年12月	「山形」が指定。都道府県単位での指定は清酒では初。
2018年6月	兵庫県の「灘五郷（なだごごう）（西郷、御影郷、魚崎郷、西宮郷、今津郷の総称）」を指定。北は六甲連峰、南は大阪湾に臨む地域。
2020年3月	「はりま」（兵庫県）が指定。
2020年6月	「三重」が指定。 ＊冬季には「鈴鹿おろし」などの乾いた冷たい季節風が吹き、酒造りに適した冷涼な気候をもたらす。
2020年9月	「和歌山梅酒」（和歌山県）がリキュール（その他の酒類）で全国初の指定。
2021年1月	「利根沼田」（群馬県沼田市、利根郡片品村、川場村、昭和村、みなかみ町）が指定される。
2021年3月	「萩」（山口県萩市、阿武郡阿武町）を指定。 ＊長門市の大津杜氏が酒造りを広めた。
2021年4月	「山梨」が指定。（「ぶどう酒」のG.I.は2013年に指定済み。） ＊県内の特定の水系（南アルプス山麓、八ヶ岳山麓など）で採取された水を仕込み水として使用する。
2021年6月	「佐賀」を指定。 ＊12、13世紀頃、「肥前酒」の名で鎌倉幕府に献上された伝承が残る。
2021年6月	「長野」が「ぶどう酒」のG.I.と同時に指定。
2022年2月	「新潟」を指定。
2022年4月	「滋賀」を指定。
2023年6月	「信濃大町（しなのおおまち）」を指定。
2023年9月	「岩手」を指定。
2023年11月	「静岡」を指定。
2024年8月	「南会津」を指定。

麹について

- 麹は、蒸米（麹米）に麹菌（麹カビ）を繁殖させてつくる。

> 日本酒造りにおいて古来より「一 麹 二 酛 三造り」という言葉が伝わる。良い酒を造るには麹づくりが最も大切で、その出来が酒質に大きく影響することを表している。「酛」は酒母づくり、「造り」は醪の仕込みのこと。

△ 麹室

酒母について

- 酒造りの核となるものの一つで、「酛」とも呼ぶ。
- 麹、水、蒸米を入れたタンクの中で、糖分をアルコールと炭酸ガスに変換する役割を果たす「酵母」を大量に純粋培養する。
- 良い酒母の条件は以下の通り。
    ① 目的とする酵母が大量に培養されている。
    ② 雑菌（悪影響を及ぼす微生物）が含まれていない。
    ③ 乳酸が必要分含有されている（適度な酸性の環境にして、雑菌の繁殖を防ぐ）。
- 乳酸をどのように得るかによって、酒母は大きく2つに分けられる。

> **乳酸菌は味方**
> 乳酸菌がもたらす乳酸が増えることでpHが下がり、雑菌の繁殖が抑えられ、酵母菌のみが健全に繁殖できる環境が整う。

> 酒母とは発酵の「スターター」である。大きなタンクでお酒を仕込む前に、小さなタンクで酒を仕込み（酛）その中で元気な酵母菌が十分育ったら、大きなタンクに投下していく。

	乳酸の取得方法	所要時間	成立時期	特徴
生酛系酒母	自然の乳酸菌を取り込み増殖させる。※自然の乳酸菌を取り込むため、うまみや酸の豊かな味わいの酒質になりやすい。様々な微生物が関与するため剛健な酵母が培養される。	4週間	生酛 江戸初期	山卸※を行う。
			山廃酛（山卸廃止酛）明治期（1909年）	山卸を行わない。麹の酵素をあらかじめ浸出させた「水麹」を利用するなど、工夫を加えた手法で酒母を造る。
	 ≪ 山卸※ ※ 山卸（酛摺り）は、糖化を助けるのが目的で、蒸米、麹、水を「半切り桶」という浅めの桶に小分けし、水を吸って膨らんだ米粒を低温の環境下、数回に渡って櫂で丁寧に根気よく摺り潰す作業。			
速醸系酒母	醸造用乳酸を添加する。	2週間	1910年	雑菌や不要な野生酵母に対する安全性が高いため、現在は酒母造りの大半を占めている。

段仕込み（段掛け法）について

- 麹、酒母、仕込み水、蒸米を段階的に加えて仕込む方法。
- 三段仕込みが主流で、通常4日間で3回に分けて行われ、以下のように呼ばれる。

1日目：**初添**
2日目：**踊り**（何もせず、酵母の増殖を待つ日）
3日目：**仲添**
4日目：**留添**

酵母について

学名	サッカロマイセス属 **サッカロマイセス・セレヴィシエ**
醪の発酵温度	**6〜16**℃と ワインや他のお酒より**低温**。
清酒酵母の特性	低温下での発酵に強い。 アルコール度数は20度前後まで生成でき、優れた香気を生む。 伝統的な酵母として、**きょうかい6号**（**新政**）、**7号**（**真澄**）、**9号**（**熊本**または**香露**）、**10号**（**明利小川**）、**14号**（**金沢**）が挙げられる。 吟醸香成分である、**カプロン酸エチル**などを多く生成する酵母（セルレニン耐性酵母）に由来する「**M310**」 「きょうかい**1801号**」などは、特に近年の鑑評会出品酒によく用いられている。

> ワインやビールに用いられる酵母と同じ。

> 日本酒はワインに比べpHが高い（酸度が低い）ので、より雑菌が繁殖しやすい。そのためより低温で醸す必要がある。

（参考）
ワインの発酵温度
白ワイン：20℃前後
赤ワイン：30℃前後

主なきょうかい酵母®※の特徴
※日本醸造協会が頒布する酵母のこと

清酒用	別名	分離源（由来地）	分離・実用年	性質・特徴
6号	**新政**酵母	**新政**酒造場（**秋田**市）	1935年	発酵力が強く、香りはやや低くまろやか、淡麗な酒質に最適。
7号	**真澄**酵母	**真澄**醪（**長野**・諏訪市）	1946年	華やかな香りで、広く吟醸用および普通醸造用に適す。
9号	**熊本**酵母、または**香露**酵母	**熊本**県酒造研（**熊本**市）	1953年	短期醪で、華やかな香り、吟醸香が高い。
10号	明利小川酵母	東北地方醪	1952年	低温長期醪で、酸が少なく、吟醸香が高い。 ※茨城県「明利酒類」の小川博士が開発。
14号	金沢酵母	北陸地方醪	1991年	酸が少なく、低温中期醪の経過をとり、特定名称酒に適す。 ※金沢国税局鑑定官室にて分離。

上槽について

- **上槽**は、酒税法の「漉す」に当たる作業で、発酵を終えた醪を酒粕と液体（原酒）に分ける。
- 伝統的な造りでは、酒袋に入れた醪を「**槽**」「**酒槽**」という箱形の器に並べて絞る。

火入れについて

- **火入れ**は、一定時間酒を60〜65℃で加熱することにより、残存酵素の働きを止め、殺菌し、酒質の安定化を図る工程。
- 火入れを行う回数によって名称が異なる。
  一般的な酒：**貯蔵**前、**瓶詰め**前と2回行う。
  生酒：火入れは行わない。
  生貯蔵酒：瓶詰め前のみ行う。
  生詰酒：貯蔵前にのみ行う。

火入れによる分類	一般的な酒	生酒	生貯蔵酒	生詰酒
火入れ（貯蔵前）	行う	×	×	行う
火入れ（瓶詰め前）	行う	×	行う	×

原料米について

- 日本酒造りで使われるお米は、主食用の米（飯米）と同じく「**うるち米**（水稲粳米）」が中心である。
- 日本以外にも東アジアを中心に米から造られるお酒が少なからず存在するが、その多くが「**もち米**」を用いる。
- 飯米と同じ「うるち米」が使われてはいるが、日本酒造りに適した性質を持つものを「**酒造好適米**」「**酒米**」と呼ぶ。
- 酒造好適米のことを、農産物規格規程では「**醸造用玄米**」という。
- 以下の3点が日本酒造りにおいて適した性質である。
  ① 適当な**吸水性**を持ち、**外硬内軟**の蒸米が得られる。
  ② 麹菌の菌糸の破精込み（菌糸が米粒の中心部に向かって侵入すること）が**容易**である。
  ③ 酒母や醪づくりにおいて**消化性**が良い。
- 「酒造好適米」「酒米」は通常、飯米と比べて粒が大きく「**心白**」も適度に大きいうえに、香味の劣化につながりやすい**たんぱく質**の含有量は少ない。

> 米粒の中心部にある白色不透明な部分。**心白**が大きいと、破精込みが容易となる。

> **外硬内軟が大切**
> 外側が固いと醪にした際、すぐに溶けず、日数をかけることで深みのあるお酒となる。また、米麹をつくる際、外側が柔らかいと麹菌が中心まで伸びていきにくいため。さらに、中心が固いということは、芯が残ってしまっている状態（生ふけ）を指し、水分量が少な過ぎたことによる失敗とみなされる。

代表的な酒造好適米

名称	親	発祥	特徴	味わい
山田錦（やまだにしき）（**1936**年命名）【西日本・東日本】	**山田穂**（母）×**短稈渡船**（たんかんわたりぶね）（父）	**兵庫**県農事試験場	水分を多く含み、酒母・醪づくりにおいて溶けやすい。**兵庫**県では、明治期から、集落ごとに酒蔵との契約栽培（**村米制度**）や格付けを行うことによって、品質の維持・向上、産地の保護を図ってきた。**晩生**品種。	**豊潤**な味わい。
五百万石（ごひゃくまんごく）（**1957**年命名）【東日本】	**菊水**×**新200**号	**新潟**県農事試験場	米質はやや**硬く**溶けにくい。**寒冷地**向けに開発された**早生**品種。発祥地の**新潟**県が主産地で、富山県、福井県が続く。「淡麗」という言葉を生んだとされる品種。	**淡麗**で爽やかな酒質を生む。
美山錦（みやまにしき）（**1978**年命名）	**亀ノ尾**らを先祖にもつ**たかね錦**のガンマ線照射による突然変異種	**長野**県農事試験場	大粒で豊満かつ心白発現率が高い。**耐冷性**が高いため、主に東日本に栽培が広がり、長野県のほか、秋田、山形などが主産地。早生品種。	**淡麗**でスッキリした味わいの酒質。
雄町（おまち）（1866年選出）	純血品種	**岡山**県高島村大字雄町で発見	江戸期から栽培。**品種改良**されることなく、現存する唯一の**混血のない**品種。酒米の多くが雄町の子孫。**晩生**品種。	ふくよかな味わい。

> **早生**＝早熟
> **晩生**＝晩熟

- 2022年産醸造用玄米の総検査数量79,472tのうち、1位**山田錦**（約**28,168**t、約**35**％を占める）、2位**五百万石**（約**14,970**t）、3位**美山錦**（約3,742t）。
- 近年は「**亀ノ尾**」「**強力**」「**祝**」など、幻の酒米となった品種を、発祥地を中心に復活させる動きがある。
- 地元の風土を反映した個性ある酒造りを目指し、都道府県単位で新しい酒米の開発も進められている。

産地	名称
北海道	**吟風**
青森県	華吹雪
秋田県	秋田酒こまち
山形県	出羽燦々、雪女神
新潟県	**越淡麗**、一本〆

産地	名称
福島県	**夢の香**
長野県	ひとごこち
兵庫県	Hyogo Sake 85
広島県	千本錦

水について

- 全成分の約**80**％を占める日本酒の主原料である水の良し悪しは当然、品質に大きく影響するため、質・量ともに水に恵まれた場所に蔵を構える。
- 日本酒造りに用いる水を総じて「酒造用水」と呼ぶ。
  - 日本酒の一部になる「仕込み水」。
  - 出来上がった日本酒のアルコール分を調整する「割水」。
  - 洗米、浸漬の他、設備の洗浄水など。

酒造用水の条件
① 無色透明で味やにおいに異常がない。
② 醸造に有害な成分の**鉄**、**マンガン**などの含有が少ない。（特に鉄は色や香味を悪くするため、0.02ppm以下が望ましい。水道水の基準が0.3ppm以下。）
③ 酒造りに有効なカリウム、リン、マグネシウム、カルシウム、クロールなどの成分を適度に含む。

軟水と硬水
- 昔から日本酒には「灘の男酒、伏見の女酒」という言葉があり、硬度による酒質の違いを表現している。
- 一般的に、硬水寄りの水で仕込むと骨格のしっかりした辛口に、軟水で仕込むと口当たりが柔らかく、まろやかになる傾向がある。

水について >> 軟水と硬水

通称	場所	特徴
宮水（みやみず）	灘（兵庫県**西宮市**（にしのみやし））	特定地下から今もくみ上げられており、「西宮の水」が短縮され「**宮水**」となったといわれる。 酒造用水としては硬度が高めで、その酒はやや酸味の強い辛口酒になる。
御香水（ごこうすい）	伏見（ふしみ）（京都府）	水が湧き出ている御香宮神社に由来する。**軟水**寄りで、**軽やかで優しい**味わいから女酒といわれる。

焼酎

焼酎とは

- 所定の原料をアルコール発酵させ、蒸留したお酒である。

「単式蒸留焼酎」と「連続式蒸留焼酎」

- 焼酎は、「連続式蒸留焼酎」「単式蒸留焼酎」のいずれかに当てはまり、ウイスキー、ブランデー、ウォッカ、ラム、ジンなど他の酒類に該当しないものと定義されている。

単式蒸留焼酎
＝焼酎**乙**類＝**ホワイトリカー②**（アルコール度数**45**％以下）

- 連続式蒸留よりも**先に生まれた**伝統的な製法。日本では**15**世紀の**沖縄**で既に単式蒸留の焼酎が造られたとされる。
- 16世紀には鹿児島に上陸し、次第に九州を北上し、江戸期には長崎県の壱岐島（いき）や伊豆諸島でも造られるようになった。
- 単式蒸留は一度しか蒸留を行わないため、原料の違いによる**個性**ある味わいや香りを色濃く残すことができる。

連続式蒸留焼酎
＝焼酎**甲**類＝**ホワイトリカー①**（アルコール度数**36**％未満）

- 連続式蒸留焼酎は連続的に蒸留操作を行う蒸留機を用い、蒸留を重ねることで純度の高いアルコール造りを可能にした。
- ほぼ無味無臭のクリアな味わいの焼酎に仕上げることができる。

「本格焼酎」という呼称
- 単式＝旧型、連続式＝新型というイメージや、甲・乙という分類のため、単式蒸留焼酎は連続式蒸留焼酎より劣っているという誤解を招くという懸念から「本格焼酎」の呼称が提唱され、1971年に認可された。
- 2002年に基準が厳格化され現在に至る。

本格焼酎の条件
- <u>単式</u>蒸留に限られ、「指定の原料」と<u>麹</u>を使用し、<u>水</u>以外の添加物を一切加えないこと。
- 「指定の原料」とは、穀類、芋類、清酒粕、黒糖の4品目に加え、栗やにんじん、胡麻などの49品目の「政令で定める物品」のこと。

常圧蒸留と減圧蒸留
- <u>単式</u>蒸留には、<u>外気と変わらない</u>圧力で蒸留する一般的な「<u>常圧蒸留</u>」と、蒸留機内の圧力を下げて蒸留する「<u>減圧蒸留</u>」がある。
- 水とアルコールの沸点の違いを利用して分離するのが一般的な蒸留の仕組みだが、減圧蒸留では蒸留機内の<u>空気を抜いて</u>減圧し、<u>沸点</u>を下げる。

常圧蒸留
- 醪を沸騰させるには、温度を<u>85</u>～<u>95</u>℃程まで上げる。
- 高い加熱をして初めて生まれる香味成分もあり、芳醇で豊かな味わいが得られる。

減圧蒸留
- 蒸留機内を大気圧よりも減圧し、沸点を下げ、<u>45</u>～<u>55</u>℃程度でアルコールを抽出する。
- <u>軽快</u>で<u>華やか</u>な香りで、<u>淡麗</u>で<u>ソフト</u>な飲み口になる。華やかな香りの成分は、醪の温度が低い方が取り出しやすい。

焼酎の特性
- 焼酎は、蒸留酒にもかかわらず食中酒として楽しまれている。
- 日本酒同様に、燗、常温、冷酒など、幅広い温度で飲用可能で、お湯割り、水割りなどにより味わいの濃淡の調整もできる。
- 単式蒸留焼酎は、日本全国、地域ごとの特産物を使用して作られている。北海道ではジャガイモ、東北地方では清酒粕（酒粕）、東京伊豆諸島では麦や芋の焼酎もみられる。

地理的表示（G.I.）

- 1995年指定：「壱岐」「球磨」「琉球」
- 2005年指定：「薩摩」
- 2024年指定：「東京島酒」

名称(G.I.)	産地	原料	備考
壱岐焼酎	長崎県壱岐市	麦	おおむね米麹1/3、大麦2/3の比率。単式蒸留。焼酎蔵は7つ。歴史は16世紀に遡る。麦の香ばしい香りと、米麹由来のほのかな甘みやふくらみのある味わい。
球磨焼酎	熊本県球磨郡人吉市	米（ジャポニカ種）	米（ジャポニカ種）100％。単式蒸留。地元に伝わる飲み方は、直火による熱燗「直燗」で、米のうまみが引き立てられる。
琉球泡盛	沖縄県	タイ米（インディカ種）	タイ米（インディカ種）を使用。アスペルギルス・リューチューエンシスに属する黒麹菌を用いて米をすべて麹にして一度に仕込む「全麹仕込み」で醸す。黒麹菌はクエン酸を生成するため、温暖な気候の沖縄でもその酸のおかげで健全に発酵が進む。単式蒸留。15世紀半ばには造られていたとされ、タイ源流説、東南アジアルート説、中国福建ルート説など、ルーツは諸説ある。全量を3年以上熟成させたものは「古酒」の表示が可能（2015年8月改正）。数十年～100年以上も甕で寝かせる場合がある。
薩摩焼酎	鹿児島県（奄美市と大島郡を除く）	サツマイモ	米麹もしくは芋麹（奄美市と大島郡を除く鹿児島県産サツマイモを用いる）。単式蒸留。コガネセンガン（黄金千貫）をはじめ、シロユタカ、コナホマレ、ダイチノユメ、ジョイホワイト、ムラサキマサリなどが用いられる。
東京島酒	伊豆諸島（大島町、利島村、新島村、神津島村、三宅村、御蔵島村、八丈町、青ヶ島村）	サツマイモまたは麦	東京都に属する火山群島、伊豆諸島で産される。芋焼酎、麦焼酎、両者のブレンドの3タイプがある。単式蒸留。
奄美黒糖焼酎	奄美大島周辺のみ	黒糖	G.I. 未指定。薩摩焼酎の産地から除外される奄美市及び大島郡（奄美群島）が産地。

麹菌の種類は主に以下の3つが挙げられる

黄麹：日本酒で一般的に用いられる。デンプン分解力が強く、クエン酸はほとんど生成しない。

黒麹：泡盛で一般的に用いられる。デンプン分解力は弱いが、クエン酸は多く生成する。そのため、醪のpHが3程度に抑えられ、高温多湿な地域でも雑菌を繁殖させることなく酒造りが可能になることから重宝された。

白麹：焼酎で一般的に用いられる。黒麹の突然変異によって生まれた。黒麹と同じ特徴を有するが、より扱いやすいため焼酎全般で広まった。

日本の地理的表示（G.I.）の指定産地一覧

G.I.指定年	焼酎（蒸留酒）	清酒	リキュール	ぶどう酒
1995年	壱岐、球磨、琉球			
2005年	薩摩	白山（はくさん）		
2013年				山梨
2015年		日本酒（国レベルの地理的表示）		
2016年		山形		
2018年		灘五郷（なだごごう）		北海道
2020年		はりま、三重	和歌山梅酒	
2021年		利根沼田（とねぬまた）、萩（はぎ）、山梨、佐賀、長野		山形、長野、大阪
2022年		新潟、滋賀		
2023年		信濃大町（しなのおおまち）、岩手、静岡		
2024年	東京島酒（しまざけ）	南会津		

Introduction to Liquor Beverages

日本酒・焼酎　>>

ビール　　　　　　　　　　　　　　　　　　　　　　　　　　　　　Beer

概要

- 日本では「ビール」は、「<u>麦芽</u>、<u>ホップ</u>、<u>水</u>、及び<u>麦</u>その他の政令で定める物品（麦、米、トウモロコシ、こうりゃん、ばれいしょなど）※を原料として発酵させたもので、ビールの原料として使用する<u>麦芽</u>の重量が、<u>ホップ</u>および<u>水</u>以外の重量に対する比率50/100以上のもの。前述の酒類にホップまたは政令で定める物品を加えて発酵させたものでアルコール分が<u>20</u>％未満のもの」と定義されている。
- 定められた物品の合計重量が規定を上回った場合、定められた物品以外のものを用いた場合は「<u>発泡酒</u>」となる。

※ <u>2018</u>年より、麦芽の重量の5/100の範囲内で、果実またはコリアンダーや香辛料、ハーブ、花、蜂蜜等の副原料が大幅に使用可能となった。

ビールの原料

原料	主原料	<u>麦芽</u>※、<u>ホップ</u>、<u>水</u>
	副原料	<u>麦</u>、<u>米</u>、<u>トウモロコシ</u>（<u>コーン</u>）、デンプン（<u>スターチ</u>）など。果実、コリアンダーや香辛料、ハーブ、花、蜂蜜など。

<< <u>ホップ</u>の花

※ 主に<u>二条大麦</u>（ヴァイツェンビールのように小麦麦芽を一部使用するものもある）。<u>二条大麦</u>は穀粒が大きく均一で、デンプン含有量が多い。なかでも発芽力が旺盛で均一、酵素力が強い麦芽が好んで使われる。

ホップの効能

<u>ホップ</u>に含まれる<u>ルプリン</u>の働きにより、特有の<u>苦み</u>や<u>香り</u>を与え、<u>泡持ち</u>を良くし、雑菌の生育を抑える。ホップは冷涼地で栽培され、日本ではチェコ産、ドイツ産が多い。

近年注目のIPA（India Pale Ale）インドがイギリスの植民地だった頃、滞在しているイギリス人に向けペールエールビールを送った。その際に防腐剤としてホップを大量に加えた結果、苦みと香りが特徴的なスタイルのビールが生まれた。それを再現しているのがIPA。

ビールの歴史　　　　　　　　　　　　　　　　　　　History

時代	主な出来事
古代	BC4000年以上前から造られていたとされ、最古の文明と言われるメソポタミアのシュメール文明で既にビールが飲まれていたとされる。
BC3000年頃	エジプトでも広く飲用され、ナイル川河畔（かはん）で収穫される大麦から造られていた。
BC1700年代半ば	「**ハムラビ法典**」にもビールに関わる法律が制定されていた。
中世	修道院で造られ、香味料なども使用され技術的に発達。高級なビールが造られていた。
11世紀後半	**ホップ**がビールの品質を大きく改善することが認知され、広く利用されるようになる。
1516年	**ドイツ**で「**ビール純粋令**」が制定。原料は**麦芽**、**ホップ**、**水** 以外使用してはならないこととなり、後のビールの品質維持向上に大きく貢献。
19C	ビールの3大発明によりビール造りが近代化する。
1866年	**パストゥール**が「**低温殺菌法**（**パストリゼーション**）」を発明。→ビールを長期間変質しないでおくことが可能となる。
1873年	**リンデ**が「**アンモニア**冷凍機」を発明。→工業的に四季を通しての醸造が可能となる。
1883年	**ハンセン**がパストゥールの理論を応用し、「**酵母の純粋培養**法」を発明。→品質向上につながる。
明治初期	日本でビールが造られるようになる。
1994年	4月、日本においてビール製造に関わる規制が緩和され、最低製造数量基準が、年間2,000kℓ→年間**60**kℓへ引き下げられた。

（1866年・1873年・1883年：**ビールの3大発明**）

【非常に早くから、ホップの効用は知られていた！】

【制定された目的は、①粗悪なビールを排除し、税収を確保するため。②パンの原材料である小麦を使用させないため。現在でも有効な食品に関連する法律としては世界最古である。】

【パストゥールの2大発明：①**低温殺菌法**。②酵母による発酵のメカニズムの解明→後のハンセンの「純粋培養法」に繋がっていく。】

【ハンセンは1879～1909年までの間、デンマークの「カールスバーグ研究所」に在籍していた。】

【出題のポイント：ビールとカクテル、両方の歴史に登場するため、試験に頻出。】

ビールの生産・消費

- 2022年の世界のビール消費量は、約1.92億kℓ（前年比2.9%増）でコロナ禍からの回復傾向がみられた。

国別消費量順位

	国名	備考
1位	中国	20年連続1位
10位	日本	

1人当たりの消費量

	国名	備考
1位	チェコ	188.5ℓ（大瓶[633mℓ]約298本分）、30年連続1位
―	日本	**34.2**ℓ

Chapter 39　酒類飲料概論

1 使用する酵母の性質による分け方
- 発酵終了時に酵母が沈む「**下面**発酵ビール」。
- 発酵中に液面に浮かび上がる「**上面**発酵ビール」。

	代表格	特徴
下面発酵	ピルスナー	爽やかな苦み
上面発酵	エール	華やかな香り

2 酵母の除去等の方法による分け方
- 発酵後に残存する酵母を死滅させるために「**熱処理**(パストリゼーション)」したビール。
- 熱処理しないで濾過により酵母を完全に除去した「**生**ビール」。
- 酵母を完全に除去せず「**酵母**を残したビール」もある。

3 原料による分け方
- **麦芽**100％原料のビール(ドイツのビール純粋令に則った製法)。
- 米やトウモロコシなどの**副原料**を使用したビール。

4 色による分け方
- **淡**色ビール、**中濃**色ビール、**濃**色ビール。

特定表示

- 日本では特定用語の表示については表示基準が定められているが、表示は任意。

ラガービール
貯蔵工程で**熟成**させたビール。熱処理の有無は問われない。

生ビール及び**ドラフト**ビール
熱処理していないビール。生ビール、ドラフトビールと表示する場合は「熱処理していない」旨を併記する。「非熱処理」と表示する場合もある。

黒ビール及び**ブラック**ビール
濃色の麦芽を原料の一部に用いたビール。

> なぜ黒い!?
> 麦芽を乾燥させる時に焦がすため、色が濃くなる。

スタウト
濃色の麦芽を原料の一部に用い、色が濃く香味が特に豊かなビール。

228

世界の主なビール (計8種類)

Beer

名称	Alc.度数	発酵	発祥・発展地	特徴
Pilsner ピルスナー	4.0〜 5.0%	下面発酵	チェコ・プルゼニュ (ドイツ語でピルゼン)発祥	爽快な風味の淡色タイプ。世界で最も普及。 日本の淡色ビールもこのタイプが多い。
Bock ボック	6.0〜 6.5%	下面発酵	ドイツ・アインベック発祥 バイエルン地方で発展	芳醇でコクがある。淡色が多い。 ドッペルボックと呼ばれるAlc.7.5〜13%のものもある。
Alt アルト	4.5〜 5.5%	上面発酵	ドイツ・ デュッセルドルフで発展	ホップの香味を強調した濃色ビール。
Weizen ヴァイツェン	5.0〜 5.5%	上面発酵	ドイツ・ バイエルン地方で発展	小麦(ドイツ語:ヴァイツェン)麦芽を使用したビール。
Ale エール	2.5〜 5.5%	上面発酵	イギリスで発展	エールの中でも種類がある。 ペールエール(淡色でホップの香味)、 マイルドエール(中濃色で麦芽の香り)、 ブラウンエール(色が濃い)、 ビターエール(ホップの苦み)、 スコッチエール(スコットランドの濃厚で濃色タイプ)など。
Stout スタウト	4.0〜 8.0%	上面発酵	イギリス	イギリスで原料に砂糖を加えることが 許可され造られ始めた。 ギネスが代表銘柄の濃厚で ホップの苦みの強い濃色タイプ。
Trappist トラピスト	6.0〜 10.0%	上面発酵	ベルギー	ベルギーに伝わる古いビールで、 修道院で造られていた。 濃色のビールで、瓶内で後発酵が行われる。
Lambic ランビック	5.0〜 6.0%	野生酵母による自然発酵	ベルギー・ ブリュッセル地方	原料の一部に小麦を使い、 古いホップを使用する。 1〜2年ほどかけて自然発酵させるため、 酸味と特有の香りがある。 完成したランビックと若いランビックを混和し、 1年ほど発酵、瓶詰め後、さらに瓶中でも発酵する。 チェリーやラズベリーを加えたタイプもある。

> 「貴族のビール」
> 原料が小麦のため、"ビール純粋令"以降は、一部の修道院や宮廷だけが造るのを認められていた。

> 原料の"麦芽"に税金がかけられたため、節税のために原料の一部に砂糖を用いて造られた。

> 説明だけ読むと奇抜なビールのように思うかもしれないが、実際に日本で見かけるランビックは、そのほとんどがフルーツビールである。酸味が強いこともあって、ジュースのようにごくごくと飲める、特に女性人気の高いビールだ。

Chapter 39 酒類飲料概論

229

世界の主なビール

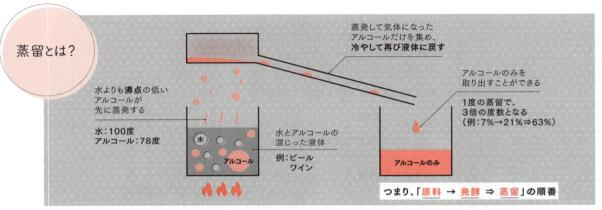

ここが問われる!

全部で「**8種類**」ある。

① 発酵別

下面発酵
⇒**2種類**のみ
（**ボック**、**ピルスナー**）

上面発酵
⇒5種類

自然発酵
⇒1種類

② 国別

国	種類	名称
ドイツ	3	**ボック**、アルト、ヴァイツェン
ベルギー	2	トラピスト、ランビック（変わっているビールが多い）
イギリス	2	エール、スタウト
チェコ	1	**ピルスナー**
	計8種類	

ウイスキー　Whisky(英), Whiskey(米)

蒸留とは？

水よりも**沸点**の低いアルコールが先に蒸発する

水：100度
アルコール：78度

水とアルコールの混じった液体
例：ビール　ワイン

蒸発して気体になったアルコールだけを集め、**冷やして再び液体に戻す**

アルコールのみを取り出すことができる

1度の蒸留で、3倍の度数となる
（例：7%→21%⇒63%）

つまり、「**原料 → 発酵 ⇒ 蒸留**」の順番

- **穀類**を原料として、糖化した液を発酵させ蒸留し、その留液を**木製の樽**で貯蔵・熟成させた**蒸留**酒である。
- ウイスキーの生産国は今や世界30カ国を超え、消費量も伸び続けている。
- アイリッシュ、スコッチ、アメリカン、カナディアン、ジャパニーズは、品質・数量・歴史などから世界5大ウイスキーと呼ばれる。

スコッチウイスキーの製造工程

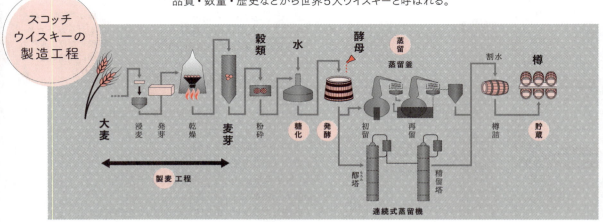

Introduction to Liquor Beverages

<< ビール

名称	モルトウイスキー（麦芽＝モルト）		グレーンウイスキー（穀物＝グレーン）	
原料	原料	**二条大麦麦芽** << **二条大麦** >>	原料	主原料：**トウモロコシ**、**小麦**＋六条大麦麦芽 << **六条大麦** >>
	酵母	① ディスティラーズ酵母 ② ブリュワーズ酵母	酵母	ディスティラーズ酵母 （独自の酵母を用いる場合も有）
	仕込み水	麦汁を造る際に使用。**軟水**がほとんど。	仕込み水	特に制約はない。
製造工程	製麦	大麦を発芽させ、アミラーゼをつくる。 麦芽を乾燥させる工程で**ピート**を燃やし、燻煙にさらした麦芽を「**ピーテッド麦芽**」と呼び、スモーキーフレーバーをもたらす。 アミラーゼが糖化酵素。	蒸煮	細かく粉砕した後に水を加え、高温高圧で1～30分加熱する。 湿地帯などにある泥状の炭で、石炭の一種。泥炭、草炭などとも呼ばれ、実際は分解半ばの植物が堆積したもの。可燃物であり、採取して乾かしてから使用される。
	糖化・濾過		糖化	
	発酵	発酵液はAlc.7～9％。 麦芽1tからできるウイスキーは約**420ℓ**（100％アルコール換算）。	発酵	
	蒸留	**単式**蒸留機（**ポットスチル**）を使い、通常**2**回行う。	蒸留	**連続式**蒸留機（次ページの図参照）を使用。 **連続式**蒸留機は単式蒸留機と異なり、蒸留終了時の残液抜き、次回の液張りをしなくて良いなど、**効率**がよい。 アルコールに含まれる香味成分が**少なくなる**ため、香味は**穏やか**で**スムーズ**となる。
	貯蔵	ナラの木（オーク）の樽を使用。 樽の呼称とサイズ：バーレル（約200ℓ）、ホッグスヘッド（約250ℓ）、バット（約500ℓ）、パンチョン（約500ℓ）など。	貯蔵	通常、古樽を使用。

ウイスキー

3種類のウイスキーの誕生の流れ

元々は麦芽が原料の**モルトウイスキー**（**単式蒸留機**）のみであった。

↓

1830年、アイルランド人 Aeneas Coffey（イーニアス・カフェ）が**連続式蒸留機**を改良。これにより、穀物から造られる**グレーンウイスキー**の生産が開始。

↓

"ブレンデッド"（混ぜ合わさった）ウイスキー
モルトウイスキー
＋
グレーンウイスキー
のこと。

1860年、**ブレンデッドウイスキー**が誕生。初期のスコッチは荒々しくて飲みにくく、アイリッシュに遠く及ばない時代が続いていたが、グレーンウイスキーのクリアでスムーズな味わいによって緩和され、元々持っていた複雑で精妙な味わいを賞味できるようになった。

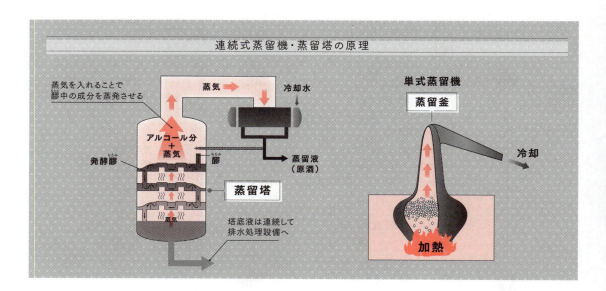

連続式蒸留機・蒸留塔の原理

世界5大ウイスキー

Whisky

	タイプ	原料	蒸留	貯蔵年数	味わい・備考
Irish アイリッシュ 産地： **アイルランド**	ポットスティル	大麦麦芽、大麦、小麦、ライ麦、オート麦	単式3回	**3**年以上	**原料**の多様性と優れた**蒸留技術**が特徴。穀物の**穏やかな**風味があり、飲みやすい。
	モルト	大麦麦芽	単式3回 （2回）		
	グレーン	大麦麦芽、トウモロコシ、大麦、小麦	連続式		
Scotch スコッチ 産地： **スコットランド**	モルト	大麦麦芽	単式2回 （3回）	**3**年以上	複雑で多彩な香味を持つ。スモーキーフレーバーも特徴の一つ。
	グレーン	大麦麦芽、トウモロコシ、小麦	連続式		

世界5大ウイスキー

Whisky

	タイプ	原料	蒸留	貯蔵年数	味わい・備考
American (**Bourbon**) アメリカン (バーボン) 産地：**全米**	バーボン	大麦麦芽、**トウモロコシ**（**51**％以上）、ライ麦、小麦	連続式（単式）	規定**なし**	内面を焼く（**チャーリング**）を施した**アメリカンオーク**樽での熟成により、華やかで厚みのあるオークの香味が強い。
	ライ	大麦麦芽、ライ麦(51％以上)、トウモロコシ、小麦	連続式（単式）		
Canadian カナディアン 産地：**カナダ**	**フレーバリング**	大麦麦芽、ライ麦麦芽、ライ麦、トウモロコシ、小麦	連続式＋単式	**3**年以上	ライトでマイルドなので、**カクテルベース**として使いやすい。
	ベース	大麦麦芽、ライ麦麦芽、ライ麦、トウモロコシ、小麦	連続式		
Japanese ジャパニーズ 産地：**日本**	モルト	大麦麦芽	単式2回	規定**なし**	5大ウイスキーの中で一番**新しい**。多彩な香味を持ち、穏やかでバランスが良い。製造工程を**スコッチ**に学び、山崎蒸溜所での**モルト**ウイスキー造りから始まった。**1918**年、竹鶴政孝がスコットランドのグラスゴーに派遣され、ウイスキー生産技術を学ぶ。**1929**年、国産ウイスキー第1号である「サントリーウイスキー白札<small>しろふだ</small>」が発売された。
	グレーン	大麦麦芽、トウモロコシ	連続式		

> 二次試験（テイスティング）のその他飲料において、バーボンは頻出。樽の派手なフレーヴァーが手掛かりとなる。 ☕

> 無色透明または淡い琥珀色。 ☕

※年数表記は、使用する原酒中、**最も貯蔵期間が短い**ものとしなければならない。

ブランデー

Brandy

ブランデーとは
- ブドウが栽培されている地域では必ずと言っていいほどワインが生産され、同時にそのワインを蒸留したブランデーが製造・販売されている。

酒税法の定義
- 日本の酒税法では、**果実**もしくは**果実**及び**水**を原料として発酵させたアルコール含有物。または**果実酒**（**果実酒**かすを含む）を蒸留したもので、蒸留の際の留出時のアルコール分は**95**％未満とされている。
- 一般的にはブドウを原料としたブランデーがほとんどであるが、ブドウを原料としたものをグレープ・ブランデーと呼ぶこととする。ブドウ以外では、リンゴやサクランボなどの果実が原料となる。
- ワインを造る際のブドウの搾りかす、ワインの搾りかすから造られることもある。
- フランスでは蒸留酒のことをEau-de-Vieオー・ド・ヴィーと呼び、オー・ド・ヴィー・ド・**ヴァン**（ワインを蒸留したブランデー）、などがある。
- オー・ド・ヴィー・ド・**フリュイ**（ブドウ以外のフルーツ・ブランデー）は果実名を付けて呼ばれることもある。

> "Eau-de-Vie"は「命の水」の意。 ☕

Introduction to Liquor Beverages
ウイスキー　　　>>
P.230 >> 233

VINOLET

ブランデー

フランスを代表する2つのオー・ド・ヴィー・ド・ヴァン（グレープ・ブランデー）

Cognac Brandy
コニャック

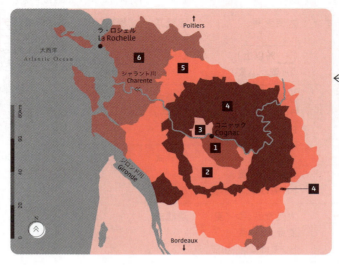

6つの地区と特徴

品質		地区	特徴
高 ↑	1	**Grande Champagne** グランド・シャンパーニュ	石灰岩土壌。最高品質。繊細で力強く、ボリューム感があり、余韻も長い。熟成して非常によいブーケを形成する。
	2	**Petite Champagne** プティット・シャンパーニュ	石灰岩土壌。非常に繊細。香りはグランド・シャンパーニュには及ばない。グランド・シャンパーニュに比べると早熟。
	3	**Borderies** ボルドリー	珪土を含む粘土質土壌。丸みがあり、混合（**クパージュ**）に使われる。スミレの風味を持つ。
	4	**Fins Bois** ファン・ボワ	粘土を含む石灰質土壌。柔和。熟成が早い。面積**最大**。
↓	5	**Bons Bois** ボン・ボワ	砂質。軽く粗い。
低	6	**Bois Ordinaires** ボワ・オルディネール （Bois à Terroirs ボワ・ア・テロワール）	砂質。並質。面積**最少**。

土壌が似ているため：シャンパーニュ地方とは直接の関係はない。コニャック地方の中でも、土壌にシャンパーニュ地方と類似している石灰岩層がみられるエリアでのみ「シャンパーニュ」という言葉が取り入れられた。

"Ordinaire"フランス語で「普通の」の意。

- ボルドー地方とロワール地方に挟まれるように位置している。
- 大手4社（ヘネシー、マーテル、レミー・マルタン、クルボアジエ）のみで全体販売量の**8**割を超える。

シノニム：イタリアでのシノニムは、「トレッビアーノ」。

県名	Charentes シャラント、Charentes-Maritimes シャラント・マリティーム、Dordogne ドルドーニュ、Deux Sèvres ドゥー・セーヴル
ブドウ品種	**Ugni Blanc ユニ・ブラン** ＝ **Saint-Emilion des Charentes サン・テミリオン・デ・シャラント**、Folle Blanche フォル・ブランシュ、Colombard コロンバール、Montils モンティル、Sémillon セミヨン
蒸留機	**単式**蒸留機：Alambic à Repasse アランビック・ア・ルパス （Alambic Charentais アランビック・シャランテ）シャラント型蒸留器（シャラントポット）、または Alambic Cognacais アランビック・コニャッケ、コニャック型蒸留器と呼ぶ。
蒸留	**2**回蒸留。アルコール度数72.4％以内で蒸留。
貯蔵	リムーザン産、トロンセ産、アリエール産のオーク樽（350ℓ）にて貯蔵。
販売	アルコール度数**40**％以上。

Brandy

Armagnac
アルマニャック

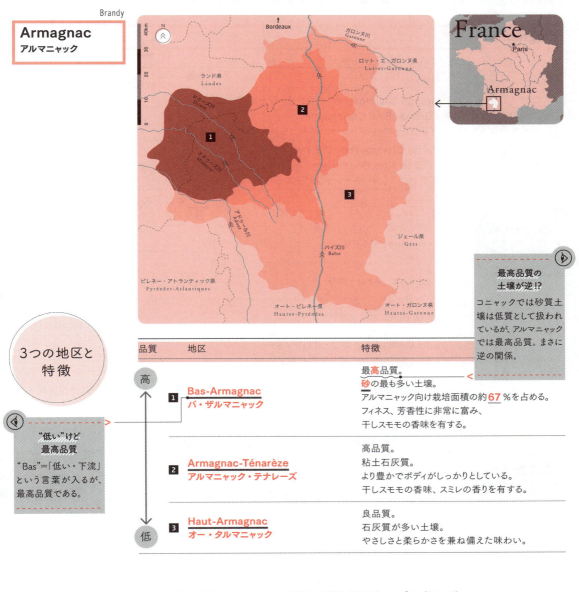

3つの地区と特徴

品質	地区	特徴
高 ↑↓ 低	**Bas-Armagnac** バ・ザルマニャック	最高品質。 砂の最も多い土壌。 アルマニャック向け栽培面積の約67％を占める。 フィネス、芳香性に非常に富み、 干しスモモの香味を有する。
	Armagnac-Ténarèze アルマニャック・テナレーズ	高品質。 粘土石灰質。 より豊かでボディがしっかりとしている。 干しスモモの香味、スミレの香りを有する。
	Haut-Armagnac オー・タルマニャック	良品質。 石灰質が多い土壌。 やさしさと柔らかさを兼ね備えた味わい。

> **最高品質の土壌が逆!?**
> コニャックでは砂質土壌は低質として扱われているが、アルマニャックでは最高品質。まさに逆の関係。

> **"低い"けど最高品質**
> "Bas"＝「低い・下流」という言葉が入るが、最高品質である。

- フランス南西部のアルマニャック地方で造られるグレープ・ブランデー。

県名	Gers ジェール、Landes ランド、Lot-et-Garonne ロット・エ・ガロンヌ
ブドウ品種	Baco Blanc バコ・ブラン＝ Baco 22A、 Blanc Dame ブラン・ダーム＝ Clairette de Gascogne クレレット・ド・ガスコーニュ、 Colombard コロンバール、Folle Blanche フォル・ブランシュ、Graisse グレス、 Jurançon ジュランソン、Mauzac モーザック、Mauzac Rosé モーザック・ロゼ、 Meslier Saint-François メスリエール・サン・フランソワ、 **Ugni Blanc ユニ・ブラン＝ Saint-Emilion サン・テミリオン**
蒸留機	連続式蒸留機、単式蒸留機の両方が認められている。 **連続**式蒸留機：Alambic du type Armagnacais アランビック・デュ・ティプ・アルマニャッケ（アルマニャック型蒸留機）
蒸留	連続式蒸留機で**1**回蒸留が伝統的。
販売	アルコール度数**40**％以上で販売。

> **連続式＋単式**
> アルマニャックはもともと連続式蒸留機のみが認められていたが、コニャック同様の単式蒸留機が1972年に追加で認められた。

ブランデー

フランスを代表する2つのオー・ド・ヴィー・ド・ヴァン（グレープ・ブランデー）

Brandy

Cognac コニャック

A.O.C.

A.O.C.	備考
Grande Champagne　グランド・シャンパーニュ （Grande Fine Champagne グランド・フィーヌ・シャンパーニュ）	
Petite Champagne　プティット・シャンパーニュ （Petite Fine Champagne プティット・フィーヌ・シャンパーニュ）	
（**Fine Champagne** **フィーヌ・シャンパーニュ**）	**50**％以上の**グランド・シャンパーニュ**と残り**プティット・シャンパーニュ**を混合。
Borderies　ボルドリー	
Fins Bois　ファン・ボワ	
Bons Bois　ボン・ボワ	
Bois Ordinaires　ボワ・オルディネール （Bois à Terroirs　ボワ・ア・テロワール）	
（Esprit de Cognac　エスプリ・ド・コニャック）	ヴァン・ムスーの調整のみに使用する。

地区名とほぼ同じだが、（　）で括ったものは地区にはない。

出題のポイント
バーボンの「51％以上のトウモロコシ」と間違いやすいので注意！

熟成表示についての規定

- 「コント」は収穫翌年の4月1日から起算しコント0とする。
- 翌々年の4月1日にコント1となり、最低貯蔵2年をコント2、最低貯蔵4年をコント4とする。
- 収穫翌年の4月1日から起算して最低2年間は販売することができない。

コントとは、英語でいうところの「カウント」の意味。

★はコニャックとアルマニャックで共通しているもの。

コント2	★**Trois Etoiles**、Sélection、★**VS**、De Luxe、Very Special、Millésime
コント3	**Supérieur**、Cuvée Supérieure、Qualité Supérieure
コント4	★**V.S.O.P.**、Réserve、Vieux、Rare、Royal、Very Superior Old Pale
コント5	**Vieille Réserve**、Réserve Rare、Réserve Royale
コント6	**Napoléon**、Très Vieille Réserve、Très Vieux、Héritage、Très Rare、Excellence、Suprême
コント10	★**XO**、★**Hors d'Âge**、Extra、Ancestral、Ancêtre、Or、Gold、Impérial、Extra Old、XXO※、Extra Extra Old※

※ XXO、Extra Extra Oldは、最低貯蔵14年以上のオー・ド・ヴィーを使用した製品にのみ使用可能。

236

Brandy

Armagnac アルマニャック

A.O.C.

A.O.C.	備考
（Armagnac　アルマニャック）	
Bas-Armagnac　バ・ザルマニャック	収穫の翌年から1年以内は販売不可。
Armagnac-Ténarèze　アルマニャック・テナレーズ	
Haut-Armagnac　オー・タルマニャック	
（Blanche Armagnac　ブランシュ・アルマニャック）	蒸留後最低3カ月間は不活性の容器で熟成させ、色をつけない。

地区名とほぼ同じだが、（　）で括ったものは地区にはない。

"Blanche"＝「白い」の意。

熟成表示についての規定

- 「コント」は収穫翌年の4月1日から起算する。
- Blanche Armagnacを除く4つのA.O.C.は、収穫の翌年から起算して1年以内は販売することができない。

★はコニャックとアルマニャックで共通しているもの。

コント1	★**Trois Etoiles**、★**VS**
コント4	★**V.S.O.P.**
コント10	★**XO**、★**Hors d'Âge**

コニャックにコント1はない
Trois EtoilesとVSの熟成表示は共通して使用されているが、コニャックでは「コント2」、アルマニャックでは「コント1」と異なる。

コニャックでは「コント2」だったが、アルマニャックでは「コント1」となる。（それぞれの最低熟成年数が異なるため。収穫翌年の4月1日から起算して、コニャックは最低2年間、アルマニャックは最低1年間販売することができない）

- ヴィンテージ・アルマニャック：単一収穫年のアルマニャック。最低**10**年以上熟成したものに使用できる。

237

ブランデー

その他のグレープ・ブランデー

フランス
- コニャック、アルマニャック以外のグレープ・ブランデーは「オー・ド・ヴィー・ド・ヴァン」と呼ばれる。
- 主に**連続式蒸留機**を使用。特に品質の良い地方のものは「**Fine フィーヌ**」という名前が使われる。

その他の国のグレープ・ブランデー
- 〈南米ペルー、チリ〉 **Pisco ピスコ**

> "無色透明なもの"が一般的に知られている。（ストレートだけでなく、カクテルのピスコ・サワーとして飲まれている）

ブドウの搾りかすを原料としたブランデー

Marc マール（フランス） — Brandy

- **搾りかす**を意味する**マール**は、ブドウの房や発酵終了後の醪（もろみ）を圧搾した後の果皮・種などを**発酵**・**蒸留**したもの。基本的にはアルコール度数40％以上。
- 一般的に、木樽熟成により硬さを取りまろやかにすることが多い。

A.O.C.

A.O.C.	備考
Marc d'Alsace Gewürztraminer マール・ダルザス・ゲヴュルツトラミネル	例外的に、アルコール度数**45**％以上。
Marc de Bourgogne マール・ド・ブルゴーニュ	
Marc du Jura **マール・デュ・ジュラ**	

Grappa グラッパ（イタリア） — Brandy

- イタリアでブドウの**搾りかす**を**発酵**・**蒸留**させたもの。
- ほとんど樽熟成せずに、色の付かないうちに瓶詰めされたものが多いが、近年は数年間樽熟成された商品も人気が出てきている。

> **色調が異なる**
> マールもグラッパも二次試験に頻出。いずれも無色または褐色の両方が存在する。

リンゴ・梨を原料としたブランデー

- **Cidre** シードル（リンゴを発酵させたアップルワイン）を蒸留させたアップルブランデー。
- フランスでは「Eaux-de-Vie de Cidre オー・ド・ヴィー・ド・シードル」と呼ばれ、カルヴァドス地方で生産されるものは「Calvados カルヴァドス」と呼ばれる。

Brandy

Calvados カルヴァドス（フランス）

梨もOK
リンゴの蒸留酒として日本で一定の知名度があるが、梨も使用されることに注意。

- オー・ド・ヴィー・ド・シードルの生産エリアの中でも、カルヴァドス地方で造られているものに関してはCalvadosと呼ばれる。原料は**リンゴ**と**梨**。

カルヴァドス地方は寒すぎてブドウが育たないため、リンゴが多く栽培されている。

Calvados カルヴァドス

蒸留	**単式**蒸留の場合**2**回行う。連続式蒸留も認められている。**Cidre** シードル（リンゴの醸造酒）、**Poiré** ポワレ（洋梨の醸造酒）をアルコール度72%以下で蒸留。ポワレは**30**%以内で混合可能。蒸留は10月1日に始まり、翌年9月30日をもって終了する。（3～4月と8～9月が特に重要）
販売	アルコール度数は**40**%以上での販売が義務。

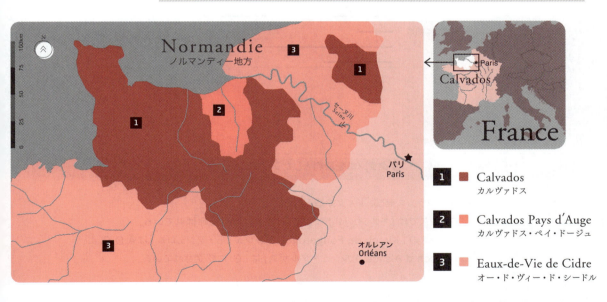

A.O.C.

A.O.C.	備考
Calvados Domfrontais カルヴァドス・ドンフロンテ	Orne、Manche、Mayenneの3県。**3**年以上熟成。
Calvados Pays d'Auge カルヴァドス・ペイ・ドージュ	Calvados、Orne、Eureの3県。**2**年以上熟成。
Calvados カルヴァドス	**2**年以上熟成。

	ブランデー　リンゴ・梨を原料としたブランデー　A.O.C.
品種	カルヴァドス：230種のリンゴ及び121種の梨。 カルヴァドス・デュ・ペイ・ドージュ：103種のリンゴと30種の梨。 カルヴァドス・ドンフロンテ：50種のリンゴ及び116種の梨。
リンゴ品種	Duret デュレ、St. Martin サン・マルタン、 Bendol Rouge ベンドール・ルージュ、 St. Aubin サン・トーバンなど。 リンゴのタイプは大きく2つに分かれる。 「Phénolique フェノリック（フェノールの豊かな）」 「Acidulée アシデュレ（酸味の豊かな）」
梨品種	Poire Grise ポワール・グリーズなど。

熟成表示についての規定

最低2年熟成	**Trois Etoiles トロワ・ゼトワール**、 **Trois Pommes トロワ・ポンム**（3つリンゴ）、**VS** ※カルヴァドス・ドンフロンテには3年以上の熟成義務があるためこのクラスは存在しない。
最低3年熟成	**Vieux ヴュー**、**Réserve レゼルヴ**
最低4年熟成	**V.O.**、**Vieille Réserve ヴィエイユ・レゼルヴ**、**V.S.O.P.**
最低6年熟成	**Napoléon ナポレオン**、**Hors d'Âge オー・ダージュ**、 **Extra エクストラ**、 **Très Vieille Réserve トレ・ヴィエイユ・レゼルヴ**、**XO**、 **Très Vieux トレ・ヴュー**

サクランボを原料としたブランデー

- 主にフランス東部、ドイツで造られる。
- フランスでは「キルシュ」、ドイツでは「ヴァッサー」と呼ばれている。
- フランスの「Kirsch de Fougerolles キルシュ・ド・フジェロル」はA.O.C.に、「Kirsch d'Alsace キルシュ・ダルザス」はI.G.に認定されている。

様々なフルーツを原料としたブランデー（Eaux-de-Vie de Fruits オー・ド・ヴィー・ド・フリュイ）

- アルコール度数は高く、ほとんどは無色透明で冷やして食後に供されることが多い。
- フランス、ドイツ、スイスなどの寒冷な地域での生産が盛ん。
- フランス・ロレーヌ地方で造られる黄色いプラム（ミラベル）を原料とした蒸留酒「Mirabelle de Lorraine ミラベル・ド・ロレーヌ」は2015年 A.O.C. 認定された。

> Fruits＝フルーツ
> "Fruits"の部分にさまざまなフランス語のフルーツの名前が入る。（つまりフランス語の問題といえる）

主たる原料

名称	原料
Framboise フランボワーズ	木イチゴ
Cassis カシス	黒スグリ
Abricot アブリコ	アンズ
Poire Williams ポワール・ウイリアム	洋梨
Prune プリュヌ	スモモ
Myrtille ミルティーユ	コケモモ
Mirabelle ミラベル	黄色のプラム
Quetsche ケッチェ	紫色のプラム

フランボワーズの香りはほとんどせず、「青のり」の香りがすることで有名。

"プラム"が2種類あり、最も間違いやすい。それぞれのプラムの色と名称を一致させておこう。

Mirabelle／Quetsche → 注意！！

覚えやすい順 →

Introduction to Liquor Beverages
ブランデー　≫
P.233 ≫ 241

VINOLET

241

スピリッツ

Spirits

スピリッツとは

- 広義にはウイスキーやブランデー、焼酎を含めた蒸留酒全般を意味するが、日本の酒税法では品目が定められているため、ウイスキー、ブランデー、焼酎、原料用アルコールは除外される場合が多い。
- 現在、世界市場規模では、ウォッカ 3.9 億ケース（9ℓ換算）、ラム 1.6 億ケース、ジン 1.1 億ケース、テキーラ 0.5 億ケース。
- 各スピリッツの代表銘柄は、巻末の「資料編」を参照。

Gin ジン

原料・製法	穀類を原料として、麦芽、酵素剤を利用して糖化、発酵、蒸留して得られたグレーンスピリッツなどに、**ジュニパーベリー**（杜松の実）やコリアンダーシードなどの**ボタニカル**（草根木皮）を加えて再蒸留したスピリッツのこと。
特徴	**無色透明**で、主原料のジュニパーベリー由来の爽快感とボタニカル特有の香味を持つ。
カクテル	**マティーニ**などのベースとして、多くのオーセンティックカクテルに使用される場合も多い。

> オーセンティック：正統派、本物
> ここでの、オーセンティックカクテルとは、いわばメジャーなカクテルのことを指していると思ってよい。

タイプ	名称	産地	原料・製法
	Dry Gin ドライ・ジン （ロンドンジン）	イギリス	**連続**蒸留したニュートラルなグレーンスピリッツなどに**ボタニカル**を加えて、蒸留する。ボタニカルの特徴をシャープに有しているので、**カクテルベース**として広く親しまれている。
	Geneva ジュネバ （オランダジン）	オランダ	トウモロコシやライ麦などの穀類を原料に、2〜3回**単式**蒸留した後にボタニカルを加えて再蒸留する。風味が**濃厚**で、穀物の香りが残っているものが多く、**ストレート**で飲んで風味が楽しまれている。
	Steinhäger シュタインヘーガー	ドイツ	ジュニパーベリーを発酵させ蒸留した後に、グレーンスピリッツ、ボタニカルを加え、再蒸留する。

> 発酵の時点から「ジュニパーベリー」を用いる。ドライ・ジンのような爽快感はないが、柔らかい味わいを有している。

代表的な銘柄	ゴードン、タンカレー、ビフィーター、ボンベイなど

Vodka ウォッカ

Spirits

原料・製法	トウモロコシ、小麦、大麦などの穀類、ジャガイモなどのイモ類を原料として糖化、発酵、連続式蒸留機を用い蒸留、得られたスピリッツを**白樺炭で濾過**した蒸留酒。
特徴	・スピリッツの中で**最もクセのない**風味を有し、まろやかな爽快感を特徴としている。 ・無色透明でニュートラルな味わいと風味をもつものが一般的ではあるが、最近は香りや風味をつけたフレーヴァードウォッカも多く商品化されている。
カクテル	カクテルベースとして使用されることが多く、**ウォッカマティーニ**、**スクリュードライバー**、**モスコー・ミュール**など有名カクテルも多い。
代表的な銘柄	スミノフ、アブソルート、グレイグースなど

> 水を炭で濾過することできれいになる
＝
最もクセのない風味となる

> カクテルに最適
最もニュートラルであるがゆえに、特にカクテルのベースとして使用されることが多い。

242

Spirits

Tequila テキーラ

- **メキシコ**の国内法により規制されている。

原料・製法	原料の**竜舌蘭**は **Blue agave ブルー・アガベ**（学名 Agave azul tequilana weber）を**51**％以上使用することが定められており、産地もメキシコ西部の**ハリスコ州**全域、ミチョアカン、ナヤリット、グァナハット、タマウリパス各州の一部と限定されている。原料の**ブルー・アガベ**は多肉植物の一種であり、**イヌリン**と呼ばれる多糖類を多く含む。**茎**部分を蒸し煮にすることで、果糖に分解する。加水しながら圧搾し、アガベジュースを得る。その後に搾汁を発酵し、単式蒸留を2回行う。連続式も認められている。アカベ・アスール・テキーラーナと異なる品種の竜舌蘭（アガベ）を用いたり、テキーラで定められた産地以外で造られたりした蒸留酒は、他のアガベスピリッツとして区別する（**Mezcal メスカル**など）。
カクテル	テキーラは、カクテルの名品**マルガリータ**のベースとして使用され、広く親しまれるようになった。

Blue agave ブルー・アガベ

	名称	熟成期間
タイプ	**Tequila Blanco** テキーラ・ブランコ	無色透明で、樽による熟成をしない。もしくは熟成**2**カ月未満。**カクテルベース**として広く親しまれている。
	Joven ホーベン	**ブランコ**と**レポサド**をブレンド、またはブランコを着色したもの。
	Reposado レポサド	**2**カ月以上**1**年未満熟成させたもの。
	Añejo アネホ	**1**年以上熟成させたもの。
	Extra Añejo エキストラ・アネホ	**3**年以上熟成させたもの。

テキーラ以外の地理的表示	**Mezcal メスカル**、**Charanda チャランダ**など
代表的な銘柄	クエルボ、サウザなど

出題のポイント
引っかけの選択肢「50％以上」に注意！（参考）バーボンの原料はトウモロコシを「51％」以上使用しなければならない。

テキーラと他のアガベスピリッツの違い
原料：Blue agave
産地：
ハリスコ州など指定地域
⇩
テキーラ
上記以外
⇩
他のアガベスピリッツ
（メスカルなど）

テキストに記載されている代表的なカクテルのベースのお酒を覚えておこう！

Joven ホーベン：若い
Reposado レポサド：休ませる
Añejo アネホ：熟成した

Spirits

Rum ラム

原料・製法	**サトウキビの搾汁**や製糖の際に発生する副産物である**糖蜜**を発酵、蒸留したスピリッツである。**糖蜜**を使用して造られたラムを**トラディショナル**と呼び、世界市場の8割を占めている。濃縮せずに、**サトウキビ汁**をそのまま発酵してラムを製造した場合は**アグリコール**と呼ばれる。単式蒸留、連続式蒸留共に認められている。
特徴	ラムは色調から、**ホワイト**ラム、**ゴールド**ラム、**ダーク**ラムと分類される。A.O.C. **Martinique Rhum agricole マルティニク・ラム・アグリコール**は、カリブ海・西インド諸島の中の**フランス**領マルティニク島で造られるラム。シロップや**糖蜜**の添加は禁止、販売時のアルコール分は**40**％以上。
代表的な銘柄	バカルディー、マイヤーズ、キャプテンモーガン、ハバナクラブなど

"糖蜜"は保存して世界中、どこにでも持ち運びできるのに対し、サトウキビ汁はフレッシュなうちに発酵しラムの製造に入っていかねばならず、サトウキビの原産地でしか造れないラムであるため高級品となる。

出題のポイント
糖蜜 ⇒ トラディショナル
サトウキビ汁 ⇒ アグリコール
「トラディショナル（＝たくさん、量販品）」の言葉の使われ方に注意。

フランス領であるため、A.O.C.法が適用される。

Chapter **39** 酒類飲料概論

その他のスピリッツ

Spirits

Aquavit アクアヴィット

スウェーデンとノルウェーが特に有名。

- **北欧**で製造されるスピリッツであり、製法はジンに似ている。
- ジンの香味がジュニパーベリー中心であるのに対し、アクアヴィットはキャラウェイ、フェンネル、アニスなどで香りづけされている。

リキュール

Liqueur

リキュールとは？

リキュールとは
噛みくだいて説明すると、「様々な蒸留酒をベースに何かで香り・甘み・色をつけたもの」となる。（必ずしも全ての要件を満たすものではない）

- 一般的に**蒸留**酒に果実、香草、花などの香味を抽出させ、砂糖・シロップなどの甘味を加え、着色したものを指す場合が多い。
- 13世紀初頭イタリアの僧院で、様々な薬草を元に不老不死をもたらす「エリクシール（薬酒）」酒として製造されたハーブ酒と、8世紀初頭にイスラム教徒によりイベリア半島に伝えられ、中世以降フランスやスペインで錬金術を通じて、17世紀以降に発展した蒸留技術（アルコールの製造技術）とが相まって、今日のリキュールの基礎となったと考えられている。

定義・規定

日本	酒類と糖類、その他の物品（酒類を含む）を原料とした酒類で、エキス分が**2**％以上のものとされる。

EU	アルコール分15％以上の酒精飲料。 ※チェリーやジェンシアンなど例外もある。

名称・呼称等	糖分含有量
リキュール	**100**g/ℓ 以上
Crème de～ クレーム・ド・（原料名）	**250**g/ℓ 以上
Crème de **Cassis** クレーム・ド・**カシス**	**400**g/ℓ 以上

リキュールの製品特徴となる芳香性原料による分類

- 香草・薬草系（ハーブ系）：シャルトリューズ、ベネディクティン、カンパリ、スーズなど。
- 果実系：キュラソー、ココナッツリキュール、梅酒など。
- ナッツ・ビーン・カーネル系：アマレットなど。
- 特殊（乳化）系：コーヒーリキュールなど。

香味成分の抽出方法と代表的なリキュール

- ベースとなる酒類と共に蒸留する蒸留法：キュラソーなど。
- ベースとなる酒類に浸漬する冷浸漬法：カシスなど。
- 原料を温水に漬け込み、さらにベースとなる酒類を加えて浸漬する温浸漬法：カンパリなど。
- 熱湯を循環して抽出するパーコレーション法：コーヒーリキュールなど。

VINOLET

Introduction to Liquor Beverages

<< スピリッツ

P.242 >> 244

代表的なリキュール

香草・薬草系

Liqueur

名称	タイプ	主原料	Alc.度数	色調	備考
Absinthe アブサン		ニガヨモギ	70％ 前後	淡い緑	ニガヨモギに含まれるツヨンが健康を損ねることがわかった。 ※1790年、フランス人医師ピエール・オルディネールが、スイス産のニガヨモギを用い、スイスにて開発した。その後「ツヨン」が健康を損ねることがわかり、20世紀初頭にヨーロッパ諸国で製造販売が禁止になった。1981年にWHOが飲食物に含まれるツヨン許容量を定め、アブサンのような酒は10PPM以下としたことで、現在はこの許容範囲内で生産されている。画家ロートレックやゴッホが愛飲したことで知られている歴史的なお酒。
Anisés アニゼ		アニスの種子			アニスの種子の香味を主体にしたリキュールの総称。 水を加えると白濁する。
	Anisette または Anis Liqueur	アニスの種子 主体		無色	代表銘柄：Marie Brizard　マリー・ブリザール（Alc.25％）
	白色アニス	アニス		無色	代表銘柄：Berger Blanc　ベルジェ・ブラン（Alc.45％）
	カラー・アニス	アニス		黄	代表銘柄：**Pernod** ペルノ（Alc.**40**％） 製造元の「ペルノ・リカール社」は、フランスを代表する世界的酒造メーカー。
					ペルノは、実際は淡い緑色をしているが、水を入れると白く濁り、ミルキーな黄色になる。
	Pastis パスティス	アニス、甘草		琥珀	代表銘柄：**Ricard** リカール（Alc.**45**％）、Pastis 51 パスティス・サンカンテアン（Alc.45％）"アブサン"の代替品として誕生した。
					"ペルノ"との違いを押さえよう！ ①「甘草」を使用しているかどうか。 ②アルコール度数が5％異なる。
Sambuca サンブーカ		アニスシード、エルダーベリー、甘草	**40**％ 前後	無色	イタリア産。
Ouzo ウゾ		アニス	40％ 前後	無色	ギリシャ産。 アニスを蒸留酒に浸漬して再蒸留。

レッチーナ（フレーヴァード・ワイン）と並び、ギリシャを代表する国民的な酒。

Chapter 39 酒類飲料概論

代表的なリキュール　薬草・香草系　　　　　　　　　　　　　　　　　　　　　Liqueur

名称	タイプ	主原料	Alc.度数	色調	備考
Bénédictine ベネディクティン		27種の薬草、スパイス	40%	琥珀	1510年、フランス北部ノルマンディ地方フェーカンのベネディクト派修道院で生まれる。

> 二次試験において最も見分けるのが難しい。まずはセットで2つが似ているということを覚えよう。

> ベネディクティン：ベネディクト修道院（フランス、ノルマンディ地方フェーカン）
> シャルトリューズ：ヴォワロンの修道院（フランス、アルプス山麓）

名称	タイプ	主原料	Alc.度数	色調	備考
Drambuie ドランブイ		スコッチ・ウイスキーに蜂蜜やハーブ	40%	琥珀	スコットランド産。名前は「心を満たす飲みもの」を意味。糖度35％。
Quinquina キンキナ		キナの木の皮	13～24%	赤・白	キナの樹皮を用いた酒精強化ワインに分類される。マラリアに効用があった。

> 熱帯・亜熱帯の感染症と考えがちであるが、かつては欧州や米国、日本にも土着のマラリアが存在していた。「ローマ熱」とも呼ばれ、古代のローマにも土着していた。

名称	タイプ	主原料	Alc.度数	色調	備考
Chartreuse シャルトリューズ					フランスのアルプス山麓ヴォワロン修道院で1605年誕生。
	Verte ヴェルト		55%	緑	糖度23％。
	Jaune ジョーヌ		40%	黄	糖度33％。
	V.E.P. Verte			緑	8年熟成。V.E.P.は「長期熟成品」の意味。
	V.E.P. Jaune			黄	
	Elixir Vegétal エリクシル・ヴェジェタル			緑	

> 「55%」というアルコール度数は、ここだけ。

> 両方とも甘いが、Jauneの甘さはより際立っている。

名称	タイプ	主原料	Alc.度数	色調	備考
Suze スーズ		リンドウ科ジェンシアンの根	15%	黄	フランス産。トニックウォーターと割って、「スーズトニック」という名のカクテル（食前酒）で親しまれている。
Campari カンパリ		ビター・オレンジの果皮	25%	オレンジがかった赤	イタリア・ミラノ産。ほろ苦さと甘味のバランスが良い。
Galliano ガリアーノ		40種以上のハーブやスパイス	42.3%	黄	イタリア産。ヴァニラ香とアニス香が調和している。
Cynar チナール		アーティチョーク、13種のハーブ、植物	16%	焦げ茶	イタリア産。甘みの中に優しい苦み。
Jägermeister イエーガーマイスター		56種のハーブやスパイス	35%	焦げ茶	ドイツ産。ドイツ語でハンティングマスターの意。糖度15.7％。
Green Tea グリーン・ティー		緑茶	25%	緑	1960年、日本で誕生。

果実系

Liqueur

名称	タイプ	主原料	Alc.度数	色調	備考
Curaçao キュラソー		オレンジ果皮			色がついたタイプもある。
	ホワイト・キュラソー		40%	無色	フランス・ロワール地方産。 代表銘柄： Cointreau コアントロー
	オレンジ・キュラソー		40%	琥珀	代表銘柄： Grand Marnier グラン・マルニエ
Maraschino マラスキーノ		マラスカ種チェリー	32%	無色	イタリア産マラスカ種チェリーを発酵、蒸留。 代表銘柄： Luxardo ルクサルド
Crème de Cassis クレーム・ド・カシス		カシス (ブラック・カラント)		紫	糖分含有量400g/ℓ以上
	Crème de Framboise クレーム・ド・フランボワーズ	ラズベリー		赤	
	Crème de Fraise クレーム・ド・フレーズ	イチゴ (ストロベリー)		赤	
	Crème de Mûre Sauvage クレーム・ド・ミュール・ソヴァージュ	ブラックベリー		赤	
Southern Comfort サザン・カンフォート		ピーチなど数十種のフルーツとハーブ	21%	琥珀	アメリカ産。
梅酒		青梅	8〜15%	黄〜琥珀	日本産。
MIDORI ミドリ		メロン	20%	緑	日本産。

フルーツポンチのような香りがすることで有名。

コアントロー（無色透明）を、樽熟成させたバージョンがグラン・マルニエ（やや褐色）と覚えよう。

ナッツ・ビーン（種子）・カーネル（核）系

Liqueur

名称	主原料	Alc.度数	色調	備考
Amaretto アマレット	アンズの核	28%	琥珀	イタリア産。 アーモンドフレーヴァー （杏仁豆腐のような香り）。
Frangelico フランジェリコ	ヘーゼルナッツ	20%	琥珀	ヘーゼルナッツ風味。

特殊系

Liqueur

名称	主原料	Alc.度数	色調	備考
Baileys Original Irish Cream ベイリーズ・オリジナル・アイリッシュ・クリーム	アイリッシュウイスキー、牛乳クリーム	17%	白	アイルランド産。
Advocaat アドヴォカート	卵黄	15〜20%	黄	オランダ、ドイツなどで生産。
その他（花系）	スミレ（Parfait amour パルフェ・タムール）、エルダーフラワー（Saint Germain サンジェルマン）、オレンジフラワー、桜など。			

Chapter 39 酒類飲料概論

VINOLET

Introduction to Liquor Beverages

リキュール

P.244 >> 247

中国酒　Chinese liquor

主なお酒の種類

蒸留酒	**白酒**（パイチュウ）、白蘭地（ブランデー）（パイランディー）など。
醸造酒	黄酒（ホワンチュウ）、啤酒（ビール）（ピイチュウ）、葡萄酒（プウタオチュウ）など。

- 伝統的な中国の酒造りの特徴の一つに「麹」の存在が挙げられる。
- カビを使用する点では日本と同じだが、増殖の方法が異なる。
- 日本の麹の増殖法は散麹（ばらこうじ）と呼ばれるが、中国の増殖法は曲（餅麹）（チュー　もちこうじ）と呼ばれる。

名称	製法
散麹（ばらこうじ）	原料穀物を蒸して、種麹（たねこうじ）を加えて穀粒の表面に繁殖させる。
曲（餅麹）（チュー　もちこうじ）	原料穀物は蒸さずに生のまま破砕し、水を加えてレンガ状に成型してカビを培養する。種麹（たねこうじ）は使わず、原料由来のカビが繁殖する。

> 中国の「麹」のこと。"曲"と書き、"チュー"と呼ぶ。穀物のデンプンを糖化させるのに「麹」を使うのは、東アジアの酒の共通点である。各国で呼び名があり、その造り方や菌の種類も多少異なっている。

黄酒ホワンチュウ・白酒パイチュウ　Chinese liquor

	生産地域	備考
黄酒　ホワンチュウ	中国南方	原料：穀類。主に**もち米**。 製法：**麹**で発酵させた醸造酒。 老酒（ラオチュウ）：長期間熟成させたもの。娘が生まれた時に製造し、嫁ぐ際に皆に振る舞う酒として歴史をもつ 長期貯蔵熟成されたものを女児紅（じょじこう）という。 紹興酒（しょうこうしゅ）：浙江省紹興（せっこうしょうこう）で醸造。黄酒の中でも味わいが洗練された高級品で、世界的に有名。 善醸酒（ぜんじょうしゅ）：仕込み水に黄酒（ホワンチュウ）を使用。 福建紅曲黄酒：紅コウジカビを使う。
白酒　パイチュウ	中国北方	中国古来の蒸留酒に対する一般名称で、原料、産地、製法など様々。 製法：伝統的には、**コウリャン**を**曲**（チュー）で糖化し、固体発酵、固体蒸留させたもので、世界的にも極めて特徴的な製造工程を持つ。 茅台酒（マオタイチュウ）：貴州省（きしゅうしょう）産。醤香型（醤油のような香りと味わい）。 汾酒（フェンチュウ）：山西省（さんせいしょう）産。清香型（若い果物の植物臭のような香り）。 桂林三花酒：蜜様の香りがある米香型。 **五糧液**、剣南春（けんなんしゅん）：四川省産。濃香型（フレーバーが強く、フルーティな香り）。

> ブランデー：白蘭地（パイランディー）
> ビール：啤酒（ピイチュウ）

> コウリャンは外来語呼称、別名は「モロコシ」。

VINOLET

Introduction to Liquor Beverages

<< 中国酒

P.248

248

カクテル Cocktail

カクテルの歴史と定義

- カクテルは一般的に、「ある酒に別の酒や何かを加えて新しい味を創作した飲み物」と定義される。
- カクテルの歴史はビールやワインに匹敵するほど古いが、現代人がイメージする氷を使ったカクテルが誕生してからはまだ150年ほどしか経っていない。

> 製氷の技術が誕生して以降、ということ。1873年にミュンヘン工業大学のカール・フォン・リンデ教授が、アンモニア冷凍機を発明し、現在の製氷機の原型が生まれた。

> **Glühwein（独）**
> "グリュー・ヴァイン"とは、ワインと香辛料などを温めて作るホット・カクテルの一種のこと。

> ビールの歴史にも登場する。

カクテルの歴史 History

時代	主な出来事
古代エジプト	ビールに蜂蜜やショウガ、ハーブを加えて飲まれていた。
	その後、ワインに馬乳を加えたものが飲まれていた。
中世（12～17C）	ヨーロッパで、冬季における寒冷化と共にグリュー・ヴァインやマルド・エールなどのホット・ドリンクが生まれる。蒸留酒も生まれ、ビールやワイン以外も使われ始める。
1800年代初め	カクテルという言葉が欧米で徐々に浸透する。
19C後半	リンデの製氷機の登場により、通年を通して氷を使ったコールド・ドリンクが誕生。

> **mulled（英）**
> マルドとは、香辛料などを入れて温めた、という意味。
> **ale（英）**
> エールとは、エールビールのこと。
> つまり、"マルドエール"とは「ホットビアカクテル」のこと。

カクテルの4技法 Cocktail

名称	説明	代表的なカクテル・レシピ
Build ビルド	ビルドは「直接グラスにつくる」の意味。グラスの中に直接材料を注ぎ、その状態のまま提供する歴史的に最も古く、最もシンプルな技法。	ジン・トニック（ジン＋トニックウォーター）ウイスキー・ハイボール（ウイスキー＋炭酸）
Stir ステア	ステアは「混ぜる」「攪拌する」の意味。ミキシンググラスの中で、バー・スプーンにより氷と共に混ぜ合わせる。この技法でつくられるカクテルは、基本的には酒同士、または混ざりやすい材料同士によりつくられることが多い。	マティーニ（ジン＋ドライ・ベルモット）マンハッタン（ウイスキー＋スイート・ベルモット）

ビルドとステアの違い
ビルドは提供するグラスの中で直接材料を混ぜ合わせるが、ステアはミキシンググラスを用いて材料を混ぜ合わせた後、別のグラスに注いで提供される。

  ミキシンググラス >>>

<<< バー・スプーン

カクテル　カクテルの4技法　　Cocktail

名称	説明	代表的なカクテル・レシピ
Shake シェーク	シェークは「振る」という意味。 20世紀、アメリカで、ヨーロッパの飲酒文化や伝統にとらわれない新感覚のカクテルが、ジュースやミルク、砂糖など混ざりにくい材料の登場と共に、シェーカー（器具）を生み出した。 シェークの技法はバーテンダーたちによってヨーロッパへ伝わった。	ジン・フィズ （ジン＋レモン・ジュース＋砂糖＋炭酸） **サイドカー** （ブランデー＋ホワイト・キュラソー＋レモン・ジュース） ホワイトレディ （ドライ・ジン＋ホワイト・キュラソー＋レモン・ジュース）
Blend ブレンド	ブレンドは「混和する」という意味。 欧米ではブレンダー、日本でミキサーと呼ばれる電動式の機械を使い、クラッシュド・アイスと混ぜて作られる。	フローズン・ダイキリ（シャーベット状のカクテル） （ラム＋ライム・ジュース＋砂糖）

カクテルのタイプ

代表的なカクテルの、ベースとなるお酒を言えるようにしよう！

タイプ	TPO・味わい	代表的なカクテル・レシピ
アペリティフ （食前酒）	食前に供され、食欲増進効果がある。甘味は控えめ、できれば酸味と苦み、適度なアルコール分を含んだものが理想。	ウイスキー・ハイボール （ウイスキー＋炭酸） マティーニ （ジン＋ドライ・ベルモット） マンハッタン （ウイスキー＋スイート・ベルモット） バンブー （ドライ・シェリー＋ドライ・ベルモット） アメリカーノ （カンパリ＋スイート・ベルモット＋炭酸） キール （クレーム・ド・カシス＋白ワイン（ブルゴーニュ・アリゴテ）） キール・ロワイヤル （クレーム・ド・カシス＋シャンパン）など
ディジェスティフ （食後酒）	料理を食べた後の口直しの役目もし、その色や香り、味わいが心理的にも、胃の中に収まった料理をこなしてくれる。香味濃厚で、甘みも強め。ブランデーが代表的。	アレクサンダー （ブランデー＋カカオ・リキュール＋生クリーム） スティンガー （ブランデー＋ホワイト・ペパーミント） ブラック・ルシアン （ウォッカ＋コーヒー・リキュール） アラスカ （ジン＋イエロー・シャルトリューズ）
オール・デ・タイプ （時を選ばず楽しめる）	食事とは関係なく飲まれる。日本のバーで主流。酸味、苦み、甘みのバランスが良い。	ソルティ・ドッグ （ウォッカ＋グレープフルーツ・ジュース） モスコー・ミュール （ウォッカ＋ライム・ジュース＋ジンジャーエール） マルガリータ （テキーラ＋ホワイト・キュラソー＋ライム・ジュース）
ノン・アルコール・カクテル	20C初頭に登場したが、1970年代後半に世界的に広まった。現在は「MOCKTAILS モクテル」と呼ばれる。	シャーリー・テンプル （ジンジャーエール＋グレナデン・シロップ） プッシーフット （卵黄＋グレナデン・シロップ＋レモン・ジュース＋オレンジ・ジュース） シンデレラ （オレンジ・ジュース＋レモン・ジュース＋パイナップル・ジュース）

> **マティーニは食前酒の代表格**
> 世界的に有名な食前酒の代表「マティーニ」のアルコール度数は「約35％」。つまり、アルコールが高いと、必ずしも食前酒に適さないというわけではない！

 VINOLET

Introduction to Liquor Beverages

<< カクテル

P.249≫250

Chapter 40 飲料概論

ミネラルウォーター、日本茶、紅茶、コーヒー

ミネラルウォーター　Mineral water

ミネラルウォーター類の分類

- 健康志向の高まりから日本の市場は拡大を続けており、**2023**年は国産ミネラルウォーターの生産量は**483万1千**kl（前年比**108.3**％）、輸入ミネラルウォーターの量は**16万5千**kl（前年比**66.3**％）、合計**499万**kl（前年比**106.1**％）となっている。
- 国民1人当たりの年間消費量は2007年から19.7ℓ前後で推移していたが、2011年の東日本大震災の影響もあり24.8ℓと大きく伸び、2023年は**40.2**ℓとさらに伸長している。
- 1990年に農林水産省が「ミネラルウォーター類の品質表示ガイドライン」を策定し、4つに分類した。

> 「処理」の程度によって、大きく3つに分類される。キーワードは"ナチュラル"。

分類	原水	処理方法
ナチュラルウォーター	ナチュラルウォーター：特定水源から採水したミネラル分が少ない地下水。	**濾過、沈殿、加熱殺菌**以外の物理的・化学的処理を行ってはいけない。
	ナチュラルミネラルウォーター：特定水源から採水したミネラル分が多い地下水。	
ミネラルウォーター	特定水源から採水した地下水。	濾過、沈殿、加熱殺菌以外に本来成分を**変化させる**処理を行ったもの。
ボトルドウォーター	特定水源から採水した地下水。	濾過、沈殿、加熱殺菌以外に本来成分を**大きく変化させる**処理を行ったもの。
	原水が地下水以外のもの。	法令に基づく加熱殺菌などの処理が必要。

ミネラルウォーターの硬度

- 硬度とは、カルシウムイオンとマグネシウムイオンの量を**炭酸カルシウム**の量に換算した数値で表す。
- 以下の表はWHO基準の分類。

分類	硬度
軟水	**0**～**60** mg/ℓ
硬水	**120**～**180** mg/ℓ
非常な硬水	**180** mg/ℓ 以上

- 硬度の換算方法や分類基準は国によって異なる。硬度100以下が軟水、100～300を中程度の硬水、300以上を硬水というのがおおよその目安になる。

ミネラルウォーター一覧

製品	国	硬度（mg/ℓ）	炭酸ガス
Perrier ペリエ	フランス	400.5	あり
Contrex コントレックス	フランス	1,468	なし
Vittel ヴィッテル	フランス	307	なし
CHATELDON シャテルドン	フランス	1,158	あり
S.Pellegrino サンペレグリノ	イタリア	674	あり
ACQUA PANNA アクアパンナ	イタリア	108.4	なし
Sant Aniol サンタニオル	スペイン	292	両方あり

日本茶　Japanese tea

日本茶とは？

- 「茶（Tea）」は**ツバキ**科のチャの葉や茎から作られ、日本産の茶を「日本茶」という。
- 緑茶は**不発酵茶**ともいわれ、茶の葉がもっている酸化酵素の働きを止めて作られる。
- 茶の製造方法における「発酵」は、一般にいう発酵と内容が異なり、発酵食品ではない。
- 国内における茶の年間生産量は約7.8万 t で、**静岡県**、鹿児島県、三重県で全生産量の約4/5を占める。
- 日本茶は年に1〜5回収穫されるが、その年の最初の収穫は4〜5月に行われ「**一番茶**」と呼ばれる。**一番茶**は最も品質が高く、価格が最も高い。

日本茶の分類

- 日本茶の多くは**緑茶**であり、**緑茶**の多くは**煎茶**である。
- 日本茶を分類する基準は産地、品種、収穫時期、栽培・加工方法、等級など複数ある。
- 日本茶の主な成分として、**カテキン類**、**カフェイン**、**アミノ酸類**がある。

日本茶の分類（抜粋）

		名称	説明
緑茶	煎茶	**玉露**	収穫前に**遮光**することで葉の緑色が濃くなりうま味が増す。
		深蒸し茶	荒茶加工で蒸し時間を長くする。
		ほうじ茶	仕上げ加工で焙煎を強くする。
		玄米茶	**炒り米**をブレンドする。
	抹茶		広げて揉まずに乾燥させた抹茶用原料の「碾茶（てんちゃ）」を石臼（いしうす）などで挽（ひ）く。

日本茶の製造方法

- <u>荒茶加工</u>　生葉には保存性がないため、収穫後速やかに一次加工（<u>荒茶加工</u>）を行い、保存性のある状態（=<u>荒茶</u>）にする。
- <u>仕上げ加工</u>　荒茶で取引された後、いわゆる「お茶」「茶葉」に加工される（<u>仕上げ加工</u>）。
- 飲料製造　「茶葉」として販売される他、缶やペットボトルに充填した<u>緑茶飲料</u>に再加工されて消費者の元へ届けられる。

 日本茶の市場

- 近年、供給量が<u>減少</u>傾向にある。
- 1985年にドリンク茶（緑茶飲料）が開発された後、90年代以降に市場が広がり、2013年以降日本全体の緑茶消費に占めるドリンク茶比率は<u>30</u>％を上回る。

紅茶　　Black tea

紅茶とは？

- <u>ツバキ</u>科<u>ツバキ</u>属のチャの木のうち、特に<u>アッサム</u>種および<u>中国</u>種の生葉を原材料とし、酸化酵素を働かせて製造されたもの。
- この酵素による酸化のことを「発酵」と呼ぶが、バクテリアや酵母などによる発酵とは異なる。

 紅茶の製造方法

1 茶摘み　芽と付随する若葉2～3枚を摘む。

2 萎凋（いちょう）　水分を約60％減少させるために陰干しを行う（8～12時間）。

 3 揉捻（じゅうねん）　揉捻機で茶葉をもみ砕き、酸化酵素を活性化させる。

 4 発酵／酸化　気温25℃以上、湿度90％以上の条件下で茶葉を静置し酸化させる。

 5 乾燥　酸化を停止させるため、主に高温熱風で水分が3～4％になるまで乾燥する。

 6 仕分け　乾燥茶葉をふるいにかけてサイズ別に区分する（グレイディング＝等級区分）。

紅茶の産地と特徴

- 紅茶は、赤道を挟み南北回帰線内の地域では年中生産が可能で、回帰線外では冬季は栽培されない。
- スリランカ産紅茶は、旧国名（**セイロン**）の名残で「**セイロン**紅茶」と呼ばれる。

産地名	国名・地域	特徴
Assam アッサム	**北インド**	**コク味**のあるストロングタイプ。ミルクティーにあう。
Darjeeling ダージリン	**北インド**	**フルーティー**な香りをもち、産出量の**少ない**貴重な紅茶。
Dimbula ディンブラ	**スリランカ**・西部山岳帯	香味のバランスがよく、オーソドックスな紅茶。
Uva ウバ	**スリランカ**・東部山岳帯	花香と爽快な味をもつ。
Keemun キーマン	**中国**・**安徽省**（あんきしょう）	明るい水色とスモーキーフレーバーが特徴。

紅茶製品の区分

Origin Tea オリジン・ティー	生産国名、生産地名、茶園名などで区別し、原則的にブレンドしていないもの。
Blended Tea ブレンデッド・ティー	各国、各産地の紅茶をブレンドしたもの。
Flavored Tea フレーヴァード・ティー	紅茶の茶葉に、花や果実などの「香料や精油分など」を吹き付けて加工したもの。（例：**アールグレイティー**）

包装・商品形態

Loose Tea ルーズ・ティー / Leaf Tea リーフ・ティー	特に加工せず、茶葉を容器（缶、アルミ袋など）に詰めて販売されるもの。
Tea bag ティーバッグ	主に小型サイズの茶葉を計量し、フィルターで包んだもの。
Instant Tea Mix インスタント・ティー・ミックス	原料茶を粉末状に加工し、砂糖などで甘味を付け、香料などを添加したもの。
紅茶飲料（RTD）	原料茶を加工して紅茶エキスを抽出し、香料などを加えて希釈、レトルト処理したもの。PETボトルなどに詰めて販売される。

紅茶の成分
- 茶の葉は、多量のカテキン類とカフェインを含んでいることが特徴である。
- 紅茶特有の滋味主成分はカテキン類で、酸化による生成物が紅茶の色や味に関与している。

紅茶の市場
- 紅茶の消費国は主にヨーロッパやアメリカ大陸、生産国は主にアジアと東アフリカである。
- 日本は **90**％以上を輸入している。

紅茶の誕生と文化
- 17～18世紀に発酵茶は中国で誕生したと考えられている。
- 17世紀中頃にイギリスに茶がもたらされ、茶種は緑茶や少し発酵した程度の烏龍茶のようなものだった。
- 18～19世紀にかけて消費量の増大に伴い、イギリス人の嗜好に合わせて発酵の強まった中国紅茶が供給されるようになった。
- 19世紀後半にはインドやセイロンで、今日につながるストロングタイプの紅茶生産が始まった。
- 19世紀後半のヴィクトリア時代はイギリスが最も盛隆を極めた時期で、茶道具（ボーンチャイナやシェフィールド銀器など）の普及と共に貴族階級で茶会が盛んになり、アフターヌーンティーなどの紅茶文化が誕生している。

コーヒー　Coffee

コーヒーとは？
- **アカネ**科の熱帯性低木コーヒーの木の種子がコーヒー豆である。
- いわゆる**コーヒーベルト**（赤道を挟んで南北緯25度、北回帰線と南回帰線の間）でほとんどが生産される。
- コーヒーは「**アラビカ**種」「**カネフォラ**種（**ロブスタ**種）」「リベリカ種」があるが、前2種が現在商業的に栽培されている。
- **アラビカ**種は、比較的高地で栽培されており、病害虫や気象条件の影響を受けやすい品種で、比較的品質評価が高く、酸味と香りが特徴である。
- **カネフォラ**種（**ロブスタ**種）は、低地でも栽培され、病害虫の影響を受けにくく、苦みとコクが特徴である。

コーヒーの製造方法

1 精選、選別
コーヒーは、コーヒーの木の実を収穫し、果肉などの除去、洗浄、乾燥、選別などの作業を経て生豆として輸出される。

2 焙煎（ロースト）・配合（ブレンド）
生豆は焙煎により、産地によって異なる味の特徴や独特の香りを引き出す。焙煎の度合いは3段階（浅煎り、中煎り、深煎り）に大別され、浅煎りの方が酸味が強く、深煎りになるほど苦みやコクが強くなるのが一般的。また、品質の安定したコーヒーを作るためにブレンドを行う。

3 粉砕（グラインド）
コーヒー成分を抽出しやすくするため、ミルで粉砕する。

4 レギュラーコーヒーとインスタントコーヒー
以上のようにレギュラーコーヒーは製造されるが、インスタントコーヒーは、さらに次の工程を経る。

フリーズドライ方式
濃縮したコーヒー液を低温で凍結させ、真空状態で昇華させることにより、大粒の粒子をつくる。

スプレードライ方式
高温の乾燥塔の中で濃縮したコーヒー液を噴霧し、瞬間的に水分を蒸発させ、乾燥した細かい粉末状にする。

5 抽出
抽出方法によっても風味は大きく異なり、ドリップ式、浸漬式、サイフォン式、エスプレッソ、水出しコーヒーなどの方法がある。

コーヒーの産地

名称	産地
Mocha モカ	エチオピア
Mandheling マンデリン	インドネシア・スマトラ島
Kona コナ	アメリカ・ハワイ島
Blue Mountain ブルー・マウンテン	ジャマイカ・ブルーマウンテン地区
Kalosi カロシ、Traja トラジャ	インドネシア・スラウェシ島
Kilimanjaro キリマンジャロ	タンザニア

コーヒーの成分

- コーヒー100mlには約60mgの**カフェイン**が含まれ、覚醒作用や利尿作用などの様々な効果が明らかになっている。また、クロロゲン酸などのポリフェノールが豊富に含まれている。
- 国立がん研究センターによれば、コーヒーをほとんど飲まない人に比べ、1日3〜4杯飲む人の死亡リスクは24％も低く、コーヒー摂取は死亡リスクを低減させることが明らかになっている。

日本のコーヒー市場

- 日本のコーヒー消費量は拡大しており、2022年は世界第<u>4</u>位（43万t）。
- 1人1週間あたりのコーヒー飲用杯数は10.6杯となっている。
- 日本国内のコーヒー豆生産は、沖縄県などの一部で行われているが、供給のほとんどを輸入に依存しており、世界第<u>6</u>位の輸入国となっている。

Chapter 41 テイスティング

Tasting

テイスティングの目的

- 認識すべきことは、「消費する立場」としてのテイスティングの目的は何かということである。

> 「客観」と間違える受験生が非常に多い。ここでは「他人の意見に左右されない」という意味合いで使われており、よって「主観」となる。

目的
1. 自分の**嗅覚**、**味覚**の能力を知り、経験を積むことで、その能力を**向上させる**。
2. テイスティングで感じたことによって、ワインの**ヴァリエーション**を知る。
3. ワインを**分析**し、**記憶**する。
4. ワインの**欠点**を探すのではなく、個性及び特性を知る。
5. **感覚を言葉で表現すること**を身に付ける。

- テイスティングは**先入観**や**固定観念**を持たずに**主観**で行う。
  個人的な好みを前面に出してはならず、ポジティブな気持ちをもって臨むべきである。

> プロ同士の会話において、おいしいか、おいしくないかは求められていないということ。☕

- テイスティングとはワインの
  過去(どこで、どんなブドウ品種から、どのように造られ、熟成されたか)、
  現在(どのような状態、特徴をもっているか)、
  未来(どのように発展していくか、どれくらいの保存が可能か)を知ることである。

テイスティングの標準

- 複数人でテイスティングする際には、**一定の基準**を設けておくとよい。
  「共通の環境」「共通の用具」「共通の用語」など。

環境
- 室温 **18**〜**22**℃、湿度 **60**〜**70**％が望ましい。
- 静寂、無臭、明るい照明、白いテーブルまたはクロスが望ましい。

グラス
- 国際標準化機構(**ISO**)により定められた規格グラスの使用が望ましい。
- 目的により異なるが、チューリップ型でカットや模様のないもの。

ワイン
- 赤ワインの温度は **16**〜**18**度、白・ロゼ・発泡性は **10**〜**12**度が望ましい。
- 注ぐ量は、**40**〜**60**mℓ、グラスの **1/3**〜**1/4**。

体調
- 心身ともに良好に保つ。
- 口内の清潔、無臭を保つ。
- 飲食、特に飲酒、喫煙をしない。

時期
- 購入検討時。
- 保管してあるワインの状態の確認時。
- 料理とのペアリングチェック。
- 時間帯は**午前**、**空腹時**が好ましい。

ISO規格のワイングラス

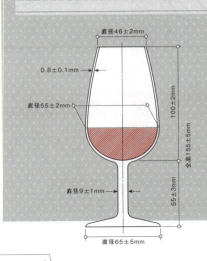

無 色 透 明	
酸 化 鉛 の 含 有 率	9%以上
全　　　　　高	155±5mm
ボウル（容器部分）の深さ	100±2mm
底部＋脚部の高さ	55±3mm
頂 部 の 外 径	46±2mm
ボ ウ ル の 最 大 径	65±2mm
脚 部 の 外 径	9±1mm
底 部 の 直 径	65±5mm
全　　容　　量	215±10mℓ
唎 き 酒 容 量	50mℓ

二次試験でも使用される世界標準の非常に小ぶりなグラスである。高級なワインであっても、廉価なワインであっても、常に同じ条件でテイスティングするためのグラス。

テイスティングの方法

方法
- 以下の5つの項目の順に観察・解析をしていく。

方法1　外観
- グラスを斜め上から、また目線の位置にもっていき、濃淡、色調、輝き、清澄度、粘性などを観察する。

方法2　香り
- グラスを静かに鼻に近づけ、静止した状態で確認し、次にグラスを数回まわし、さらに香りを確認する。

スワリングという。スワリングの目的は、空気に触れさせ、香りの変化を確認すること。つまり、最も重要なことは、変化する前の香りを確認することであり、グラスを手にした瞬間にグラスを回してしまうのは、単なるソムリエの癖に過ぎない。何のためにスワリングしているのかを意識して身につけよう。

方法3　味わい
- ワインを口中で転がすように舌全体に行き渡らせる。
- 口に含むワインの量は **5〜10**mℓ、口中での滞留時間は **5〜10** 秒。

方法4　余韻・後味
- 口腔、鼻腔、喉元で風味と残存時間の長さを確認し、ワインのポテンシャルを識別する決め手とする。

方法5　総合評価
- ワインの総合的な特徴と状態、タイプやスタイル、品質や格、醸造や熟成方法について分析する。

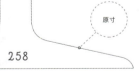

≪≪≪ スワリングは反時計回りに回す

258

テイスティングの方法

外観

1　濃淡　ブドウの成熟度合い、抽出度合い、
ワインの濃縮感を推測することができる。
赤ワインの場合、ブドウの**色素量**、果皮や種子といった
固形部分の比率に関連するので、濃淡から果粒の
大きさ、果皮の**厚さ**を推測することができる。

> 果汁に対して果皮の割合が高まるので、濃くなるということ。

2　色調　色調からワインの熟成度合いを推測できる。
若い状態の場合、一様で淵に青みが見える（白ワイン：**グリーン**、
赤ワイン：**紫**）。
熟成した状態の場合、色調にグラデーションがあり、淵に茶色みが見える
（白ワイン：**黄金～琥珀色**、赤ワイン：**オレンジ～レンガ色**）。

> 成熟度合いと熟成度合いは似て非なる言葉。
>
> | ブドウ | ワイン |
> |---|---|
> | 成熟度合いが低い＝冷涼産地 | 熟成度合いが低い＝若い |
> | 成熟度合いが高い＝温暖産地 | 熟成度合いが高い＝古い |

> 嫌気的
> ＝
> 酸素に触れていない状態
>
> 好気的
> ＝
> 酸素に触れている状態

3　輝き　光に反射する**輝き**で、「照り」「艶」を見る。
輝きは**酸**度と密接に関係し、より**酸**が高いと色素が安定して
輝きは強く見え、低いと**輝き**具合が下がる。
若い状態を保っているワイン（または**嫌気的**な状態）は輝きが**強い**。
発展的、もしくは熟成したワイン（または**好気的**な状態）は輝き具合が**下がる**。

4　清澄度　ワインの透明度を確認する。
「輝き」と関連し、健全度を測る意味合いがあるが、**無清澄**、**無濾過**の
ワインは混濁している場合がある。
低亜硫酸、好気的な造りのワインにも混濁が見られることがある。
酸化熟成とともに清澄度は下がる。

5　粘性　グラスの壁面をつたう（流れる）「滴」の状態によって、
アルコール度数、**グリセリン量**を推測する。
高い**成熟度**のブドウから造られたワイン、
貴腐ワインなど**残糖分**の多い甘口ワインは粘性が強いため、
壁面をゆっくりつたう液体のアーチが数多く見える。

6　泡立ち　発泡性の有無。
発酵後、密閉状態で保持されたワイン、または瓶詰め時にガス充填をした
ワインに見られる。ワインが**フレッシュ**な状態であることを示す。
発酵時に発生した炭酸ガスが抜けきらないうちに瓶詰した場合もある。
低亜硫酸、もしくは無添加のワインの**再発酵**による炭酸ガス残存もありうる。

> 若く、かつスクリューキャップの場合に特に見受けられることが多い。

まとめ　ブドウの成熟度とワインの熟成度、産地（環境や気候など）、
醸造方法などを推測する。

スパークリングワイン

- スパークリングワインは、泡立ちの粒の細かさ、ムースのきめを観察し、グラスの淵に沿ってできる泡立ちの輪（仏：**Cordon コルドン**、英：**Crown クラウン**）をグラスの真上から見る。
- 泡立ちの**持続性**や、きめの細やかさは、スパークリングワインとしての質を示す。

テイスティングの方法

- 主体となっているアロマ（第1、第2、第3）、品種個性、醸造（好気的、嫌気的など）、熟成の有無や長さ、熟成容器（タンク、木樽など）、現時点での熟成段階などについて分析、判断をする。

> **ワインの香りの3つのカテゴリー**
> 第1アロマ ≫ ワインになる前に生じた香り
> 第2アロマ ≫ ワインになっている過程で生じた香り
> 第3アロマ ≫ ワインになった後で生じた香り
>

第1アロマ
原料ブドウに由来する香り。「果実」「花」「草木」「スパイス」など自然界に存在するものの香り。
第1アロマが強く感じられるブドウ品種を「アロマティック」、強くないものを「ニュートラル」という。

第2アロマ
発酵段階（アルコール発酵、マロラクティック発酵など）で生まれる香り。
第2アロマは、発酵から時間が余り経っていない、若い状態のワインに感じられ、空気接触とともに薄れていく。

低温発酵の場合（白ワイン）	≫	「キャンディ」「吟醸香」など
マセラシオン・カルボニックの場合	≫	「バナナ」など
マロラクティック発酵の場合（白ワイン）	≫	「バター」「クリーム」などの乳製品の香り、「生のアーモンド」「杏仁豆腐」など
酵母由来の香り	≫	「ドライイースト」「食パン」「白カビ」など

第3アロマ
ブーケ（仏・英：Bouquet）ともいう。熟成由来の香りで、ワインの風味に複雑性を与える。

白ワイン ※特にフロール（産膜酵母）熟成したワイン、貴腐ワイン。		≫	「ヘーゼルナッツ」「くるみ」「蜂蜜」「カラメル」など
赤ワイン	植物系	≫	「紅茶」「タバコ」「枯葉」など
	土系	≫	「きのこ」「腐葉土」「森の下草」など
	動物系	≫	「干し肉」「熟成肉」「なめし革」「ジビエ」など
木樽熟成由来の香り		≫	「ヴァニラ」「ロースト」「丁子」「ナツメグ」など
長期瓶内熟成したスパークリングワイン		≫	酵母の自己分解による「トースト」「キノコ」「ブリオッシュ」など

味わい

テイスティングの方法

- 味覚だけでなく、**嗅覚**、**触覚**を駆使して、特徴を捉えることが味わいをみるのに重要で、それらをコメントに盛り込んでいく。
- ワインの本質的な特徴、本来の価値、また外観、香りから推測、分析したことを確認するために重要なのが味わいである。
- 甘味、酸味、アルコール、渋みといった要素をそれぞれ捉えるだけでなく、バランスについても的確に捉える必要がある。

前半	1	**アタック**	口に含んだ**第一印象**。味わいの**強弱**や広がりを見る。
	2	甘み	ワインの残糖分や熟度の高いブドウ由来の**果実味**、**木樽**の成分などから甘さが感じられる。 ※アルコール度数が高いワインは、たとえ辛口であってもまろやかさ(甘み)を感じるということ。
中盤	3	酸味	ワインの個性を表す重要な要素。 味わいの**フレッシュ感**、バランス、骨格、**余韻**に大きく影響する。 **量**的なコメント(「豊富」「少なめ」など)に加え、 **質**的なコメント(「溌剌とした」「しなやかな」など)をする。 ブドウ品種、気候条件、地勢(標高や斜面の向きなど)を推測できる。
	4	アルコール	酸味と同様に重要な構成要素。 味わいに**ヴォリューム感**、**刺激性**を与え、酸味、苦味、渋みと関連して、味わいの特徴をつくる。
	5	**ボディ**	甘み、酸味、アルコールとの**バランス**を**体型**で表す(苦味、渋みが加わる場合もある)。 **酸味**や**渋み**が勝るとボディは引き締まり、甘み、アルコールが勝るとふくよかになる。
	6	**テクスチュア**	触感および食感。質感ともいえる。 味わいのコメントをより立体感のあるものとする上で重要。 「流れるような」「メロウ」「ジューシー」「噛めるような」「厚みのある」など。
後半	7	苦味	ブドウの成熟度の高さ(成熟度が上がると苦味成分も増すといわれる)、アミノ酸類、フェノール類(**グリ系**ブドウ、マセレーション)に由来。旨味や塩味を伴って感じられることもある。
	8	渋み	ブドウの**果皮**や**種**、**木樽**由来の**タンニン分**。味わいに渋みや収斂性を与え、骨格、触感、余韻を構成する要素となる。果粒が小さい、果皮が厚い品種、マセレーションにより、タンニン分は増える。酸味同様、**量**と**質**を捉える。「タンニンは豊富で、緻密だ」など。
	9	フレーバー	口中に広がる香りや風味。 余韻と合わせてコメントする。 料理に合わせる際の重要なポイントになる。
	10	**余韻**	ワインを飲み込んだ(吐き出した)後に残る風味。 余韻の持続性により、ワインの**ポテンシャル**が判断できる。

> アタックは醸造によって強めることが出来ても、余韻はごまかしが出来ない。つまり、余韻は原料ブドウの品質そのものが反映され、高級ワインを見分ける一つの指標になりうる。

結論

1. **健全**なワインかどうか。
2. 価格と品質のバランスはどうであるか、そのワインの適正な価格はいくらだと考えられるか。
3. ワインはどのような状態にあるか（若い、熟成が進んでいるなど）。熟成のポテンシャル、つまり最適な保存期間はどれくらいか。
4. どのようなワインか。
   タイプ（外観、香り、味わいから、ワインの本質的な部分を3〜5つの語彙にまとめて表現する）、
   スタイル（ワインの持ち味、特性や生産者のプロフィールや造りについて）を捉える。
5. 今、楽しむこと（サービス）を前提として、飲用の最適な**温度**、**エアレーション**の必要性、最適な**グラス**、**料理とのペアリング**、**TPO**。

↑↑
エアレーション

エアレーションとは、デカンタージュから滓を取り除く効果を省いた作業といえる。つまり、滓がないワインに対して、空気接触の効果を期待してデキャンタに移し替える作業のこと。（白ワインに行うのが一般的。）

	デカンタージュ	エアレーション
目的	①滓を取り除く ②空気接触によって香りや味わいを改善させる ③（プレゼンテーション効果）	①空気接触によって香りや味わいを改善させる ②（プレゼンテーション効果）
光源	必要	不要
スピード	遅い	速い
ワイン	一般的に**赤**ワイン	一般的に**白**ワイン

テイスティングガイド

- A.S.I.国際ソムリエ協会による「Sommelier Guidelines 2021 ソムリエガイドライン」にのっとったテイスティングフォーム。

外観

項目	具体的な表現
1 清澄度 Clarity	澄んだ Clear／濁った Cloudy
2 輝き Brightness	**明るい** Bright：輝きがある Bright、キラキラ輝く Star-bright、光沢のある Shiny、艶のある Lustrous、光り輝く Brilliant **くすんだ** Dull：はっきりしない Flat、艶のない Matte、曇った Lusterless
3 メインカラー Main Color	白、ロゼ、赤
4 濃淡	**弱い** Low：明るい、淡い Pale、Faint、Weak **中程度** Medium：適度な、穏やかな Moderate **強い** High：濃い、非常に濃い Deep、Opaque
5 色調 Core Color	白：レモングリーン Lemon Green、レモン Lemon、麦藁色 Straw、干し草 Hay、ゴールド Gold、アンバー Amber、ブラウン Brown
	ロゼ：グリ Gris、ピンク Pink、サーモン Salmon、オレンジ Orange、オニオンスキン Onion skin
	赤：紫がかった Purple、ルビー（ラズベリーレッド）Ruby、Raspberry、オレンジがかった Orange tinge、ガーネット（ダークチェリーレッド）Garnet、レンガ色 Tawny、マホガニー Brown

テイスティングガイド

外観

項目		具体的な表現
6	縁の色合い Rim Variation	縁の色調の変化があるか、ないか。どのような状態であるか
7	粘性 Viscosity	**弱い** Low：さらっとした Watery、Light **中程度** Medium：適度な Moderat **強い** High：やや強い、豊か、ねっとりとした Pronounced
8	その他、外観の印象 Other observations	気泡（二酸化炭素）、滓の有無、濁りなど

香り

項目		具体的な表現
1	健全度合い Clean or Faulty	健全であるか、オフフレーバー（コルク臭 TCA、腐敗酵母 Brettanomyces、揮発酸 Volatile Acidity、還元 Reduction、スモークテイント Smoke Taint、ゲオスミン Geosmin など）があるか
2	強度、印象 Intensity	**弱い** Low：閉じている、控えめ Gentle、Diminished、Lesser **中程度** Medium：適度な、穏やかな Moderate、Mild **強い** High：開いている、豊か Pronounced、Upfront、Direct、Elevated
3	メイングループの香り Main aroma group	フルーツ、花、ハーブ、スパイス、土壌由来など Citrus、Floral、Spicy、Herbaceous etc…
4	メイングループの香りのより詳細な表現 Aroma discriptors（Lemon、Rose、Cloves、Grass etc…）	例）フルーツ（状態（フレッシュ、熟した、ドライ）＋シトラスフルーツ→レモンなど） 例）スパイス（例：パンジェントスパイス→ブラックペッパー、ベーキングスパイス→シナモンなど）
6	樽の影響 Oak Influence	樽の影響があるか、ないか。どのような香りの要素から感じ、香りにどのような影響を与えているか。Perceptible or Imperceptible
7	熟成度合い Maturity level	若々しい Youthful、嫌気的 Unaerobic、発展的 Maturing、熟成感がある Mature、ピークを過ぎている Past peak

味わい

項目		具体的な表現
1	健全度合い Clean or Faulty	健全であるか、オフフレーバー（TCA、Brett、スモークテイント、ゲオスミンなど）があるか
2	甘辛度合い Dry／Sweet	辛口、半辛口、やや甘口、中甘口、甘口など
3	スティル／スパークリング Still wine／Description if sparkling	スパークリングワインの場合は、気泡が口中に与える食感を表現。刺激を感じる Prickly、やわらかい泡立ち Soft mousse、しっかりした泡立ち Pronounced mousse、強い泡立ち Aggressive mousse
4	ボディ Body	**ライト／ ミディアム／ フル** テクスチャーの表現：流れるような、しなやか、クリーミーなど
5	酸味 Acidity level	**低い ／ 中程度 ／ 強い** 酸味の質：軽やか、さわやか、クリスプ、溌溂とした、きめ細やか、直線的など
6	強度 Intensity	**低い ／ 中程度 ／ 強い**
7	メイングループの味わい（風味）	フルーツ、花、ハーブ、スパイス、土壌由来など

テイスティングガイド

味わい

項目	具体的な表現
8 メイングループの味わいのより詳細な表現	例）フルーツ（状態（フレッシュ、熟した、ドライ）＋シトラスフルーツ→レモンなど）
	例）スパイス（例：パンジェントスパイス→ブラックペッパー、ベーキングスパイス→シナモンなど）
9 樽の影響（味わいで再確認）	樽の影響があるか、ないか。どのような味わいの要素から感じ、味わいにどのような影響を与えているか
10 熟成度合い	若々しい、嫌気的、発展的、熟成感がある、ピークを過ぎているなど
11 渋み Tannins	**低い** Low ／ **中程度** Medium or Moderate ／ **強い** High 渋みの質 Descriptors：軽い Gentle、きめ細か Fine-grained、優しい Soft、緻密な、ビロード Velvety、滑らかな Smooth、シルキー Silky、顕著な、はっきりとした Pronounced、収斂性のある Astringent、攻撃的な Aggressive、Dominating、掴むような Grippy、粗い Coarse、熟していない Unripe、青さのある Green、調和・溶け合った Integrated
12 アルコール Alcohol level	**低い** Low：優しい Gentle、あまり感じない Imperceptible、低い Diminished、抑制された Restrained **中程度** Medium：適度な Moderate、バランスのとれた Balanced、調和した・まとまった Integrated **強い** High：ヴォリュームのある Pronounced、Voluminous、熱さを感じる Warming、Burning
13 余韻 Finish ／ Length	**短い** Brief：瞬間的な Momentary、限定的な Limited、儚い Fleeting ／ **中程度** Medium ／ **長い** Long：Lignering、Prolonged、Lengthly

結論

項目	具体的な表現
1 醸造方法　スタイル Indication of vinifcation style	スティルワイン：酒精強化、好気的、嫌気的、モダン、クラシック、コールドファーメーション、スキンコンタクトなど スパークリングワイン：トラディショナル方式、シャルマ方式、トランスファー方式、アンセストラル方式 甘口ワイン：貴腐、アパッシメントなど
2 気候環境 Cool／Warm Climate	冷涼な気候、温和な気候、温暖な気候 （例）大陸性気候、海洋性気候、地中海性気候など
3 ワインの詳細 Discriptors	品種→アペラシオン→リージョン→国→ヴィンテージ→ワイン名→生産者
4 品質、格 Quality、Noble	シンプル、満足できる、良質、高品質 （例）カジュアル、プレミアム、グランヴァン、プレステージ
5 熟成のポテンシャル Aging potential	飲みごろ、 熟成のポテンシャル：0～3年、3～6年、6～9年、9年以上
6 サービス Service	最適な提供温度→最適なグラス→デカンター、エアレーションについて
7 料理 Food	具体的な料理の説明（料理名、食材、ソース、付け合わせ、味わい、ストーリーなど） ペアリングの詳細を魅力的に表現、料理のどのような要素がワインと合うのか、引き立てるのかなど

味わいの官能表現チャート

ポイントを押さえよう。
チャート自体が出題され、白赤共に中央が「バランス」で共通しており、各頂点が問われる。

白ワインの官能表現チャート

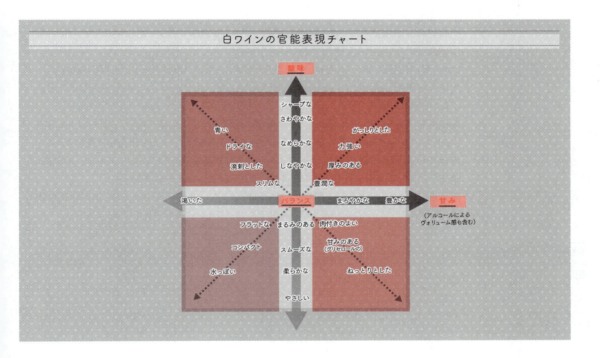

赤ワインの官能表現チャート

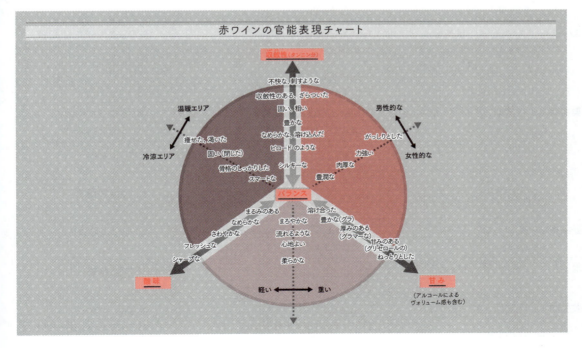

アロマ化合物

- テイスティングをする人によって、それぞれの香り成分に対する**感受性**が異なるため、同じニュアンスで感じているとは限らない。
- ワインに含まれる香り成分は、**数千**以上あるといわれており、それぞれの香り成分ごとに個人の感度が異なることを考えると、組合せの数（＝個人の感受性）は膨大になる。
- それなりの割合（25〜50％程度）の人が感じない香り（例：**スミレ**の香りと表現される**β－イオノン**）もある。
- 一般的に、水に溶けにくい化合物は**揮発**しやすく**低**濃度で香り、水に溶けやすい化合物は**高**濃度でないと香りを検知できない。
- コルク臭の原因である**TCA**は、1ℓ当たり数ナノグラム（25mプールいっぱいの水に食塩3粒程度）が溶けているレベルで検知できるが、エタノールはその十億倍ほどの濃度がないと香りを検知できない。
- 品種由来の香り（第1アロマ）は、ブドウ果実の段階では、**前駆体**（**プレカーサー**）として存在するものが多く、それが発酵、貯蔵の過程で様々な反応を経て、アロマ化合物に変換される。
- 酵母や乳酸菌など微生物の代謝により生成されるもの（第2アロマ、アルコール発酵、MLF）として、**アルコール**類、**エステル**類、**ダイアセチル**などが挙げられる。
- 揮発性**フェノール**や**ピラジン**類など、欠陥臭（**オフフレーバー**）とされることが多い化合物は、濃度によりニュアンスが変わり、微量であればワインに複雑さを与える。

大分類	中分類	小分類	化合物名	略号	主な香り
花香	花香	マスカット香	Linalool リナロール		スズラン、ラベンダーなど
		スミレ	β-Ionone β-イオノン		スミレ
		バラ	Geraniol ゲラニオール		バラ、ゼラニウムなど
スパイシー	スパイシー	黒胡椒	Rotundone ロタンドン		ブラックペッパー、胡椒
		クローブ（丁子）	Eugenol オイゲノール		クローブ
果実香	柑橘類	チオール系化合物	3-Mercapto-1-hexanol 3-メルカプト-1-ヘキサノール	3MH	グレープフルーツ、パッションフルーツ
	ベリー系	イチゴ	Furaneol® フラネオール®		イチゴ、綿飴
	トロピカル	バナナ	Isoamyl acetate 酢酸イソアミル		バナナ、吟醸香
野菜香	生	ピーマン	2-Isobutyl-3-methoxypyrazine 2-イソブチル-3-メトキシピラジン	IBMP	ピーマン、ホコリ
木香	フェノリック	ヴァニラ	Vanilline ヴァニリン		バニラ、樽香
微生物	乳酸菌	ヨーグルト	Diacetyl ジアセチル（ダイアセチル）		乳製品、バター、バタースコッチ、ヨーグルト

ブドウ由来の香り成分

成分名	備考	主な品種
チオール化合物	**3MH**（3-Mercaptohexanol メルカプト・ヘキサノール） **3MHA**（3-Mercaptohexyl acetate アセテート）、 **4MMP** 4-メルカプト-4-メチル-2-ペンタノン （4-Mercapto-4-methyl-2-pentanone）など。 **グレープフルーツ**、パッションフルーツ、猫尿などの香りがあり、濃度によってニュアンスが変わる。 日本の品種「甲州」も、**3MH**をもつ。	**ソーヴィニヨン・ブラン** **甲州**
テルペン類	リナロール：コリアンダーシードに大量に含まれる。	**マスカット** **リースリング**
	ゲラニオール：**ゲヴュルツトラミネール**に含まれる。	**ゲヴュルツトラミネール**
Furaneol® フラネオール	**ヴィティス・ラブルスカ**のブドウに多く含まれる物質で、**イチゴ**の香りをもつ。別名ストロベリーフラノン。	**マスカット・ベーリーA**
Rotundone ロタンドン	**シラー**に含まれる**胡椒**の香りの元となる物質。 冷涼な気候では、この物質の濃度が高くなることが知られており、**胡椒**のニュアンスが強いことが多い。 **南オーストラリア**州の研究機関 **AWRI**（オーストラリア・ワイン・リサーチ・インスティチュート）が**ロタンドン**を特定した。	**シラー** **グリューナー・ヴェルトリーナー**
IBMP	青臭く**ピーマン**を連想させる香気成分で、**ピーマン**にも多量に含まれる。	**カベルネ・ソーヴィニヨン** （ボルドー原産の品種）

唎き酒用語（参考）

外観
（仏：Robe ローブ / 英：Appearance アピアランス）

日本語	フランス語	英語
清澄度（仏：Limpidité ランピディテ / 英：Clarity クラリティ）		
光沢のある	**Brillant** ブリヤン	**Brilliant** ブリリアント
色調（仏：Couleur クルール、Robe ローブ / 英：Color カラー）		
白ワイン（仏：Vin Blanc ヴァン・ブラン / 英：White Wine ホワイトワイン）		
麦藁色	**Paille** パイユ	Straw-colored ストロー・カラード
琥珀色	**Ambré** アンブレ	**Amber** アンバー
赤ワイン（仏：Vin Rouge ヴァン・ルージュ / 英：Red Wine レッド・ワイン）		
レンガ色	**Tuilé** テュイレ	**Tuile** トゥイル
マホガニー	Acajou アカジュー	Mahogany マホガニー
粘性（仏：Viscosité ヴィスコジテ / 英：Viscosity ヴィスコシティ）		
したたる滴「脚」	**Jambes** ジャンブ	Legs レッグス
したたる滴「涙」	**Larmes** ラルム	Tears ティアーズ
泡立ち（仏：Mousse ムース / 英：Fizziness フィゼィニス）		
弱い泡立ち	**Pétillant** ペティヤン	Lightly sparkling ライトリー・スパークリング

唎き酒用語

香りとアロマ
（仏：Arômes アローム ／ 英：Aromas アロマズ）

日本語	フランス語	英語
植物の香り（仏：Végétal ヴェジェタル ／ 英：Vegetal ヴェジタル）		
森の下草	Sous bois スー・ボア	Forest Floor フォレスト・フロア
腐葉土	Humus ユミュス	Humus ヒューマス
花の香り（仏：Floral フロラル ／ 英：Floral フローラル）		
菩提樹	Tilleul ティユル	Linden リンデン
果実の香り（仏：Fruits フリュイ／ 英：Fruity フルーティ）		
イチゴ	Fraise フレーズ	Strawberry ストロベリー
木苺、ラズベリー	Framboise フランボワーズ	Raspberry ラズベリー
果実の香り（仏：Fruits フリュイ／ 英：Fruity フルーティ）		
スグリ	Groseille グロゼイユ	Red currant レッド・カラント
黒スグリ、カシス	Cassis カシス	Black currant ブラック・カラント
ブルーベリー、ミルティーユ	Myrtille ミルティーユ	Blueberry ブルーベリー／Bilberry ビルベリー
柑橘系	Agrumes アグリューム	Citrus fruit シトラス・フルート
サクランボ	Cerise スリーズ ／ Kirsch キルシュ	Cherry チェリー
洋梨	Poire ポワール	Pear ペア
桃	Pêche ペッシュ	Peach ピーチ
香辛料（仏：Épices エピス ／ 英：Spices スパイセズ）		
胡椒	Poivre ポワヴル	Pepper ペッパー
シナモン	Cannelle カネル	Cinnamon シナモン
丁子（ちょうじ）	Clou de girofle クルー・ドゥ・ジロフル	Clove クローヴ
甘草（かんぞう）	Réglisse レグリス	Licorice リコリス
森林・木（仏：Forêstier フォレスティエ ／ 英：Forest フォレスト（Woody ウッディー））		
ヒマラヤ杉	Cèdre セードル	Cedar シーダー
なら	Chêne シェーヌ	Oak オーク
芳香性（仏：Balsamique バルサミーク ／ 英：Balsamic バルサミック）		
ヴァニラ	Vanille ヴァニーユ	Vanilla ヴァニラ
焦臭性（仏：Empyreumatique アンピルーマティク ／ 英：Empyreumatic アンフィルマチック）		
煙、燻製の	Fumé フュメ	Smoked スモークド
化学物質（仏：Chimique シミック ／ 英：Chemical ケミカル）		
硫黄	Soufre スーフル	Sulphur サルファ
海藻、海の香り、ヨード	Iode ヨード	Iodine アイオダイン

味わい
（仏：Bouche ブーシュ / 英：Palate パレット）

日本語	フランス語	英語
甘味（仏：Douceur ドゥスール / 英：Sweetness スウィートネス）		
極辛口	**Brut** ブリュット	Bone dry ボーン・ドライ
辛口	**Sec** セック	Dry ドライ
やや辛口	**Demi-sec** ドゥミ・セック	Medium dry ミディアム・ドライ
やや甘口	**Moelleux** モワルー	Medium sweet ミディアム・スウィート
甘口	**Doux** ドゥー	Sweet スウィート
酸味（仏：Acidité アシディテ / 英：Acidity アシディティ）		
しなやかな	**Souple** スープル	**Supple** サプル
タンニン（仏：Tanin タナン / 英：Tannin タニン）		
収斂性のある	**Astringent** アストランジャン	**Astringent** アストリンジェント
ヴィロードのような	**Velouté** ヴルーテ	Velvety ヴェルヴェッティ
シルキーな	**Soyeux** ソワイユー	Silky シルキー
ボディなど（仏：Corp コール / 英：Body ボディ）		
柔らかい	**Tendre** タンドル	Soft ソフト
なめらか	**Coulant** クーラン	Smooth スムース
最終的な印象		
力強い	**Puissant** ピュイッサン	Powerful パワフル
控えめな	**Discret** ディスクレ	Discreet ディスクリート

(参考)　　　ワインのフレーバーホイール

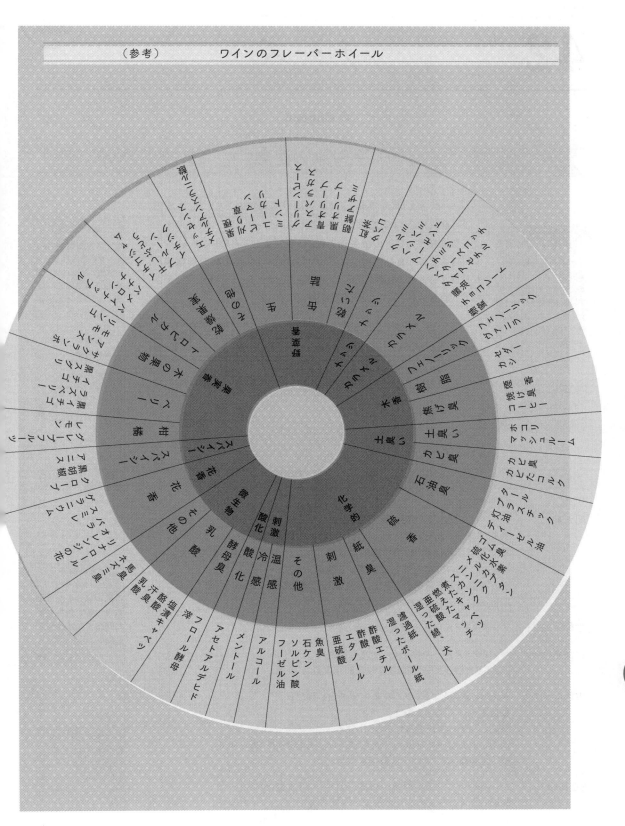

Chapter 42 チーズ

Cheese

チーズの定義

- チーズとは「乳を原料として**乳酸菌**や**凝乳酵素**などによって凝固させ、**ホエイ**（**乳清**）の一部を取り除いたもの、またはそれらを乳酸菌やカビ等の微生物で**発酵・熟成**させたもの」である。
- 日本では、食品衛生法に基づく「乳及び乳製品の成分規格等に関する省令（乳等省令）」に「チーズとは**ナチュラル**チーズ※1 及び**プロセス**チーズ※2 をいう」と定義されている。

※1 「**乳**、**バター**、**ミルク**、**クリーム**またはこれらを混合したもののほとんどすべて、または一部のたんぱく質を酵素その他の凝固剤により凝固させた凝乳から乳清の一部を除去したもの、またはこれらを熟成したもの。乳等を原料として、たんぱく質の凝固作用を含む製造技術を用いて製造したものであって、同様の化学的、物理的及び官能的特性を有するもの」と定められている。

※2 「**ナチュラルチーズ**を粉砕し、加熱溶融し、乳化したものをいう」と定められている。

> 「カード」と「ホエイ」
> チーズ製造の副産物。凝固させると、固体部分と水分とに分離される。固体部分を「カード」と呼び、これに対し白く濁った水分を「ホエイ」と呼ぶ。
>
> 「6Pチーズ」などがこれに当たる。

> 固める方法
> チーズを固めるには、ミルクに含まれるタンパク質「カゼイン」を凝集させることが重要。以下の3つの方法に大別される。
> ① 加熱
> ② 乳酸菌
> ③ 凝乳酵素（レンネット）
> ※実際には乳酸菌とレンネットの両方が併用されていることが多い。

歴史　History

時代	主な出来事
紀元前	チーズは**メソポタミア**文明の地で誕生したと考えられており、最初は搾った乳を器に入れ、自然に発酵した発酵乳（ヨーグルトのようなもの）を、草や蔓で編んだ籠のような容器で水分（ホエイ）を漉して造られていた。初期は、乳の酸度を高めて凝固する製造方法で、やがて酵素（反芻動物の乳飲み子の**第四胃**の**酵素**）を利用した凝固法により製造されるようになった。
古代エジプト	メソポタミアから家畜文化が伝わる。
古代ギリシャ	メソポタミアから海岸沿い、または陸路でアナトリアからエーゲ海周辺へ乳利用文化が伝承。
古代ローマ	ギリシャ文明とエトルリアの文化を融合しながら独自のチーズ文化を築き、熟成したチーズが造られるようになる。派遣されたローマ軍の兵士たちが、「パンを焼き、ワインを飲み、チーズを食べる」という食習慣を広めた。
8C初頭	トゥール・ポワチエ間の戦いの際、ロワール川流域に敗戦した**イスラム**教徒たちが山羊を置き去りにした。その山羊から**シェーヴル**を造るようになり、**シェーヴル**の名産地となっていく。

> 「凝乳酵素 = レンネット」
> 母乳の消化のために数種の哺乳動物の胃で作られる酵素の混合物のこと。

> 一度飲み込んだ食べ物を胃から口に戻し、それを再び噛んでからまた飲み込むこと。牛がずっとモグモグしているのはこのため。

歴史

時代	主な出来事	
中世	修道院がチーズ造りに大きな役割を果たし、修道院由来のチーズが各地に伝承。 チーズは庶民の食べ物であったが、「ブリ」や「ロックフォール」は 8世紀の**シャルルマーニュ大帝**をはじめ、上流階級、王侯貴族に愛された。	
以降	西アジアから西欧	凝乳酵素によるチーズ造りが広がった。
	東欧からロシア	ローマ帝国の征服圏外であったため、乳加工の技術の伝達と発展が遅れ、酸による凝乳を利用したチーズ造りや、気候が低温なことからクリームからバターを造る技術の痕跡が多く残る。
	アジア方面	インド方面とモンゴル方面に伝播。
	インド方面	古代ヒンドゥー教のウシ信仰により凝乳酵素を使用せず、酸による乳加工が特徴のチーズ造りが発展。
	モンゴルの遊牧民	羊や山羊乳から酸による凝乳の乳加工が定着。
現在	世界のチーズ生産量1位は**アメリカ**で、全世界のチーズの約25％（年間646万t）を生産。次いで、**ドイツ**、**フランス**が続いている。	

ナチュラルチーズの製法に基づく分類（C.P.A.の分類）

フレッシュタイプ

- 乳酸菌や凝乳酸素によって乳を固めホエイ（乳清）を排出した、**熟成**していない造り立てのチーズ。**水分**含有量が多い。
- 加塩していないもの、ペースト状、脱脂乳で造るもの、生クリームが添加されたものなどがある。
- モッツァレラのようにカードを練って造る**パスタフィラータ**タイプの非熟成チーズもフレッシュチーズに分類される。
  代表的なチーズ：カッテージ、クリームチーズ、モッツァレラ（パスタフィラータタイプ）、フェタ。

酵母タイプ

- 酵母（**ジオトリカム・カンディダム**）や熟成環境に由来する微生物によって熟成するチーズ。フランスの「**シェーヴルタイプ**」の多くがこのタイプに分類される。
- 乳酸菌の働きによる酸凝固という製法で作られることが多く、加塩時に**木炭の粉**を混ぜて表面に塗布することもある。
- 加塩後に表面を乾燥させると酵母が活動し、表皮は白く粉を吹いたような特徴的なしわ模様となる。熟成が進むと、表面に青カビや白カビが繁殖する場合もある。
- 日本でも牛乳製の酵母タイプを製造するチーズ工房が増加中。
  代表的なチーズ：シャヴィニョル、サント・モール・ド・トゥーレーヌ、サン・マルスラン。

白カビタイプ

- 乳酸菌と凝乳酵素を組み合わせて乳を凝固させ、生地（カード）を型に入れてホエイを排出させる。
- 型から出して加塩をした後、表面に**ペニシリウム・カンディダム**（＝白カビ菌）を噴霧し、熟成させると、表面はマット状の白カビで覆われたチーズが出来上がる。
- 白カビ菌の働きによって、チーズの表面から内側に向かって熟成が進んでいき、チョーク状から軟らかい組織へと変化する。
- 熟成が進むと**アンモニア**が発生し、表面の環境が酸性から弱アルカリ性に変化してくるので、アルカリ性に弱い白カビは徐々に衰えて異なる菌が優勢になり、**茶褐**色に変化する。
- 特徴的なマッシュルームの香りを持つ。
  代表的なチーズ：カマンベール、ブリ、サン・タンドレ。

青カビタイプ

- 乳の段階、もしくは型入れする前の生地（カード）の段階で**青カビ**菌を混ぜて、熟成中にチーズの**内部**の隙間に青カビ（**ペニシリウム・ロックフォルティ**）を繁殖させる。
- 青カビ菌は**好気**性なので、チーズの内部に隙間を開けるためプレスしないで成形したり、金串で穴をあけて空気の通り道を作ってから熟成させる。そのため、青カビの組織は**もろく崩れ**やすいのが特徴。
- 青カビは**耐塩**性があるので、他のチーズより塩味を強く仕上げて保存性を高めている。
- 熟成中、青カビの出す**脂肪分解酵素**により脂肪が分解され、**ケトン臭**と呼ばれる独特の香りが出たり、ピリッとした刺激的な風味が強くなったりするのが特徴。
  代表的なチーズ：ロックフォール、ゴルゴンゾーラ、ブルー・スティルトン・チーズ

ウォッシュタイプ

- 製造の初期に、乳に乳酸菌とともに**リネンス**菌（ブレビバクテリウム・リネンス）を混ぜる。
- 乳を凝固させて型に詰め、型から出して加塩をした後、表面を**塩水**もしくは**お酒**で洗ったり（ウォッシング）、ブラシをかけたりしながら熟成させる。
- 表面を湿らせることで、湿り気を好む**リネンス**菌が表面を覆っていく。
- 熟成が進むにつれ、表皮は粘り気のある赤褐色に変化し、特有のスパイシーな香りや旨味が強くなる。
- チーズの表面を洗う回数が多いほど風味が**強く**なり、表皮の色も**オレンジ**や赤が**強く**なる。塩水よりも、お酒（ワイン、ビール、ブランデーなど）で洗う方が風味はより強くなる。
  代表的なチーズ：エポワス、マンステール、ポン・レヴェック、タレッジョ

ハードタイプ

- ソフトタイプのチーズ（酵母タイプ、白カビタイプ、青カビタイプ、ウォッシュタイプ）と比べて、製造中のカードにおいてより**水分値が低い**チーズを総称して「ハードチーズ」に分類している。必要があればその中でやや柔らかいものをセミハード、かなり硬いものをエクストラハードと称する。
- ソフトタイプよりも**保存性**が良く、世界中で広く生産されている。旨味がしっかりと感じられ、**カルシウム**含有量も多い。

- <u>カチョカヴァッロ</u>に代表されるパスタフィラータタイプの熟成チーズも、ハードチーズに分類している。

  代表的なチーズ：コンテ、パルミジャーノ・レッジャーノ、カチョカヴァッロ（パスタフィラータタイプ）、ゴーダ、チェダー

チーズに関する法律

歴史

- <u>1952</u>年、「<u>ストレーザ協定</u>」が主要チーズ生産国<u>8</u>カ国（<u>フランス</u>、<u>イタリア</u>、<u>スイス</u>、<u>オーストリア</u>、<u>オランダ</u>、<u>デンマーク</u>、<u>スウェーデン</u>、<u>ノルウェー</u>）で締結された。
- 1992年、EU（欧州連合）がA.O.C.やD.O.C.制度をベースにEUの品質保証システムを創設。
- 2000年、EU未加盟のスイスは、独自にA.O.C.（現在A.O.P.）制度を創設。

> 食品に対する原産地呼称を保護する制度としては、複数の国をまたいで締結されたという点で先駆けとなった。

EUの品質認証マーク

P.D.O. >>> 原産地呼称保護

- 特定の地理的領域で受け継がれたノウハウにしたがって生産・加工・製造された農産物、食品、飲料が対象で、その製品が、その土地の気候風土を反映した固有の品質や風味を備えなくてはならない。
- 製法や産地を保護するものの中で認証条件が最も厳しいカテゴリー。
- 認定された農産物には、認証マークが各国の言語で表示される。

品質認証マーク
（英語のP.D.O.マーク）

EU各国の原産地呼称保護

P.D.O.	英語	Protected Designation of Origin プロテクティッド・ディジグネーション・オブ・オリジン
A.O.P.	フランス語	Appellation d'Origine Protégée アペラシオン・ドリジーヌ・プロテジェ
D.O.P.	イタリア語	Denominazione di Origine Protetta デノミナツィオーネ・ディ・オリジーネ・プロテッタ
D.O.P.	スペイン語	Denominación de Origen Protegida デノミナシオン・デ・オリヘン・プロテヒーダ
D.O.P.	ポルトガル語	Denominação de Origem Protegida デノミナサン・デ・オリージェン・プロテジーダ
g.U.	ドイツ語	Geschützte Ursprungsbezeichnung ゲシュッテ・ウーアシュプルングスベツァイヒヌング
B.O.B.	オランダ語	Beschermde Oorsprongsbenaming ベシュヘールンド・オーシュプロンス・ベナミン

チーズに関する法律 >> EUの品質認証マーク

P.G.I. >>> 地理的表示保護

- 特定の地理的領域と密接に関連した農産物、食品、飲料が対象。
- 生産、加工、製造の少なくとも1段階がその地域で行われていなければならず、原材料の一部が他の地域からのものでも、1つ以上が指定地域内の生産であれば許される。
- ただし、製品の品質は生産地らしい特性を備えなくてはならない。
- 認定された農産物には、認証マークが各国の言語で表示される。

P.G.I.	英語	Protected Geographical Indication プロテクティッド・ジオグラフィカル・インディケーション
I.G.P.	フランス語	Indication Géographique Protegée アンディカシオン・ジオグラフィック・プロテジェ
I.G.P.	イタリア語	Indicazione Geografica Protetta インディカツィオーネ・ジェオグラフィカ・プロテッタ
I.G.P.	スペイン語	Indicación Geográfica Protegida インディカシオン・ヒオグラフィカ・プロテヒーダ
I.G.P.	ポルトガル語	Indicação Geográfica Protegida インディカソン・ジオグラフィカ・プロテジーダ
g.g.A.	ドイツ語	Geschützte geografische Angabe ゲシュッテ・ゲオグラーフィシュ・アンガーベ
B.G.A.	オランダ語	Beschermde Geografische Aanduiding ベシュヘールンド・ヒオグラーフィシュ・アーンダイディン

T.S.G. >>> 伝統的特産品保証

- 伝統的なレシピや製法に基づいて製造された製品であることを保証する。

Organic Farming >>> EU産有機農産物マーク
オーガニック・ファーミング

EU産有機農産物マーク

- 2000年に制定され、EU内で包装済みの全ての有機食品に対する表示が義務化されている。
- 食品の原産地と品質が、EUの有機農産物の規定に準拠していることを証明する。

フランスの原産地呼称統制制度

A.O.C. >>> 原産地呼称統制

- フランス国立原産地・品質研究所（<u>I.N.A.O.</u>）が、申請を受けた商品を審査して許可を出している。
- A.O.C.に認定された農産物はワインが最も多く、乳製品では現在、チーズ：<u>**46**</u>種、バター：3種、クリーム：2種が認定されている。
- A.O.C.に認可後、EUでのA.O.P.（原産地呼称保護）に登録申請するには、諸条件の詳細を記載した仕様書の提出が義務づけられている。
- 最終的にEUの官報で仕様書の承認が公表されると、商品にA.O.P.マークの表示が可能となる。

仕様書の概要
- 製品の名称
- 製品のタイプ、形、サイズ、乳種、熟成期間
- 地理的領域の限定
- 地理的領域に由来するものであることを立証する要素
- 家畜の管理や生産方法
- 地理的領域とのつながり
- 検査組織の照会先
- ラベル表示

- これらに加えて、サスティナビリティに関して2030年までに仕様書に反映することを目指し取り組みを強化している。

イタリアの原産地名称保護制度

- D.O.P.チーズの品質管理は、それぞれのチーズのConsorzio コンソルツィーオと呼ばれる保護協会によって管理されている。
- D.O.P.に認定されたチーズは現在 **55** 種で、I.G.P.が2種、S.T.G.が1種認定されている。

スイスの品質認証制度

- 2000年、EU未加盟のスイスは、独自の原産地呼称統制（A.O.C.）制度を創設。
- 現在は、EUの制度に準拠し、原産地呼称保護（A.O.P.）、地理的表示保護（I.G.P.）制度としている。
- スイスの認証マークは、スイス連邦経済省農業局が管轄する独自のものである。

イギリスの地理的表示制度

- 2020年12月31日にEUを正式に離脱したイギリスは、現在独自のGI(地理的表示制度)を採用している。
- 離脱時点でEUの品質認証を取得済みの産品は、今後もEUとイギリスで相互保護を行う。

日本における海外のGI保護

- 2019年2月に日本とEUのEPA（経済連携協定）が発効、GIの相互保護が始まった。
- 日英間においては、イギリスのEU脱退直後から日英包括的経済連携協定が発効し、GIの相互保護が行われている。

日本の地理的表示保護制度

- 「特定農林水産物等の名称の保護に関する法律（GI法）」に基づき、その地域ならではの自然や歴史、文化、風習の中で育まれてきた品質や社会的評価などの特性を有する農林水産物・食品を国が登録し、その名称を地域の知的財産として保護する制度である。
- 地理的表示（Geographical Indication）の登録によって、登録に係る特定農林水産物などにのみ、当該登録産品の名称使用が可能となる。
- 2015年6月に制度が開始され、2024年8月27日時点において、148産品がGIに登録されている。
- 2023年3月、北海道の「**十勝ラクレット**」がチーズでは初のGIに登録された。

産品の要件

- 特定農林水産物などであること。
- 特定の場所、地域などを生産地とするものであること。
- 生産地ならではの自然的要因、人的要因との結び付きを有する品質、社会的評価その他の特性を有すること。
- 特性が確立したものであること。特性を有した状態でおおむね25年以上の生産実績があること。

チーズの保管方法

- チーズは必ず冷蔵保存（10℃以下）する。また、冷蔵庫内は、冷風口から風がチーズに直接あたると乾燥しやすいので注意する。

フレッシュタイプ	開封したら、賞味期限内でも早めに使い切る。
酵母タイプ	フランスのシェーヴルの多くが該当。 保存の際の**ムレ臭**に注意する。 **ラップ**で覆うのは厳禁。チーズ専用の保存紙か、クッキングシートのような紙を利用して包んで保存する。 **外皮**に湿り気が多い場合、湿度を与えすぎると**クリーム**状に変化しやすいため、**乾燥**気味に保存する。
ソフトタイプ （白カビタイプ＆ ウォッシュタイプ）	保存中の表皮の**乾燥**に注意し、切り口には**流れ止め**をして保管する。 同じ向きに長く置くと上面の**中心部**がくぼみやすいため、 保存中は**上下**を反対向きに保管するとよい。 ウォッシュタイプのチーズの表面が乾いて白くなってきた場合は、 **塩水**や**お酒**などで表面に湿り気を与えるとよい。
青カビタイプ	チーズから**水分**が出て、包装したラップや包装紙が濡れてくることがあるため、必要に応じ包み直す。 青カビは**酸欠**状態だと色あせることがあるので、密封した状態で長く保存しないこと。 **光**にも弱いため、保存中はアルミホイルで覆うとよい。
セミハード＆ハードタイプ （非加熱圧搾タイプ＆ 加熱圧搾タイプ）	**乾燥**に注意が必要。 カットした断面は風味が落ちやすく、ラッピング材の香りも吸いやすいため、 断面に**アルミホイル**や**クッキングシート**を当てて、**ラップ**に包んで保存するとよい。 表面に**脂分**が浮きやすいチーズは、包装紙で包む前、外した後に、軽くふき取るとよい。

フランスの主要A.O.P.チーズ

- フランスでは1つの村に1つのチーズがあるといわれるほど、それぞれの気候風土に合った様々なチーズが生まれてきた。チーズタイプの表示についてC.P.A.の分類に基づく。（　）内はフランスの分類や製法上のタイプの補記が必要な場合表示。
- フランスナチュラルチーズの分類はI.N.A.O.（国立原産地及び品質機関）において、製法などの違いにより以下の7つのタイプに分類されている。

フランスナチュラルチーズの7つの分類

Fromage Frais フロマージュ・フレ	フレッシュチーズ
Fromage à pâte molle à croûte fleurie フロマージュ・ア・パット・モール・ア・クルート・フルーリー	ソフト、白カビチーズ（酵母熟成も含まれる）
Fromage à pâte molle à croûte lavée フロマージュ・ア・パット・モール・ア・クルート・ラヴェ	ソフト、ウォッシュチーズ
Fromage de chèvre フロマージュ・ド・シェーヴル	シェーヴルチーズ[※1]
Fromage à pâte persillée フロマージュ・ア・パット・ペルシエ	中身がパセリ状の青カビチーズ
Fromage à pâte pressée non cuite フロマージュ・ア・パット・プレッセ・ノン・キュイ	非加熱圧搾チーズ[※2]
Fromage à pâte pressée cuite フロマージュ・ア・パット・プレッセ・キュイ	加熱圧搾チーズ[※3]

※1：シェーヴルチーズ
シェーヴルはフランス語で「雌山羊」を意味し、山羊乳製チーズのことを指す。C.P.A.の分類で「酵母タイプ」と呼ばれるものが多い。

※2：非加熱圧搾チーズ　英 Pressed Uncooked Cheese プレストゥ・アンクックトゥ・チーズ
「非加熱」とはチーズ製造の際、カードをカットして撹拌していく時に、温度を40℃以上にせず製造するチーズ。加熱圧搾タイプに比べ、よりしっとりと水分が残っていることからセミハードに分類されることも多い。

※3：加熱圧搾チーズ　英 Pressed Cooked Cheese プレストゥ・クックトゥ・チーズ
チーズ製造の際、カードをカットして撹拌していく時に、温度を40℃以上に上げて水分の放出を促すと、より引き締まった生地となり、長期熟成に向くチーズに仕上がる。熟成によってさらに水分含有量が少なくなることから、ハードタイプに分類されることが多い。なお、半加熱圧搾とはカードを40℃以上50℃未満で製造するチーズのことをいう。

Normandie ノルマンディー地方

牧草地が多く、乳製品産業が盛んなため、「緑の油田地帯」と呼ばれる地域。
生乳の生産量は、フランス国内生産の**4**割を占める。

チーズ名	タイプ	乳種	合うワイン
Camembert de Normandie カマンベール・ド・ノルマンディー	**白カビ**	牛	白：Bourgogne 赤：Cru Beaujolais 他：Cidre、Pommeau de Normandie
Neufchâtel ヌーシャテル	**白カビ**	牛	白：Bourgogne 赤：Cru Beaujolais 他：Cidre、Pommeau de Normandie
Pont-l'Évêque ポン・レヴェック	**ウォッシュ**	牛	赤：Haut-Médoc 他：Cidre、Pommeau de Normandie
Livarot リヴァロ	**ウォッシュ**	牛	赤：Haut-Médoc 他：Pommeau de Normandie、Calvados

A.O.P. 以外に日本で人気のチーズ

Saint-André サン・タンドレ	白カビ	牛	白：Champagne、Bourgogne ロゼ：Champagne 赤：Beaujolais Villages

Île-de-France イル・ド・フランス地方

「フランスの島」の意味をもち、古くから酪農が盛んな土地。
ブリは、8世紀の**シャルルマーニュ大帝**をはじめ王侯貴族、上流階級の人々に愛された。

チーズ名	タイプ	乳種	合うワイン
Brie de Meaux ブリ・ド・モー	**白カビ**	牛	白：Champagne、Bourgogne 赤：Côte de Beaune、St-Émilion、Pomerol
Brie de Melun ブリ・ド・ムラン	白カビ	牛	白：Bourgogne 赤：St-Émilion、Pomerol、Gaillac

Val de Loire ロワール渓谷地方

南仏と並ぶ<u>シェーヴル</u>の名産地。

チーズ名	タイプ	乳種	合うワイン
Sainte-Maure de Touraine サント・モール・ド・トゥーレーヌ	**酵母** （**シェーヴル**）	山羊	白：Touraine Mousseux、Touraine、Touraine＋コミューン、Montlouis-sur-Loire、Valençay、Chinon ロゼ：Touraine Mousseux、Touraine、Valençay、Chinon 赤：Touraine、Valençay、Chinon
Selles-sur-Cher セル・シュール・シェール	**酵母** （**シェーヴル**）	山羊	白：Touraine Mousseux、Touraine、Touraine＋コミューン、Montlouis-sur-Loire、Valençay、Chinon ロゼ：Touraine Mousseux、Touraine、Valençay、Chinon 赤：Touraine、Valençay、Chinon
Valençay ヴァランセ	**酵母** （**シェーヴル**）	山羊	白/ロゼ/赤：Valençay、Touraine
Pouligny-Saint-Pierre プーリニィ・サン・ピエール	酵母 （シェーヴル）	山羊	白/ロゼ/赤：Valençay、Touraine
Chavignol/**Crottin de Chavignol** **シャヴィニョル**/**クロタン・ド・シャヴィニョル**	酵母 （シェーヴル）	山羊	白/ロゼ/赤：Sancerre、Coteaux du Giennois

Poitou-Charentes ポワトゥー・シャラント地方

ロワール渓谷地方同様、トゥール・ポワチエ間の戦い以降シェーヴルの名産地となる。

チーズ名	タイプ	乳種	合うワイン
Chabichou du Poitou シャビシュー・デュ・ポワトゥー	**酵母** （**シェーヴル**）	山羊	白/ロゼ：Haut-Poitou、Touraine 赤：Haut-Poitou、Touraine、Touraine Gamay、Chinon 他：Pineau des Charentes

Nord Thiérache & Flandre 北部 ティエラッシュ地方＆フランドル地方

フランス最北部、ベルギーとの国境沿いの地域。

チーズ名	タイプ	乳種	合うワイン
Maroilles/Marolles マロワール/マロル	ウォッシュ	牛	白：Gewürztraminer、Pinot Gris 赤：St-Émilion、Pomerol、Alsace Pinot Noir 他：Bière ambrée

A.O.P. 以外に日本で人気のチーズ

Mimolette ミモレット	**ハード** （**非加熱圧搾**）	牛	白：Bourgogne 赤：St-Émilion、Pomerol 他：Bière ambrée

フランスの主要A.O.P.チーズ — France

Alsace & Lorraine アルザス地方＆ロレーヌ地方

チーズ名	タイプ	乳種	合うワイン
Munster/Munster-Géromé マンステール／マンステール・ジェロメ	ウォッシュ	牛	白：Gewürztraminer、Pinot Gris 赤：Alsace Pinot Noir 他：Bière ambrée

Champagne シャンパーニュ地方

チーズ名	タイプ	乳種	合うワイン
Chaource シャウルス	白カビ	牛	白：Champagne、Bourgogne ロゼ：Champagne、Rosé des Riceys、Bourgogne 赤：Bourgogne
Langres ラングル	ウォッシュ	牛	白：Champagne、Bourgogne ロゼ：Champagne 赤：Côte de Beaune 他：Ratafia de Champagne、Marc de Champagne

A.O.P.以外に日本で人気のチーズ

チーズ名	タイプ	乳種	合うワイン
Caprice des Dieux カプリス・デ・デュー	白カビ	牛	白：Champagne、Bourgogne ロゼ：Champagne 赤：Beaujolais Villages

Bourgogne ブルゴーニュ地方

チーズ名	タイプ	乳種	合うワイン
Epoisses エポワス	ウォッシュ	牛	白：Meursault 赤：Côte de Nuits 他：Marc de Bourgogne
Charolais シャロレ	酵母 （シェーヴル）	山羊	白：Rully ロゼ：Bourgogne 赤：Bourgogne、Beaujolais
Mâconnais マコネ	酵母 （シェーヴル）	山羊	白：Mâcon-Villages、Pouilly-Fuissé ロゼ：Mâcon 赤：Mâcon、Beaujolais

A.O.P.以外に日本で人気のチーズ

チーズ名	タイプ	乳種	合うワイン
Brillat-Savarin（I.G.P.） ブリア・サヴァラン	フレッシュ＆熟成 （ソフト） ＊熟成は白カビと酵母タイプあり。	牛	白：Champagne、Bourgogne ロゼ：Champagne
Baraka バラカ	白カビ	牛	白：Champagne、Bourgogne ロゼ：Champagne 赤：Beaujolais Villages

Franche-Comté (Jura) フランシュ・コンテ地方（ジュラ地方）

チーズ名	タイプ	乳種	合うワイン
Comté コンテ	**ハード** **（加熱圧搾）**	牛	白：Crémant du Jura、L'Etoile、Côtes du Jura、Arbois ロゼ/赤：Arbois、Côtes du Jura 他：Vin Jaune
Morbier モルビエ	**ハード** **（非加熱圧搾）**	牛	白：Côtes du Jura、Arbois ロゼ/赤：Arbois
Mont d'Or / モン・ドール Vacherin du Haut-Doubs ヴァシュラン・デュ・オー・ドゥー	**ウォッシュ**	牛	白：Crémant du Jura、Côtes du Jura、Arbois ロゼ：Arbois 赤：Arbois、Cru Beaujolais

Côtes du Rhône コート・デュ・ローヌ地方

チーズ名	タイプ	乳種	合うワイン
Rigotte de Condrieu リゴット・ド・コンドリュー	酵母 （シェーヴル）	山羊	白：Côtes du Rhône ロゼ：Tavel 赤：Beaujolais
Picodon ピコドン	**酵母** **（シェーヴル）**	山羊	白：Côtes du Rhône ロゼ：Tavel 赤：Beaujolais

Provence プロヴァンス地方

チーズ名	タイプ	乳種	合うワイン
Banon バノン	**酵母** **（シェーヴル）**	山羊	白/ロゼ：Coteau d'Aix en Provence、Côtes de Provence

Savoie サヴォワ地方

チーズ名	タイプ	乳種	合うワイン
Reblochon / ルブロション **Reblochon** de Savoie ルブロション・ド・サヴォワ	ハード （非加熱圧搾）	牛	白：Vin de Savoie+Cru（Abymes、Apremont、Chignin、Crépy） ロゼ/赤：Vin de Savoie
Abondance アボンダンス	ハード （半加熱圧搾）	牛	白：Vin de Savoie+Cru（Abymes、Apremont、Chignin、Crépy）、Roussette de Savoie ロゼ/赤：Vin de Savoie
Beaufort ボーフォール	**ハード** **（加熱圧搾）**	牛	白：Vin de Savoie+Cru（Abymes、Apremont、Chignin、Crépy）、Roussette de Savoie ロゼ/赤：Vin de Savoie 他：Vin Jaune

フランスの主要A.O.P.チーズ — France

Auvergne オーヴェルニュ地方

チーズ名	タイプ	乳種	合うワイン
Bleu d'Auvergne ブルー・ドーヴェルニュ	青カビ	牛	白：Sauternes、Jurançon 赤：Côtes du Rhône 南部 他：Rasteau、Banyuls、Rivesaltes
Fourme d'Ambert フルム・ダンベール	**青カビ**	牛	白：Sauternes、Jurançon 赤：Côtes du Rhône 南部 他：Rasteau、Banyuls、Rivesaltes
Cantal カンタル	ハード （非加熱圧搾）	牛	白：Graves、Bourgogne、Côtes d'Auvergne ロゼ：Côtes d'Auvergne 赤：Côtes d'Auvergne、Côte Roannaise
Saint-Nectaire サン・ネクテール	ハード （非加熱圧搾）	牛	白：Bourgogne、Côtes d'Auvergne ロゼ：Côtes d'Auvergne 赤：Côtes d'Auvergne、St-Émilion、Pomerol

Occitanie オクシタニー圏

チーズ名	タイプ	乳種	合うワイン
Roquefort ロックフォール	**青カビ**	**羊**	白：Sauternes、Jurançon、Pacherenc du Vic Bilh 赤：Côtes du Rhône 南部 他：Rasteau、Banyuls、Rivesaltes
Bleu des Causses ブルー・デ・コース	青カビ	牛	白：Sauternes、Jurançon、Pacherenc du Vic Bilh 赤：Côtes du Rhône 南部 他：Rasteau、Banyuls、Rivesaltes

Basque & Bearn バスク地方＆ベアルン地方

チーズ名	タイプ	乳種	合うワイン
Ossau-Iraty オッソー・イラティ	**ハード** **（非加熱圧搾）**	**羊**	白：Jurançon Sec、Pacherenc du Vic Bilh ロゼ：Irouléguy 赤：Irouléquy、Madiran、Cahors、Haut-Médoc

Corse コルシカ島

チーズ名	タイプ	乳種	合うワイン
Brocciu / Brocciu Corse ブロッチュ / ブロッチュ・コルス	該当なし （ホエイチーズ・フレッシュ＆熟成タイプあり）	羊＋山羊	白/ロゼ：Vin de Corse 他：Muscat du Cap Corse

イタリアの主要D.O.P.チーズ

- 北部（エミリア・ロマーニャ州まで）は、牛乳製のチーズが多いのが特徴。
- 中部＆南部（サルデーニャ島＆シチリア島含むトスカーナ以南）は、北部に比べ少し乾燥しているため、豊富な牧草地が少なく、牛よりも**羊**を飼い、**羊**乳製チーズ「**ペコリーノ**」の生産に向いている。
- ナポリのあるカンパーニア州周辺では、**水牛**が飼われ、**水牛**の**モッツァレッラ**が製造される。
- イタリア独自の分類
  イタリアには、チーズの生地にお湯をかけて引き延ばして製造する「Pasta filata パスタ・フィラータ」という独自の分類がある。製造時、カードに**お湯**をかけて**練って引き伸ばして**つくる（英語で **Stretched Curd** ストレッチド・カード / **Curd Stretching** カード・ストレッチング）ことで繊維状の組織となる。

Valle d'Aosta ヴァッレ・ダオスタ州

チーズ名	タイプ	乳種	合うワイン
Fontina フォンティーナ	ハード （半加熱圧搾）	牛	白／ロゼ／赤：Valle d'Aosta

Piemonte ピエモンテ州

チーズ名	タイプ	乳種	合うワイン
Castelmagno カステルマーニョ	**ハード** （**非加熱圧搾**）	牛主体	赤：Barolo、Barbaresco
Bra ブラ	ハード （非加熱圧搾）	牛主体	白／赤：Langhe
Raschera ラスケーラ	ハード （非加熱圧搾）	牛主体	白／赤：Langhe
Robiola di Roccaverano ロビオラ・ディ・ロッカヴェラーノ	酵母 （ソフト）	山羊 50％以上	白：Asti、Moscato d'Asti、Gavi 赤：Brachetto d'Acqui

Lombardia ロンバルディア州

チーズ名	タイプ	乳種	合うワイン
Gorgonzola ゴルゴンゾーラ ※産地の中心は現在ピエモンテ州ノヴァーラ。	**青カビ**	牛	白：Recioto di Soave、Asti、Moscato d'Asti 赤：Ghemme、Brachetto d'Acqui
Taleggio タレッジョ ※ピエモンテ州とヴェネト州の一部でも生産。	ウォッシュ	牛	白：Franciacorta、Oltrepò Pavese Cortese ロゼ：Franciacorta 赤：Oltrepò Pavese
Quartirolo Lombardo クアルティローロ・ロンバルド	（フレッシュ＆ ウォッシュあり）	牛	白：Franciacorta、Oltrepò Pavese Cortese ロゼ：Franciacorta 赤：Oltrepò Pavese
Salva Cremasco サルヴァ・クレマスコ	ウォッシュ	牛	白：Franciacorta、Oltrepò Pavese Cortese ロゼ：Franciacorta 赤：Oltrepò Pavese

イタリアの主要D.O.P.チーズ　　　　　　　　　　　　　　　　　　　　　　　　Italy

Veneto ヴェネト州

チーズ名	タイプ	乳種	合うワイン
Asiago アジアーゴ	ハード （半加熱圧搾）	牛	白：Soave Superiore ロゼ：Bardolino 赤：Valpolicella
Monte Veronese モンテ・ヴェロネーゼ	ハード （加熱圧搾）	牛	白：Soave Superiore ロゼ：Bardolino 赤：Valpolicella
Piave ピアーヴェ	ハード （加熱圧搾）	牛	白／赤：Piave

北部ポー川一帯の広域

チーズ名	タイプ	乳種	合うワイン
Provolone Valpadana プロヴォローネ・ヴァルパダーナ	ハード （パスタフィラータ）	牛	白：Romagna Albana 赤：Romagna Sangiovese
Grana Padano グラナ・パダーノ	**ハード** （**加熱圧搾**）	牛	白：Romagna Trebbiano 赤：Romagna Sangiovese

Emilia Romagna エミリア・ロマーニャ州（一部ロンバルディア州、ポー川右岸とレノ川の左岸）

チーズ名	タイプ	乳種	合うワイン
Parmigiano Reggiano パルミジャーノ・レッジャーノ	**ハード** （**加熱圧搾**）	牛	白：Colli di Parma 赤：Reggiano 赤微発泡：Lambrusco di Sorbara、 Lambrusco Grasparossa di Castelvetro

Toscana トスカーナ州

チーズ名	タイプ	乳種	合うワイン
Pecorino Toscano ペコリーノ・トスカーノ	**ハード** （**半加熱圧搾**）	**羊**	白：Pomino、Vernaccia di San Gimignano 赤：Chianti Classico、Brunello di Montalcino、 Vino Nobile di Montepulciano

Lazio ラツィオ州（ただし**ペコリーノ・ロマーノ**の産地の中心は現在サルデーニャ島）

チーズ名	タイプ	乳種	合うワイン
Pecorino Romano ペコリーノ・ロマーノ	**ハード** （**加熱圧搾**）	**羊**	白：Frascati 赤：Cesanese del Piglio
Ricotta Romana リコッタ・ロマーナ	該当なし （ホエイチーズ・フレッシュ）	羊	白：Est!Est!!Est!!! di Montefiascone, Frascati

Puglia プーリア州

チーズ名	タイプ	乳種	合うワイン
Canestrato Pugliese カネストラート・プリエーゼ	ハード （非加熱圧搾）	羊	白：Castel del Monte ロゼ：Salice Salentino 赤：Brindisi

Sicilia シチリア州

チーズ名	タイプ	乳種	合うワイン
Pecorino Siciliano ペコリーノ・シチリアーノ	**ハード** **（非加熱圧搾）**	**羊**	白：Sicilia 赤：Cerasuolo di Vittoria、Etna
Piacentinu Ennese ピアチェンティヌ・エンネーゼ	ハード （非加熱圧搾）	羊	白：Sicilia 赤：Cerasuolo di Vittoria、Etna
Ragusano ラグザーノ	ハード （パスタフィラータ）	牛	赤：Cerasuolo di Vittoria

Sardegna サルデーニャ州

チーズ名	タイプ	乳種	合うワイン
Pecorino Sardo ペコリーノ・サルド	ハード （半加熱圧搾）	**羊**	白：Vermentino di Gallura 赤：Monica di Sardegna
Fiore Sardo フィオーレ・サルド	ハード （非加熱圧搾）	羊	白：Vernaccia di Oristano 赤：Monica di Sardegna

Campania カンパーニア州

チーズ名	タイプ	乳種	合うワイン
Mozzarella di Bufala Campana モッツァレッラ・ディ・ブーファラ・カンパーナ	フレッシュ （**パスタフィラータ**）	**水牛**	白：Falerno del Massico、Vesuvio

中～南部5州（Molise モリーゼ州、Campania カンパーニア州、Puglia プーリア州、Basilicata バジリカータ州、Calabria カラブリア州）

チーズ名	タイプ	乳種	合うワイン
Caciocavallo Silano カチョカヴァッロ・シラーノ	ハード （パスタフィラータ）	牛	白：Greco di Tufo、Cirò 赤：Cirò、Aglianico del Vulture

スペインの主要D.O.P.チーズ

- 北部一帯は、緑が豊富なことから、ガリシア地方からバスク地方までの沿岸は「**緑のスペイン**」と呼ばれている。
- ガリシア州は**牛**乳製チーズが多く、バスク地方は**羊**乳製のチーズが造られる。
- 中央部のラ・マンチャ地方は、スペインを代表する**羊**乳製チーズの産地。
- エクストレマドゥーラ州では、植物由来の酵素を使用した羊乳製チーズが造られる。

La Mancha ラ・マンチャ地方

チーズ名	タイプ	乳種	合うワイン
Queso Manchego ケソ・マンチェゴ	ハード （非加熱圧搾）	**羊**	白/赤：La Mancha、Valdepeñas 他：Sherry Fino

País Vasco州 & Navarra バスク州＆ナバーラ州

チーズ名	タイプ	乳種	合うワイン
Idiazábal イディアサバル	ハード （非加熱圧搾）	**羊**	白：Chacolí de Getaria、Rioja、Navarra ロゼ/赤：Rioja、Navarra 他：Sherry Fino

Extremadura エクストレマドゥーラ州（Estremadura エストレマドゥーラ州）

チーズ名	タイプ	乳種	合うワイン
Queso de la Serena ケソ・デ・ラ・セレナ	ソフト	羊	白/赤：Ribera del Guadiana
Torta del Casar トルタ・デル・カサール	ソフト	羊	白/赤：Ribera del Guadiana

Galicia ガリシア州

チーズ名	タイプ	乳種	合うワイン
Queso Tetilla ケソ・テティージャ	ハード （非加熱圧搾）	牛	白：Rías Baixas
Arzúa-Ulloa アルスア・ウジョア	ハード （非加熱圧搾）	牛	白：Rías Baixas
San Simón da Costa サン・シモン・ダ・コスタ	ハード （非加熱圧搾）	牛	赤：Ribeiro

Islas Baleares Menorca バレアレス諸島メノルカ島

チーズ名	タイプ	乳種	合うワイン
Mahón Menorca マオン・メノルカ	ハード （非加熱圧搾）	牛	白/ロゼ/赤：Binissalem-Mallorca

スペインの主要D.O.P.チーズ　　　　　　　　　　　　　　　　　　　　　　　　Spain

Murcia ムルシア州

チーズ名	タイプ	乳種	合うワイン
Queso de Murcia al Vino ケソ・デ・ムルシア・アル・ビノ	ハード （非加熱圧搾）	山羊	赤：Bullas

北部（Asturias アストゥリアス州、Cantabria カンタブリア州、Castilla y León カスティーリャ・イ・レオン州の一部）

チーズ名	タイプ	乳種	合うワイン
Cabrales **カブラレス**	**青カビ**	混乳	他：Pedro Ximénez

D.O.P.以外に日本で人気のチーズ

チーズ名	タイプ	乳種	合うワイン
Queso de Valdeón（I.G.P.） ケソ・デ・バルデオン	青カビ	混乳 （牛・山羊）	他：Pedro Ximénez

その他の国の主要チーズ

ポルトガル（D.O.P.）

- 本土では、**植物**由来の酵素を使った伝統的な羊乳製チーズが多く生産される。

エリア	チーズ名	タイプ	乳種	合うワイン
中部 （エストレーラ山地）	Queijo Serra da Estrela ケイジョ・セーラ・ダ・エストレーラ	ソフト	羊	白/赤：Beira Interior、Dão
	Requeijão Serra da Estrela リケイジャォン・セーラ・ダ・エストレーラ	該当なし （ホエイチーズ・フレッシュ）	羊	白：Lafões
中部（西部）	Queijo Rabaçal ケイジョ・ラバサル	ハード （非加熱圧搾）	羊2:山羊1 の混乳	白/赤：Bairrada
南部 （リスボン地方 アラビダ山地）	Queijo de Azeitão ケイジョ・デ・アゼイタォン	ソフト （セミソフト）	羊	白：Tejo 赤：Palmela
アソーレス諸島	Queijo de Pico ケイジョ・デ・ピコ	ハード （非加熱圧搾）	牛	白：Pico
	Queijo de São Jorge ケイジョ・デ・サン・ジョルジェ	ハード （非加熱圧搾）	牛	白：Pico

ベルギー（A.O.P.）

- 1830年にオランダから独立。北部は**オランダ**に似たチーズ、南部は**フランス**に似たチーズが造られている。
- A.O.P.に認定されたチーズは唯一「**フロマージュ・ド・エルヴ**」。

エリア	チーズ名	タイプ	乳種	合うワイン
ワロン地域 リエージュ州	**Fromage de Herve** **フロマージュ・ド・エルヴ**	ウォッシュ	牛	白：Gewürztraminer、Pinot Gris 他：Bière blanche、Bière ambrée

その他の国の主要チーズ

オランダ（B.O.B.）

エリア	チーズ名	タイプ	乳種	合うアルコール飲料
北ホラント州	**Noord-Hollandse Gouda** ノールト・ホランツェ・ハウダ	ハード （非加熱圧搾）	牛	Beer
	Noord-Hollandse-Edammer ノールト・ホランツェ・エダメル	ハード （非加熱圧搾）	牛	Beer

ドイツ（g.U.）

- **アメリカ**に次いで生産量第**2**位を誇るチーズ生産国であり、輸出にも力を入れている。

エリア	チーズ名	タイプ	乳種	合うワイン
バイエルン州 アルゴイ地方	Allgäuer Bergkäse アルゴイヤー・ベルクケーゼ	ハード （加熱圧搾）	牛	白／赤：Bereich Bodensee
	Allgäuer Emmentaler アルゴイヤー・エメンターラー	ハード （加熱圧搾）	牛	白／赤：Bereich Bodensee

オーストリア（g.U.）

- 政府が**オーガニック**農法を推進し、**オーガニック**認証を受けたチーズも多く造られている。

エリア	チーズ名	タイプ	乳種	合うワイン
チロル州	Tiroler Almkäse / Alpkäse チロラー・アルムケーゼ／アルプケーゼ	ハード （加熱圧搾）	牛	白：Tiroler wein、Pinot Blanc、Welschriesling 赤：Tiroler wein、Zweigelt

英国（P.D.O.）

- 現在も農家製の伝統的な**チェダー**が造られている。

エリア	チーズ名	タイプ	乳種	合うワイン
サマセット州 ドーセット州 コーンウォール州 デヴォン州	West Country Farmhouse **Cheddar Cheese** ウェスト・カントリー・ファームハウス・**チェダー・チーズ**	ハード （非加熱圧搾）	牛	赤：Bordeaux、Médoc 他：Cider、Cider Brandy
ダービーシャー州 レスターシャー州 ノッティンガムシャー州	**Blue Stilton Cheese** ブルー・スティルトン・チーズ	青カビ	牛	他：Porto、Madeira

ギリシャ（P.D.O.）

- 羊乳製、山羊乳製のチーズが中心で、特にギリシャ時代から造られている**フェタ**が有名。

チーズ名	タイプ	乳種	合うワイン
Feta フェタ	フレッシュ	羊主体＋山羊	白：Santorini ロゼ/ロゼ発泡：Amyndeon

スイス（A.O.P.）

- 山のチーズといわれる大型のチーズ「**グリュイエール**」「**エメンターラー**」の産地として有名。
- チーズタイプの表示について
  C.P.A.の分類に基づく。（　）内は製法上のタイプの補記/スイス式タイプを表示。
  スイスのナチュラルチーズは以下の5つに分類されている。
  - エクストラハードチーズ
  - ハードチーズ
  - セミハードチーズ
  - ソフトチーズ
  - クリームチーズ

エリア	チーズ名	タイプ	乳種	合うワイン
西部（スイス・ロマンド）	**Gruyère** グリュイエール	ハード （加熱圧搾/ハード）	牛	白：Neuchâtel、La Côte、Lavaux
	Vacherin Mont-d'Or ヴァシュラン・モン・ドール	ウォッシュ （ソフト）	牛	白：Neuchâtel、La Côte、Lavaux
西北部	**Tête de Moine** テット・ド・モワンヌ ※「修道士の頭」という意味の名称。 ※表面を専用のジロールでフリル状に削る。	ハード （加熱圧搾/セミハード） ＊製法上は加熱圧搾だが、スイスではセミハードに分類。	牛	白：Neuchâtel、La Côte、Lavaux
南西部	**L'Etivaz** レティヴァ	ハード （加熱圧搾/ハード）	牛	白：Lavaux、Chablais
	Walliser Raclette ヴァリサー・ラクレット /**Raclette du Valais** ラクレット・デュ・ヴァレー	ハード （非加熱圧搾/セミハード）	牛	白：Fendant du Valais
中央部（スイス・アルモン）	**Sbrinz** スプリンツ	ハード （加熱圧搾/エクストラハード）	牛	白：Bern Thunersee、Luzern
中部と北東部	**Emmentaler** エメンターラー ※重量は100kgを超え大きなチーズアイが特徴。	ハード （加熱圧搾/ハード）	牛	白：Bern、Luzern、Zürich、Thurgau

その他の国の主要チーズ

日本

- チーズの総消費量は前年を下回る **31.5** 万t（2023年度）。
- チーズ総消費量の内訳は、ナチュラルチーズ対プロセスチーズで、約 **6** 対 **4** の割合。
- 国産ナチュラルチーズの生産量は、約4.5万t。内プロセスチーズ原料用を除く国産ナチュラルチーズの生産量は約2.2万t。
- 全国のチーズ工房の数は346カ所（2022年度）で、そのうち約4割は北海道に集中している。
- 輸入チーズの価格高騰と輸送費のコスト増、為替の影響、および相次ぐ輸入ナチュラルチーズの国内販売価格の値上げの影響により、国産ナチュラルチーズの消費の割合が増加傾向にある。
- 国民1人当たりのチーズの消費量は2023年度は約 **2.5** kg。2021年度の約2.8kgをピークに若干減少している。

日本におけるチーズの地理的表示（G.I.）

- 2023年3月、認定要件である25年の実績を満たした「**十勝ラクレット**」が国内のチーズでは初のG.I.に認定された。
- 「**十勝ラクレット**」は、十勝地域の良質な軟水を用いた生産方法により、日本人の嗜好にあうマイルドな味わいと穏やかな風味を実現している。
- 「**十勝ラクレット**」のグリーンチーズを、地元十勝川のモール温泉水で洗って熟成した「十勝ラクレットモールウォッシュ」も造られている。

国内製造されているチーズの種類

- 口当たりがよく、生乳の風味が楽しめるチーズや、比較的マイルドな風味のチーズが好まれる傾向があり、多くの生産者がフレッシュタイプやセミハード＆ハードタイプ、白カビタイプを中心に製造している。
- チーズ工房（大手乳業者を除く）の内、約 **80** ％の工房が **フレッシュ** タイプ、約 **60** ％弱の工房が **セミハード＆ハード** タイプを製造している。その他、白カビタイプ（約25％）、ウオッシュタイプ（約10％）、青カビタイプ（約6％）、シェーヴルタイプ（約3％）を製造する工房もある。

43 料理とワインの相性（ペアリング）

Wine Pairing

- 料理とワインの組合せ（**ペアリング**）はソムリエが特に専門とする分野であり、かつ最も重要である。
- 料理とワインを組み合わせることにはいくつかの呼び方がある。マリアージュはフランス語だがフランスではほとんど使われず、ラコール（l'accord=協調）またはアルモニー（harmonie=調和）と呼ばれることが多い。
- 近年では、**ペアリング**が世界的にも広く使われる呼び方となっている。

良い料理とワインの相性とは

1. >>> ワインが**料理**を引き立てている。
2. >>> 料理と楽しむことでワインの可能性が広がる。
3. >>> 店の独自性（**魅力**）となっている。

相性のパターン

● **強弱、風味**を合わせる
- 強い料理には強いワイン、軽い料理には軽いワインなど、双方の共通点を見い出し、組み合わせる。

● **相反する**個性の組合せ
- 辛い料理に甘い味わいのワインなど、反対の個性を組み合わせる。好みがわかれるので注意が必要となる。

● 料理とワインの**産地**を合わせる
- 最も確実で安定した組合せであり、その土地の名産品、食文化などを知ることでよりストーリー性のあるペアリングを楽しめる。

考慮すべき要素

- ペアリングのパターンに加えて下記のような要素を考慮することで、ペアリングの説得力や深みが増す。

● **料理の格**

- 例えば、家庭料理にはジェネリック（広域A.O.P.）、郷土料理には村名ワイン、高級料理には1級や特級畑のワインを合わせるというもの。
郷土料理でも軽食的なものもあれば、ご馳走もあるので、料理の在り方についても理解する必要がある。

● **季節感**

- 料理にとって**季節感**、**旬**は重要な要素である。春は華やかでアロマティックなワイン、夏は溌剌とした酸味の白ワインやスパークリング、ロゼワイン、秋は熟度が高く芳醇なワイン、冬は熟成感があり力強いワインなど、ワインも**季節感**を演出する役目を持っている。

● **テクニカル（化学的）**

- 食材の成分や、加熱または熟成によって起こるメイラード反応、うまみ成分の増加などに着目して同様の経過を経たワインを合わせる。

● **ストーリー**

- 料理にもワインにもそれぞれストーリーが存在し、例えば「天ぷらはポルトガルから伝えられた料理なのでヴィーニョ・ヴェルデを合わせる」などのアプローチもある。

料理を解析する

- 良いペアリングのためには、料理の知識、理解が不可欠である。
- 料理のポイントや、シェフの思いも知っておく必要があるため、シェフとのコミュニケーションが重要である。
- 料理の特徴をつかむポイントは以下の **4** つ。

---

1 >>> 主食材

- **主食材**が最も重要な要素であり、食材を見る主なポイントは以下の **3** つ。
その他、食材の産地や旬も注視するポイントである。

---

① 大きさ

最初に意識するポイントとして素材の**大きさ**が大切である。
大きい食材には、より**強さ**のあるワインを合わせる。

---

② 脂質

脂の多い食材には**厚み**のあるワインを合わせる。また、**酸味**もポイントとなるため、食材の脂質の具合によって、ワインの**酸味**のなめらかさや、味わいの**厚み**を考慮する。
なお、ペアリングにおいて「脂を流す」という考え方はない。

---

③ 身質

食感と**咀嚼**時間（残留時間）を考慮し、ワインの口中での広がり具合やボディ、**余韻**などを合わせる。

2 >>> 加熱法

- 下記のような加熱法、また加熱しないという方法があり、素材の調理法よってその特徴が大きく変わる。

蒸す		食材の質感、風味が率直に出るため、ワインは率直で繊細なタイプがよい。
ゆでる		食材の脂分が抜けるため、ワインもよりさらりとしたものがよい。ゆでに使われる液体も、水なのか、だしが入っているのか、調味料や香味野菜が入っているのかも注視する必要がある。
焼く	ソテー（フライパンで焼く）	バターやオリーブオイルなどの油脂の存在も重要で、ワインはよく熟した果実味のなめらかなものがよい。
	グリル（網で焼く）	「焦げ」が重要な風味として加わるため、ワインは凝縮感があり、がっしりとした骨格のものが求められる。炭火焼の場合は、炭の香りが付くため、木樽の香りに加え、土っぽさや枯葉など複雑性があるワインがよい。
	ロースト（オーブンで焼く）	焼き色がしっかりと付き、中身はしっとり仕上がる。ワインは風味豊かで、ジューシーなものがよい。
	蒸し焼き	野菜などと一緒にワインやだし汁で蒸しながら加熱することによって、風味豊かで柔らかな食感となるため、ワインはローストと同様に、より柔らかさのあるワインがよい。
煮る		食材だけではなく、スープやソースも味わう料理となる。ワインは複雑性があり、円熟してソフトな味わいのもの、つまり熟成感のある伝統的なスタイルのものがよい。
燻す		スモーキーな風味が特徴で、レアに仕上げる場合が多いが、スモークした後（またはしながら）焼く場合もある。ワインはスモーキーな風味、木樽を使ったものがよい。

鶏肉の加熱法によるペアリングワインの例

加熱しない～刺身やたたきなど	軽快なリースリング（ドイツ、カナダ、NZ、タスマニアなど）。オフドライもよい。
ソテー	中庸のヴォリュームのシャルドネ（マコン、オーストラリアやカリフォルニアの樽の風味を抑えたタイプ）。
グリル	しっかりしたボディのリースリング（アルザス、クレア・ヴァレー）。キアンティ、アルゼンチンのマルベック。
ロースト	ピノ・ノワール（ブルゴーニュ、オレゴンなど複雑なタイプ）。
蒸し焼き	ピノ・ノワール（ロースト同様、加えてヴォリューム感のあるもの）。グルナッシュ、シラー、カリニャン（ローヌ、ラングドック）。
煮込み	熟成したリオハ、ブルネッロ、バルバレスコ。

料理を解析する

3 >>> 味付け

- 料理は**調味料**によって、様々な姿に変化する。調理時の**油脂**も料理に大きな影響を与える。

油 脂
※地域性が現れる。

	例	フランスの産地
乳製品系	バターなど	ブルゴーニュ、ロワール下流
植物系	オリーブオイル	南仏
	菜種油	ロワール上流
ナッツ系	クルミオイルなど	シャンパーニュ
動物系	鴨脂など	シュッド・ウエスト

調 味 料

スパイス

スイート・スパイス
例 リコリス、ヴァニラ、シナモンなど、甘やかな風味を与えるスパイス。
合わせるワイン ピノ・ノワール、ガメイなど、果実味が全面に出て甘みも感じるまろやかな味わいのワイン。

パンジェント・スパイス
例 胡椒、山椒、生姜、チリペッパー、唐辛子など、辛味のあるスパイス。
合わせるワイン カベルネ・ソーヴィニヨン、シラーなど、凝縮感があってタンニンの豊富なワイン。

ベイキング・スパイス
例 クローヴ、ナツメグ、カルダモン、コリアンダーなど、パンジェント・スパイスと重なる。
合わせるワイン 樽からの風味が際立った洗練されたスタイルのワイン。カベルネ・ソーヴィニヨン、サンジョヴェーゼ、グルナッシュなど。

エスニック・スパイス
例 クミン、ターメリックなど、エスニック料理の定番スパイス。
合わせるワイン ゲヴュルツトラミネール、グリューナー・ヴェルトリーナー、アリアニコやモンテプルチャーノなどの土着品種、アンバーワインなど。

ハーブ

フレッシュ
例 パセリ、バジル、レモングラス、パクチーなど、爽やかさや青々しさを加える。
合わせるワイン ソーヴィニヨン・ブラン、ヴェルデホなど。

セイヴォリー
例 セージ、オレガノ、マジョラム、バジルなど、料理に豊かな風味を与える。
合わせるワイン グルナッシュ、ムールヴェードル、サンジョヴェーゼ、ネロ・ダヴォラなど。

ドライ
例 ローズマリー、タイム、ローリエなど地中海系のミックスハーブ、エルブ・ドゥ・プロヴァンス。
合わせるワイン 地中海系のワイン、グルナッシュ、カリニャン、アリアニコ、アギオルギティコなど。

ヴィネガー

- 穀物系、フルーツ系、ワイン系。バルサミコ、黒酢、赤酢などはペアリングにおいて重要な要素となる。

アルコール

- ワイン、シェリー、マデイラ、ヴェルモット、日本酒、みりん、紹興酒など。
  料理に使用されるアルコール類も風味に大きな影響を与える。

発酵調味料

- 醤油、味噌、魚醤、塩麹など。アジアのスペシャリティであるが、世界に広まっている。

4 >>> 付け合わせ

- 料理においては付け合わせでも、ペアリングにおいてはワインと料理をつなぐ、架け橋となる場合も多い。
  例）ボルドーでは名産の牡蠣とともに赤ワインを楽しむが、スパイシーなグリルソーセージとともに食することがポイントである。
- 付け合わせの効果には、以下に示すような主旨があり、ワインもこれらを意識したものになる。

◉ **主食材との相性がよく、料理の風味を相乗させる。**
◉ **主食材の風味を中和する。**
◉ **料理に季節感を与える。**
◉ **料理に地方色を付ける。**
◉ **料理により価値を加える。**
◉ **料理に彩りを付ける。**

ペアリングコース

- 料理一皿に1種のワインを合わせる**ペアリングコース**が広く知られている。
- **ペアリングコース**の発祥は定かではないが、フランス料理の巨匠アラン・サンドランス氏は早くから料理ごとのワインの提案をしていた。

＜ペアリングコースの魅力・メリット＞

提供する側	・皿数の多いコースでもそれぞれに適したワインを提供可能。 ・多様なワイン、またはそれ単体では勧めづらい特殊なワインを提案できる。 ・飲料単価のアップが見込める。
お客様側	・ワイン選びをスマートに店側にお任せできる。 ・予算が立てやすい。 ・自分では選ばないようなワインに出会える。

- 一方、会食の主旨やお客様の嗜好によっては不向きな点も多いことを留意する必要がある。

＜ペアリングコースの注意点＞

◉ **ワインをより正確な温度、適切なグラスで提供する。**

◉ **きちんとプレゼンテーションする。**

◉ **料理の前に供出する。**

◉ **お客様が召し上がれる酒量を配慮する。**

◉ **様々なパターンで構成する。**

◉ **ハイライトになるペアリングから考える。**

◉ **かぶり、類似するワインが続かないよう注意する。**

◉ **料理とワイン以外の要素にも目を向ける。**

◉ **試食（ペアリングチェック）をする。**

Chapter 44 ワインの購入・保管・熟成・販売

ワインの購入

ワインの購入とは
- 飲食店や小売店、一般消費者など、立場によってワインを購入する際の留意点は異なる。
- 飲食店では希少なワインの品揃えも集客につながるが、いたずらに高価なワインの在庫を増やすことは、店舗の経営を圧迫しかねない。
- ネットショップの場合、アイテムによっては価格比較サイトにより検索され価格競争に巻き込まれてしまう。魅力的な品揃えやペアリング提案などのオリジナリティーが欠かせない。

プリムール取引
- ボルドー地方には、プリムール取引という特殊な取引がある。プリムールとは、ワインの先物取引のことで、購入者は事前に代金を支払う。
- ブドウを収穫した**翌年の春**、樽で眠り始めたばかりのワインの大規模な試飲会を実施する。**各シャトー**は、その手応えや評価、情報を基に自分たちのプリムール価格を模索する。
- 生産者は**早く現金を手にすることができる**メリットがある。
- インポーターは、現物流通時よりも割安である可能性の高い**プリムール価格でワインを購入すること**ができる。
- オフ・ヴィンテージ(あまり出来の良くない年)や不人気なワインを買った場合、熟成期間中に経済混乱などで需要が大幅に減少した場合など、プリムール価格より現物価格が**値下がり**することも起こりうる。
- プリムールで購入したワインが日本に到着するのは、樽熟成期間が18カ月の場合、収穫の**2**年後の**秋**以降になる。一方、支払いは、購入した年の**7**月から翌年の**2**月までの間に支払いを完了する。

食品添加物

ワインに使用することができる添加物と使用限度量

添加物の名称	使用目的	使用限度量
亜硫酸塩(SO2)	酸化防止剤、保存料	**0.35**g/kg未満
ソルビン酸	保存料	**0.2**g/kg以下
スクラロース	甘味料	0.4g/kg
アセスルファムカリウム	甘味料	0.5g/kg
カルボキシメチルセルロース	安定剤、増粘剤	2%
二炭酸ジメチル※	殺菌料	**0.2**g/kg
L-アスコルビン酸(ビタミンC)	酸化防止剤	限度量の定め無し
アラビアガム(アカシア)	乳化剤、安定剤	限度量の定め無し

※商品名 Velcorin®(ベルコリン)

Purchase, storage, aging and sale of wine
ワインの購入とは、プリムール取引、食品添加物 >>

貿易条件（輸入取引条件）

- 費用負担の範囲と貨物の危険負担の範囲を明確にしたうえで、生産者とインポーターの間で購入価格を決定する必要がある。
- ワインの輸入に関して発生する主な費用は以下の通りである。

輸出国で発生する費用
- ワイナリーから輸出港までの輸送費・輸出通関費用
- 船積み作業料
- 陸上輸送中の保険

輸入国で発生する費用
- 荷揚げ作業料
- 輸入港から通関倉庫への輸送費
- 輸入通関諸費用
- 関税、酒税

洋上で発生する費用
- 海上輸送費（または航空輸送費）
- 貨物海上保険料

主な貿易条件
- どこまで生産者が負担するのかを両者で確認し、貿易条件（下記参照）・購入価格を決定。

略称	名称・意味	備考
EXW	**= Ex Works**（= **Ex. Cellar**）**工場渡し**条件	**蔵出し価格**。買い手は、港までの輸送、輸出通関、積み込みなどの作業を自力で行う、もしくはこれらの業務を一貫して代行してくれるフォワーダーに作業を依頼することになる。最も**安い**価格だが、全ての作業を輸入者が行わなければならない輸入取引条件。
FCA	Free Carrier **運送人渡し**条件	**EXW**＋**港までの陸送運賃**。輸出地における輸出通関後の指定場所（コンテナヤード等）で、輸入者（インポーター）が指定した運送人（船会社、フォワーダー）に貨物を引き渡す条件で、渡したときに危険負担も同時に移転される。インポーターが船への積み込みを行う。
FOB	Free On Board **本船渡し**条件	**FCA**＋**船積輸出手続**費用。輸出者が輸出港で輸入者指定の船舶に貨物を積み込むまでの費用や責任を負担する。
CFR（**C＆F**）	Cost and Freight **運賃込み**条件	**FOB**＋**海上輸送運賃**。輸入港までの運賃込みの条件。ただし危険負担の移転時期は、輸出港で輸入者指定の船舶に貨物が積み込まれた時となる。
CIF	Cost, Insurance and Freight **運賃・保険料込み**条件	**CFR**＋海上貨物**保険料**。輸入港までの運賃と**保険料込み**条件。CFRに加えて海上貨物保険料も生産者が負担。危険負担の移転時期はCFRと同様（輸出港で輸入者指定の船舶に貨物が積み込まれた時）。価格は最も**高い**。

貿易条件（輸入取引条件）

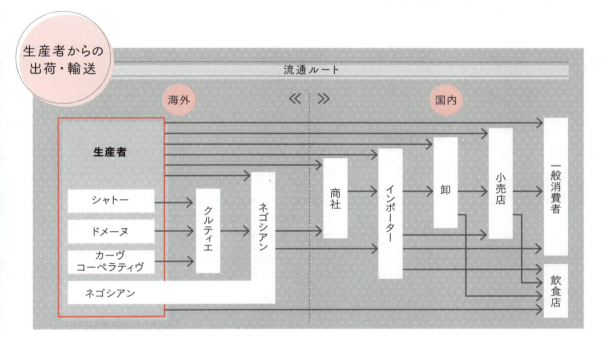

- 輸入したいワインの量や日本で販売予定の時期までのリードタイムによって、輸入手段を検討することになる。
- 重量物であるワインの場合、一般的には海上輸送で行われることが多いが、販売を急ぐボージョレ・ヌーヴォーなどは高額な運賃を支払い航空便で運ばれ、航空機ごと借りる場合もある。
- 海上輸送、航空輸送や鉄道輸送を組み合わせた国際複合一貫輸送もあり、定期便と不定期便がある。
- コンテナ輸送でも、運ぶワインが少ないと他の荷主の貨物と混載になる。
- 運賃を定めたものを「タリフ（表定運賃表）」といい、運賃の定め方にはM、W、M/Wの3通りある。

Purchase, storage, aging and sale of wine

貿易条件（輸入取引条件）

P.300≫301

生産者からの出荷・輸送

運賃の定め方

M 容量建て	M3（縦×横×高さ）を計算し、 運賃計算の基準とする。
W 重量建て	主として重量物に適用される運賃。
M/W 容量か重量 （どちらか大きい方を選ぶ方法）	量が多くなり、コンテナ単位で運ぶ場合はボックスレートというコンテナ単位での運賃がある。コンテナに積載可能なケース数は20フィートサイズと40フィートサイズで当然異なるが、容量が倍になるからといって倍の数を積載できるわけではない。

コンテナのサイズ

- 現在コンテナの主流は40フィートになりつつある。

20フィートサイズコンテナ	約 **1,000**c/s（750㎖瓶12本入りカートン）
40フィートサイズコンテナ	約 **1,200**c/s～1,300c/s（750㎖瓶12本入りカートン）

コンテナの種類

リーファーコンテナ	**温度管理機能付き**（**クーラー付き**）コンテナで、一定温度で輸送ができる。設備の重さや断熱材の厚みによる影響もあるが、冷気の循環を図るために隙間を空けて積付けるため、積載可能量は40フィートで **800**c/sくらいに減る。
ドライコンテナ	コンテナ内の**温度管理**は不可なため、船中での積み場所が重要。船上は直射日光を浴びるので避け、船の吃水線から下の部分で、熱源となるエンジンや温度の高い場所も避ける方がよい。コンテナ内に断熱材を内装、アルミ蒸着シートを使用した吊り下げタイプの袋で内壁上下左右を覆い、その中にワインを収める方法も取られている。

コンテナの輸送方法

FCL **Full Container Load**	コンテナ1本丸々使用する場合、ワイナリーのセラーでコンテナに詰め、直接港に運ばれコンテナ・ヤードに運ぶ。
LCL **Less Container Load**	ワインが50～200c/sと少量の場合、トラックで港まで運ぶ。他の荷主の荷物と共にコンテナに積まれるため、日数を要する。

Purchase, storage, aging and sale of wine

《 生産者からの出荷・輸送

輸入貿易実務

保険

- 輸送中には、沈没、座礁、火災、雨や波による水濡れ、盗難、破損、コンテナ落下、戦争、ストライキ、ワインの場合は口漏れ事故なども発生しうる。
- どの部分が生産者とインポーターどちらの責任になるかが貿易条件によってはっきりしているので、自分の責任になる部分に付保（保険をかけること）する。保険の種類によって保険料が変わるため、担保部分の必要性と保険料をよく検討して付保する。
- 海上保険と共に、**DUTY CLAUSE デューティ・クローズ**の付保も検討することが必要である。酒類には**輸入関税**、**酒税**が課税される。それらを支払ってから不良品が見つかった場合や、通関後の輸送中に被害にあった場合には酒税や関税は戻らない。そのため海上保険の**デューティ・クローズ**という約款があり、付保しておけば不良品が見つかった場合など、適正な理由があれば輸送中における損害として、関税・酒税の返還を保険でカバーできるが、保険料率は高い。

船積み書類

Invoice インボイス （仏：Facture）	生産者（輸出者）が作成する**納品書兼請求書**のこと。 船積みされた船名、商品の品名、数量、単価、貿易条件（CIF、FOB等）、合計金額、支払条件等が記載されている。
B/L （Bill of Lading ＝**船荷証券**（有価証券））	貨物が船会社に引き渡された際、運送契約の証明として船会社が発行する有価証券。貨物の権利証券であり、インポーター（輸入者）が輸入地で貨物を引き取る際に必要となる、船積み書類の中で最も重要な書類。2025年に商法が改正され、船荷証券のデジタル化が計画されている。
分析証明書	日本に輸入される食品は食品衛生法に基づいた規格を守り、検査に合格する必要がある。それを証明するために厚生労働省で認可された外国公的検査機関の分析書の取得が必要。品名、アルコール度数、酸、エキス、糖度、添加物分析数値（亜硫酸、ソルビン酸）等が記載されている。証明書の有効期限は1年間。
パッキングリスト （**P/L**＝梱包明細書）	梱包された貨物にどんな製品が入っているかを判るようにする書類。梱包ごとに作成される。 インボイスと兼用のことも多い。
貨物海上保険証券	保険料が生産者負担となる貿易条件（CIF）の場合は、生産者から貨物海上保険証券（保険付保者＝生産者の裏書が必要）を送付してもらう。輸送中の損害が発生した場合は、インポーターが保険会社や指定の代理店に補償請求を行う。

輸入貿易実務

決済

- 貿易取引の主な決済方法は以下の通り。

信用状取引 (**L/C** = **Letter of Credit**)	信用状はインポーター（輸入者）の取引銀行が発行するもので、インポーターの取引銀行（信用状発行銀行）が、インポーターに代わって代金の支払いを確約した保証状である。お互いの信頼関係が築けていない、初めての取引の場合にこの決済方法を要求されるケースが多い。
信用状なし取引	銀行の支払確約がなく、代金を確実に回収できる保証がないため、生産者にとって不利となる決済方法。インポーターの信用状況が良好で、代金回収リスクが低い場合にこの決済方法が採用されることが多い。
D/P決済 (Documents against Payment) 手形支払書類渡し	銀行を通して、支払人（インポーター）が手形の支払を行うと同時に船積書類を引き渡す決済条件。
D/A決済 (Documents against Acceptance) 手形引受書類渡し	支払人（インポーター）が銀行を通じて、期限付手形の引受（手形支払期日に手形代金の支払いを約束する署名）を行うと同時に、船積書類を引き渡す決済条件。
電信送金 (**TT Remittance**)	電信送金による決済は迅速で安全な決済方法として近年広く利用されている。輸出者（生産者）・輸入者（インポーター）間で協議の上、前払い、または後払いを決定する。
ネッティング	相互に売買のある取引先との決済で使われることが多い。一定期間の支払いと受け取りを相殺し、差額のみを決済することをいう。通常はインポーターから生産者には支払いのみが発生するが、大量の不良品が発生した場合や、マーケティング費用を貰う場合などインポーターが受け取る場合も生じる。こういった場合にはネッティングが使われる。

貨物引取り

- いずれの決済方法でも船積書類が揃ったら、貨物の引取りを行う。
- 貨物の引取りは、インポーターがB/Lオリジナルに裏書の上、支払うべき海上運賃とともに船会社に提出して行われる。
- 「海貨業者（通関業者）」に書類を預け、船会社の引き渡し場所から貨物を引き取る。

通関

- 荷揚げ作業後、輸入港管轄の税関で保税運送の承認を得て、輸入港から輸入業者が使用する保税倉庫に運ばれる。
- コンテナから貨物を取り出すことを「デバンニング」と呼び、必ず検数業者（チェッカー）か倉庫業者による検査が行われ「デバンニングレポート」が作成される。

輸入通関の形態

直輸入通関 **IC** = Import for Consumption	輸入後ただちに国内販売するために納税し、内国貨物とする。
保税倉庫倉入れ通関 **IS** = Import for Storage	税関長の承認を受けて貨物を保税蔵置場に入れること。 すぐには納税せずに、保税倉庫に蔵置し、 輸入許可だけを受ける。 IS通関した貨物の保税の状態での蔵置期間は、 IS通関承認された日より起算して2年間とされているので関税、 酒税などの税金に対する金利を 最大2年間分節約できることになる。
保税倉庫倉出し輸入通関 **ISW** = Import from Storage Warehouse	IS通関した貨物に対し納税し、内国貨物とすること。 輸入手続きは到着して**3**カ月以内に済ませる。

検品

● ボトルの外観
ひび、傷、汚れ、気泡などの有無。

● キャプシュルの外観
シールの切れ、汚れ、しわなどの有無、ワインの漏れの有無、
スクリューキャップの場合は空回り等。

● ラベルの外観、内容
外観：汚れ、擦れ、貼付の曲がり、逆貼り、二重貼りなどの有無。
内容：表示義務事項を漏れ抜けなく表示しているか、
　　　品名、ヴィンテージ、アルコール度数などが適正であるか。

● 中身のワインに関して
- ワインの充填量が適正であるか。
- 異物(コルクかす、繊維質、昆虫、微生物など)の混入の有無。
- 滓、酒石の有無とその状態(原則的には不良品には該当しない)。

輸入貿易実務

ボトルステッカー

- 酒税法、食品衛生法などの規定により、また税関の指導により輸入業者は以下の項目などを適正な大きさの文字で明記したステッカーをボトルに貼付しなければならない。

義務表示	(1)	**輸入者**の氏名又は名称
	(2)	**輸入者**の住所
	(3)	引取先の所在地
		酒類を保税地域から引き取る引取先が輸入者と異なる場合は、引取先の所在地を表示する。引取先の所在地は、酒類販売業免許証（又は通知書）に記載されている「販売場の位置」を引取先として表示する。
	(4)	容器の**容量**
	(5)	**酒類**の品目（果実酒・甘味果実酒）
	(6)	**原産国**名
	(7)	**アルコール**分
		アルコール分は、「度」または「％もしくはパーセント」と表示する。基本的には酒税法の定める税率適用区分を同じくする1度の範囲内で「〇〇度以上〇〇度未満」と表示するが、アルコール分±1度の範囲内、例えば12度以上14度未満のものについては「13度」と表示することが認められている。度数表示は1度単位または0.5度刻みにより表示しても良い。
	(8)	**発泡**性
		発泡性を有する場合「発泡性」「炭酸ガス含有」などと表示。
	(9)	**食品添加物**
	(10)	**未成年者飲酒**防止表示
	(11)	識別表示（スチール、アルミ、PET、紙、プラスチック材料容器の場合）
任意表示	(12)	**妊産婦**の飲酒に対する注意表示
	(13)	**有機**等の表示

ワインの保管・熟成

熟成に理想的な保管条件

- 温度は**12〜15**℃。
- 湿度は**70〜75**％。
- 光は**白熱電灯**が最も良く、必要時にのみ点灯できる暗所。（通常、**LED**電球も**紫外線**が含まれないのでセラーの明かりには適している。）
- **振動**は避ける。
- 冷気が直接当たらないようにする。
- 温度変化の少ない環境。
- 異臭のするものと一緒に保管しない。
- コルクのものは、ラベルを上にし、**横**に寝かせる。

VINOLET
Purchase, storage, aging and sale of wine
<< 輸入貿易実務

品質を保つ保管

- レストランにおけるショーケースタイプのリーチインセラーや、ワインショップ等のウォークインセラーなどは、劣化防止、品質保持のための保管ができる。
- ワインの種類ごとに1台のセラーで、温度調整（白ワイン：**10**℃前後、赤ワイン：**15**℃前後の温度設定）ができるのが望ましい。
- ガラスは、紫外線カットや断熱遮熱機能付きで、低振動・低騒音が好ましい。

飲み頃の認識

- 熟成スピードを左右するのは、「産地」「ブドウ品種」「土壌」「収穫年」「醸造方法」「タイプ（赤、白、ロゼ、発泡、酒精強化）」であり、以下の要素も影響を与える。

熟成スピードを左右するワイン中の要素

- 以下の要素が多いまたは高いほど、一般に熟成スピードは**遅く**なる。

- **有機酸**の量。
- **アルコール**度数。
- アントシアン、フラボノイド、タンニンなどの**ポリフェノール類**の量。
- グリセリンなど糖以外の**エキス分**の量。
- **残存糖分**の量。
- **遊離亜硫酸**の量。

熟成スピードを左右する外的要因

- 発酵方法（開放タンク、密閉タンクなど）。
- 樽熟成を経た場合の条件（樽の**新旧**、**年月**、**容量**、**スーティラージュの頻度**など）。
- **輸送**方法（船便、航空便、定温輸送なのか）。
- **貯蔵**条件（保存温度、温度変化、紫外線、振動の有無など）。
- 容器の容量、容器の素材。

ワインの一般的な熟成年数

- 一般的には白ワインより赤ワイン、並より上級、辛口より甘口が賞味期間は長くなる。
- ワインのポテンシャルや保管状況により、大きく差が出るため、以下は目安である。

タイプ	熟成年数
ヌーヴォー	～1年
ロゼ	1～3年
ボルドー白（辛口）	2～5年（上級：3～30年）
ボルドー白（甘口）	3～80年
ボルドー赤	4～10年（上級：5～50年）
ブルゴーニュ白	2～6年（グラン・クリュ：4～30年）
ブルゴーニュ赤	2～8年（グラン・クリュ：4～30年）
シャンパーニュN.V.	2～5年（ミレジメ：4～30年）

飲み頃の認識 >> ワインの一般的な熟成年数

タイプ	熟成年数
ロワール白	2〜5年（甘口：3〜80年）
アルザス	2〜5年（甘口：3〜80年）
ローヌ白	2〜10年
ローヌ赤	2〜50年
黄ワイン	7〜80年
ライン、モーゼル	2〜10年（甘口：5〜80年）
日本ワイン白	2〜10年
日本ワイン赤	2〜30年

販売

原価管理

$$\frac{\text{対売上消費金額}}{(\text{原価})} = (\text{前月棚卸在庫金額} + \text{当月仕入金額}) - (\text{当月棚卸在庫金額} + \text{他部署への振替金額} + \text{社用金額} + \text{破損金額})$$

$$\text{原価率} = \frac{\frac{\text{対売上消費金額}}{(\text{原価})}}{\text{ワイン総合売上金額}} \times 100(\%)$$

棚卸在庫金額	月末時点での在庫の合計金額。
他部署への振替金額	ホテルにあるレストランが、同じホテル内のレストランに在庫のワインを回したときなどに計上。
社用金額	常連客へのプレゼントなど売上が立たないものなどについて計上。
破損金額	破損や、返品できないダメージ品などを計上。

VINOLET

Purchase, storage, aging and sale of wine

<< ワインの保管・熟成

P.306 >> 308

計数管理

損益分岐売上 ＝ 固定費 ÷ 粗利益率

＝ 固定費 ÷ （1－原価率）

(例) 店の固定費が180万円で原価率が40％の損益分岐売上は
3,000,000円＝1,800,000円÷0.6
営業日数を25日とすると、1日120,000円が損益分岐売上となる。

固定費	売上の増減に関わらず固定的にかかる費用。家賃、人件費、月々の返済など。
変動費	売上に応じてかかる費用。ドリンクやフードの原価、水道光熱費など。

酒類課税数量

	種類	割合(％)		種類	割合(％)
1位	リキュール	28.5	6位	単式蒸留焼酎	4.8
2位	ビール	27.1	7位	果実酒	4.4
3位	スピリッツ等	12.2	8位	連続式蒸留焼酎	3.9
4位	発泡酒	7.2	9位	その他の醸造酒等	3.1
5位	清酒	5.0	10位	ウイスキー	2.3

日本人の年間ワイン消費量

	2021年	2022年
ワイン消費量（成人一人当たり）	3.48 ℓ	3.48 ℓ

※果実酒と甘味果実酒の合計

Purchase, storage, aging and sale of wine
原価管理、計数管理　　>>
P.308 » 309

主要国別ワインの輸入状況

※2ℓ以下の容器入り

ブドウ酒

数量順

	国
1位	チリ
2位	フランス
3位	イタリア
4位	スペイン
5位	アメリカ

金額順

	国
1位	フランス
2位	イタリア
3位	アメリカ
4位	チリ
5位	スペイン

CIF 単価順

	国
1位	ブラジル
2位	スペイン / チリ
4位	ブルガリア
5位	オーストラリア

※CIF単価は金額が低い順

スパークリングワイン

数量順

	国
1位	フランス
2位	スペイン
3位	イタリア

金額順

	国
1位	フランス
2位	イタリア
3位	スペイン

酒税

- 日本の酒税法における酒類とは、アルコール度数1度以上の飲料を指す。
- 令和8年10月までに段階的に税率が見直される予定。果実酒、清酒は「醸造酒類」に統合され、10万円/kℓに変更される。

醸造酒類の税率の適用時期（1kℓ当たり）

酒類の分類	令和5年10月1日～令和8年9月30日	令和8年10月1日～（改正後の本則税率）
醸造酒類	100,000 円	100,000 円
清酒	100,000 円	100,000 円
果実酒	100,000 円	100,000 円

VINOLET

Purchase, storage, aging and sale of wine

<< 酒類課税数量、日本人の年間ワイン消費量、主要国別ワインの輸入状況、酒税

P.309 ≫ 310

45 ソムリエの職責とサービス実技

ソムリエの職責

職責
1. ワインをはじめとする飲料の売上向上。
2. ワインをはじめとする飲料の購入および管理。
3. ワインリストおよび飲料メニューの作成。
4. ワインをはじめとする飲料の販売促進・広報施策の策定およびイベント開催。
5. スタッフ教育、育成。

- ソムリエは、まず店舗および組織に貢献を果たすために、ワイン係に留まらず、「なくてはならない存在」でなければならない。
- ソムリエにとって試飲会・セミナー参加、生産者・関係団体との交流、生産地訪問などは、自己啓発と同時に、上記の職責をより高いレベルで果たすためにある。

シェフソムリエに求められる能力

- **コミュニケーション能力**
  お客様はもちろん、上司、部下、同僚、取引先、マネジメントサイド（オーナー、経営者、パートナー）など関係する全ての人とのコミュニケーション。
- **マネジメント能力**
  予算管理、在庫管理、スタッフ・マネジメント、セールス＆マーケティング。

ワインのサービス

温度が与える味わいの違い

- 温度はお客様に与えるワインの印象を最も大きく変化させる要素であり、ワインの長所を存分に引き出す温度で提供することができれば、そのサービスはほぼパーフェクトである。
- 数々のテイスティングの経験と研究によって、最適な温度を把握できるようになり、それは毎日の現場で培われるものである。

ワインのサービス

温度を下げると

1. **フレッシュ感**が際立つ
2. 果実香など**第一アロマ**が際立つ
3. （ワインによっては）第二アロマが際立つ
4. 味わいが**ドライ**な印象となる
5. 酸味がより**シャープ**な印象になる
6. バランスがより**スマート**になる
7. 苦味、渋みが**強く**感じられる

温度を上げると

1. **香り**の広がりが大きくなる
2. **熟成感、複雑性**が高まる
3. 甘みが**強く**なる
4. 酸味が**柔らかく**なる
5. **ふくよかな**バランスとなる
6. **繊細さ**が抑えられる
7. 苦味、渋みがより**快適**な印象となる

空気接触
Aération
アエラシオン

- ワインがもつ大きな特徴は、空気接触によって大きく変化することにあり、特に香りに大きな影響を及ぼす。
- 開栓しても空気に触れるのは上部の数cm²に過ぎないため、開栓しただけでは変化はほとんどない。エミール・ペイノー教授によると開栓後3時間までは物理的にも変化は起きないとされている。つまり、空気接触というのはグラスに注いだり、別の容器（カラフェ、デカンター等）に移すことによって始まるといえる。

空気接触（開栓後）の効果を挙げると

1. **還元**による影響が弱まる
2. 第一アロマが**上がる**
3. 第二アロマが**下がる**
4. **樽香**が強まる
5. **複雑性**が強まる
6. 味わいの広がり、ふくよかさが強調され、全体の**バランス**がとれる
7. **渋み**が心地よい印象となる（タンニンの量は変化しない）

グラスの選択

- 味わいのバランス（口中での広がりの形）によって、理想的なグラスの形状は変わる。
- バルーン型はふくよかなワインに、チューリップ型はスリムなワインに適する。
- 強いものを好む方には、より大きなグラスが価値観の基準となる。
- 上品に食事を楽しみたい、またワインにあまり関心のない方にとっては、大き過ぎるグラスは邪魔になる。

ワイン・サービスの手順

ワインクーラーを使用したワインのサービス

① 氷水で満たしたワインクーラーにご注文のワインを入れて適温まで冷やす。
② ボトルを取り出し、お客様にエチケット（ラベル）を見せ、銘柄、ヴィンテージなどをはっきり伝え、確認を得る。
③ 抜栓。

留意点
- 温度の下がり過ぎに注意する。
- ラベルを上に向け、リトーを瓶底にあて水滴を落とさないようにする。

スパークリングワイン

① キャップシールと留め金を緩める。
② 利き手でボトルを押さえ固定し、もう一方の手でコルク部分をつかむ。
③ コルクをゆっくりと回して瓶口からガスを抜くようにし、ボトル内のガス圧を利用し抜栓する。

留意点
- 空いているどちらか一方の手指で必ずコルクを押さえ、不意にコルク栓が飛ぶことを防ぐ。
- なるべく無音で抜栓する方が望ましい。

スティル・ワイン

① ナイフでキャップシールに切り目を入れ、除去する。
② 紙ナプキンで瓶口を拭う。
③ コルクにコルクスクリューを差し込み抜栓する。
④ コルクの鏡面の香りを確認し、正常か否かを判断する。
⑤ 紙ナプキンで再び瓶口をきれいに拭く。
⑥ お客様に抜栓したコルクを提示する。

パニエを使用した赤ワインのサービス

① キャップシールの除去。
② コルク抜栓。
③ **ソムリエ**のテイスティング。
　※ホストの了承を得る。
④ **デカンター**を**リンス**する。
　※リンスは必要に応じて行えばよい。リンスの目的は、デカンターの**カルキ臭**除去と**汚れ落とし**である。
⑤ デカンタージュする。
⑥ **ホスト**のテイスティング。
⑦ お客様へのサービス。
　※お客様の中でも**主賓**から順にサービスし、**ホスト**へのサービスは最後に行う。
　※サービス後、ボトルはテーブル上など、お客様の見える位置にプレゼンテーションする。
　※**リトー**を常に持ち、ワインを注いだ後は瓶口の滴を拭う習慣をつける。

ワイン・サービスの手順

スクリューキャップ

- アルミニウム合金製の外側の金属部分と、内側の瓶口部を覆う**ライナー**と呼ばれる合成樹脂のパーツからなる。
- 気密性が改良され、現在では高級ワインにも使用されている。

スクリューキャップの利点

1. 開けやすく**再栓**も容易。
2. コルクに由来する異臭が生じない。
3. コルクくずが瓶内に混入しない。
4. コルク品質のバラツキによる散発的な**モレ**や**酸化**の恐れがない。

ワインの供出温度

- ワインを理想的な状態で賞味する上で、供出温度は最も重要な要素の一つ。

ワインの種類		適温(℃)
Vins Mouseux	ヴァン・ムスー（発泡性ワイン）	6〜8
Champagnes	シャンパーニュ	
	Ordinaire スタンダード	6〜8
	Grande Cuvée プレステージ	8〜12
Vins Blancs	白ワイン	
	Liquoreux, Moelleux 甘口	6〜8
	Sec 辛口	6〜12
	Corsé コクのある上級ワイン	10〜14
	Jaune 黄ワイン	**14〜16**
Vins Rosés	ロゼワイン	
	Sec 辛口	8〜10
	Demi-Sec やや甘口	6〜8
Vins Rouges	赤ワイン	
	Léger 軽口	**12〜14**
	Bourgogne ブルゴーニュ	**16〜18**
	Rhône ローヌ	16〜20
	Bordeaux ボルドー	18〜20（上級は高め）
Porto（Vintage）	ヴィンテージポート	**18〜20**

※これら各種ワインの適温は基本的な目安である。産地の慣習、ワインのヴィンテージ、醸造法、熟成状態、供出される際の季節(温度、湿度)、料理、TPOなどを考慮した供出温度設定が望ましい。

VINOLET

Sommelier responsibilities and service skills

<< ソムリエの職責、ワインのサービス、
ワイン・サービスの手順、ワインの供出温度

P.311>>314

食前酒（Apéritif アペリティフ）の役割

- 語源は「開始する」を意味するラテン語アペリーレ（Aperire）。
- 食前酒は、食前に飲むことによって、生理的に胃を刺激して胃液の分泌を促し、**食欲**を増進させるとともに、**消化**も促進させる。
- **酸味**や**苦み**を含んだもの、**甘み**が程よく抑えられているもの、**アルコール分**が比較的低いものが適する。
- ワインで言えば、辛口のシャンパーニュ、ドライ・シェリー、爽やかな酸味のある軽い白、赤、ロゼのワイン、ヴェルモット、デュボネ、V.D.N.、V.D.L.などが挙げられる。

ワイン系アペリティフ（Apéritifs à Base de Vin）

Quinquina キンキナ	**Dubonnet** デュボネ、**Lillet** リレ、Saint Rafael サン・ラファエル、Ambassadour アンバサドゥール、Byrrh ビイル
Vermouth ヴェルモット	**Cinzano** チンザノ、Martini マルティーニ、Carpano カルパノ、**Noilly Prat** ノイリー・プラット、Chambery シャンベリー

スピリッツ系アペリティフ

Anisés アニゼ	**Pernod** ペルノ、**Ricard** リカール、**Pastis 51** パスティス・サンカンテアン、Berger ベルジェ、**Ouzo** ウゾ、Chinchón チンチョン
Gentiane ジャンシャン	Suze スーズ
Bitters ビターズ	**Amer Picon** アメール・ピコン、**Campari** カンパリ、**Fernet Branca** フェルネット・ブランカ

その他アペリティフ

シードルベースのアペリティフ（Apéritifs à Base de Cidre）	**Pommeau de Normandie** ポモー・ド・ノルマンディー、Pommeau de Bretagne ポモー・ド・ブルターニュ
カクテル	Kir キール、Kir Royal キール・ロワイヤル、Champagne Framboise シャンパーニュ・フランボワーズ、（Dry Martini ドライ・マティーニ）
フォーティファイド・ワイン	Dry Sherry ドライ・シェリー、Medium Sherry ミディアム・シェリー、Cream Sherry クリーム・シェリー、White Port ホワイト・ポート、Ruby Port ルビー・ポート
V.D.L.（Vins de Liqueur）	**Pineau des Charentes** ピノー・デ・シャラント、Floc de Gascogne フロック・ド・ガスコーニュ、Ratafia de Champagne ラタフィア・ド・シャンパーニュ、Macvin du Jura マクヴァン・デュ・ジュラ、Carthagène du Midi カルタジェーヌ・デュ・ミディ
V.D.N.（Vins Doux Naturels）	Muscat de Beaumes de Venise ミュスカ・ド・ボーム・ド・ヴニーズ、**Muscat de Frontignan** ミュスカ・ド・フロンティニャン

食後酒（Digestif ディジェスティフ）の役割

- ディジェスティフは「消化」を意味し、食後酒は食べたものの消化を促進する役割を果たす。
- 食後酒は甘みが強くても、アルコール分が高くても良い。食後の口直しとなり、食後の余韻を楽しめる酒が相応しく、ワインでいえば、甘口のシャンパーニュ、甘口のシェリー、ポート、マデイラ、V.D.L.、V.D.N.などが挙げられる。

V.D.N. （Vins Doux Naturels）	Muscat de Frontignan ミュスカ・ド・フロンティニャン、Banyuls バニュルス、Maury モーリィ、Muscat de Beaumes de Venise ミュスカ・ド・ボーム・ド・ヴニーズ、Rasteau ラストー
V.D.L. （Vins de Liqueur）	Clairette du Languedoc クレレット・デュ・ラングドック、Muscat de Frontignan ミュスカ・ド・フロンティニャン
フォーティファイド・ワイン	Sweet Sherry スイート・シェリー（Pedro Ximénez ペドロ・ヒメネス）、Tawny Port トウニー・ポート、Vintage Port ヴィンテージポート、Madeira マデイラ
Eaux-de-Vie オー・ド・ヴィー	Cognac コニャック、Armagnac アルマニャック、Calvados カルヴァドス、Marc マール
Eaux-de-Vie de Fruits オー・ド・ヴィー・ド・フリュイ	Framboise フランボワーズ、Poire ポワール、Kirsch キルシュ、Mirabelle ミラベル、Quetsche ケッチェ
Liqueurs リキュール	Chartreuse シャルトリューズ、Bénédictine ベネディクティン、Grand Marnier グラン・マルニエ、Cointreau コアントロー、Drambuie ドランブイ

ワインのサービス用具

和名	フランス語	英語	備考（用途等）
ワインセラー	Cave カーヴ	Cellar	長期熟成用。
デイセラー	Cave du jour カーヴ・デュ・ジュール	Service cellar、Day cellar	レストラン営業用。
サービス用ワゴン（テーブル）	Guéridon ゲリドン	Service wagon(table)	
ソムリエナイフ	Tire-bouchon ティル・ブション	Corkscrew	
サービスナプキン	Liteau リトー	Waiter's cloth	瓶口を拭くのは使い捨て紙ナプキンが一般的。

VINOLET

Sommelier responsibilities and service skills

<< 食前酒の役割、食後酒の役割

P.315 » 316

ワインのサービス用具

和名	フランス語	英語	備考(用途等)
コルク栓置き皿	Sous-bouchon スー・ブション	Underliner	
ワインクーラー	Seau à champagne ソー・ア・シャンパーニュ、Seau à vin ソー・ア・ヴァン	Ice bucket	
ボトル(カラフェ)敷き皿	Sous de bouteille(carafe) スー・ド・ブテイユ(カラフ)	Underliner	
カラフェ(デカンター)	Carafe カラフ	Decanter	
パニエ	Panier パニエ	Wine basket	
じょうご	Filtre フィルトル、Entonnoir アントノワール	Funnel	
サービス用トレー	Plateau プラトー	Service tray	
グラス	Verre ヴェール、Flute フルート	Glass	
温度計	Thermomètre テルモメートル	Thermometer	
シャンパーニュ・オープナー	Levier à champagne ルヴィエ・ア・シャンパーニュ、Pince à champagne パンス・ア・シャンパーニュ		
シャンパーニュ・サーベル	Sabre à champagne サーブル・ア・シャンパーニュ	Sword	
キャップシュル・カッター	Coupe-capsule クープ・キャプシュル	Capsule cutter	
コルク・リフト		Cork lift	ボトルの中に落下したコルクを取り出す道具。
バブル・カット	Petit fouet à champagne プティ・フエ・ア・シャンパーニュ	Champagne Cage	グラスに注がれたスパークリングワインの泡抜きに使用する。
デカンター・ドライヤー	Séchoir à décanteur セショワール・ア・デカントゥール	Decanter drying stand	
唎き酒用銀杯	Tastevin タストヴァン	Tastevin	
アルコール度数計	Alcomètre アルコメートル	Alcoholmeter	

Sommelier responsibilities and service skills

ワインのサービス用具 >> P.316 » 317

ボトルサイズの呼称

容量(750mlボトル換算)		シャンパーニュ地方	ボルドー地方
200ml	1/4本	Quart カール	
375ml	1/2本	Demi-Bouteille ドゥミ・ブティユ	Demi-Bouteille ドゥミ・ブティユ
750ml	1本	Bouteille ブティユ	Bouteille ブティユ
1,500ml	2本	Magnum マグナム	Magnum マグナム
3,000ml	4本	Jéroboam ジェロボアム	Double-magnum ドゥブル・マグナム
4,500ml	6本	Réhoboam レオボアム	Jéroboam ジェロボアム
6,000ml	8本	Mathusalem マチュザレム	Impérial アンペリアル
9,000ml	12本	Salmanazar サルマナザール	
12,000ml	16本	Balthazar バルタザール	
15,000ml	20本	Nabuchodonosor ナビュコドノゾール	

ココを基準に覚える。

ジェロボアムに要注意
シャンパーニュ地方に「ドゥブル・マグナム」は存在しない。そのため「ジェロボアム」の容量がシャンパーニュ地方とボルドー地方で異なる点が出題される。

Champagne

シャンパーニュのボトルサイズ

Nabuchodonosor	Balthazar	Salmanazar	Mathusalem	Réhoboam	Jéroboam	Magnum	Bouteille	Demi-Bouteille	Quart
20本 15,000ml	16本 12,000ml	12本 9,000ml	8本 6,000ml	6本 4,500ml	4本 3,000ml	2本 1,500ml	1本 750ml	1/2本 375ml	1/4本 200ml

♣ VINOLET

Sommelier responsibilities and service skills

<< ボトルサイズの呼称

P.318 » 319

単位に関する用語

面積	1ヘクタール(ha) = **100**m × **100**m ≒ **3,000**坪
	1エーカー(acre) ≒ **64**m × **64**m ≒ 1,224坪
	1町(町歩) ≒ 9,917.36平方メートル(㎡) ≒ 0.991736ヘクタール(ha) ≒ 2.45063エーカー(acre) ※1町(町歩)の10分の1を反(段)という。
長さ、距離	1メートル ≒ 39.4インチ ≒ 3.3フィート ≒ 1.1ヤード
	1インチ ≒ 2.5センチメートル
	1フィート ≒ 30.5センチメートル
	1ヤード ≒ 91.4センチメートル
	1マイル ≒ 1,609メートル
容量	1トノー(Tonneau) = **900**ℓ = 750㎖ × **1,200**本 = **100**ケース
	1ヘクトリットル(hℓ) = **100**ℓ ≒ 133.3本
重さ・体積	1米ガロン ≒ 3,785cc ≒ 3,785㎖
	1クォート ≒ 946cc ≒ 946㎖
	1オンス ≒ 28.4グラム ≒ 約**30**cc
	1ポンド ≒ 453.6グラム

Bordeaux

ボルドーの
ボトルサイズ

Impérial
8本
6,000㎖

Jéroboam
6本
4,500㎖

Double-magnum
4本
3,000㎖

Magnum
2本
1,500㎖

Bouteille
1本
750㎖

Demi-Bouteille
1/2本
375㎖

ワインの温度に関する用語

フランス語	英語	意味	温度帯
Réfrigéré レフリジェレ	Refrigerate	冷却（冷凍）された	0℃に近い、あるいはそれ以下
Glacé グラセ	Ice	凍った、冷やした	
Gelé ジュレ	Jelly	凍った、凍結された	
Frappé フラッペ	Chilled	氷水で冷やした	**4**～**6**℃
Froid フロワ	Cold	冷たい、冷えた	6～12℃
Frais フレ	Cool	涼しい	12～16℃
Tempéré タンペレ	Temperate	温和な	16～18℃
Chambré シャンブレ	Room temperature	室温にした（ワインの温度に関する専門用語として）	**16**～**18**℃
Tiède ティエド	Tepid	ぬるい、生温かい	20℃以上
Attiédi アティエディ	Warm	ぬるくなった	
Chaud ショー	Hot	熱い	

Frapper フラッペ、Chambrer シャンブレによるワインの温度変化表

・Frapper フラッペ

18℃の白ワインを、充分に氷水を入れたクーラーで冷やした場合の温度変化。

時間(分)	温度(℃)	時間(分)	温度(℃)	時間(分)	温度(℃)	時間(分)	温度(℃)
1	16.5	16	5.2	31	2.4	46	1.2
2	13.1	17	5.0	32	2.2	47	1.2
3	12.2	18	4.8	33	2.1	48	1.2
4	11.2	19	4.4	34	2.0	49	1.2
5	10.2	20	4.0	35	2.0	50	1.2
6	10.1	21	4.0	36	1.9	51	1.1
7	10.0	22	3.8	37	1.8	52	1.1
8	9.4	23	3.6	38	1.8	53	1.1
9	9.0	24	3.5	39	1.7	54	1.1
10	8.8	25	3.1	40	1.6	55	1.1
11	8.0	26	3.0	41	1.6	56	1.1
12	7.8	27	2.9	42	1.6	57	1.1
13	7.0	28	2.8	43	1.6	58	1.0
14	6.5	29	2.7	44	1.5	59	以下不変
15	5.8	30	2.5	45	1.4	60	↓

※瓶の中位～下位で測定。　※対流により温度変化にはムラがある。

Chambrer シャンブレ

12℃の赤ワインを23℃の部屋に放置した場合の温度変化。

時間(分)	温度(℃)	時間(分)	温度(℃)	時間(分)	温度(℃)
5	12.5	65	16.7	125	18.7
10	13.0	70	17.0	130	18.9
15	13.5	75	17.1	135	19.0
20	13.9	80	17.3	140	19.1
25	14.2	85	17.5	145	19.3
30	14.7	90	17.8	150	19.4
35	15.0	95	17.9	155	19.5
40	15.3	100	17.9	160	19.6
45	15.7	105	18.0	165	19.7
50	15.9	110	18.3	170	19.8
55	16.2	115	18.4	175	19.9
60	16.5	120	18.6	180	20.0

資料編

各国データ一覧

国名	ブドウ栽培面積	ワイン生産量
フランス	約74.5万ha	約4,590万hℓ
イタリア	約66万ha	約4,250万hℓ
ドイツ	約10万ha	約860万hℓ
オーストリア	約4.5万ha	約250万hℓ
ルクセンブルク	約0.1万ha	約8万hℓ
スペイン	約93万ha	約2,840万hℓ
ポルトガル	約19万ha	約642万hℓ
スイス	約1.5万ha	約100万hℓ
ハンガリー	約6万ha	約300万hℓ
スロヴェニア	約1.4万ha	約57万hℓ
クロアチア	約2万ha	約61万hℓ
英国	約0.4万ha	約9.1万hℓ
ルーマニア	約18万ha	約396万hℓ
モルドバ	約12万ha（うちワイン用ブドウ約7万ha）	—
ブルガリア	約6万ha（うち実質栽培面積約5万ha）	約79万hℓ（商業的ワイン）
ギリシャ	約9.4万ha	約135万hℓ
ジョージア	約5万ha	約166万hℓ
日本	約1.6万ha	約15万hℓ（日本ワイン）
アメリカ	約39.2万ha	約2,856万hℓ
カリフォルニア州	約18.5万ha	約2,308万hℓ
ニューヨーク州	約1.4万ha	約125万hℓ
カナダ	約1.3万ha	約68万hℓ
オンタリオ州	約0.7万ha	約22.2万hℓ（V.Q.A.）
ブリティッシュ・コロンビア州	約0.5万ha	約29.7万hℓ
チリ	約13万ha	—
アルゼンチン	約21万ha	—
ウルグアイ	約0.6万ha	約76万hℓ
オーストラリア	約14.6万ha	約946万hℓ
ニュージーランド	約4.2万ha	約361万hℓ
南アフリカ	約8.8万ha	約786万hℓ

＊は白黒合わせた１位のブドウ品種

栽培面積／生産量１位のブドウ品種	
白ブドウ	黒ブドウ
Ugni Blanc	Merlot ＊
Glera	Sangiovese ＊
Riesling ＊	Spätburgunder
Grüner Veltliner ＊	Zweigelt
Rivaner ＊	Pinot Noir
Airén	Tempranillo
Fernão Pires	Aragonez ＊
Chasselas	Pinot Noir ＊
Bianca	Kékfrankos ＊
Laski Rizling ＊	Refošk
Graševina ＊	Plavac Mali
Chardonnay ＊	Pinot Noir
Fetească Regală ＊	Merlot
Fetească Albă ＊	Fetească Neagră ※土着品種内の順位
Muscat Ottonel	Merlot ＊
Savatiano ＊	Agiorgitiko
Rkatsiteli ＊	Saperavi
甲州 ＊	マスカット・ベーリーＡ
―	―
Chardonnay	Cabernet Sauvignon ＊
Riesling	Cabernet Franc ＊ ※白黒共に主要品種
―	―
Riesling ＊	Cabernet Franc
Pinot Gris	Merlot ＊
Sauvignon Blanc	Cabernet Sauvignon ＊
Cereza（グリブドウ）	Malbec ＊
Ugni Blanc	Tannat ＊
Chardonnay	Shiraz ＊
Sauvignon Blanc ＊	Pinot Noir
Chenin Blanc ＊	Cabernet Sauvignon

資料編

各国のワイン法 旧世界

国/地域	EU	フランス	イタリア		
					認定数
地理的表示付きワイン	A.O.P.（P.D.O.）原産地呼称保護	A.O.P.（A.O.C.）原産地呼称保護	D.O.P. 保護原産地呼称	D.O.C.G. 統制保証原産地呼称	77
				D.O.C. 統制原産地呼称	330以上
	I.G.P.（P.G.I.）地理的表示保護	I.G.P. 地理的表示保護	I.G.P. 保護地理表示		
地理的表示なしワイン	V.S.I.G.	Vin de France（V.S.I.G.）	Vino		
ワイン法制定年	2009年	1935年	1963年		

各国のワイン法／旧世界

国/地域	スペイン			ポルトガル		スイス	
			認定数		認定数		認定数
地理的表示付きワイン	D.O.P. 原産地呼称保護	V.P.（V.P.C.）：単一ブドウ畑限定ワイン	25	D.O.P.（D.O.C.）原産地呼称保護	31	A.O.C.	61
		D.O.Ca.：特選原産地呼称ワイン	2				
		D.O.：原産地呼称ワイン	69				
		V.C.：地域名付き高級ワイン	7				
	I.G.P. 地理的表示保護	Vino de la Tierra		I.G.P.（V.R.）地理的表示保護	14	Vin de Pays	
地理的表示なしワイン	Vino	テーブルワイン		Vinho		Vin de Table	
ワイン法制定年	1932年						

各国のワイン法／旧世界

ドイツ

		認定数
g.U. 原産地 呼称保護	**Einzellage**： 単一畑ワイン	
	Gemeinde / **Ortsteil**： 市町村名／その区域名ワイン	
	Bereich / **Region**：	51
	ベライヒ名／集合畑名ワイン	
	Anbaugebiet： 生産地域名呼称ワイン	13
g.g.A. 地理的 表示保護	**Landwein**	26
EU Wein／Deutscher Wein		

オーストリア

		認定数
g.U. 原産地 呼称保護	**Prädikatswein**	
	Kabinett	
	Qualitätswein	
g.g.A. 地理的 表示保護	**Landwein**	
Wein mit Angabe von Sorte oder Jahrgang ／ Wein		
1907年		

ルクセンブルク

2015年から新A.O.P.導入、以下の格付けがある

Lieu-dit：
最上の畑のワイン

Coteaux de：
優良な畑のワイン

Côtes de：
調和のとれた日常ワイン

1932年

ハンガリー

	認定数
P.D.O. （**O.E.M.**） 原産地 呼称保護	40
☆**D.H.C**. P.D.O.内の 任意の品質 カテゴリー。	4
P.G.I.（**O.F.J.**） 地理的 表示保護	6
Wine	

スロヴェニア

P.D.O. 原産地 呼称保護	Vrhunsko vino Z.G.P. 統制保証 原産地産**最上級**ワイン
	Kakovostno vino Z.G.P. 統制保証 原産地産上級ワイン
P.G.I. 地理的 表示保護	Deželno vino P.G.O.
	地理的表示なし ワイン

クロアチア

		認定数
P.D.O.	Vrhunsko vino s kontroliranim podrijetlom 統制保証 原産地産最上級ワイン	72
	Kvalitetno vino s kontroliranim podrijetlom 統制保証 **原産地産上級**ワイン	12
P.G.I.	Stolno vino s kontroliranim podrijetlom 原産地表記付き テーブルワイン	4
	Stolno vino 原産地表記なし テーブルワイン	

325

資料編

各国のワイン法／旧世界

国／地域	英国		ルーマニア		モルドバ	
		認定数		認定数		認定数
地理的表示付き ワイン	**P.D.O.** 原産地 名称保護	**4**	D.O.C. 原産地 呼称保護	**33**	**D.O.P.**	**4**
	P.G.I. 地理的 表示保護		I.G.P. 地理的 表示保護	**12**	**I.G.P.**	**4**
地理的表示なし ワイン	Varietal Wine / Wine		Vin Varietal テーブルワイン 交雑種（ハイブリッド）ワイン			
ワイン法制定年						

各国のワイン法　新世界

国／地域	日本	アメリカ合衆国		
		国全体	カリフォルニア州	オレゴン州
品種表示	**85** %（日本ワイン）	**75** %	**75** %	**90** %
産地表示	**85** %（日本ワイン）	**75** %（州）	**100** %（州）	**100** %（州）
収穫年表示	**85** %（日本ワイン）	A.V.A. 以外 **85** %	**85** %	**85** %
		A.V.A. 表示 **95** %	**95** %	**95** %
特定栽培地域	**G.I.** (Geographical Indication)	**A.V.A.** (American Viticultural Areas)		
管轄など	国税庁	**TTB** (Alcohol and Tobacco Tax and Trade Bureau)		
ワイン法制定年	**2015** 年	**1978** 年（現在のワイン法の原型が形成）		

各国のワイン法／新世界

国／地域	オーストラリア	ニュージーランド	南アフリカ
品種表示	**85** %	**85** %	**85** %
産地表示	**85** %	**85** %	**100** %（W.O.）
収穫年表示	**85** %	**85** %	**85** %
特定栽培地域	**G.I.** (Geographical Indications)	**G.I.** (Geographical Indication)	**W.O.** (Wine of Origin)
管轄など	Wine Australia （オーストラリア政府の法定機関）	NZFSA （ニュージーランド食品衛生安全局）	
ワイン法制定年			**1973** 年

ブルガリア		ギリシャ		ジョージア	
	認定数				認定数
P.D.O. 原産地 呼称保護	**52**	**P.D.O.** 原産地 呼称保護		**P.D.O.**	**29**
P.G.I. 地理的 表示保護	**2**	**P.G.I.** 地理的 表示保護 Varietal Wines, Table Wines			

カナダ		チリ		アルゼンチン	ウルグアイ
オンタリオ州	ブリティッシュ・コロンビア州	国内向け	輸出向け		
85 %	**85** %	**75** %	**85** %		**85** %（V.C.P.の場合）
100 %（州）	**100** %（州）	**75** %	**85** %		
85 %	**85** %	**75** %	**85** %		**85** %（V.C.P.の場合）
D.V.A.（オンタリオ州） G.I.（ブリティッシュ・コロンビア州）		D.O. (Denominación de Origen)		**D.O.C.** (Denominacion de Origen Controlada)	
V.Q.A.（オンタリオ州） BC V.Q.A.（ブリティッシュ・コロンビア州）		SAG （農業省農牧庁）		INV （国立ブドウ栽培醸造研究所）	**V.C.P.** （優良品質ワイン）
1988 年（オンタリオ州）					

資料編 ／ 各国のワイン法／旧世界／新世界

327

資料編

同緯度の産地・都市

国	産地/都市	同緯度の産地/都市	緯度
ドイツ	ワイン生産地	樺太（サハリン）	北緯47～52度
フランス		北海道～サハリン	北緯42～51度
	ボルドー市	北海道	北緯45度
イタリア	ローマ	函館	北緯41.5度
	ランペドゥーサ島	東京	北緯35.5度

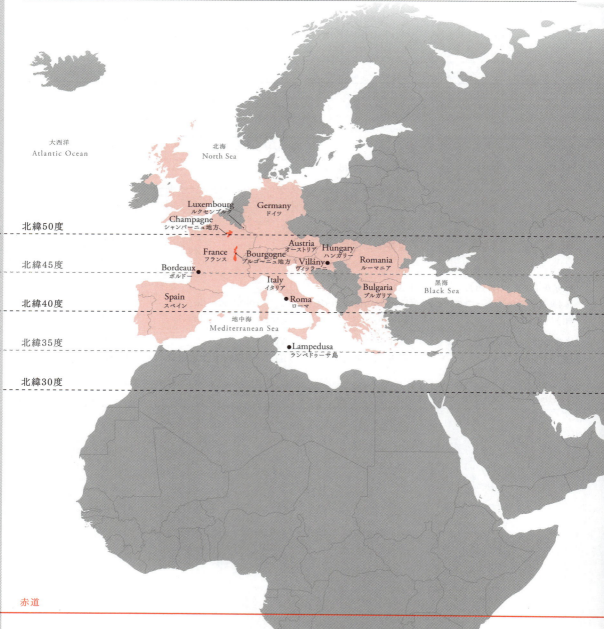

国	産地/都市	同緯度の産地/都市	緯度
オーストリア	ブドウ栽培地域	**ブルゴーニュ**地方	北緯47～48度
ルクセンブルク		**シャンパーニュ**地方	ほぼ同緯度
ハンガリー	**ヴィッラーニ**	**ボルドー北部**	北緯46度
ルーマニア		**南フランス**	北緯**44**～**48**度
ブルガリア		イタリア中部、フランス南部	北緯41～44度

北緯50度

北緯45度

北緯40度

北緯35度

北緯30度

樺太（サハリン）

北海道
函館

Japan
日本
東京

太平洋
Pacific Ocean

インド洋
Indian Ocean

資料編

同緯度の産地・都市

329

資料編

各国の料理と食材

フランス

地方名	料理名	内容
ボルドー	**Entrecôte à la Bordelaise** アントルコート・ア・ラ・ボルドレーズ	牛リブロース肉の炭火焼。 しばしばブドウの枝で焼かれる。
	Lamproie à la Bordelaise ランプロワ・ア・ラ・ボルドレーズ	ヤツメウナギの赤ワイン煮。
	Agneau de Pauillac アニョー・ド・ポーイヤック	ポーイヤック産仔羊。
	Bœuf de Bazas ブフ・ド・バザス	バザス産の牛肉。
	Canelé カヌレ	カヌレ型を用いた焼き菓子。 ワインの清澄に卵白を使用するため、 余った卵黄の利用法として生み出されたとされる。
ブルゴーニュ	**Boeuf Bourguignon** ブフ・ブルギニヨン	牛肉の赤ワイン煮込み。
	Coq au Vin コッコ・ヴァン	鶏肉の赤ワイン煮込み。
	Jambon Persillé ジャンボン・ペルシエ	ハムの香草入りゼリー寄せ。
	Oeuf en Meurette ウフ・アン・ムーレット	赤ワインソース仕立てのポーチドエッグ。
	Escargots à la Bourguignonne エスカルゴ・ア・ラ・ブルギニヨンヌ	かたつむりの香草入りニンニクバター風味。
	Pain d'épices パン・デピス	ジンジャー、シナモン、アニスなどで香り付けした、 蜂蜜風味のケーキ。
アルザス・ロレーヌ	**Choucroute** シュークルート	乳酸発酵させた塩漬けキャベツ。 ハム、ソーセージ、ジャガイモなどを添える。
	Baeckeoffe ベックオフ	肉と野菜の白ワインの蒸し煮。
	Tarte Flambée タルト・フランベ	アルザス風の薄焼きピザ。
	Kouglof クグロフ	レーズン入りのブリオッシュ。
ロワール渓谷	**Brochet au Beurre Blanc** ブロシェ・オ・ブール・ブラン	ナント名物カワカマスのブール・ブラン・ソース。
	Tarte Tatin タルト・タタン	リンゴのタルト。
ラングドック・ ルーション	**Brandade de Morue** ブランダード・ド・モリュ	タラとジャガイモのピュレ。
	Cassoulet カスーレ	カルカッソンヌやカステルノダリーの名物で、 白インゲン豆の煮込み料理。鴨のコンフィや豚足など、 地方により具材が異なる。

プロヴァンス・コルシカ島	**Salade Niçoise** サラド・ニーソワーズ	ニース風サラダ。具材は、レタス、トマト、かた茹で玉子、アンチョビのフィレ、黒オリーヴなど。
	Bouillabaisse ブイヤベース	マルセイユ名物、魚介の寄せ鍋。
	Ratatouille ラタトゥイユ	夏野菜のトマト煮込み。
	Gigot d'Agneau en Croûte ジゴ・ダニョー・アン・クルット	仔羊のもも肉のパイ包み。
シュッド・ウエスト	**Confit de Canard** コンフィ・ド・カナール	鴨のコンフィ。
	Magret de Canard マグレ・ド・カナール	フォワ・グラを採取するために肥育した鴨。
	Foie Gras フォワ・グラ	ペリゴール名産。
	Truffe トリュフ	ペリゴール名産。
	Garbure ガルビュール	キャベツ、白インゲン、ベーコン、細かく刻んだ野菜の入ったガスコーニュ地方のスープ。
	Pruneau d'Agen プリュノー・ダジャン	アジャン産の干しプラム。

イタリア

ヴァッレ・ダオスタ州

料理名	内容
Costoletta alla Valdostana コストレッタ・アッラ・ヴァルドスターナ	フォンティーナチーズをのせた仔牛肉のカツレツ。

ピエモンテ州

料理名	内容
Vitello Tonnato ヴィテッロ・トンナート	薄切りにした仔牛肉にツナマヨネーズのソースを添えたもの。
Bagna Cauda バーニャ・カウダ	オリーヴオイルにアンチョビ、ニンニクを入れたソースを火にかけながら、野菜に付けて食べる料理。
Tajarin タイアリン	卵黄を多く使用した卵入り手打ち細麺。肉のラグーソースや、バターとチーズを絡めて食べられる。
Brasato ブラサート	牛肉の塊と野菜をワインでマリネし、長時間煮込んだもの。
Tartufo Bianco d'Alba タルトゥーフォ・ビアンコ・ダルバ	アルバ名産の白トリュフ。

資料編

各国の料理と食材
イタリア

リグーリア州

料理名	内容
Ciuppin チュッピン	魚を裏ごししたスープ。
Cappon Magro カッポン・マーグロ	固いビスケットを敷き詰めた大皿の上に10種類近い魚介や野菜を盛り付けた豪華な料理。

ロンバルディア州

料理名	内容
Bresaola ブレザオラ	ヴァルテッリーナの名産の牛肉の生ハム。
Minestrone ミネストローネ	野菜のスープ。
Costoletta alla Milanese コストレッタ・アッラ・ミラネーゼ	ミラノ風仔牛のカツレツ。
Ossobuco オッソブーコ	仔牛すね肉の輪切りの煮込み。
Panettone パネットーネ	クリスマス用の焼き菓子。

ヴェネト州

料理名	内容
Sarde in Saor サルデ・イン・サオール	鰯(いわし)の南蛮漬け。
Baccalà alla Vicentina バッカラ・アッラ・ヴィチェンティーナ	干鱈(ひだら)をミルクで煮込んだ料理。ポレンタ添えが多い。
Fegato alla Veneziana フェガト・アッラ・ヴェネツィアーナ	仔牛のレバーと玉ねぎの炒めもの。
Asparago Bianco di Bassano アスパラゴ・ビアンコ・ディ・バッサーノ	バッサーノ・デル・グラッパ名産のホワイトアスパラ。D.O.P.。

フリウリ・ヴェネツィア・ジューリア州

料理名	内容
Prosciutto di San Daniele プロシュート・ディ・サン・ダニエーレ	サン・ダニエーレ産生ハム、D.O.P.。

エミリア・ロマーニャ州

料理名	内容
Prosciutto e Melone プロシュート・エ・メローネ	パルマ産生ハムのメロン添え。
Cotoletta alla Bolognese コトレッタ・アッラ・ボロニェーゼ	生ハムとチーズをのせてオーブンで焼いた仔牛のカツレツ。
Aceto Balsamico Tradizionale di Modena アチェート・バルサミコ・トラディツィオナーレ・ディ・モデナ	モデナ産伝統的**バルサミコ酢**、D.O.P.。

トスカーナ州

料理名	内容
Crostini クロスティーニ	鶏のレバーや仔牛の脾臓(ひぞう)などで作ったパテをのせたパン。
Panzanella パンツァネッラ	パン、フレッシュトマト、玉ねぎ、バジリコを使ったサラダ。
Ribollita リボッリータ	野菜のスープ。
Bistecca alla Fiorentina ビステッカ・アッラ・フィオレンティーナ	厚切りのTボーンステーキ。

ラツィオ州

料理名	内容
Supplì di Riso スップリ・ディ・リーゾ	生ハムやモッツァレッラが入った小さめのお米のコロッケ。
Spaghetti alla Carbonara スパゲッティ・アッラ・カルボナーラ	パンチェッタと卵、ペコリーノ・ロマーノ、胡椒のソースのスパゲッティ。
Bucatini all'Amatriciana ブカティーニ・アッラマトリチャーナ	グアンチャーレ(豚ほほ肉の塩漬け)、トマト、トウガラシ、ペコリーノ・ロマーノを和えたパスタ料理。
Pollo alla Romana ポッロ・アッラ・ロマーナ	ピーマンとトマト、鶏肉の煮込み料理。

アブルッツォ州

料理名	内容
Mortadella di Campotosto モルタデッラ・ディ・カンポトスト	中心に四角柱形のラードが入ったサラミ。
Porchetta ポルケッタ	豚の丸焼き。 他州と違って子豚ではなく大きな豚を使用する。
Zafferano ザッフェラーノ	アブルッツォの**サフラン**。イタリアで最も高品質。州が貧しく他州に販売されていたので、地元料理に使用されることはあまりない。

資料編

各国の料理と食材

333

資 料 編

各国の料理と食材
イタリア

カンパーニア州

料理名	内容
Pizza Margherita ピッツァ・マルゲリータ	トマト、水牛のモッツァレッラ、バジリコののったピッツァ。
Spaghetti alle Vongole スパゲッティ・アッレ・ヴォンゴレ	アサリのスパゲッティ。
Spaghetti alla Puttanesca スパゲッティ・アッラ・プッタネスカ	アンチョビ、ケッパー、オリーヴを トマトソースで和えたスパゲッティ。
Polpo alla Luciana ポルポ・アッラ・ルチアーナ	トマト、ニンニク、トウガラシで タコを長時間煮込んだサンタ・ルチア料理。
Bistecca alla Pizzaiola ビステッカ・アッラ・ピッツァイオーラ	ニンニク、オレガノ、ケッパーのトマトソースを かけた仔牛のステーキ。

プーリア州

料理名	内容
Orecchiette con Cime di Rapa オレッキエッテ・コン・チーメ・ディ・ラーパ	オレッキエッテ（耳の形をしたパスタ）を 菜の花に似た野菜で和えた料理。
Agnello al Forno アニェッロ・アル・フォルノ	塩、ニンニク、ローズマリーを使った仔羊のロースト。

シチリア州

料理名	内容
Caponata カポナータ	トマト、茄子などの野菜の煮込み料理。
Cous Cous di Pesce クスクス・ディ・ペッシェ	トラパニ周辺で食べられる クスクスの魚介ソースがけ。
Farsumagru ファルスマーグル	仔牛肉にサルシッチャ、モルタデッラ、ゆで卵、 パンチェッタ、カチョカヴァッロ、ペコリーノ、 グリーンピースなどを詰めて巻き、 トマトソースで煮込んだ料理。
Cannoli カンノーリ	筒状の揚げた生地に、リコッタと柑橘類の皮の 砂糖漬けを添えたお菓子。
Cassata Siciliana カッサータ・シチリアーナ	スポンジケーキにリコッタ、アーモンドペースト、 ドライフルーツを重ねた非常に甘いケーキ。 アラブの影響を強く受けている。

サルデーニャ州

料理名	内容
Bottarga ボッタルガ	カラスミ。薄く切って前菜にするか、すりおろしてパスタと和える。

ドイツ

地方名	料理名	内容
ラインヘッセン	Zwiebelkuchen ツヴィーベルクーヘン	炒めたタマネギとベーコンを生クリームと卵に混ぜこんで焼いたパンケーキ。ラインヘッセンを含むドイツ各地のワイン産地で、特に濁り新酒 **Federweißer** フェーダーヴァイサーにあわせて楽しまれる。
ヘッシッシェ・ベルクシュトラーセ		地元産のジャガイモやホワイトアスパラガス、リンゴを使った料理や、オーデンヴァルト産のチーズ、**アップルワイン**や蒸留酒が有名。
フランケン	**Nürnberger Bratwurst** ニュルンベルガー・ブラートヴルスト	細くて白っぽい色の**ソーセージ**。

オーストリア

地方名	料理名	内容・合わせるワイン
ヴァッハウ	**Marillenknödel** マリレンクヌーデル	特産の**アプリコット**を小麦粉、トプフェン、卵でできた生地の中に入れて茹で、バターで炒ったパン粉をまぶした季節のお菓子。
クレムスタール	**Kriecherl** クリーヒェル	**ダムソン**（西洋スモモ）。
カンプタール	**Wurstwaren** ヴルストヴァーレン	シャルキュトリー。
	Blunzn ブルンツェン	ブラッドソーセージ。
	Lumpensalat ルンペンザラート	ハムやサラミなどとチーズを入れたサラダ。
ヴァインフィアテル	**Marchfelder Spargel** マルヒフェルダー・シュパーゲル	マルヒフェルド産アスパラガス。
カルヌントゥム	**Wurstwaren** ヴルストヴァーレン	シャルキュトリー。

資料編

各国の料理と食材

オーストリア

地方名	料理名	内容・合わせるワイン
テルメンレギオン	**Schneebergland Schwein** シュネーベルクラント・シュヴァイン	シュネーベルクラント産豚肉。
ライタベルク	**Esterhazy Torte** エスターハージー・トルテ	バタークリームとアーモンドのメレンゲを層に重ね、トップをフォンダンで飾ったケーキ。
ミッテルブルゲンラント	**Grammelpogatscherl** グランメルポガチャル	同地域に限らずワインと楽しまれるパノニア地方の特産料理。豚の背脂から作ったグランメルと呼ばれる脂をミルクパン生地で包んだもの。
	Mehlspeisen メールシュパイゼン	小麦粉で作られるブルゲンラント州のお菓子。
ウィーン	**Wiener Schnitzel** ヴィーナー・シュニッツェル	仔牛ないしは豚肉のカツレツ（ハプスブルク帝国時代の領地である**ミラノ**から伝わったとされる。現在は豚や鶏肉でも作られるがオリジナルは仔牛）。 🍾 Gemischter Satz ゲミシュター・サッツ（白）
	Tafelspitz ターフェルシュピッツ	ゆでた牛肉にホースラディッシュ入りリンゴのすりおろし、ペースト状のホウレン草、アサツキが入ったサワークリームのソースをつけて食べる。
シュタイヤーマルク	**Brettljause** ブレットルヤウゼ	様々な種類のシャルキュトリー、チーズやスプレッドが木の板にのったもの。
—	**Backhendl** バックヘンドル	フライドチキン。 🍾 Gemischter Satz ゲミシュター・サッツ（白）
	Gulasch グラーシュ	仔牛や牛肉の**パプリカ**煮込み。 🍾 Grüner Veltliner グリューナー・ヴェルトリーナー

スペイン

リオハ D.O.Ca. Rioja

料理名	内容
Pimientos Rellenos ピミエントス・レリェーノス	**赤ピーマンの肉詰め。**

バスク州 País Vasco

料理名	内容
Pinchos ピンチョス	楊枝で刺した一口大のつまみ（サン・セバスチャンやビルバオのバルで出される）。

ガリシア州 Galicia

料理名	内容
Empanada エンパナーダ	ひき肉、チーズ、野菜などを入れたパイ。

カタルーニャ州 Cataluña

料理名	内容
Pan con Tomate パン・コン・トマテ	トマトを塗りオリーブ・オイルをかけたパン。

バレンシア州 Valencia

料理名	内容
Paella パエリャ	炊き込み米料理（鶏肉、ウサギ肉などが入るのがバレンシアのパエリャ）。
Turrón トゥロン	**アラブ**由来の**アーモンド**菓子。

ムルシア州 Murcia

料理名	内容
Paella パエリャ	炊き込みご飯（具在にバリエーションあり）。

マドリッド州 Madrid

料理名	内容
Churros チュロス	細長い棒状の揚げパン。

アンダルシア州 Andalucía

料理名	内容
Gazpacho ガスパチョ	トマトを主体にパン、キュウリ、ニンニク、オリーブ・オイルとヴィネガーで仕立てた夏の冷製スープ。

ポルトガル

料理名	内容
Escabeche エスカベーシュ	ヴァローザ川のマスを唐揚げにし、細切り玉ねぎとヴィネガーをかけた南蛮漬け。
Pão-de-ló パォン・デ・ロー	軽いスポンジ状のケーキ。**カステラ**の起源とされる。
Pastéis de Belém パスティス・デ・ベレン	リスボンの有名なエッグタルト。
Morgado de Figo と Queijo de Figo モルガード・デ・フィーゴとケイジョ・デ・フィーゴ	アーモンドフレーク、チョコレート、レモン、シナモンを合わせて煮た、ドライイチジクのペースト。

資料編

各国の料理と食材

スイス

地方名	料理名	内容
スイス・ロマンド	**Walliser Trockenfleisch** ヴァリサー・トロッケンフライッシュ	**ヴァレー**州産の、ドライビーフ。
	Raclette ラクレット	**ヴァレー**州名産のラクレット・チーズとジャガイモの料理。
	Papet Vaudois パペ・ヴォードワ	**ヴォー**州産**ソーセージ**、西洋ねぎ、玉ねぎのクリーム煮込み。
ドイチュシュヴァイツ	**Geschnetzeltes** ゲシュネッツェルテス	チューリヒ州名産の**仔牛肉**の薄切りとマッシュルームのクリームソース煮込み。
シュヴィツェーラ・イタリアーナ	**Osso Buco** オッソ・ブーコ	仔牛のすね肉と野菜の**トマトソース**煮込み。

ハンガリー

地方名	料理名	内容
バラトン	**Halászlé** ハラースレー	バラトン湖などの淡水魚（鯉、ナマズ、スズキなど）をトマト、パプリカなどで煮込んだスープ。
ドゥナ・ティサ・クズィ	**Gulyásleves** グヤーシュレヴェシュ	牛肉、ニンジン、ジャガイモ、玉ねぎ、**パプリカ**などを煮込んだサラサラしたタイプのスープ。ハンガリーの国民食。
トカイ	**フォアグラ**	ガチョウまたは鴨のレバー。

ギリシャ

料理名	内容
Moussaka ムサカ	スライスしたナス、ジャガイモ、挽肉、トマトソースを順に重ねた上にベシャメルソースをかけてオーブンで焼いたギリシャを代表する料理。

チリ

料理名	内容
Ceviche セビーチェ	魚介類のレモン果汁和え。

ウルグアイ

料理名	内容
Asado アサード	専用のパリージャ（グリル）を使い、大きなブロック肉を薪火で豪快に焼き上げる牛肉料理。
Chivito チビート	パンに薄切りの牛焼肉、トマト、レタスなどの野菜、オリーブ、チーズなどを挟んだサンドイッチ。ウルグアイの国民食。

ニュージーランド

料理名	内容
Hangi ハンギ料理	熱した石の上に、葉や布でくるんだ食材を蒸し焼きにする料理。先住民マオリ族の有名な伝統食。

南アフリカ

料理名	内容
Boerewors ブルボス	スパイスで味付けされた長いソーセージをぐるぐる巻いたもの。

資料編

代表的なスピリッツの銘柄一覧

Gin ジン

銘柄名	内容
ゴードン	世界の主流であるロンドンタイプのドライジン。主にカクテルベースとして用いられる。
タンカレー	
ビフィーター	
ボンベイ	
ヘンドリックス	スコットランド産のクラフトジン。
カフェジン	ジャパニーズクラフトジン。
季の美（きのび）	
ROKU	
和美人	

Vodka ウオッカ

銘柄名	内容
スミノフ	クリーンな酒質の代表的ウオッカ。
アブソルート	
グレイグース	近年伸長しているプレミアムカテゴリーのウオッカ。
ティトーズ	

Tequila テキーラ

銘柄名	内容
クエルボ	伝統的な代表銘柄。
サウザ	
エラドゥーラ	近年伸びている高価格帯の製品。しっかりしていながらも洗練された味わい。カーサミーゴスは、ハリウッドスター「ジョージ・クルーニー」が立ち上げたブランド。
パトロン	
ドンフリオ	
1800	
カーサミーゴス	

Rum ラム

銘柄名	内容
バカルディー	クセがなく、カクテルベースに使われる。
マイヤーズ	ミディアム～ヘビータイプのラム。
ラマーニ	
キャプテンモーガン	スパイスがブレンドされた「スパイスドラム」の代表銘柄。
ハバナクラブ	キューバ産。

重要なチーズ一覧　★乳種別

- 牛乳製のチーズが多いので、その他の乳種を意識して覚えよう。

山羊乳製

- 一般的にシェーヴルといえば山羊乳製チーズのこと。フランスはシェーヴルタイプの種類が豊富で、南仏とロワール川流域が名産地。チーズは小型が多く、生地は真っ白。木炭のまぶされているものもある。

チーズ名	タイプ	生産国・地方
Sainte-Maure de Touraine サント・モール・ド・トゥーレーヌ	酵母（シェーヴル）	フランス （ロワール渓谷地方）
Selles-sur-Cher セル・シュール・シェール	酵母（シェーヴル）	
Valançay ヴァランセ	酵母（シェーヴル）	
Chavignol /Crottin de Chavignol シャヴィニヨル /クロタン・ド・シャヴィニヨル	酵母（シェーヴル）	
Chabichou du Poitou シャビシュー・デュ・ポワトゥー	酵母（シェーヴル）	フランス （ポワトゥー・シャラント地方）
Charolais シャロレ	酵母（シェーヴル）	フランス （ブルゴーニュ地方）
Mâconnais マコネ	酵母（シェーヴル）	
Picodon ピコドン	酵母（シェーヴル）	フランス （コート・デュ・ローヌ地方）
Banon バノン	酵母（シェーヴル）	フランス （プロヴァンス地方）

資料編

重要なチーズ一覧　★乳種別

羊乳製

- 地中海沿岸の温暖な地域で羊が飼育される。
  山羊乳同様生地は真っ白。これは牛乳と違って乳中にカロテンが含まれていないため。
  イタリアで羊乳から造るチーズを総称して「ペコリーノ」と呼ぶ。

チーズ名	タイプ	生産国・地方
Roquefort ロックフォール	青カビ	フランス （オクシタニー圏）
Ossau-Iraty オッソー・イラティ	ハード（非加熱圧搾）	フランス （バスク地方＆ベアルン地方）
Pecorino Toscano ペコリーノ・トスカーノ	ハード（半加熱圧搾）	イタリア （トスカーナ州）
Pecorino Romano ペコリーノ・ロマーノ	ハード（加熱圧搾）	イタリア （ラツィオ州。ただし現在の主産地はサルデーニャ島）
Pecorino Siciliano ペコリーノ・シチリアーノ	ハード（非加熱圧搾）	イタリア （シチリア州）
Pecorino Sardo ペコリーノ・サルド	ハード（半加熱圧搾）	イタリア （サルデーニャ州）
Queso Manchego ケソ・マンチェゴ	ハード（非加熱圧搾）	スペイン （ラ・マンチャ地方）
Idiazábal イディアサバル	ハード（非加熱圧搾）	スペイン （バスク州＆ナバーラ州）
Feta フェタ	フレッシュ （羊主体＋山羊）	ギリシャ

水牛乳製

- 下記のチーズが水牛乳製の代表格。ブーファラは水牛の意味。モッツァレッラは、チーズをつくるときの「引きちぎる（＝モッツァーレ）」動作に由来する。

チーズ名	タイプ	生産国・地方
Mozzarella di Bufala Campana モッツァレッラ・ディ・ブーファラ・カンパーナ	フレッシュ （パスタ・フィラータ）	イタリア （カンパーニア州）

重要なチーズ一覧　★タイプ別

白カビタイプ

- 白カビの繁殖する表面から内側に向かって熟成が進む。表皮は若い時は白く、熟成すると茶褐色を帯びていく。重要な白カビチーズはフランス北部に集中している。

チーズ名	乳種	生産国・地方
Camenbert de Normandie カマンベール・ド・ノルマンディー	牛	フランス （ノルマンディー地方）
Neufchâtel ヌーシャテル	牛	
Brie de Meaux ブリ・ド・モー	牛	フランス （イル・ド・フランス地方）
Brie de Melun ブリ・ド・ムラン	牛	
Chaource シャウルス	牛	フランス （シャンパーニュ地方）
Baraka バラカ ※A.O.P.ではない	牛	フランス （ブルゴーニュ地方）

青カビタイプ

- 青カビ菌を原料乳の時点で混ぜ込んだり、成型時に混ぜ込んだりすることで、青カビがチーズ内部に繁殖し、熟成変化が内側から進む。青カビは塩分に強いので、塩を強めに効かせてチーズの保存性を高めている。

チーズ名	乳種	生産国・地方
Bleu d'Auvergne ブルー・ドーヴェルニュ	牛	フランス （オーヴェルニュ地方）
Fourme d'Ambert フルム・ダンベール	牛	
Roquefort ロックフォール	**羊**	フランス （オクシタニー圏）
Gorgonzola ゴルゴンゾーラ	牛	イタリア （ロンバルディア州、ピエモンテ州）
Cabrales カブラレス	混乳	スペイン （北部）
Blue Stilton Cheese ブルー・スティルトン・チーズ	牛	英国 （ダービーシャー州、レスターシャー州、ノッティンガムシャー州）

資料編

重要なチーズ一覧　★タイプ別

ウオッシュタイプ

- 周りを塩水や酒などで洗って熟成させる。リネンス菌によるオレンジ色でねばねばした表皮が特徴。中世に修道院で生まれたチーズが多い。

チーズ名	乳種	生産国・地方
Pont-l'Évêque ポン・レヴェック	牛	フランス （ノルマンディー地方）
Livarot リヴァロ	牛	
Moroilles マロワール	牛	フランス （北部ティエラッシュ地方＆フランドル地方）
Munster マンステール	牛	フランス （アルザス地方＆ロレーヌ地方）
Langres ラングル	牛	フランス （シャンパーニュ地方）
Epoisses エポワス	牛	フランス （ブルゴーニュ地方）
Mont d'Or モン・ドール	牛	フランス （フランシュ・コンテ地方〈ジュラ地方〉）
Taleggio タレッジョ	牛	イタリア （ロンバルディア州、ピエモンテ州、ヴェネト州）
Fromage de Herve フロマージュ・ド・エルヴ	牛	ベルギー
Vacherin Mont-d'Or ヴァシュラン・モン・ドール	牛	スイス （西部）

重要なチーズ一覧　★タイプ別

ハードタイプ（非加熱圧搾）

- 製造時の加熱度合いによるタイプ分け。凝乳の温度を40℃よりは高くしない。乳の元々の温度（つまり牛などの動物の体温。我々の体温とそこまで変わらない）とあまりかわらない温度で保つ→あまり加熱しないから非加熱。

チーズ名	乳種	生産国・地方
Mimolette ミモレット ※A.O.P.ではない	牛	フランス （北部ティエラッシュ地方＆フランドル地方）
Morbier モルビエ	牛	フランス （フランシュ・コンテ地方〈ジュラ地方〉）
Reblochon ルブロション	牛	フランス （サヴォワ地方）
Cantal カンタル	牛	フランス （オーヴェルニュ地方）
Ossau-Iraty オッソー・イラティ	羊	フランス （バスク地方＆ベアルン地方）
Castelmagno カステルマーニョ	牛	イタリア （ピエモンテ州）
Pecorino Siciliano ペコリーノ・シチリアーノ	羊	イタリア （シチリア州）
Queso Manchego ケソ・マンチェゴ	羊	スペイン （ラ・マンチャ地方）
Idiazábal イディアサバル	羊	スペイン （バスク州＆ナバーラ州）
Noord-Hollandse-Gouda ノールト・ホランツェ・ハウダ	牛	オランダ ※いわゆるゴーダのこと。
West Country Farmhouse Cheddar Cheese ウェスト・カントリー・ファームハウス・チェダー・チーズ	牛	英国 （サマーセット州、ドーセット州、コーンウォール州、デヴォン州）
Walliser Raclette /Raclette du Valais ヴァリサー・ラクレット／ラクレット・デュ・ヴァレー	牛	スイス （南西部）

資料編

重要なチーズ一覧　★タイプ別

ハードタイプ（加熱圧搾）

- 製造時の加熱度合いによるタイプ分け。凝乳の温度を55℃程度の高温まで加熱して水分を抜くことによって、保存性の高いチーズを造る製法。

チーズ名	乳種	生産国・地方
Comté コンテ	牛	フランス （フランシュ・コンテ地方〈ジュラ地方〉）
Beaufort ボーフォール	牛	フランス （サヴォワ地方）
Piave ピアーヴェ	牛	イタリア （ヴェネト州）
Grana Padano グラナ・パダーノ	牛	イタリア （北部ポー川一帯の広域）
Parmigiano Reggiano パルミジャーノ・レッジアーノ	牛	イタリア （エミリア・ロマーニャ州、一部ロンバルディア州、ポー川右岸とレノ川左岸）
Pecorino Romano ペコリーノ・ロマーノ	羊	イタリア （ラツィオ州。ただし現在の主産地はサルデーニャ島）
Gruyère グリュイエール	牛	スイス （西部）
Tete de Moine テット・ド・モワンヌ	牛	スイス （西北部）
L'Etivaz レティヴァ	牛	スイス （南西部）
Sbrinz スプリンツ	牛	スイス （中央部）
Emmenterler エメンターラー	牛	スイス （中部と北東部）

重要なチーズ一覧　★タイプ別

ハードタイプ（半加熱圧搾）

- 40℃以上50℃未満で製造するチーズは「半加熱圧搾」タイプに分類される。
  加熱圧搾と非加熱圧搾の中間にあたる温度帯で製造するため、「半」が付く。

チーズ名	乳種	生産国・地方
Abondance アボンダンス	牛	フランス （サヴォワ地方）
Asiago アジアーゴ	牛	イタリア （ヴェネト州）
Pecorino Toscano ペコリーノ・トスカーノ	羊	イタリア （トスカーナ州）
Pecorino Sardo ペコリーノ・サルド	羊	イタリア （サルデーニャ州）

パスタ・フィラータタイプ

- 南イタリアが起源の製法。製造時にカードにお湯をかけて練って引き延ばすことで、繊維（＝フィーロ）状の生地（＝パスタ）をつくりだす。
  フレッシュのものから熟成したもの、サイズや形状など、様々なバリエーションがある。

チーズ名	乳種	生産国・地方
Ragusano ラグザーノ	牛	イタリア （シチリア州）
Mozzarella di Bufala Campana モッツァレッラ・ディ・ブーファラ・カンパーナ	水牛	イタリア （カンパーニア州）
Caciocavallo Silano カチョカヴァッロ・シラーノ	牛	イタリア （中〜南部5州。モリーゼ州、カンパーニア州、プーリア州、バジリカータ州、カラブリア州）

VINOTERAS WINE SCHOOL TEXTBOOK

2025 Vol. 2

FOR SOMMELIERS & WINE EXPERTS

「 ヴィノテラス ワインスクール　ソムリエ・ワインエキスパート試験対策　2025　Vol.1　Vol.2 」
Vol.2

監修	梁 世柱	Seju Yang	
発行	2025年5月1日　初版　第一刷発行		
編著	大須賀 舞 ヴィノテラス ワインスクール	Mai Osuga Vinoteras Wine School	
編集	大吉 吏絵 ヴィノテラス ワインスクール	Rie Oyoshi Vinoteras Wine School	
進行	渡邉 義典	Yoshinori Watanabe	
デザイン	中川 寛博	Nobuhiro Nakagawa (nakanaka graphic)	
イラスト	岸 恭子	Kyoko Kishi (nakanaka graphic)	
DTP	小川 真木	Maki Ogawa	
発行	ワインエナジー株式会社 ヴィノテラス ワインスクール 市原 岳洋（代表） 〒102-0093 東京都千代田区 平河町 1-1-8 麹町市原ビル 12F	Wine Energy Co.,Ltd. Vinoteras Wine School Takahiro Ichihara	
発売	株式会社 メイツユニバーサルコンテンツ	Mates Universal Contents Co.,Ltd.	
印刷・製本	株式会社 シナノ	Shinano Co.,Ltd.	

本書の内容を無断で複写、複製、転載することを禁じます。
参考文献 （一社）日本ソムリエ協会 教本 2025

ISBN978-4-7804-3024-0 C2077
©Vinoteras Wine School 2025 Printing in Japan

万が一テキストに誤りがあった場合
正誤表に掲載いたします。
こちらのQRコードからご確認ください。